本书为2012年度教育部人文社会科学研究规划基金项目“清洁能源技术转移法律制度研究”(项目编号：12YJA820049)之成果。

清洁能源技术转移法律制度研究

Studies on Legal Regime of Clean Energy Technology Transfer

马忠法 等·著

法律出版社
LAW PRESS·CHINA

图书在版编目(CIP)数据

清洁能源技术转移法律制度研究 / 马忠法等著. --北京：法律出版社，2018
ISBN 978-7-5197-2117-6

Ⅰ. ①清… Ⅱ. ①马… Ⅲ. ①无污染能源-技术转让-法规-研究-中国 Ⅳ. ①D922.674

中国版本图书馆CIP数据核字(2018)第057295号

清洁能源技术转移法律制度研究
QINGJIE NENGYUAN JISHU ZHUANYI FALÜ ZHIDU YANJIU

马忠法等 著

策划编辑 王 曦
责任编辑 麦 锐
装帧设计 李 瞻

出版 法律出版社
总发行 中国法律图书有限公司
经销 新华书店
印刷 北京虎彩文化传播有限公司
责任校对 张红蕊
责任印制 吕亚莉

编辑统筹 法规出版分社
开本 720毫米×960毫米 1/16
印张 24
字数 400千
版本 2018年12月第1版
印次 2018年12月第1次印刷

法律出版社 / 北京市丰台区莲花池西里7号(100073)
网址 / www.lawpress.com.cn
投稿邮箱 / info@lawpress.com.cn
举报维权邮箱 / jbwq@lawpress.com.cn
销售热线 / 010-83938336
咨询电话 / 010-63939796

中国法律图书有限公司 / 北京市丰台区莲花池西里7号(100073)
全国各地中法图分、子公司销售电话：
统一销售客服 / 400-660-6393
第一法律书店 / 010-83938334/8335 西安分公司 / 029-85330678 重庆分公司 / 023-67453036
上海分公司 / 021-62071639/1636 深圳分公司 / 0755-83072995

书号：ISBN 978-7-5197-2117-6
定价：75.00元
(如有缺页或倒装，中国法律图书有限公司负责退换)

摘　　要

习近平同志提出新时代中国特色社会主义思想的一个重大的标杆就是建设美丽生态的中国,这一内容行在当下,利在千秋,表明中国共产党带领中国人民不忘初心,实现中华民族伟大复兴的决心和动力。长期以来,总有人认为,技术后进国家在现代化进程中,发生环境污染及温室气体排放是一种必然的现象,是发展必须付出的代价。实际上这种观点是在为那些在发展中可以避免的环境污染提供貌似合理或合法的借口。如果说工业化发展早期,由于人类缺少必要的经验和知识积累,缺少有效的技术信息传播渠道,以致出现环境污染等有正当理由,那么,在信息技术高度发达的今天,在有了更多的清洁技术及发展清洁技术的共识与法律制度保障下,还持此观点,则是人类之大不幸。简言之,在全球化时代,后进国家进行工业化,完全可以避免早期工业革命发生的环境污染等现象。

我们认为,环境污染、温室气体排放是一种结果而非原因,导致它们发生的真正原因是人类对诸多清洁技术的不当使用。人类社会发展到今天,已经掌握了很多可以规避自然破坏、环境污染及控制温室气体排放等方面的技术,特别是清洁能源技术,而问题的关键是由于其中的多数技术掌握在私人手中,而当前主导人类发展的西方法律制度则以保护私人权利为其天职,从而使追逐私人利益的技术主体不可能让人类在更大范围内来分享和使用这些技术,这类技术的功能和价值没有得到最大限度的发挥;进而也没有让更多的人员和机构,在利用现有清洁能源技术的基础上,开发、研究和使用更有效的清洁能源技术,来形成良性循环,帮助人类走可持续发展之路。

人类在清洁能源技术转让方面存在的诸多严重问题,导致了清洁能源技术转让的不畅,结果是使本来可以避免的污染或可以减少的温室气体排放没有实现,并让全球在环境、经济、技术等方面在不同国家呈现出差距不断拉大的趋势,各国之间的矛盾在不断激化,恐怖主义活动仍然得不到有效控制,某些国家或地区的环境灾难造成了全球性影响等。这些现象背后的真正原因是不当的国际贸易制度和20世纪80年代后日渐形成的全球知识产权强保护时代的到来,使技术后进国家难以以在此之前的曾经落后的国家获取技术的方式去获取技术进而走模仿—创新之路来实现技术能力的提升。

基于上述的基本判断,本书分析探讨了清洁能源技术及其转让的基本概念、基本特征及其转让与一般技术转让的区别。认为无害环境技术、环境友好技术、有益环境技术和清洁技术实为同一个概念,它们包括了清洁能源技术及发展可持续绿色交通和供应于建筑的新材料等技术。清洁能源技术是指在可再生能源及新能源、煤的清洁高效利用等领域开发的有效控制温室气体排放或减少甚或避免对环境有所损害的新技术,它包括风能、太阳能等非化石能源和在生产及消费过程中能减少对生态环境污染的低排放的非可再生能源技术。传统的技术转移理论主要有技术差距论、技术选择周期论等,但在应对气候变化等公共问题背景下的清洁能源技术转移理论,主要有现代化理论、气候正义理论和可持续发展理论。分析清洁能源技术转移理论的目的是试图解决发展中国家和发达国家的分歧及私人利益和国家利益之间的分歧等关键问题。自20世纪90年代以来,国际环境保护领域中诸多条约及《21世纪议程》等软法性质的国际法文件所说的“技术转移”主要是指无害环境技术(其中多数是清洁能源技术)的转移,故一般的技术转让之规律多适用于清洁能源技术的转移。但后者也有特殊之处,如通过清洁发展机制(CDM)来转让技术;在新兴清洁能源技术领域,由于起点相似,中国、巴西等发展中的大国在特定的清洁能源技术领域与发达国家相比各有千秋,它们相互间转让及发展中国家相互间转让较为常见。因此,发展中成员方如何建立相对公平合理的技术转移和分享机制等决定权,往往掌握在它们自己手中:它们除了遵循已经形成的国际贸易制度之外,也可以形成适合它们自己之间进行技术转移的国际法律制度。

现有的国际技术转移法律制度主要由相关的国际条约和国际软法性文件等构成。其中,国际条约主要分为多边环境条约、知识产权国际条约、多边国际贸易和投资方面的条约及区域性或双边贸易投资条约中涉及的技术转让内容,这部分的重要文件有《21世纪议程》和《我们想要的未来》等文件中涉及的技术转移。我国国内法部分主要由现有的与清洁能源发展相关的法律法规及部门规章和政策等构成。在国际层面,国际相关制度尚未形成一个完整的体系,即使针对已有的约定,规定得也过于抽象,缺少必要的可操作性;对于调动私人部门积极参与到技术转移中,还缺少有效的国际法规范。而国内相关技术转让的规定分散在各相关法律中,直接、间接的规定不少,但还没有形成有机统一、相互协调和补充的完整制度,对企业等私人主体参与技术转移还缺少强有力的运行和激励机制。

在实践中,中国清洁能源技术转移路径分为贸易路径、投资路径、知识产权路径以及国际合作路径4个。贸易路径又可分为货物贸易和服务贸易两种形式:前者早期以设备引进为主,近期则是中国清洁能源技术“走出去”战略的重要内容;后者体现为国内的国际技术转让中心和技术联盟的实践,它们既推动了技术转移,又为相关制度的完善提供了实证经验。在投资路径方面,清洁能源技术转移可以分为外商投资和中国企业对外兼并与收购两类:前者的“溢出效应”一定范围内给中国带来了先进的技术,但中国接受到的“技术溢出”少之又少;后者以技术为主要目标进行收购的企业一般发展境况不错,而以扩张市场为导向的收购,则变数较多。在知识产权路径上,专利许可和转让是其最为重要的表现形式之一,但在许可与转让方面,我国的清洁能源技术的转让和推广速度并不尽如人意。在国际合作方面,我国参与了多个国家或地区的双边或多边的清洁能源技术联合研发的合作项目,对清洁能源技术转移的合作贡献出中国力量。

针对问题,结合理论和实证经验,可以从国内、国际两个层面来完善清洁能源技术转移法律制度。从国内法的角度看,应重视环境友好技术转让或引进的立法与执法,加快和完善国内环境友好技术的转化和转让及鼓励科技创新立法,建立和逐步完善技术交易机制,成立专门进行技术贸易的交易所,推动技术转让和转化,让技术发挥其应有的作用。完善中国CDM制度,提升CDM机制立法的效力等级,充分发挥其在技术转让方面的积极作用,激励私人部门积极参与。同时,完善知识产权(如在知识产权授权环节加快步伐,尽早公布相关信息并授权,为清洁能源技术转移创造条件)和税收法律制度(如增加征收落后技术使用税,或超标准能源税,促使有关企业积极淘汰旧技术)。在完善清洁能源技术转移法律制度的国际努力方面,继续坚持我国在技术转让方面的一贯主张并促进“南南合作”,同时充分利用“一带一路”倡议提升中国在清洁能源技术转移国际规制方面的话语权。其中,比较理想的努力方向是倡议制定WTO框架下的《国际技术转让协议》。

英文简称表[1]（根据英文简称首字母排序）

中文名称	英文简称
《反假冒贸易协定》	ACTA
联合国亚太技术转移中心	APCTT
美国产业和安全局	BIS
中国—东盟技术转移中心	CATTC
中国—东盟技术转移网络	CATTN
碳捕获和储存	CCS
洁净煤技术	CCT
碳捕获、利用和封存技术	CCUS
清洁发展机制	CDM
核证减排量	CER
中美清洁能源联合研究中心	CERC
《联合国气候变化框架公约》成员方大会	COP
碳收集领导人论坛	CSLF
WTO 争端解决机构	DSB
执行理事会	EB
中美能源合作项目	ECP
环境友好技术	EFT
美国联邦环境保护署	EPA
联合国亚太经济社会委员会	ESCAP
无害环境技术	EST
外商直接投资	FDI
《贸易服务总协定》	GATS
国民生产总值	GDP
绿色能源网络	GEN

〔1〕 由于本书中涉及较多英文简称，特制作此表置于文前，便于读者对照理解。——著者注

续表

中文名称	英文简称
温室气体	GHG
世界风能理事会	GWEC
国际贸易和可持续发展中心	ICTSD
整体煤气化联合循环反导系统	IGCC
国别自定预期贡献	INDC
联合国政府间气候变化专门委员会	IPCC
全生命评估	LCA
熔融碳酸盐燃料电池	MCFC
《京都议定书》缔约方会议	MOP
国际经济新秩序	NIEO
美国国家科学基金会	NSF
经济合作与发展组织	OECD
原设备制造	OEM
《专利合作条约》	PCT
质子交换膜燃料电池	PEMFC
《专利法条约》	PLT
十亿分之一	ppb
百万分之一	ppm
政府和社会资本合作模式	PPP
研究和开发	R&D
研究、开发、示范和推广	RDD&D
亚太可再生能源合作网络	RECAP
可再生能源技术	RET
《补贴与反补贴协议》	SCM 协议
固态氧化物燃料电池	SOFC
《实施动植物卫生检疫措施协议》	SPS 协议

续表

中文名称	英文简称
《贸易技术壁垒协议》	TBT 协议
能源效率中心计划和技术合作协议示范项目	TCAPP
《与贸易有关的投资措施协议》	TRIMs 协议
《与贸易有关的知识产权协议》	TRIPs 协议
联合国贸易和发展会议	UNCTAD
联合国工业发展组织	UNDIO
联合国经济及社会理事会	UNECOSOC
联合国教科文组织	UNESCO
《联合国气候变化框架公约》	UNFCCC
世界银行	WB
世界自然基金会	WWF
世界知识产权组织	WIPO
世界贸易组织	WTO

目　录

1 引　言
1 一、本书的研究背景及价值
5 二、目前国内外研究的现状和趋势
12 三、研究内容
15 四、拟突破的重点和难点
16 五、本书的研究思路和研究方法
17 六、本书的逻辑结构
19 第一章　清洁能源技术转移法律制度的基本理论
19 第一节　清洁能源技术转移法律制度的理论背景与前提
19 一、清洁能源技术转移法律制度的理论背景概述
22 二、不可再生能源的日渐耗竭
26 三、全球气候变暖加剧对化石能源使用的限制
30 第二节　清洁能源技术的基本概念及其分类
30 一、清洁能源技术产生的背景
33 二、清洁能源技术概念的界定及其分类
61 第三节　清洁能源技术转移的相关理论
63 一、技术及技术转移的基本理论
79 二、传统的技术转移理论
87 三、清洁能源技术转移的特殊性
93 第四节　清洁能源技术转移法律制度的一般基本理论
93 一、清洁能源技术转移与知识产权确权、保护的关系
94 二、清洁能源技术转移的理论
115 三、清洁能源技术转移理论试图解决的关键问题
118 本章小结
121 第二章　清洁能源技术转移的国际法规制和中国国内法律制度与政策

121 第一节 清洁能源技术转移的国际法规制和中国国内法律制度与政策概述
124 第二节 清洁能源技术转移的国际法律规制
124 一、清洁能源技术转移的国际法规制概要
137 二、中国与有关国家在清洁能源技术领域的双边合作
144 第三节 中国清洁能源技术转移的法律制度
145 一、“私人自治型”法律
158 二、“政府干预型”法律
173 第四节 中国清洁能源技术转移的政策
174 一、体制机构建设
178 二、与清洁能源技术转移相关的国家规划
193 三、“私人自治型”政策激励
198 四、“政府干预型”政策规制
204 第五节 现有清洁能源技术转移法律制度的不足
204 一、清洁能源技术转移国际法律制度的不足
219 二、中国国内清洁能源技术转移法律制度的不足
226 本章小结
229 第三章 中国清洁能源技术转移的实践
229 第一节 中国清洁能源技术转移的实践概述
229 一、中国清洁能源及其技术发展的概况
233 二、中国清洁能源技术转移的主要路径
236 第二节 清洁能源技术转移的贸易路径
237 一、有关清洁能源技术的货物贸易
246 二、清洁能源技术转移的服务贸易
258 三、清洁发展机制(CDM)
261 第三节 清洁能源技术转移的投资路径
263 一、中国清洁能源投资市场潜力巨大
266 二、外商直接投资(FDI)及其技术溢出
272 三、政府和社会资本合作模式
274 第四节 知识产权许可路径
275 一、中国清洁能源专利现状
279 二、清洁能源技术许可

280 第五节 我国清洁能源技术国际合作
280 一、中国与美国清洁能源技术合作
285 二、中国与东盟清洁能源技术转移
289 三、清洁能源技术转移的中国力量
290 本章小结
292 第四章 中国清洁能源技术转移法律制度面对的挑战与完善
292 第一节 中国清洁能源技术转移法律制度面对的挑战
292 一、中国清洁能源技术转移法律制度面对的挑战概述
293 二、“私人自治型”法律及政策面对的挑战
307 三、“政府干预型”法律及政策面对的挑战
310 四、清洁能源技术转移国际合作方面面对的挑战
315 第二节 完善中国清洁能源技术转移法律制度的对策
317 一、完善中国清洁能源技术转移法律制度是时代的要求
323 二、完善清洁能源技术转移法律制度的国内措施
341 三、完善清洁能源技术转移法律制度的国际努力
353 本章小结
354 结束语
360 主要参考文献
368 后 记

引　言

一、本书的研究背景及价值

（一）本书的研究背景

目前，我国正处于工业化、城市化快速进步的过程中，对能源和资源的需求不断增加。同时，在经济发展中也面对着气候变化、环境污染[1]等严峻形势和国际国内的多重压力，因而不可避免地要依赖大量的清洁能源技术来缓解压力。清洁能源技术的获取无非有两条路径：自我开发和引进。在技术日益复杂和分工日趋精细化的时代，任何一个国家、企业都不可能获取某一领域的所有技术，更不用说所有领域的所有技术了。此外，随着清洁能源技术研发人员和机构作为一支独立的研发力量日渐壮大，他们的研究成果往往需要企业或其他使用技术的机构的应用方能显示或发挥出其商业和社会价值；即使是那些自己可以使用清洁能源技术的权利所有人，也可以通过商业条件下的

〔1〕 2014年5月27日环境保护部公布的《2013中国环境状况公报》描述了中国部分城市的污染情况及有关部门做出的努力，但是对中国广袤的农村，特别是在农药、化肥及农民大量使用工业产品后对废弃物和垃圾的不正当处理已经将农村的污染推到一个十分可怕的程度。该报告披露的2013年城市污染数据如下：(1)废水中主要污染物有，化学需氧量排放总量为2352.7万吨，比上年下降2.9%；氨氮排放总量为245.7万吨，比上年下降3.1%。(2)废气中主要污染物有，二氧化硫排放总量为2043.9万吨，比上年下降3.5%；氮氧化物排放总量为2227.3万吨，比上年下降4.7%。(3)全国工业固体废物产生量为327701.9万吨，综合利用量(含利用往年储存量)为205916.3万吨，综合利用率为62.3%。(4)全国设市城市生活垃圾清运量为1.73亿吨，无害化处理能力为49.3万吨/日，无害化处理量为1.54亿吨，无害化处理率为89.0%。由于二氧化碳在中国不被视为污染物，公报中的废气污染显然没有包括该部分。

分享或转让的方式扩大技术使用的范围。可以说,技术转让[1]和分享是我们解决能源需求和发展之间的矛盾所绕不过的话题。

改革开放40年来,我国在经济发展方面取得了巨大成就,从当初经济规模处于相对弱小的状况发展到成为世界上第二大经济体,这一巨变举世瞩目。[2] 然而,在快速发展过程中,我们也付出了十分高昂的代价——传统粗加工的经营方式、对"发展压倒一切"的片面和机械的理解、各层次相关人员或主体唯国民生产总值(GDP)为导向及对环境保护在一定程度上没有给予应有的高度关注等,使过去的发展也给我们带来了诸多负面影响。这些现象所造成的资源短缺与日渐枯竭(人均占有量日趋减少)、浪费严重、环境污染与生态状况严重恶化等成为制约我国经济快速、可持续、健康发展的突出问题。尽管近10年来,我们做出了很多努力,在生态文明建设方面成效显著,全面节约资源有效推进,能源、资源消耗强度大幅下降,但正如党的十九大报告指出的那样,生态环境保护仍任重道远。[3] 为此,党的十九大报告提出,我国已经进入中国特色社会主义新时代,其经济、文化、社会等发展必须坚持人与自然和谐共生,必须坚持节约资源和保护环境的基本国策,像对待生命一样对待生态环境,实行最严格的生态环境保护制度,形成绿色发展方式和生活方式,坚定走生产发展、生活富裕、生态良好的文明发展道路,建设美丽中国,为

---

〔1〕 技术转让与技术转移略有区别。通常意义上,"技术转让"的范围小于"技术转移",它常常带有商业之目的,是一种有偿的行为,即相关当事人有法律上权利与义务的交换等;而"技术转移"除了包含"技术转让"之外,还有更为宽泛的含义,如没有任何权利义务约定的技术的空间移动、技术的无偿分享等。本书的题目中使用的是"技术转移",意指某些不存在法律规定的权利义务的交换技术合作、技术分享等也包含在其中,但主要论及的还是"技术转让"内容。在后文的"文献综述"部分,可以在国家图书馆发现以"技术转移"为题或题目中含有"技术转移"的著作有130余部,但含有"技术转移法"的只有1部(还是论文集);以"技术转让"为题或题目中含有"技术转让"的著作有66部,但以"技术转让法"为题或题目中含有"技术转让法"的专著却有46部之多。这说明通常人们在更广的范围讨论"技术转移",而"技术转让"多是从有偿或商业的角度论及。由于本书还涉及不同当事人之间的技术合作、技术无偿分享等事宜,故采用了"技术转移"一词,但其本质上更多的还是指"技术转让"。在没有特别说明时,我们在广义上使用"技术转移";如果使用"技术转让"则指有法律上权利义务交换的有偿行为。

〔2〕 自2010年起,中国大陆的GDP开始超过日本(当年中国大陆GDP为59847.06767亿美元,日本为54588.7亿美元),此后每年均超过日本;2017年中国大陆GDP为131735.85亿美元,日本为43421.6亿美元,差距进一步拉大。

〔3〕 参见习近平:《决胜全面建成小康社会　夺取新时代中国特色社会主义伟大胜利》(中国共产党第十九次全国代表大会上的报告,2017年10月18日),人民出版社2017年版,第6页。

人民创造良好生产生活环境，为全球生态安全做出贡献。[1] 在这方面，我国的政策一直是一脉相承的，2010 年制定的“十二五”规划就指出“节约能源资源，加快建设资源节约型、环境友好型社会”已被我国政府确定为国民经济与社会发展中长期规划的战略任务。[2] 它们的目的是加快转变我国经济增长方式，提高资源利用效率，缓解资源约束和环境压力，保护环境，实现节约、清洁、安全和可持续发展。

上述战略任务的完成及目标的实现很大程度上依赖于拥有和广泛运用清洁能源技术，而不论是获取还是运用这类技术，技术转移法律制度都十分关键。正确处理经济建设、人口增长、资源利用、环境保护之间的关系，实现全面建设小康社会的目标，需要清洁能源技术；而清洁能源技术转移的目的恰在于提升国家创新能力，拥有更多的核心清洁能源技术并促使该类技术的充分运用和它们价值的最大限度发挥。从 2011 年起，我国虽是世界上最大清洁能源产值国，[3] 并且根据世界自然基金会（WWF）2013 年的年度报告，中国可再生能源已经占新建供电容量的一半以上。[4] 但这多建立在引进国外设备或技术的基础上，在整个价值链中，处于清洁能源产业链底端的产品多在中国生产，而技术含量高的高端产品则在发达国家生产。如太阳能，重污染、高能源耗费的太阳能电池在中国制造，而有关太阳能设备的其他高技术含量的产品则不在中国制造；再如风能最核心的是电机，其制造技术却不在中国。目前交通运输业是中国废气排放增长最快、污染最严重的领域，[5] 其中汽车制造技术非常关键，但在中外合资的汽车制造公司中，多数核心技术仍在美欧日等国企业的手中；中国制造、使用的汽车相对于外方合作者本国的汽车而言，不仅

---

〔1〕 习近平：《决胜全面建成小康社会　夺取新时代中国特色社会主义伟大胜利》（中国共产党第十九次全国代表大会上的报告，2017 年 10 月 18 日），人民出版社 2017 年版，第 50 ~ 52 页。

〔2〕 具体内容参见《中共中央关于制定国民经济和社会发展第十二个五年规划的建议》（2010 年 10 月 18 日）第七部分。

〔3〕 参见《中国清洁能源技术产值位居世界第一》，载《中国煤炭》2011 年第 6 期；《中国清洁能源技术产值第一》，载《新京报》2011 年 5 月 9 日，第 A23 版。

〔4〕 WWF, *Annual Review* 2013, p. 14.

〔5〕 根据 2015 年与 2011 年各相关数据的比较可以验证这一点。根据国际能源署有关二氧化碳排放报告的数据，全国总排放量和电力行业、制造业、交通运输业三个领域排放量的增幅大体为 13.7% 和 10.4%、11.3%、34.2%；交通运输业的增幅几乎是全国排放总量与其他三个产业增幅的 2.5 ~ 3 倍。See “CO_2 Emissions from Fuel Combustion 2013 and CO_2 Emissions from Fuel Combustion 2017”, http://www.iea.org/publications/freepublications/publication/CO_2EmissionsfromFuelCombustionHighlights2013.pdf and http://www.iea.org/publications/freepublications/publication/CO_2EmissionsfromFuelCombustionHighlights2017.pdf.

销售价格昂贵，而且技术相对落后，燃油量和汽车尾气排放量均高于它们本国生产的类似汽车。清洁能源领域的总体情况——“外国技术，中国市场或制造”——将阻碍中国清洁能源的健康发展；而规则、技术、金融交易都控制在别人手上又无疑约束了我们。[1] 这句话是多年前总结的，但依然适用于今天。过去我们引进了别人的信息技术、汽车制造技术等，但至今也很难说拥有这些领域的核心技术。在清洁能源技术引进方面，须引以为戒，不能在若干年后，该领域的核心技术仍受制于人。因此，在中国成为世界第二大经济体背景下，结合“一带一路”倡议，面对应对气候变化局势、环境保护难题和建设美丽中国等挑战，探讨如何通过完善合理的清洁能源技术转移法律制度，促进引进消化吸收再创新活动，获得自主知识产权核心技术；同时将其与我们拥有的在优势领域开发出原创性的技术通过合理的转移机制，尽快转化为现实生产力，这十分重要。

（二）研究价值

本课题的理论价值和实际应用价值在于：论述清洁能源技术转移与一般技术转移的区别并构建其法律制度，阐明其与落实科学发展观、建设节约型与环境友好型社会及创新型国家的关系；论证根据当下中国的发展现状与趋势，针对基于技术转移一般基本理论而形成的有关法律政策等在清洁能源技术领域难以收到预期的效果等现实，通过研究，笔者认为更为有效的方法是以国际条约与相关国内法律的规定为依据，促进有关国家企业间的合作研发，加强国内各相关机构研发联盟与合作，并及时将研发成果在国内产业化；不论是合作研发还是将科研成果产业化，技术转移都是其核心部分，尤其以在法律制度下将科研成果转移转化为现实生产力最为关键。本课题较为直接的实用价值是有利于贯彻科学发展观，实施可持续发展战略，建设和谐社会，为政府在清洁能源技术转移法律制度构建完善方面提供建议，使其成为中国特色法律制度的重要组成部分，为正确处理经济发展同人口、资源、环境的关系提供一定的参照，同时为企业、高校、科研院所等在清洁能源技术转移、运用等方面提供参考。

（三）研究目标

本课题研究的目标是：论述清洁能源技术的特点及其转移与一般技术转移的不同，说明传统技术转移理论下有关法律规定或政策的不适宜性；通过对现有与环境保护相关的国际条约中关于清洁能源技术转移的规范及我国国内相关法律制度的分析，剖析现有规定之不足及其对实际中的清洁能源技术转

[1] 徐建凤：《中国清洁能源致命缺失：技术成本遭遇瓶颈》，载《英才》2010年9月6日。

移带来的消极影响,探寻问题存在的根本原因及应对环境和气候变化背景下促进清洁能源技术转移的法律路径;最终为我国在国际层面处理清洁能源技术转移法律问题提供建议,在国内层面完善清洁能源技术转移法律制度提供对策。

二、目前国内外研究的现状和趋势

近年来国内专门研究清洁能源技术转移法律制度的专著或作品并不多见,主要有张乃根、马忠法主编的《清洁能源与技术转移》(2011),集中论述清洁能源技术转移的背景、趋势和具体的风能、太阳能和核能等领域技术转移情况。从国内目前涵盖清洁能源技术转移法律制度方面的专著看,多是从国际层面研究技术转移,专门研究国内技术转移法律制度的不多。从国家图书馆搜集到的自1980年以来的46本有关技术转让的专著中,除两本(欧阳光等2007年出版的《技术转让法律实务》及袁嘉2017年出版的《技术转让协议的反垄断规制》〔1〕)论述国内技术转让或技术转让协议外,〔2〕其他(如周子亚,1987;郭寿康,1989;江前良,1995;车丕照等,1999;庾国庆,2000;安丽,2003;张丽娜,2009;徐红菊,2012;蔡声霞,2013;李虹,2016;魏兴民,2017;等等)均为国际层面的技术转移论述,且多限于国际技术转让的一般法律原理、技术转移合同法、管制法和限制性条款等方面的论述,鲜有专门针对清洁能源技术转让的论述。〔3〕 截至2017年年底,集中论述该主题的专著有蒋佳妮女士的《论气候有益技术转让法律协调制度之构建》,〔4〕及袁振华的《气候变化条约下的技术国际转让法》。〔5〕 此外,史学瀛(2000)认为,由于缺乏监督机制,发达国家的技术转让义务只能是一种软性条款,故应建立该机制;〔6〕徐祥民等

〔1〕 具体内容参见袁嘉:《技术转让协议的反垄断规制》,中国政法大学出版社2017年版。

〔2〕 具体内容参见欧阳光、禹芳等:《技术转让法律实务》,法律出版社2007年版。

〔3〕 周子亚:《国际与技术转让》,上海翻译出版公司1987年版;郭寿康:《国际技术转让》,法律出版社1989年版;江前良:《国际技术转让法律与实务》,法律出版社1995年版;车丕照等:《国际技术转让法》,吉林大学出版社1999年版;庾国庆:《国际技术转让法律与实务》,人民法院出版社2000年版;安丽:《国际技术转让法》,中国法制出版社2003年版;张丽娜:《国际技术转让法律问题研究》,华文出版社2009年版;徐红菊:《国际技术转让法学》,知识产权出版社2012年版;蔡声霞:《国际技术转移与发展中国家的技术能力建设》,经济科学出版社2013年版;李虹:《国际技术转移与中国技术引进》,对外经济贸易大学出版社2016年版;魏兴民:《TRIPS约束下知识产权保护与跨国技术转移问题研究:以中国为例》,经济科学出版社2017年版;等等。

〔4〕 蒋佳妮:《论气候有益技术转让法律协调制度之构建》,法律出版社2016年版。

〔5〕 袁振华:《气候变化条约下的技术国际转让法》,吉林人民出版社2015年版。

〔6〕 史学瀛:《国际技术转让法新论》,天津人民出版社2000年版。

(2008)在可持续发展、共同但有区别责任等原则中讨论技术转让。[1] 专门讨论清洁能源技术转移法律问题的论文主要有张乃根(2011)、秦天宝等(2011)和郑照宁等(2003)3篇。第一篇认为我国应依国际惯例和国情,区分专利侵权与合理利用,保障专利技术转让后续研发;适当强制许可使用涉及重大公共利益的清洁能源技术专利;大力推进CDM项目,促进发达国家转让清洁能源技术。[2] 第二篇认为环境技术转让的法律障碍是多层次的,涉及主体是多元的,克服的方法也应是多层次、多元化的。[3] 第三篇认为应利用CDM促进技术转让,并加强引进技术的消化和推广工作,以促进我国自主能源技术的创新和发展。[4] 除此之外,研究清洁能源技术转移的成果多涵盖在一般的技术转移研究中,尤以技术转移中的限制性条款和技术转化方面存在的不足与完善的论述为最多;前者重在指出限制性条款对技术受方的不公平及其法律根源(黄丹,2010)[5]和认定方法(李彦,2009)[6]等,后者重在指出技术转让和转化对经济发展的促进作用以及目前技术流转中存在的问题和相应对策(宋耘等,2007)。[7]

至于其他方面,不同学者从不同角度提出了与本主题相关的一些观点。任虎(2010)认为,发达国家与发展中国家在可持续发展理念的指导下,应进行能源技术转让方面的合作。[8] 宋东林等(2011)提出高校技术转移法律制度构建的设想等。[9] 李树(1999)建议我国应尽快制定统一的《技术转移法》。[10] 周冯琦(2009)认为,清洁能源技术转移的决定因素有能力建设、政

〔1〕 徐祥民等:《国际环境法基本原则研究》,中国环境科学出版社2008年版。

〔2〕 张乃根:《论后〈京都议定书〉时期的清洁能源技术转让》,载《复旦学报》(社会科学版)2011年第1期。

〔3〕 秦天宝、周琛:《国际环境技术转让的法律障碍及其克服》,载《江西社会科学》2011年第2期。

〔4〕 郑照宁、潘韬、刘德顺:《用清洁发展机制促进先进能源技术转让》,载《节能与环保》2003年第6期。

〔5〕 黄丹:《论国际技术转让中限制性商业行为的法律根源》,载《中国经贸导刊》2010年第35期。

〔6〕 李彦:《论国际技术转让许可协议中限制性商业行为的认定方法》,载《政府法制》2009年第22期。

〔7〕 宋耘、曾进泽:《技术体制对企业自主创新程度影响的实证研究》,载《学术研究》2007年第6期。

〔8〕 任虎:《能源促进可持续发展与国际技术转让》,载《探索与争鸣》2010年第12期。

〔9〕 宋东林、付丙海:《高校专利技术转化的法律制度建设研究》,载《科技进步与对策》2011年第12期。

〔10〕 李树:《世纪之交的中国技术转移与经济法律保障》,载《北方论丛》1999年第2期。

策环境、法律制度等。[1] 李威(2009)认为,应在国际层面设立技术开发和转让的专门机构。[2] 姜姝(2012)认为,要推动中美能源新技术合作议题取得进展,核心是要建立技术开发与转让的相关机制,如果博弈双方无法自动实现最优结果,就需要考虑引入国际制度等外部因素,实现一种"制度式均衡",中美应考虑和签署关于清洁能源合作的正式条约,就中国对美开放市场、美国对华技术转让、中美合作研发新技术以及分歧处理措施等内容做出明确规定,有利于稳定两国对彼此的预期和判断,从而实现合作的最优结果。[3] 杜金兰(2013)分析了开放创新清洁技术转移的模式和局限性,提出构建我国清洁技术专利池等设想,并主张对清洁技术可以采用强制许可等措施。[4] 2011年德班会议之后《框架公约》体系下开始运行的技术机制,在促进清洁能源技术转移方面日益发挥重要作用。为此,曹炜(2016)认为,为让其充分发挥作用,需要解决承诺、资金和监督等问题,即需要推动发达缔约方做出有效承诺,加强技术机制与资金机制及报告与审评机制的连接;我国需要充分利用和参与技术机制,推动建立更加高效和公平的国际技术合作框架。[5] 肖意成(2014)认为,协调好TRIPs协议(与贸易相关的知识产权协议)中的强制许可制度之适用是解决目前困境一剂良方。[6] 汪圣钧(2014)认为,美国凭借其占有的大量无害环境技术,逐渐主导了技术开发与转让谈判,极力确立私营部门在无害环境技术转让中的主体地位,并将技术转让方式从"补偿性质的公共技术转让"转变为"政府引导下的私营部门以营利为目的的技术投资合作";他通过分析在美国实施的能源效率中心计划和技术合作协议示范项目(TCAPP),认为美国运用结构性权力限制了发展中国家的选择余地。[7] 韦经建等(2016)认为,目前我国在利用《京都议定书》引入的清洁发展机制(CDM)项目时,总体上存在项目模式单一、技术转移科技含量较低等问题,加之项目制度本身存在的缺陷,以及国内法律法规未能给予有效的指导和规定等诸多问题,未能使

---

〔1〕 周冯琦:《应对气候变化的技术转让机制研究》,载《社会科学》2009年第6期。

〔2〕 李威:《气候友好型技术转让国际法的冲突与协调》,载《南通大学学报》(社会科学版)2011年第5期。

〔3〕 姜姝:《美国对华转让清洁能源技术利好双方》,载《中国经济导报》2012年11月3日。

〔4〕 杜金兰:《促进清洁技术转移的专利法政策研究》,华中科技大学2013年硕士学位论文。

〔5〕 曹炜:《论UNFCCC框架下的技术机制:历史沿革、现状和发展方向》,载《中国政法大学学报》2016年第2期。

〔6〕 肖意成:《气候变化技术国际转让法律机制研究》,湘潭大学2014年硕士学位论文。

〔7〕 汪圣钧:《美国的结构性权力研究——以全球气候治理中的无害环境技术转让为例》,天津师范大学2014年硕士学位论文。

CDM 项目充分发挥可持续性的作用;建议我国加强相关法律法规的环境建设,主要体现为对整体项目结构进行指引、建立技术审查标准、完善相关国内法配套建设等。[1]

在清洁能源技术转移法律制度研究方面,国外与国内相似,专门的论著不多,研究一般技术转让的著作不少。总体上说,对于技术转移而言,西方学者多认为技术转移属于商事活动,是国际贸易的特殊形式,国家不应干涉,它们只需遵循知识产权法、合同法、贸易法等规则;[2] 而发展中国家的学者认为,由于发达国家企业与发展中国家企业的技术、经济实力等有巨大差距,加上长期以来形成的不利于后者发展的国际贸易规则和秩序,后者应当在上述法律之外通过特别的法律制度对技术转移给予一定的引导、鼓励和干预。[3] 与国内不同的是,近年来,国际上研究清洁能源技术转移法律制度方面的学术论文较多。其中较为明显的特征是,他们注重知识产权制度与清洁能源技术转移关系的研究。如巴顿(Barton,2007)认为,许可和参与研发是清洁能源技术转移的主要模式,知识产权制度为多数具有商业价值的技术之运用和开发提供了规制框架,知识产权制度和更为具体的世界贸易组织(WTO)框架下的《与贸易有关的知识产权协议》(TRIPs 协议)在无害环境技术的获得与分享方面没有像健康或营养领域的技术获得与扩散那样提供特殊待遇(措施)或灵活性。此外,获取信息、谈判和得到受知识产权保护技术的高交易成本与界定什么样的内容受到保护及什么内容不受保护的不清晰限制了特定领域的技术扩散和转移,这些限制增加了与信息不对称相关的市场失灵的可能性/潜在性。不过,他通过对清洁能源具体领域(太阳光伏、生物能和风能)的技术特点分析后,认为它们不同于药品技术,相互之间具有一定的可替代性和竞争性,而且同一技术领域不同企业和不同技术领域的企业之间相互竞争,由此易使最终技术的消费者分享到技术带来的利益。因此,知识产权制度对清洁能源技术转移构成的障碍没有在药品领域大。[4] 巴顿还针对不同领域的清洁能源技术与知识产权制度的关系展开深入细致的研究。他认为,在不同领域中,知

---

[1] 韦经建、李若曦:《促进我国 CDM 项目发展的法律路径》,载《兰州学刊》2016 年第 3 期。

[2] 如 Keith E. Maskus and Jerome H. Reichman, *The Globalization of Private Knowledge Goods and the Privatization of Global Public Goods*, Cambridge, 2005。

[3] 如 Surendra J. Patel, Pedro Roffe and Abdulqawi Yusuf (ed.), *International Technology Transfer*, Kluwer Law International, 2001。

[4] Barton, John H., "Intellectual Property and Access to Clean Energy Technologies in Developing Countries, ICTSD Programme on Trade and Environment", *Issue Paper* No. 2, December 2007.

识产权制度对清洁能源技术的影响也有很大的不同；但总体上在以下三个领域的技术中，被授予专利的通常是具体的改进或特征。在光伏领域，发展中国家面对的是有很多进入者的较为宽松的“供不应求”的境况，发展中国家能够进入该产业，如印度的Tata-BP Solar和中国的Suntech等公司。对于生物能技术，知识产权(IP)看来并不阻止发展中国家获得现有技术，巴西、马来西亚和南非等很多国际的生物能技术发展证明了这一点；更为艰难的问题是：将来或第二代生物能技术中的方法、酶或分解木质素的微生物可能被授予专利。当下，最大障碍与贸易壁垒和扭曲相关。风能行业是三个行业中最为集中的代表，然而对能够从无须巨额成本的全球市场获取设备建设风电场的发展中国家而言，该产业具有足够的竞争性；对它们的挑战是进入全球风力电机市场。现有产业领导者因担心由于分享前沿技术而制造出新的竞争者而在技术转移方面显得强硬和犹豫；尽管有这些障碍，中国与印度在过去10年中还是成功地建设了重要的风电场。[1] 巴顿的这些研究对于清洁能源技术转移与相关知识产权制度的探讨而言，意义十分重大。

国际贸易和可持续发展中心(ICTSD，2008)认为，知识产权制度对技术转移而言既是潜在的动力又是潜在的障碍，它在清洁能源技术转移方面的作用尚不清楚，也无一个全面权威的研究来探讨知识产权在不同清洁能源技术转移领域的影响，只是有一种呼声在表明知识产权可能起到副作用；然而，发展中国家可以利用TRIPs协议的弹性条款来促进该类技术转移。[2] 该建议颇为现实，但真正有能力运用相关弹性条款来实现知识产权制度并促进技术转移的发展中国家为数不多，因为对于专利技术之外的专有技术的转让等，单纯的知识产权制度是无法让清洁能源技术转让的目的得以实现的。[3]

Cannady(2009)认为发展中国家获取技术的传统方法(强制许可、专利联盟、专利数据库和结构性自愿许可)不是解决问题的根本方法，原因在于它们是基于技术供方和受方之间恩赐关系而建立的。帮助发展中国家获得清洁能源技术应采取“双叉战略”：一叉是气候变化技术创新战略，即发展中国家应在大学、科研机构等规定气候变化技术研究指标，资助研究者，并引导他们参

[1] Barton, John H., “Intellectual Property and Access to Clean Energy Technologies in Developing Countries, ICTSD Programme on Trade and Environment”, *Issue Paper* No. 2, December 2007.

[2] ICTSD, 2008, “Climate Change, Technology Transfer and Intellectual Property Rights”, http://www.iisd.org/pdf/2008/cph_trade_climate_tech_transfer_ipr.pdf, Jan. 30, 2018.

[3] 相关分析可以参见马忠法：《技术标准与技术许可之关系探究》，载《电子知识产权》2007年第10期。

与全球气候变化技术市场;另一叉是互利技术转移合同,包括一般的技术许可和开发合作协议。[1] 这一观点将技术转移的宏观和微观两个层面的内容均考虑进去了,然而对于"后一叉",要通过平等主体间的合同来让发展中国家实现技术转移的目标,难度很大。[2]

《哥本哈根经济学》(2009)指出,发达国家与发展中国家的专利保护水平在日渐缩小,但发展中国家相互之间的差距却在加大。因此,专利权不可能成为阻碍清洁能源技术转移的障碍,因为专利技术在广大的发展中国家根本没有注册(1998~2008年,少数国家专利申请量占99.4%)。知识产权自身没有构成发达国家向发展中国家转让清洁能源技术的障碍;当地缺乏相应的技术知识、吸收能力和许多其他非技术因素如缺乏适当的市场规模、购买力和获取创新产品资金来源不足等阻碍了发展中国家获得清洁能源技术。[3] 这一研究道出了发展中国家在技术转移中的关键问题,因为技术转移是双向的,如果技术受方没有相应的技术能力和基础,成功的技术转移目标是难以实现的。

艾伯特(2009)认为强制许可不适于清洁能源技术,理由是药品行业依赖于强专利保护,而清洁能源技术则较少依赖;此外,在环境领域,知识产权给发展中国家带来的危险远小于公共健康领域。而且发展中国家仅靠"公平"这一诉求要求发达国家让步是不够的,后者私人部门掌握了大量的清洁能源技术,而其政府不可能"命令"它们转让技术;它们应聚焦于为本国企业和发达国家企业构建互利性的合资经济安排框架,以激励创新和促进具体的技术转移。[4] 持有相似观点的还有Consilvio(2011),他认为强制许可制度在清洁能源技术领域不可行,因为它们的技术可能由多项专利和商业秘密组成,光强制许可一项或某项专利技术,不足以全部获知清洁能源技术的全部信息内容;此外,发展中国家缺乏充分的技术基础,欠发达的国内工业基础以及研发基础,获取产生原材料的途径短缺,这些限制因素的影响超过了知识产权制度的制

---

[1] Cannady, Cynthia(2009), "Access to Climate Change Technology by Developing Countries: A Practical Strategy, ICTSD's Programme on IPRs and Sustainable Development", *Issue Paper* No. 25, ICTSD, Geneva, Switzerland.

[2] 参见马忠法:《国际技术转让法律制度理论与实务研究》,法律出版社2007年版,第152~153页。

[3] Copenhagen Economics and The IPR Company(2009), "Are IPR a Barrier to the Transfer of Climate Change Technology?", 19 JANUARY, www.copenhageneconomics.com.

[4] Abbott, Frederick M. (2009), "Innovation and Technology Transfer to Address Climate Change: Lessons from the Global Debate on Intellectual Property and Public Health", ICTSD, *Issue Paper* No. 24.

约。他认为,专利联盟制度或许可行,因为专利联盟可以合理低廉的价格分享清洁技术专利的机制,它能减少发展中国家获取清洁能源技术时遇到能够阻碍商业化的不明因素的风险。[1] 这些观点有一定的价值,但我们认为"专利联盟可以以合理低廉的价格分享清洁技术专利"这一观点值得商榷。

至于其他方面,柯福德(2005)认为,特定产业(金属加工业)清洁能源技术转移的成功因素包括较为完善的法律制度、顺畅的沟通、培训、清洁技术评估和补贴等,其中,政府在形成技术能力方面起到了巨大作用,而良好的法律制度促使该领域技术达到国际水平。[2] 西尔斯(2008)主张通过清洁发展机制来分析技术转让。[3] 道尼(2012)认为建设东道国与外国合资合作型的清洁能源企业是技术转移的良好途径。[4] 霍尔等(2009)主张绿色技术转移的康庄大道就是私有企业之间的联合项目。[5] 芝克里克(2009)认为发展中国家要采取清洁技术转移审批强制批准制度,建立透明清晰的 CDM 规制框架,改良知识产权的保护,减少金融和限制竞争的壁垒,允许外国公司在国家领土内扩张业务。[6]南达等(2009)主张全球技术获取基金是传播清洁能源技术前途最光明的方式。尽管发达国家政府不能控制由私人企业所有的专利技术,但是政府可以向私人企业支付补偿金,在获取私人企业技术后,向发展中国家转移。可是仅仅让技术能被获取还远远不够,技术的价格会超出许多发展中国家的承受能力,因此还要向这些国家提供慷慨的金融援助。[7] 这些观点对清洁能源技术转移都颇有价值,值得参考和借鉴。

上述研究或采跨经济学、法学、管理学等学科的方式进行,揭示清洁能源技术转移的复杂性和跨学科性,它们为相关法律制度的完善提供了一定的理

---

〔1〕 Mark Consilvio, *The Role of patents in the International Framework of Clean Technology Transfer: A Discussion of Barriers and Solutions*, 3 Intell. Prop. Brief 7, 16 (2011).

〔2〕 Koefoed, Michael, Chris Buckley (2008), "Clean technology transfer: a case study from the South African metal finishing industry", 2000 – 2005, *Journal of Cleaner Production* 16S1S78 – S84.

〔3〕 Seres, Stephen, "Analysis of Technology Transferin CDM Projects", 2008, http://cdm.unfccc.int/Reference/Repo rts/TTreport/TTrep08.pdf.

〔4〕 Kiel Downey, *Intellectual Property Rights and Renewable Energy Technology Transfer in China*, 9 S.C. J. Int'l L. & Bus. 89, 130 (2012).

〔5〕 Bronwyn H. Hall and Christian Helmers, *The Role of Patent Protection in (Clean/Green) Technology Transfer*, 26 Santa Clara Computer & High Tech. L. J. 487, 532 (2009).

〔6〕 Mei Gechlik, *Making Transfer of Clean Technology Work: Lessons of the Clean Development Mechanism*, 11 San Diego Int'l L. J. 227, 286 (2009).

〔7〕 Nitya Nanda& Nidhi Srivastava, *Clean Technology Transfer And Intellectual Property Rights*, 9 Sustainable Dev. L. & Pol'y 42, 69 (2009).

论基础和法律原则；或集中于技术转移具体制度及其运作，具有一定的现实性。它们都颇有价值。但它们对技术转让的根本法律障碍的分析需要深入，提出的一些对策虽具有合理性，但在法律制度完善方面需要加强；此外，针对中国国内的清洁能源技术转让法律制度研究较少。实际上，在清洁能源技术转移方面，在国际层面，发展中国家的要求较为强烈，它们要求发达国家履行有关条约义务，而发达国家避重就轻，不置可否。在国内，各国关心自己清洁能源技术的创新、获取及它们在国内的转让和应用，并都试图完善相应的法律制度。然而，无论是国际还是国内，公共部门与私人部门之间的合作并促进私人部门的积极参与是解决问题的关键。2009 年的哥本哈根协定、2010 年坎昆会议的决定等已经说明了这一点。比较有意思的是，涉及清洁能源技术转移的国外研究多集中于 2007 年至 2011 年这一时间段，在此后研究该问题的论文没有该阶段多，可能与哥本哈根会议及 2012 年后《京都议定书》部分义务终止（特别是关于排放方面的约定）等有一定的关系。

上述研究虽然为清洁能源技术转移提供很好的参考和研究基础，但是在日益严峻的全球环境问题背景下，在国际层面如何使已有的有关国际环境条约中清洁能源技术转移规定在各国得到实施，及在国内层面如何通过完善清洁能源技术转移法律制度来应对环境和气候变化等方面仍留下了很多未决问题，如“清洁能源技术转移与一般的技术转移有何区别或特殊性”“加强知识产权保护可否促使国外私人主体愿意转让技术”“如何通过制度设计激励掌握技术的私人部门转让技术”等议题。此外，关于“当地贸易壁垒对清洁能源产业发展有利还是有害”“可再生能源技术的开发和扩散只是减少来自能源产业排放温室气体挑战的一部分，提高能效也是具有很大改善空间的，其相关技术是否也属清洁能源技术的范围”等，这些都颇有研究的必要和价值。

三、研究内容

基于前面的研究现状概述，本书不是探讨与清洁能源技术发展相关的一切法律问题，而将重点放在与清洁能源产业发展密切相关的技术转移法律问题。它集中于两个节点，即引进国外先进技术以及将我国的自主知识产权的核心技术（包括在此引进基础上的消化吸收再创新的技术及我国原创性的技术）转移转化为现实生产力。它将围绕应对清洁能源技术的国际、国内转移法律制度的建设和完善展开，具体包括以下四个方面：

（一）清洁能源技术的界定、范围及其与一般技术在转移方面的共性与个性

清洁能源技术与清洁技术、无害环境技术、环境友好技术、有益环境技术

等的区别和联系及清洁能源技术的特点等是本书所要重点分析和论述的。本书认为清洁能源技术在转移方面具有可替代性，发达国家与发展中国家起步相似，各国均可发现自己的优势，如光伏电池方面中国有优势，生物质与生物能方面巴西有优势。尽管总体上看，发达国家拥有80%清洁能源技术（如与机械制造有关的设备如风能涡轮机、太阳能高端技术设备、核电技术等多数为发达国家持有），但发达国家与部分发展中国家（如中国、巴西等）技术差距不像其他领域那么大，这潜在地为发达国家与发展中国家企业的合作开发创造前提。

清洁能源技术的特点及其在转移方面的特殊性，使依据传统技术转移理论（技术差距论、技术转移选择论、技术转移内部化理论及技术从属论与适用技术论等）形成的有关法律政策，如给技术供方提供各种优惠条件（以市场或其他资源交换技术、制定专门法规给予税收等特别优惠）和通过提供优惠法律条件鼓励发达国家直接投资来让技术后进国引进先进技术等，在清洁能源技术领域难以奏效。我们必须在应对环境和气候变化背景下找到适合其转移的法律路径和制度。

（二）分析评述现有国际国内清洁能源技术转移法律制度[1]

本书将简要评述与环境保护相关的国际法文件对清洁能源技术转移的规定，分析它们内在的逻辑关系，重点指出它们对环境保护、节能减排所带来的影响、积极作用与实际效果。本书还将评述我国现有相关法律制度及其产生的作用，分析中国从国际社会获取清洁能源技术和在此基础上形成创新能力的现状，评述我国自主原创技术方面的业绩和技术转让法律制度对其形成和扩散所产生的作用。

该部分拟证明以下观点：虽然诸多环境保护条约已生效多年，但现有国际技术转让法律制度的缺陷导致清洁能源技术未能充分转让，发达国家因多数技术掌握在私人手中并未履行义务，发展中国家清洁能源技术总体上依然较为落后；这直接影响了人类共同应对环境问题和气候变化的效果。中国虽在引进和开发清洁能源技术方面取得了一定成绩，但高端清洁能源技术的创新和转移与国家的综合实力和现实需求之间仍有较大差距，中国在科技成果转移领域长期以来存在的转化转让不够充分的现象在清洁能源技术领域也同样存在。但鉴于清洁能源技术的起步较晚、实用性较强，国家扶助、支持力度较

---

〔1〕 由于该部分内容在本书作者2014年由法律出版社出版的《应对气候变化的国际技术转让法律制度研究》一书中的相关章节（参见该书第2章第131～224页）中已经有详细分析，本书只是提纲挈领地对主要内容进行归纳，并对2014年之后出现的新的规定进行分析和论述。

大,可以借鉴美国、德国等发达国家的经验,通过一定的法律制度在研发初始阶段就与产业化结合起来。

(三)研究现有清洁能源技术转移法律制度的不足及其原因,并探究相关理论[1]

在国际层面,分析、研究《能源宪章》、《联合国气候变化框架公约》(以下简称《框架公约》)、《京都议定书》等条约与国际环境保护重要会议[如1972年斯德哥尔摩会议、1992年里约热内卢会议、2002年约翰内斯堡会议、《框架公约》历次成员方大会(COP)、《京都议定书》缔约方会议(MOP)、《框架公约》附属机构会议等]上形成的涉及清洁能源技术转移的《人类环境宣言》《21世纪议程》等国际法文件内容及相关实务活动,指出现有法律制度的缺陷,并探寻缺陷存在的原因与背后的理论根源。

在国内层面,研究分析我国国内现有相关法律制度(如对外贸易法、合同法、专利法、可再生能源法、节约能源法及技术进出口管理条例等)规定之不足、实证中存在的问题及原因。

该部分研究意在说明:从国际法角度看,西方法律制度主导的国际贸易中"私法行为公法化"及多数清洁能源技术掌握在跨国公司等私人手中是技术转让不畅的根本原因,它使有关国家的国际义务无法得到履行。过分注重私人利益保护(如知识产权的过度保护)、所谓民主选举产生政府的西方政治法律制度及一定程度上的以国家为利益单元的无政府国际社会,是阻碍清洁能源技术转移的根本原因,它们与有关条约中规定的技术转让弹性条款相结合使发展中国家在获得清洁能源技术方面进步甚微。《能源宪章》、《框架公约》及《京都议定书》等文件中规定的清洁能源技术转移及《21世纪议程》、《约翰内斯堡宣言》、WTO框架下多哈回合和"巴厘岛路线图"等文件中涉及的清洁能源技术转移规定等未能执行,以及哥本哈根会议、坎昆会议目标未能实现,使现有清洁能源技术转移制度面临更大危机,它们不利于全球性地应对环境和气候变化问题。

就中国而言,国内在清洁能源技术合作开发(也是一种重要技术转移方式,通过合作,从对方获得一定的先进技术)及引进后续研发方面存在诸多不足,如与美国、德国、日本、巴西、印度等在清洁能源合作开发领域仍有很大空

---

〔1〕 由于该部分内容在本书作者2014年由法律出版社出版的《应对气候变化的国际技术转让法律制度研究》一书的相关章节(参见该书的第三章第226~304页)中已经有详细分析,本书只是提纲挈领地对主要内容进行归纳。

间，在引进、消化、吸收再创新方面未收到预期效果；在利用清洁发展机制转让技术方面成效并不明显等；受到长期以来诸多制度、观念上的影响，在国内已经开发的清洁能源技术转移（与产业化密切相关）结果不尽如人意。这些使中国在清洁能源技术领域仍然面对巨大挑战。

（四）中国在清洁能源技术转移法律制度建设和完善方面的对策建议

结合国情及中国在清洁能源技术转移方面的实践，针对上述问题和原因，分析我国在当下经济发展中面对的国内国际压力及在政治、法律制度方面的特点，研究并提出清洁能源技术转移法律制度建设和完善的对策建议。该部分拟提出：面对挑战，中国不可能长期以“历史与现实的公平”及“共同但有区别责任”等为由来应对发达国家的指责和给予的压力，而需依清洁能源技术来化解难题；而中国特定的政治、法律制度有利于其在清洁能源技术转移方面形成优势。为此，可在国内、国际两个层面完善我们的相关制度。

在国内层面，借鉴世界主要发达国家和发展中国家在清洁能源技术发展和转移方面的经验，完善国内技术转移法律制度，制定统一的技术转移法，或协调现有相关规定，促进技术转移。在引进技术方面，制定和完善外商投资产业导向，注重引进清洁能源技术，但不仅仅限于引进，还须有后续研发，形成自己拥有知识产权的核心技术。在清洁能源技术开发和转移方面，突出与有关国际企业的合作研发及清洁能源技术产业化和政府定位等问题，避免出现其他领域存在的研发与市场脱节的现象。在国际层面，抓住发达国家在国际技术转移义务履行方面的“软肋”，依据人类共同利益需求和国家公共职能，提出应将技术转移之义务与国际贸易挂钩，在现有国际条约或国际法文件规定之基础上，完善清洁能源技术转移的国际法律制度，探寻可否形成一个含有类似于 WTO 争端解决机制的国际技术转移制度或可以直接利用 WTO 争端解决机制国际技术转移制度，以促使发达国家的政府承诺与其国内跨国公司等私人部门的技术转移与合作行为一致，促使跨国公司等私人参与到技术转移活动中。

上述对策的目的在于鼓励或迫使私人（特别是跨国公司）参与到清洁能源技术转移活动中，为我国引进清洁能源技术并进行消化吸收再创新创造条件，促进清洁能源技术的转移和扩散。

四、拟突破的重点和难点

（一）本书研究的重点

1. 阐释清洁能源技术转移与一般技术转移的区别及其在法律制度上的反映。论证“私法行为公法化”概念及其理论；指出其意指私人行为披上国家意志的外衣，干预国际贸易，造成对与其交易者不公或阻碍某些交易进行的现象；其实质是以所谓国家利益与其利益的一致性来扩张一己之利，架空政府维护公共秩序和人类利益的职能。

2. 提出并论证阻碍技术转让的主要原因是发达国家跨国公司掌握主要技术及其国内法律制度过度保护私权利的特点使发达国家在技术转让方面的承诺难以实现。为此，应以《能源宪章》《框架公约》等有关规定为基础，完善清洁能源技术转移法律制度，将清洁能源技术转移与国际贸易挂钩，利用 WTO 争端解决机制，或创设类似于 WTO 争端解决机制制度，以促使私人参与到技术转移中。

3. 论证当下中国在清洁能源技术转移法律制度建设和完善的应对策略。在国际层面，抓住发达国家在技术转让国际义务履行不力的要害，获取更多的谈判话语权，倡导完善清洁能源技术国际技术转移制度。在国内层面，完善技术转让法律制度，促进或吸引私人部门（特别是跨国公司等）主动转移技术，或通过合作开发，或以商业方式引进，以利于我国引进消化吸收再创新策略的实现；同时，利用清洁能源技术发展的后发优势，将技术研发与产业化紧密结合，以利于清洁能源技术的转移和扩散。

（二）本书研究的难点

1. 分析、阐释清洁能源技术转移与一般技术转移的区别及论证清洁能源技术国际国内转移不畅的根本原因。

2. 在国际层面，如何构建和完善相关法律制度来促使发达国家以跨国公司为代表的私人部门愿意将其清洁能源技术转移给发展中国家。

3. 我国清洁能源技术转移法律制度完善的路径：是制定统一的技术转移法，还是将有关清洁能源技术转移分布在有关部门法律（如《节约能源法》[1]《环境保护法》《专利法》《合同法》《对外贸易法》等）中更能促进清洁能源技术转移？

五、本书的研究思路和研究方法

（一）基本思路

首先，论述清洁能源技术的定义、特征及其在转移方面与一般技术转移的共性与个性，阐释其转移对环境保护及我国资源节约、环境友好型社会建设的

---

〔1〕 本书中出现的法律、行政法规，如无特别说明，均指中国法律法规，故为叙述简便，在正文中省略“中华人民共和国”字样，特此说明。——编者注

意义；其次，沿着国际、国内两条线索分析现有清洁能源技术转移的法律规定及其不足，探寻清洁能源技术法律制度的形成、发展和存在的问题及原因；最后，以现有条约及我国有关清洁能源技术转移规定为铺垫，以相关国际会议文件及我国技术转让政策等为辅助，以我国在清洁能源技术转移方面的实践为实证参考，提出我国在国际、国内两个层面完善清洁能源技术转移法律制度的设想及其内容，以促进国际国内清洁能源技术能够最大限度地在我国运用，发挥它们的最大效能。总体上沿着国际、国内两条线进行：在国际上如何通过制度安排、据理力争和积极参与，或引进与合作开发，将世界范围内主要清洁能源技术能够通过各种形式转移为我所用，或直接运用，或引进消化吸收再重新开发后运用；在国内及时将开发研究出的清洁能源技术通过转移转化为现实生产力。

（二）研究方法

1. 跨学科研究方法，将政治学、环境科学和法学等学科的相关研究方法和成果结合起来进行综合性研究，其中法学研究是重点和归宿。因为清洁能源技术转移虽是一个复杂、跨学科的综合性活动，但它须以建立在法学范式基础上的制度来保障。

2. 理论研究与实证研究相结合的方法。理论研究将运用国际法的效力根据和“私法行为公法化”等理论，剖解技术转让面对的困境和原因，据此提出完善法律制度的设想。实证研究将分析现有有关技术转让的国际约定、国内法律规定和相关实务，以验证理论观点，帮助找出问题根源，为制度完善提供支持。

3. 比较研究方法。通过历史与现实的纵向比较和同期国际法文件相关规定及有关国家的横向比较，研究技术转让法律制度的发展、流变与规律；分析“私法行为公法化”在国际国内不同阶段的不同状态及表现形式，探寻其内在规律和本质。比较研究的目的在于为本课题提出的应对策略找到基点，提供目标和支持。

六、本书的逻辑结构

本书共有 6 个部分，除引言和结束语之外，有 4 章论述主体内容。

“引言”交代了本书写作的背景、意义、研究重点、难点和创新点等，同时对本书的研究思路、方法和整体的篇章结构也做了简要介绍。

第 1 章“清洁能源技术转移法律制度的基本理论”主要就清洁能源技术的含义、特征等进行了分析，并探寻其转移与一般技术转移之间的区别；结合其含义分析基于传统技术转移理论基础上形成的政策法律等对其的影响等，并阐释其在适应性方面可能存在的问题。随后，分析与清洁能源技术转移相匹配的理论，为后文指出现有制度的问题及其完善打下理论基础。

第 2 章“清洁能源技术转移的国际法规制和中国国内法律制度与政策”对当下清洁能源技术转移的主要国际法规范文件和中国国内法律规范与政策进行了简要梳理，并指出其存在的不足，为后文完善相关制度提供目标和方向。

第 3 章“中国清洁能源技术转移的实践”基于中国的相关法律规定与政策，分析现实中清洁能源技术转移的现状与效果，以验证现有制度的合理部分与有待改进的部分，为中国相关制度的完善提供实证依据。

第 4 章“中国清洁能源技术转移法律制度面对的挑战与完善”在前文分析的基础上，提出中国在国际和国内层面完善清洁能源技术转移法律制度所应采取的措施和相关建议。

“结束语”将全书的主要观点进行了系统总结并提出有待进一步研究的课题。

第一章　清洁能源技术转移法律制度的基本理论

第一节　清洁能源技术转移法律制度的理论背景与前提

一、清洁能源技术转移法律制度的理论背景概述

随着技术等各方面的发展与演进，文明变得越来越复杂，直到最终复杂得难以管理或管理不当，进而可能会导致一个社会或文明的崩溃。[1] 这也是当今人类在面对气候变化、环境污染乃至生存受到威胁时所遭遇的境况。复杂的政治利益、政治目的及私人对财富无止境的追求代替了人类共识，以至于热情、理性、寻求解决应对气候变化路径的专家、学者及各种非政府组织将减少温室气体排放这一控制气候变化至关重要问题的解决过于理想化，认为气候问题既然已经成为全球问题的一个重要议题，是各国及其人民面对的公共问题，各方同心协力、合作解决应在情理之中。

然而，现实并非如此简单。从1992年《框架公约》对各国开放签字以来发生的一切表明，尽管在应对气候变化方面人类做出了种种努力并取得了一定成绩，但仅仅依靠各国的政治努力和国际协定来解决当前的问题看上去难以实现预期目标。事实似乎的确如此。2015年12月落幕的巴黎气候大会，尽管在最后时刻与会各国达成了《巴黎气候协议》（以下简称《巴黎协议》），但它仍然缺少可操作的步骤和有效措施来真正遏制和扭转继续恶化的气候变化，即这个承载了诸多期望的会议并没有取得预期的效果，特别是在环境友好

[1] Joseph A. Tainter, *The Collapse of Complex Societies*, Cambridge University Press, 1988, pp. 37－38, 44.

技术转移和分享方面。[1] 在技术转移应对气候变化的问题上，相关国际法律文件用的词仍然只是遵循“各国自愿”原则。2009 年第 15 次《框架公约》成员方大会（COP 15）最终以一份不具备法律约束力的《哥本哈根协议》草草收场，对于如何有效地实现“减排”及转让环境友好技术，发达国家与发展中国家之间存在巨大分歧。在这些分歧中，发达国家对“环境友好型技术”（“低碳专利技术”或“清洁能源技术”）的控制成为遏制气候变化国际合作进程中最突出的阻碍之一。虽然从《框架公约》、《京都议定书》、“巴厘岛路线图”、《哥本哈根协议》到 2015 年的《巴黎协议》，每份协议都表达了“发达国家应当提供充足的、可预测的和持续的资金资源、技术以及经验，以支持发展中国家实行对抗气候变化举措”的美好愿景；[2] 尽管 2010 年以来，在《联合国气候变化框架公约》（UNFCCC）框架下，经过各方努力，日渐形成的技术机制取代此前的“技术转让专家组”收到了一定的成效；但遗憾的是，至今也没有一份协议能够对“提供技术以及经验”做出具体量化、可以操作的承诺，更没有形成具有法律约束力的制度，技术机制也很难从根本上改变环境友好技术转让不畅这一现象。由于缺乏有效的技术转移的明确渠道及具有较强强制力的落实方案，这些涉及减排、节能或者新能源开发利用的低碳技术一直未能有效转移给发展中国家，以最大限度地发挥它们在减排方面的积极作用。

实际上，在现有的制度下，并非没有便于发达国家向发展中国家转移低碳技术的路径。例如，在 1995 年世界贸易组织成立之前的很长一段时间，知识产权保护并没有像 1995 年之后那样强烈，国际投资体系中的对外直接投资（FDI）制度曾经在一定程度上促进了技术转让，以致落后的韩国、新加坡、“二战”后的日本，以及我国台湾地区等均在一定时间内通过 FDI 从投资方获得了相应的技术，它们在引进技术的基础上进行消化、吸收再创新，创造了亚洲经济的奇迹，很快进入技术先进国家或地区的行列。然而，从 20 世纪 80 年代起，美国由于受到亚洲四小龙等在制造业等领域的挑战，开始出现重专利和知

---

[1] 即便是这样的协定，美国现任总统特朗普都不愿意履行，还声称“气候变化是一个骗局”，美国要退出《巴黎协议》。参见[美]迈克尔·E. 曼恩、苏珊·乔伊·哈索：《特朗普与美国气候政策》，薄锦译，载《光明日报》2017 年 3 月 1 日，第 14 版。

[2] 具体内容在上述每一个国际法文件的“技术开发和转让”中均有规定或论述，但至今也无一个具体有效的、具有可操作性的制度在普遍意义上的实施和履行。

识产权保护时代，除在国内注重科技成果转化、调整国内研发项目权利归属制度[1]之外，在跨国公司等的推动下，日益注重在全球范围内对知识产权的保护；其中，在1986年开始的《关税与贸易总协定》乌拉圭回合谈判中，将与贸易有关的知识产权制度纳入谈判中，最终形成了TRIPs协议，提高了全球知识产权保护水平，加大了技术后进国家获得技术的成本。此外，1995年生效、体现发达国家跨国公司意志的《与贸易有关的投资措施协议》(TRIMs协议)却对发展中国家通过FDI获得技术构成了重大妨碍，对东道国"本地成分"要求的取消直接让发展中国家无法在自己的有关外商投资的法律法规中做出涉及技术转让的强制性规定。[2] 通过以上论述可以理解，WTO成立后为何通过FDI进行技术转让成功的案例鲜有发生。此外，在国际环境保护框架下的清洁发展机制(CDM)也为有关国家进行技术转让提供了一个颇有潜力的渠道；然而，通过CDM转让技术的效果更是差强人意。[3] 当然，他们最冠冕堂皇的理由也是最常利用的借口还是知识产权保护制度。他们认为其国内的私人部门所拥有的低碳技术特别是低碳专利技术，是私人部门投入大量资金、人力等资源历经数年研究开发出来的，是私人部门的私有财产，私人部门对其享有完整的知识产权。为了保护私人部门的权益，鼓励他们继续进行投资研发，以及维护"正当"的市场竞争秩序，低碳技术转移不能突破知识产权保护的框架。这就使各国在技术转让实质问题方面的谈判愈加艰难，即使各国政府在各种条约或协定中承诺向落后国家转让技术，但是如果没有有效的措施促使国内私人部门转让技术或私人部门根本不去落实所谓的国际条约与国内法的规定，[4]落实技术转让行动仍然是一个空想。

当今世界正处在一场政治引爆点和自然引爆点之间的赛跑之中。美国地球政策研究所所长莱斯特·R. 布朗在其撰写的《B模式：拯救地球延续文明》一书中尖锐地指出，所有的目光都遥望着气候会议时，我们却等不起。莱斯特·R. 布朗在发问，我们削减碳排放的速度，可以快到足以保住格陵兰的冰盖、阻

---

[1] 最典型的就是美国在1980年通过了《拜杜法案》，明确了联邦政府资助的研发项目等获取的专利权归研发人员所在的高校、科研院所等，不再属于国家。具体内容参见马忠法：《借鉴美国高校技术转移机制完善我国高校科技成果转化制度》，载《中国高校科技与产业化》2007年第8期。

[2] 马忠法：《国际技术转让法律制度理论与实务研究》，法律出版社2007年版，第121～122页。

[3] 马忠法：《论清洁发展机制在环境友好技术转让方面的问题及其完善》，载《科技进步与对策》(《新华文摘》转载论文摘要)2011年第2期。

[4] 马忠法：《应对气候变化的国际技术转让法律制度研究》，法律出版社2014年版，第321～327页。

止因其融化而导致的海平面上升吗？我们可以迅速地关闭燃煤发电厂以留下喜马拉雅山和西藏高原的冰川，从而维系住亚洲各主要河流和旱季灌溉系统的水源保障吗？我们能够在自然界采取提高死亡率的方式之前，靠自己降低生育率来稳定人口吗？[1] 莱斯特在该书中描述了人类在气候变化下已经和可能带来的种种灾难，让人触目惊心。[2] 显然，这一切都不太可能发生，或者说在一段时期内都不太可能发生，那么只能寄希望于清洁能源技术，试图延缓这种进程。如何转移清洁能源技术，使之在全球内发挥作用，而不是发达国家或者少数企业在"气候经济"中攫取发展中国家利益的工具。本书的出发点正在于此。

讨论清洁能源的技术转移主要基于两个方面的原因：一是传统的化石能源的日渐耗竭及人类发展对能源的更多需求；二是应对气候变化和保护人类环境、生态以促进可持续发展的压力。两者对清洁能源技术都提出了较为迫切的期待，而任何一个国家都不可能研发出我们所需要的一切清洁能源技术，发挥各国所长，并在适当的转移、分享制度下共同应对人类所面临的压力是理智的选择。

二、不可再生能源的日渐耗竭

众所周知，我们现在主要使用的是煤[3]、石油[4]和天然气[5]等化石能源，[6]它们均是不可再生能源，至少需要经过几十万年才可以生成。我们今天的电力来源主要是靠煤等的火力发电，其他领域的能源主要靠石油和天然气等。我们可以想象一下以下情形：在未来的某一天由于人类的长期过度使用，地球上的煤炭、石油、天然气全部耗尽而人类又没有找到新的能源，世界失

---

〔1〕《全球技术改变世界气候变化下的新技术期待》，载《第一财经日报》2010年11月22日。

〔2〕具体内容参见[美]莱斯特·R.布朗：《B模式：拯救地球延续文明》，林自新等译，东方出版社2003年版。

〔3〕煤是植物遗体经过生物化学作用和物理化学作用而转变成的沉积有机矿产，是多种高分子化合物和矿物质组成的混合物。煤是亿万年前大量植物埋在地下慢慢形成的。

〔4〕石油是由生物的腐烂，再经过一系列的化学反应而形成的；现在所使用的石油形成于几百万年至几亿年以前。今天，地球上还在生成石油和天然气，但生成过程缓慢，而且要求一系列的条件都正好具备才可能产生，因此，指望浮游生物等很快变成石油是不现实的。

〔5〕大规模的天然气田需要在高温、密封的条件下发展数十万年甚至上百万年。

〔6〕化石能源是指上古时期遗留下来的动植物的遗骸在地层下经过上万年的演变形成的能源，如煤（植物化石转化）、石油（动物体转化）、天然气等。不能将其误称为"石化能源"，"石化"通常被认为是"石油化工工业"的简称，即它是基础性产业，它为农业、能源、交通、机械、电子、纺织、轻工、建筑、建材等工农业和人民日常生活提供配套和服务，它所依赖的原料主要为石油和天然气。

去主要的能源动力，那会怎么样？你会发现，没有化石燃料的发电、燃烧，我们的生活会寸步难行：夜晚的路上、街上失去了华灯照耀的情景，回到家，房间一片黑暗，因为没有电力供应，灯打不开；汽车无法启动，成为名副其实的一块废铁；电话无法打通，电脑等因为没电连不上互联网，世界将重回靠传统沟通方式时代；无法做饭，因为天然气断供了……整个世界繁华昌盛的经济会瞬间土崩瓦解，股票和证券消失得无影无踪，银行业系统无法运转。有序的社会会突然陷入黑暗和恐慌，犯罪率上升，社会变得再也不安全。在没有足够的替代能源之下，化石能源的消失将会带来一连串无法想象的灾难。

上述想象不会在近期内变成现实，毕竟化石能源并非一下子就消失，它们还能满足人类使用一定的期限。但是作为不可再生能源，其慢慢耗尽却是不争的事实。尽管人类勘探开采这些能源的能力可能在不断增强，新的能源如页岩气也在被不断发现，但坐吃山空、静待这些不可再生能源的日渐耗费而不寻找新的能源，总有一天它们会被耗尽，那时人类怎么办？这就要求我们在开发清洁能源技术的同时，提高现有化石能源等传统能源的使用效率，延长它们的使用期限。下文将以石油为例，探寻其使用的有限性和提高其效能的必要性。

在油田开发初期，石油产量处于上升阶段。当石油累计产量超过最终可采石油储量的一定比例时，石油产量就开始下降，即石油资源要经历“开始—成长—成熟—衰退”几个阶段。在一个油田或者油区内，由于资源的有限性而导致的石油产量的最大值便是石油峰值。研究石油峰值的问题，实际上就是研究石油枯竭的问题。[1]

（一）哈伯特峰值

最早提出石油枯竭的担忧的，是美国著名地质学家马里昂·金·哈伯特博士。哈伯特博士曾为德州休斯敦壳牌石油公司效力，他在地质学、地质物理学和石油地质学方面做出了卓越的贡献。其中，最为卓著的贡献就是“哈伯特曲线”和“哈伯特峰值”。[2] 1956 年在得克萨斯州议会上，他就《核能与化石能源》作了一个报告。该报告精确计算了美国的石油产量并得出了一个令世人震惊的结论。他运用复杂的数学公式计算出了一条钟形曲线（见图 1－1），展示了美国 48 个州的石油开采量曲线图。他预测美国本土的石油产

〔1〕 郑寿春主编：《黑色变局：国际石油金融的交锋》，石油工业出版社 2011 年版，第 237 页。

〔2〕 相关内容参见张抗：《从哈伯特的两次石油峰值预测说起》，载《石油科技论坛》2008 年第 6 期。

量将在 1965 ~ 1971 年达到峰值，随之而来的就是漫长的衰减期。[1]

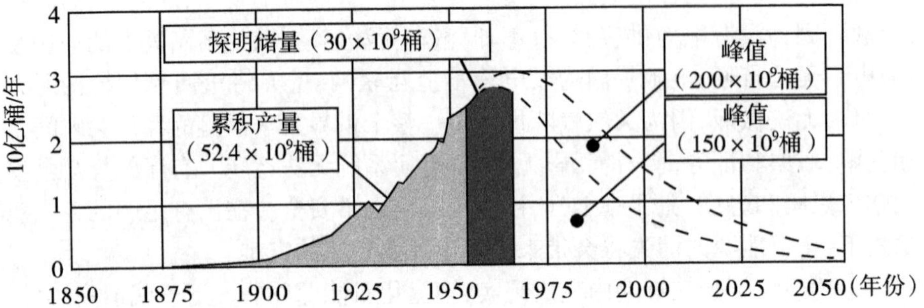

图 1－1　石油峰值

当美国的石油工业正处于一日千里的蓬勃发展状态时，1953 年，地质学家哈伯特大胆预言，美国石油出产量将于 1969 年左右达到顶峰，达到了顶峰之后就会一直下降；这就是他提出的“石油枯竭”理论，此后其言论遭到了许多地质学家的反击。[2] 他们提出，石油枯竭的猜想很早就有人预言过了，但是 20 世纪却发现了巨大的油田，石油行业利润进入了一个高峰期，哈伯特的预言根本就是“世界末日”理论的追随者。事实证明了哈伯特预判的正确性。20 世纪 70 年代，美国的石油产量到达峰值之后一路下降，正如 20 世纪 50 年代哈伯特教授所预测的那样。接下来，美国国内的石油告急，欧佩克组织实行石油禁运，已经严重影响到国家的经济。此时，政府和学界才意识到石油峰值出现的重大影响。这个里程碑的峰值点后来被命名为“哈伯特峰值”。

（二）哈伯特第二次预测

1974 年 6 月，哈伯特教授应邀参加国会环境委员会组织的一场会议。在会议中，他用其调查的数据和推导的公式，对世界石油产量的峰值进行了预测。他认为“以最高 2.1 万亿桶的世界石油平均产出量来算，峰值将出现在 2000 年左右”。《世界地理杂志》在同年引用其观点，表示“石油时代的终结就在眼前”。[3]

世界石油产量的峰值预测并没有应验。事实上，虽然美国地区过了 20 世

---

〔1〕［美］杰里·麦克纳尼、马丁·奇克：《清洁能源发展美国经验与展望》，上海财经大学出版社 2013 年版，第 7 页。

〔2〕赵林等：《王志明石油的生命周期——石油地质学家 Hubbert 石油峰值理论评析》，载《中国石油企业》2005 年第 3 期。

〔3〕［美］杰里·麦克纳尼、马丁·奇克：《清洁能源发展美国经验与展望》，上海财经大学出版社 2013 年版，第 6 页。

纪70年代的石油峰值之后，其石油进口量达到总用量的60%左右。但是，仅从现已探明的蕴量看来，美国之外的其他地区还远远没有达到峰值。美国在20世纪80年代发起的节能运动以及大规模的油田被发现，在哈伯特教授做出预测的30年里，大量的石油勘探和钻井技术使石油开采能耗更少。哈伯特教授后来承认说，其预测并非如水晶球一般能准确探知未来，而是依赖精确的数据。预测的精度与数据密切相关。哈伯特模型具备4个条件：(1)油田数目庞大，哈伯特曲线的严格对称需要相当数量的油田；(2)开采未受到重大的政治经济事件的影响；(3)只考虑油田之间的自然分布，而不考虑国界；(4)不考虑替代能源对石油的影响。[1]

(三)石油峰值研究现状

自20世纪50年代哈伯特教授发表"石油峰值"的演讲之后，石油峰值派和反对派一直争论不休。峰值派具有代表性的学者Campbell教授，曾经在20世纪90年代世界油价普遍处于低迷状态的时候，预测廉价石油时代必将终结。而近10年的高油价验证了其观点。[2] 2003年Campbell教授与美国西雅图能源及人类研究所Richard教授进行合作研究，研究表明，世界44个重要产油国，已经有24个超过了最大峰值。[3] 普林斯顿名誉教授迪菲斯，同时也是哈伯特教授就职的壳牌地质实验室的下属，采用了更为精确的数据进行计算，预测石油产量将在2010年到达峰值。[4] 在石油行业颇具影响力的咨询机构PFC能源认为，虽然石油最大峰值还没有到来，但是也不太远，应在2010~2015年之间到来。[5] 法国石油学院教授皮埃尔认为世界石油将于2020年出现最大峰值。2006年，华盛顿大学专门举办了"石油峰值和环境"的会议来讨论石油峰值问题。美国军方发布的《2010年环境作战报告》中警告，到2030年，全球的石油需求量将高出50%，届时的石油缺口将难以满足人们的需求。[6]

当然也不乏反对者，主要基于以下4点理由：第一，哈伯特模型本身的固

---

[1] 郑寿春主编：《黑色变局：国际石油金融的交锋》，石油工业出版社2011年版，第238页。

[2] 郑寿春主编：《黑色变局：国际石油金融的交锋》，石油工业出版社2011年版，第238页。

[3] 郑寿春主编：《黑色变局：国际石油金融的交锋》，石油工业出版社2011年版，第238页。

[4] [美]杰里·麦克纳尼、马丁·奇克：《清洁能源发展美国经验与展望》，上海财经大学出版社2013年版，第7页。

[5] [美]杰里·麦克纳尼、马丁·奇克：《清洁能源发展美国经验与展望》，上海财经大学出版社2013年版，第7页。

[6] 冯连勇、陈大恩、唐旭主编：《国际石油经济学》(第2版)，石油工业出版社2009年版，第87页。

有缺陷,并不能很好地反映现实。例如,2004 年 5 月,《科学》杂志指出石油最大峰值可能是虚假的警报,石油时代还远远未结束。哈伯特模型具有本身固有缺陷,并未考虑到技术进步等因素。第二,石油储量数据一直在增加,并未出现明显的下降趋势。第三,新兴开采技术和节能技术的出现。第四,非常规石油能源的发现。[1] 通常,峰值的计算会忽略掉很多特殊的原油储备,比如加拿大艾伯塔地区的油砂、委内瑞拉的重油带以及大量难以开采的页岩油。[2]

石油峰值是否到来还未有定论,或许需要几年之后世界石油开采量明显减少之后我们才能意识到此问题。或许我们此时就像泰坦尼克号刚开始沉没时候的乘客,对已经到来的危险还不以为然,视而不见。无论如何,一个不能否认的现实是以石油为代表的、不可再生的化石能源的总量随着人类工业革命以来的工业化建设等在日趋减少,我们的后代将面对该方面能源不够丰裕的状况,[3] 如果不能发明或创新出清洁能源技术,这种状况迟早会危及人类的生存和发展。因此可以说,哈伯特模型给我们一个警告:石油等化石能源时代终将终结,并且他给我们提供了一个相对明确的时间,我们要做的便是在这个预言真正到来前,采取行动改变能源结构,减少对化石能源的依赖,那就是开发和分享更多的清洁能源技术。

三、全球气候变暖加剧对化石能源使用的限制

气候变化是当今人类社会面临的重要挑战之一。近年来,酷暑、极端干旱、洪涝事件频发,应对全球气候变化逐渐成为各国经济社会发展的重要任务。

1998 年联合国大会讨论了马耳他提出的"气候是人类共同财富的一部分"的议题,会议通过了"为当代人和后代人类保护全球气候"的联合国大会 43/53 号决议。[4] 根据该决议,联合国环境署和世界气象组织专门委员会成立了联合国政府间气候变化专门委员会(IPCC),[5] 专门研究气候变化影响

---

〔1〕 冯连勇、陈大恩、唐旭主编:《国际石油经济学》(第 2 版),石油工业出版社 2009 年版,第 80 页。

〔2〕 美国卓越制造协会:《绿色制造企业如何实现可持续发展》,人民邮电出版社 2010 年版,第 105 页。

〔3〕 参见《全球石油、天然气、煤炭能开采多少年》,载《实用汽车技术》2007 年第 4 期。根据《BP2014 世界能源统计》的数据,三大化石能源将在 100 年以内被耗尽。

〔4〕 朱文奇:《现代国际法》,商务印书馆 2013 年版,第 343 页。

〔5〕 英文全称是 Intergovernmental Panel on Climate Change。

与对策。其主要任务是对气候变化科学知识的现状、气候变化对社会和经济的潜在影响以及适应和减缓气候变化的可能对策进行评估。IPCC 本身并不从事具体的气候科学研究，而是由数千名科学家对全世界每年数千篇已经出版并且通过详细审查的气候变化文献做出评估，每 5 年做一次《评估报告》。其下设 3 个工作组和一个专题组：第一工作组评估气候系统和气候变化的科学问题；第二工作组评估社会经济体系和自然系统对气候变化的脆弱性、气候变化正负两方面的后果和适应气候变化的选择方案；第三工作组评估限制温室气体排放并减缓气候变化的选择方案。

迄今为止，IPCC 共发布了 5 次报告。第 6 次报告正在形成之中，其初步提纲于 2017 年 9 月经 IPCC 第 46 次会议讨论并一致同意通过，报告预计于 2022 年完成。[1] 事实上，每一次 IPCC 评估报告的发布都对气候变化国际应对的进程起到了重要的推动作用，为联合国及国际社会一系列的应对气候变化的国际法文件（含条约、宣言、决议等）的制定提供了坚实的科学依据，为相关协议的生效产生积极影响。例如，1990 年 IPCC 第 1 次评估报告发布后催生了《框架公约》；1997 年 IPCC 第 2 次评估报告发布后带来了《京都议定书》；2001 年 IPCC 第 3 次评估报告的发布促使《京都议定书》于 2005 年生效；2007 年 IPCC 第 4 次评估报告发布后，全球社会对气候变化都有了更全面的认识，同年在 COP13 上通过了"巴厘路线图"；2013 ~ 2014 年，IPCC 发布的第 5 次评估报告催生了 2015 年的《巴黎协议》。

下文将主要对第五次报告的内容进行详细介绍。

（一）气候变化的现状

最新报告显示，全球气候变化要比原来认知的严重得多，主要表现在：（1）气候变暖。1880 ~ 2012 年，全球海陆表面平均温度呈线性上升趋势，升高了 0.85℃；2003 ~ 2012 年平均温度比 1850 ~ 1900 年平均温度上升了0.78℃。在 1951 ~ 2010 年，温室气体的排放贡献了地表平均温度升高中的 0.5 ~ 1.3℃。2012 年，全球二氧化碳、甲烷和氧化亚氮年均浓度分别达到 393ppm（百万分比浓度）、1819ppb（十亿分比浓度）和 325ppb，分别比工业革命（1750 年）前增加了 41%、160% 和 20%，达到历史的最高值；虽然相较于 2008 年有所下降，但是仍然比 2010 年上升 5%。数据显示，大部分的温室气体排放来自于发展中国家，而其中亚洲整体排放量所占比重越来越多。2011 年全球

[1] "IPCC agrees outlines of Sixth Assessment Report", http://www.ipcc.ch/news_and_events/PR17 – IPCC46_Press.shtml., Jan. 25, 2018.

“六大温室气体排放主体”分别为：中国（29%），[1] 美国（16%），[2] 欧盟（11%），印度（6%），俄罗斯（5%），日本（4%）；[3] 2014 年和 2015 年分别是：中国 28.06% 与 28.13%，美国 15.99% 与 15.46%，欧盟 9.97%（2014），印度 6.23% 和 6.40%，俄罗斯4.53% 和 4.55%，日本 3.67% 和 3.54%。[4] （2）冰川融化，降雪减少。冰川融化的速度也比 20 世纪加快了数倍。在 1992 年到 2011 年之间，格陵兰岛和南极的冰川大量融化，几乎全球所有的冰川都在持续缩小。在 1979 年到 2012 年之间，北极的海冰以每 10 年 3.5% 到 4.1% 的速度在减少。北半球的降雪覆盖范围也在持续性减小。[5] 自 20 世纪 80 年代初以来，大部分地区的冻土层的温度都在升高并且已经改变了积雪覆盖的范围。（3）海平面上升。海洋是气候体系中调节能量的重要机制。1971 年到 2010 年之间，海洋存储了 90% 的能量，而在空气中则不到 1%。海洋表层及以下 75 米，从 1971 年到 2010 年之间，每 10 年增加 0.11℃。海水的变暖扩张引起了海平面的上升。1901 年到 2010 年之间，全球平均海平面上升了 19 厘米。19 世纪到现在的海平面上升的速度，已经远远超过 19 世纪之前的两千年中海平面上升的平均率。（4）极端天气频发。澳大利亚遭遇罕见高温，洪水大风灾害袭扰欧洲。厄尔尼诺现象、飓风、海啸、极端干旱等，无一不时刻威胁着人类的生命。

（二）气候变化的原因及影响

人类活动被认为是气候变暖的主要原因，化石燃料燃烧和工业化贡献了

---

〔1〕 2014 年中国实际 CO_2 排放量是 908696 万吨，占全球 3238100 万吨的 28%，与 2011 年相比，降低了 1%，说明中国政府的积极努力产生了一定的效果，而美国依然占全球的 16%。See “Key World Energy Statistics 2016”，at http://www.iea.org/publications/freepublications/publication/KeyWorld2016.pdf, pp. 49－56.

〔2〕 2014 年美国实际 CO_2 排放量是 517621 万吨，占全球 3238100 万吨的 16%。See “Key World Energy Statistics 2016” and “Key World Energy Statistics 2017”, http://www.iea.org/publications/freepublications/publication/KeyWorld2016.pdf, pp. 49－56, and https://www.iea.org/publications/freepublications/publication/KeyWorld2017.pdf, pp. 59－69.

〔3〕 IPCC, *Summary for Policymakers*, *Climate Change* 2014: *Mitigation of Climate Change*. Contribution of Working Group Ⅲ to the Fifth Assessment Report of the Intergovernmental Panel on Climate Change, http://www.ipcc.ch/report/ar5/index.shtml.

〔4〕 See “Key World Energy Statistics 2016”, http://www.iea.org/publications/freepublications/publication/KeyWorld2016.pdf, pp. 49－56.

〔5〕 IPCC, *Summary for Policymakers*, *Climate Change* 2014: *Mitigation of Climate Change*. Contribution of Working Group Ⅲ to the Fifth Assessment Report of the Intergovernmental Panel on Climate Change, http://www.ipcc.ch/report/ar5/index.shtml.

78%的温室气体并且在持续增长，而温室气体则是全球气候变化的元凶之一。[1] 大气中的温室气体和气溶胶浓度，地表覆盖率和太阳辐射的变化改变了全球气候系统的能量平衡。自工业革命以来，从1970年到2004年之间，因为人类活动所排放的气体增长了70%，其中二氧化碳年均排放量增加了80%。二氧化碳和气溶胶的浓度增减的主要原因在于化石燃料的燃烧和土地利用方式的改变。报告将气候变暖归因于人类活动所排放的温室气体也是IPCC历次报告不断修正的结果。1990年第1次报告称“近百年气候变化可能是自然波动，或人为活动，或二者共同影响的结果”；到1995年第2次报告时，人类活动对地球气候系统的影响已经可以“被检测出来”；2001年第3次报告则以“新的更强的证据表明，过去50年增暖可能归因于人类活动”；2007年的第4次报告将这种可能性由2001年的66%提升到90%以上。[2] 而2014年的第5次报告则确定了人类活动是致使气候变暖的最主要原因。

根据第2组报告《影响、适应和脆弱性》的预测，未来温室气体持续排放将导致气候继续变暖，进一步放大自然生态系统和人类社会面临的风险，还可能产生新的风险。例如，高温和暴雨事件将增多，干旱程度将加剧，威胁各国粮食、水资源和能源安全，并可能引发饥荒、气候移民和社会动荡。[3]

（三）适应和减缓气候变化的路径

IPCC认为，减缓气候变化和适应新气候是人们应对气候变化的两条基本路径。适应的短期效果更为显著，减缓路径则是通过调整产业和能源结构、节约能源提高能效、增加碳汇等方式减少温室气体排放，将在中长期发挥更为重要的效果。[4]

第3组报告《减缓全球气候变化》认为，当前有多种减缓途径可促使在未

---

〔1〕 IPCC, *Summary for Policymakers*, *Climate Change* 2014: *Impact*, *Adaptation and Vulnerability*. Contribution of Working Group Ⅱ to the Fifth Assessment Report of the Intergovernmental Panel on Climate Change, http://www.ipcc.ch/pdf/assessment-report/ar5/wg2/ar5_wgII_spm_zh.pdf.

〔2〕 韩良：《国际温室气体排放权交易法律问题研究》，中国法制出版社2009年版，第14页。

〔3〕 IPCC, *Summary for Policymakers*, *Climate Change* 2014: *Mitigation of Climate Change*. Contribution of Working Group Ⅲ to the Fifth Assessment Report of the Intergovernmental Panel on Climate Change, http://www.ipcc.ch/report/ar5/index.shtml.

〔4〕 参见张晓华：《IPCC第五次评估第二组工作报告主要结论解读》，载国家应对气候变化战略研究和国际合作中心内容：http://www.ncsc.org.cn/article/yxcg/yjgd/201404/20140400000853.shtml，2018年1月30日最后访问。

来几十年实现大幅减排。在“长期减缓路径”中提出了“2℃控温目标”，[1]大幅减排是将升温限制至2℃所必需的。科学家担心，缺乏新的二氧化碳减排计划会导致灾难性的天气变化，全球气温很有可能上升3~4℃。如果气温升高2.5℃，全球所有区域都可能遭受不利影响，发展中国家所受损失尤为严重。如果气温升高4℃，则可能对全球生态造成不可逆转的损害。

发展清洁能源被视为适应和减缓天气变化的有效路径。该报告“部门和跨部门减缓路径”中用了两个部分着重强调了能源对于减缓路径的重要性。天然气以及核能替代传统能源煤炭，减少了大量的温室气体排放。而新技术如碳捕获和储存(CCS)以及生物能源可能是未来能源供给来源。[2]

在IPCC第5次工作报告发布过程中，世界经济、能源、温室气体排放、技术、全球气候治理等战略格局经历着深刻调整，而新一轮国际气候谈判也正在进行。报告对于实现“2℃温控目标”所要求的排放空间和未来减控排目标给出了更清晰明确的估计，为实现该目标，发展清洁能源与有效的技术转移将会是各国应对气候变化以及应对气候变化国际合作的重要议题。

第二节 清洁能源技术的基本概念及其分类

一、清洁能源技术产生的背景

能源是世界文明存在和发展的根本依赖。关于能源的定义，目前约有20种。例如，有人认为：“能源，从物理的角度看，是做功的能力，是可从其获得热、光和动力之类能量的资源；它可能存在于潜在的、动能的、热的、电的、化学的、核的或其他各种形式中”；[3]《大英百科全书》中提到“能源是一个包括着所有燃料、流水、阳光和风的术语，人类用适当的转换手段便可让它为自己提供所需的能量”；《日本大百科全书》中提到“在各种生产活动中，我们利用热能、机械能、光能、电能等来做功，可利用来作为这些能量源泉的自然界中的各种载体，称为能源”；我国的《能源百科全书》中提到“能源是可以直接或经转换提供人类所需的光、热、动力等任一形式能量的载能体资源”。我国《节约

[1] 2015年COP 21再次确认了这一目标是不容撼动的，人类必须向其努力。

[2] IPCC, *Summary for Policymakers. In*: *Climate Change* 2013: *The Physical Science Basis.* Contribution of Working Group Ⅰ to the Fifth Assessment Report of the Intergovernmental Panel on Climate Change, http://www.ipcc.ch/report/ar5/wg1/, Jan. 30, 2018.

[3] See “Energy”, https://www.britannica.com/science/energy.

能源法》将能源定义为“煤炭、石油、天然气、生物质能和电力、热力以及其他直接或者通过加工、转换而取得有用能的各种资源”。[1] 可见，能源是一种呈多种形式的，且可以相互转换的能量的源泉。确切而简单地说，能源是自然界中能为人类提供某种形式能量的物质资源。人类使用能源的能力是随着技术的发展而不断提升的，从过去的植物燃烧到后来的煤、石油、天然气再到核能及今天诸多的可再生能源等。人类进步的每一个脚印均留下了能源使用技术发展的印记。但与能源使用相伴而生的是其可能带来的负面作用，如煤、石油等常被认为是传统能源，其带来的环境污染物质、温室气体等在没有进行处理直接排放到周边环境中已经让人类尝尽苦头；核能源使用存在的风险让人类如履薄冰，1979 年美国三里岛核事故、1986 年乌克兰切尔诺贝利核事故和 2011 年日本福岛核事件等让人们对之持高度警觉的态度。开发和利用没有任何负面影响的新能源（可再生能源）是人类进一步发展的必需。

简言之，能源是指可产生各种能量（如热量、电能、光能和机械能等）或可做功的物质的统称，它能够直接取得或者通过加工、转换而取得，包括煤炭、原油、天然气、煤层气、水能、核能、风能、太阳能、地热能、生物质能等一次能源和电力、热力、成品油等二次能源，以及其他可能随着新技术的发展而出现的新能源和可再生能源。

人类社会经历了两次工业革命，都与能源变革性利用密切相关。第一次工业革命发生于 18 世纪中叶，以瓦特发明的蒸汽机为代表的机器工业代替了传统手工业，人类开始进入“蒸汽时代”，煤炭和浓烟成为这个时代不变的风景。第二次工业革命发生于 19 世纪，人类开始将煤炭等一次性能源加工转化成为能源产品“电力”，奠定了以化石能源集中式利用为特征的传统能源生产与消费模式。

然而，化石能源的大规模应用带来了负面效应，也给能源的利用方式提出了新的挑战。首先，现代化过程中各国过于依赖化石能源等，两次石油危机以及因能源所引发的武装冲突和局部动荡威胁着世界的和平与安全；可以说，“二战”以后中东地区一直是世界上不稳定的区域，冲突不断，争夺石油的控制权是主要原因之一。其次，化石能源燃烧产生大量温室气体和污染物，对于生态环境造成了严重的破坏。全球变暖、各种动物的消失及周边自然环境的污染与破坏已经成为人类面临的共同问题。最后，被视为“安全”“零排放”的

[1] 参见《中华人民共和国节约能源法》（2016 修正）第 2 条。

核电在经历了1986年切尔诺贝利核电事故和2011年日本福岛核事故等灾难之后,让人类更加小心翼翼地对待它,许多国家都暂缓发展核电的计划。在此种背景下,国际社会更加呼吁建立一种安全、高效、绿色、低碳的新能源体系。

而针对气候变化、全球变暖的现状,国际社会也不断做出努力,积极促进各种国际环境会议的召开。例如,斯德哥尔摩国际环境会议、里约热内卢环境峰会、里约"20+会议"等。各国在这些重大会议上也就气候变化问题进行磋商和洽谈,努力制定出能够治理当前严重且不乐观的气候变化、环境污染、物种消失等问题的多边国际环境条约等。这些国际环境峰会和专门的国际条约均涉及环境友好型技术以及技术转让问题。[1]

清洁能源技术就是在此种背景下得到了人们的普遍关注。趋势学家杰里米·里夫金[2]帮我们设想了未来的能源体系将由数以万计的人们在自己家中、办公室生产"绿色能源"再通过"能源互联网"进行交易。[3] 这种能源体系依托的是清洁能源和互联网相耦合的智慧能源技术。当然,这种"合作分享型"未来的能源模式似乎离我们还太过遥远。而现实是,化石能源正在逐渐耗尽。因此,发展清洁绿色能源已经成为共识,但是清洁技术的转移和扩散却步履维艰。各国已经意识到化石能源匮乏所带来的风险,开始不同程度地着手发展有本国优势的清洁能源。比如,丹麦的地热技术、巴西的生物质能技术、中国的风能和太阳能薄膜技术等,已经在世界上享有较高声誉。如果能够借助于较好的技术转让或分享法律制度来分享、传播和广泛利用它们来保护环境、应对气候变化,将是人类巨大的福音。

在深入研究清洁能源技术及其转让问题之前,我们应该首先明晰清洁能源技术及与其相关的概念的内涵及其分类,以便于进一步的探讨。

---

〔1〕 马忠法:《应对气候变化的国际技术转让法律制度研究》,法律出版社2014年版,第131~179页。

〔2〕 杰里米·里夫金,美国经济社会评论家、演说家、美国经济趋势基金会主席,曾出版19部畅销著作,内容与科学技术变化对经济、劳动力、社会以及环境的影响有关。他的作品已被译成超过35种语言,为世界数百高校、企业及政府部门所用。杰里米最新作品包括纽约时报畅销书《第三次工业革命》《移情文明》《氢经济》《欧洲梦》等,最新著作是《零成本社会》。里夫金是欧盟第三次科技革命长期经济可持续性计划的主要倡导者,该计划旨在解决全球经济危机、能源安全与气候变化三重挑战。参见柴莹辉:《杰里米·里夫金:中国可能引领第三次工业革命》,载《中国经营报》2013年9月23日。

〔3〕 [美]杰里米·里夫金:《第三次工业革命——新经济模式如何改变世界》,张体伟、孙豫宁译,中信出版社2012年版,第34页。

二、清洁能源技术概念的界定及其分类

（一）与清洁能源技术相关的几个概念

在许多国际环境会议或专门的应对全球气候变化的国际条约等文件中，与环境保护相关的术语除清洁能源技术之外，还有无害环境技术（environmentally sound technologies，EST）、环境友好型技术（environ-mentally-friendly technologies，EFT）、有益生态技术（eco-friendly technologies）或清洁技术（clean technologies）等，它们与清洁能源技术有联系也有区别，下文将会进行具体分析。在能源领域，与清洁能源技术相关的名词还有很多，如低碳技术、新能源技术、可再生能源技术等。在中国官方文件中，可再生能源技术、新能源技术与清洁能源技术也常互换使用。本书先就几个重要概念做一点分析，然后重点分析清洁能源技术的含义及其分类。

从诸多文献表述来看，无害环境技术（EST）、环境友好技术（EFT）及有益环境技术应是同一个概念；不过，由于历史的原因，国际条约或其他国际法文件中使用较多且进行过明确界定的是"无害环境技术（EST）"。它意指与被其取代的技术相比，它们污染较少，利用资源的方式比较能够持久，废料和产品的回收利用较多，处置剩余废料的方式比较能够被接受。它们包括所有能改善环境状况的技术，如保护环境技术、减少污染的技术、可持续方式使用资源的技术、循环使用废品或产品技术。它们不是指"单个技术，而是指包括专有技术、方法、产品、服务、设备及组织化和管理化程序的整个系统"。就污染方面来说，环境友好技术是产生废料少或无废料、防止污染的"加工和生产技术"。环境友好技术应与国家确定的社会经济、文化和环境优先事项相符。[1] 这些技术除了可再生能源技术之外，具体还有整体煤气化联合循环反导系统（IGCC）技术、碳捕捉和封存技术及下一代核技术等。[2] 环境友好技术（一个快速成长的领域）意指聚焦于利于地球的新的科学技术方法，有人认为等同于绿色技术，旨在保护我们的自然资源，涉及新技术的开发与现有技术的改

---

〔1〕 See Chapter 34 of Agenda 21, http://www. unep. org/Document. Multilingual/Default. asp?DocumentID = 52& ArticleID = 84&l = en. 中文翻译转引自马忠法：《应对气候变化的国际技术转让法律制度研究》，法律出版社 2014 年版，第 23 页。

〔2〕 See S. Pacala, R Socolow, "Stabilization Wedges: Solving the Climate Problem for the Next 50 Years with Current Technologies", *Science*, Vol. 305, 13 August, 2004.

进;[1]但目前国际法律文件中鲜有对其进行明确的界定。有益环境技术(清洁技术)指通过能源效率和有害废弃物减少等方式保护环境的技术。[2] 从概念以及涵盖的范围来看,无害环境技术(EST)、环境友好技术(EFT)、有益环境技术和清洁技术基本上是同一个概念,只是称谓有所差异而已,而清洁能源技术的范围要小于它们,因为从EST、清洁技术等所囊括的范围来看,既包括了清洁能源技术,又有清洁能源技术所没有包括的内容。例如,发展可持续绿色交通和供应于建筑的新材料等。还有学者认为,清洁技术是指使用有限的或非不可再生资源所提供的价值、和传统资源相比产生废物大量减少的任何产品、服务或方法。[3] 从这一层面上看,清洁能源技术是清洁技术等前述术语的一部分。不过,作为下位概念,在诸多国际会议和国际条约中所规定的无害环境技术的有关内容,在绝大多数情况下同样适用于清洁能源技术。

(二)清洁能源技术的基本概念

1. 清洁能源与清洁能源技术

清洁能源是一个内涵和外延非常丰富的概念。根据属性,可以分为自然能源与非自然能源;根据排放程度,可以分成零排放能源与低碳能源。它一般意指不排放任何污染物、能够直接用于生产生活的能源(有人称为"绿色能源")。清洁能源技术含义简洁明了,即在生产、使用过程中不污染空气、土地以及相关河流、湖泊和海洋等生态系统的能源技术形式;实际上除了这部分外,还有一部分涉及传统化石能源使用技术的完善与低碳化,如洁净煤使用技术、提高化石能源使用效率的技术等。简言之,它是指在可再生能源及新能源、煤的清洁高效利用等领域开发的有效控制温室气体排放或减少甚或避免对环境有所损害的新技术。

通过上文对"清洁能源"与"清洁能源技术"两个概念所做的介绍可以看出,二者虽然有密切关系,但又有所不同。其实,"清洁能源"的说法可能不够准确,因为"能源"无所谓"清洁"还是"不清洁",只不过有些能源容易产生污染,如煤、石油等;有些不容易产生污染,如太阳能、风能、水能等。人们常将后

---

〔1〕 See "What is Environmentally Friendly Technology?", http://www.wisegeek.com/what-is-environmentally-friendly-technology.htm.

〔2〕 See "What Is Eco-friendly-technology", https://www.mnn.com/green-tech/computers/stories/what-is-eco-friendly-technology.

〔3〕 Ron Pernick and Clint Wilder, *The clean tech revolution: discover the top trends, technologies, and companies to watch*, New York, NY: Harper, 2008, p. 2.

者称为"清洁能源",即对环境友好的能源或其开发、使用对环境无污染的能源,它包括可再生能源和其他新能源,其特点有环保、排放少、污染程度小等;可再生能源是指消耗后可得到恢复补充、不产生或极少产生污染物的能源,如太阳能、风能、生物能、水能、地热能、氢能等。

然而,即使对于煤、石油等,只要技术得当,也会产生减少排放的结果(如人们正在开发的洁净煤技术等),而对于太阳能、风能等不恰当使用,也会带来负面影响,如太阳能开发所使用的太阳能电池本身的生产过程及生命周期满了以后的处置等,也都会对环境带来不利影响。问题的关键在于"如何使用"这些能源及"如何处置相关废弃物"等,而这些问题的解决无疑需要相应的技术。因此,"清洁能源"的概念是相对的,但"清洁能源技术"是绝对的,我们需要有更多的清洁能源技术,以帮助人类解决工业革命以来,煤炭和化石燃料造成二氧化碳大量排放,全球气候变暖及其他人类面对的环境问题。人们为寻求能耗少、效率高的新能源,将这类能源总称为"清洁能源",以便与传统高排放、高污染的石化能源区分开来。国际社会上使用"清洁能源"的频率小于"清洁能源技术"。就两个词的使用而言,多数场合中人们将二者混同使用,说到"清洁能源"就是指"清洁能源技术"。但实际上二者之间有着严格区别:"清洁能源技术"涵盖的范围大于"清洁能源",因为它还包括了与"清洁能源"不相关的传统化石能源洁净使用的技术等。在本书中,我们一般使用"清洁能源技术";如果在某些地方使用了"清洁能源",则需要根据上下文判断它的具体含义。

随着人类创新能力的不断提升,新的能源的开发和使用会不断涌现。如页岩气是一种和天然气相似的气体,是地球上储量非常丰富的能源之一,但在页岩气开采技术成熟以前,因为其昂贵的开采成本,并不能称之为能源而仅能将其视为一种可燃烧的化学物质。但随着技术的发展,页岩气成为一种具有很大潜力的能源。对于这种开采使用新能源的技术可否算作"清洁能源技术"?对"清洁煤技术"是否可以属于清洁能源的一个种类,目前也是存在争议的。那些专门从事环境保护和环境工程研究的学者认为,清洁能源应该是零污染或者是低污染的能源,清洁煤技术只是将污染转移,而转移污染并没有在本质上消除污染,煤炭能源本质上并不是一种低污染的能源。但是本书认为清洁煤技术也是清洁能源技术的一种,下文探讨的"清洁技术"将具体阐述这一论断的原因。

2. 能源技术以及清洁技术

当提及清洁能源技术时,人们总是很难给这个词语下一个准确的定义,我们不妨从能源技术及清洁技术的角度来理解这一概念。

对于能源技术，国际能源署[1]每年都会在其发布的《世界能源展望》或《能源技术展望》中使用"能源技术"一词；该词的英文表达为 energy technology，目前对其没有确切的定义，但是从国际能源署 2015 年所发布的《能源技术展望》中，可以知道其大概含义。该报告写道："技术在保证充足和承受得起的能源供应以及较低的二氧化碳排放中有多大贡献？保证会有什么样的能源技术呢？在 2005 年的鹰谷峰会上，八国集团领导人共同面临这些问题，并决定下决心紧急行动起来。他们要求国际能源署就安全而清洁的能源未来提供情景和战略建议。《能源技术展望》就是对这一要求的回应。这一创新性工作显示了到 2050 年的一系列全球性情景中有多少技术可以改变现状。本报告详细评述了在发电、建筑、工业和交通领域的关键能源技术。评价了世界上增加能源安全、遏制二氧化碳排放增长的一系列已有的和正在出现的技术方式。其中考虑的主要战略因素是能源效率、二氧化碳的捕捉与封存、可再生能源、核电。当未来确实有技术保证，为了能源安全和环境，如果我们需要发挥当前和正在出现的技术潜力并减少对化石燃料的依赖程度，那么我们现在必须行动。"[2]国际能源署在历年的《能源技术展望》中都会对最近一年的能源技术进行总结。[3] 通过阅读这些报告等出版物，我们不难发现，能源技术其实就是一种使能源利用效率提高并且减少二氧化碳排放的技术，在某些层面上也会与清洁能源技术的范畴有所重叠。因此，从这一意义上说，我们可以将清洁能源技术视作将能源进行清洁化利用的技术。

在国际能源署 2015 年的《能源技术展望》中，提到"发现能源技术创新是实现气候变化减缓目标的核心所在，同时也是实现经济发展和能源安全目标的重要支撑。推广经验证的经济合算的技术将最终使能源体系转型成为可

---

〔1〕 国际能源署（IEA）是一个自治机构，创立于 1974 年 11 月。其在过去和现在都具有双重使命：通过对石油供应的实际中断做出集体响应来促进其成员国的能源安全；为其 28 个成员国及其他国家提供确保可靠、廉价的清洁能源供应方法的权威研究和分析。国际能源署在其成员国之间开展全国的能源合作计划，每个成员国都有义务持有相当于其 90 天净进口的石油库存。国际能源署的目标是：确保成员国获得可靠、充足的各种形式能源供应，特别是在石油供应中断时要通过维持有效的应急响应能力来实现；促进在全球范围内推动经济增长和环境保护的可持续能源政策，尤其是要减少导致气候变化的温室气体的排放；通过采集和分析能源数据改善国际市场的透明度；支持全球能源技术协作，保障未来能源供应并减轻其环境影响，包括通过改善能源效率以及开发和推广低碳技术；通过和非成员国、产业界、国际组织及其他利益相关者进行接触和对话，找到全球能源挑战的解决方案。

〔2〕 IEA, *Energy Technology Perspective*, 2015.

〔3〕 目前国际能源署的《能源技术展望》发布至 2015 年版。

能。政府能够通过采取针对性行动，确保资源优化配置以加速转型过程，对化石燃料的持续依赖和突发的能源市场波动等新趋势单独或共同地强化了政府在这方面的作用。建立支持创新和树立投资者信心的长效政策和市场框架是需要完成的首要任务”。它还指出：“能源低碳化正在进行，但需要大力推进……谋求清洁能源议程是现实的、经济合理的，一个负担得起的、安全的和环境可持续的能源未来源于创新性和革命性的变革，支持这些变革的工具和机制是存在的，但是近来的发展趋势重申了通过扶持政策和新的市场框架加速能源技术创新的必要性。能源消费正与国内生产总值（GDP）、人口增长脱钩，但是要实现2℃情景（到2050年，人类对全球气温上升的幅度与1850年的气温相比，要控制在2℃以内，否则将会给人类带来灾难性后果），目前的速度还需要翻一番……如果不转型，更长期的成本将会超过短期经济获益和被推迟的清洁能源技术投资。推广能够开拓国内清洁资源的创新技术将有助于减少对市场定价资源的依赖。通过逐渐取消化石燃料补贴和引入碳定价的方法将会实质性地激发低碳技术市场的活力，推动研究、开发、示范和推广（RDD&D）方面的投资。”这些话语表明，到2050年要将全球气温升温控制到2℃以内，我们的主要依靠是获得更多效率较高的能源技术。

如同《能源技术展望2014》（ETP 2014）中强调的，电力供应低碳化和电力利用效率提升依然是2℃情景的两个关键组成部分。电力在终端能源总消费中占比26%，到2050年时会成为最大的最终能源载体，略微超过石油产品。迄今为止最大的挑战在于电力生产需大规模转向清洁化。在此情况下，要实现2℃情景，就要求全球电力生产的平均碳强度减少90%以上。改善电力利用效率能够贡献累计减排量的12%，也能够通过减少电力行业的产能和投资需求降低成本。电气化的终端应用可选方案也可以为提高波动性可再生电力资源的渗透率提供可能的机会。需要加速吸纳低碳电力供应方案以取代不断涌现的化石燃料电厂。在越来越多的地方，实用规模的光伏太阳能和陆上风能正在与新建常规电厂生产的电力进行竞争。尽管可再生能源电力和化石燃料电力的成本差距在缩小，但在最近的新增产能中，化石燃料电厂依然占主导地位。伴随着光伏和风能推广速度的放缓，实现能源供应低碳化和2℃情景所需的可再生能源电力目标的发展轨迹会遭到破坏。积极的一面是，2014年首个配有CO_2捕集设施的商业规模燃煤电厂的运行已成为CCS技术的一个重要里程碑，它表明化石燃料也可以成为可持续能源体系的一部分。

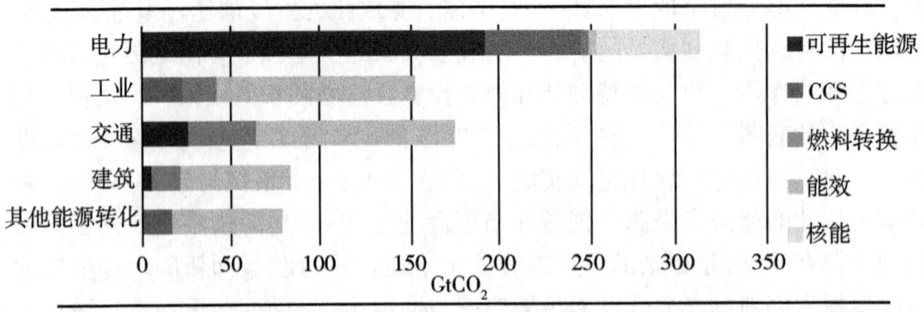

要点：实现2℃情景需要一系列低碳技术：一些解决方案将是广泛适用的，而另一些则需要针对具体行业。

图 1－2 CO_2 情景中技术累计 CO_2 减排

因此，能源技术创新的前景能够调动气候行动，但是这也离不开各行各业的共同努力。

对于清洁技术（clean technology or clean tech）[1]这一概念，人们多数情况下会和清洁能源混淆，或者直接认为清洁技术就是清洁能源技术。其实两个概念之间有联系更有区别。清洁技术目前也没有一个标准的、统一的定义，它是一个相对的且随着时代的发展，可能也会有所变化的概念，即其含义是在不断演进的：现在看上去是清洁技术的，将来与更好技术相比，可能就不是清洁技术了。[2] 维基网将其定义为：通过显著的能源效率改进、资源的可持续利用或环境保护活动等而减少对环境造成负面影响的任何过程（方法）、产品或服务等；其范围广泛，包括与可循环可再生能源（如风能，太阳能，生物质能，水电、生物燃料等）、信息技术、绿色交通、电动汽车、绿色化学、照明、灰水（生活用水中污染较轻可再次利用的水）和其他更多类型相关的技术[3]以及其他现今认为能源利用较高效的技术等。其范围比清洁能源技术广泛。美国一家专门研究"清洁技术"的公司，[4]曾经将"清洁技术"定义为"一个广泛的概念，主要是利用可再生材料和能源的产品、服务和工艺程序，目的是减少自然

〔1〕 清洁技术在20世纪90年代后得到广泛使用。其实19世纪末20世纪初人们已经关注到工业技术的无节制使用给人类环境带来了消极影响，但由于战争、冷战等原因使国际社会自20世纪70年代起才对其重视，并且到20世纪90年代该问题才开始得到普遍关注。

〔2〕 Aranda Sales, Maria Luisa, *The role of intellectual property for clean technology innovation in the context of EU environmental policies*, Verlag Dr. Kovač, 2015, pp. 37－38.

〔3〕 "Clean Technology," https://en.wikipedia.org/wiki/Clean_technology.

〔4〕 即Clean Edge，成立于2000年，它为致力于向清洁能源经济转型的企业、政府、非政府组织、公用事业和金融客户等提供服务。See "About Clean Edge", https://cleanedge.com/.

资源和化石燃料的使用，降低和消除对环境的废气和废物的排放”。[1] 它还指出：“清洁技术，鉴于其对发达国家和发展中国家的可持续发展的作用，即使达不到远远超越，至少也是与非清洁技术相比有着相对的竞争优势。”[2]清洁技术贸易联盟[3]对清洁技术做出一个范围很广泛的定义：“（清洁技术）指在任一产业支持可持续发展的商业模式，包括但不限于污染控制、能源使用率降低和管理、生物战略的目的、减少污染、能源高效利用、碳减排和低碳经济的工艺、实践和工具。”[4]还有机构指出：清洁技术是指通过显著的能源效率改进、资源的可持续利用或环境保护活动，减少对环境造成负面影响的任何过程、产品或服务。[5] 显然，除了能源之外，清洁技术还包括有关绿色材料如建材等，其范围大于清洁能源技术。在诸多公司、机构之外，国外学者也没有就清洁技术形成统一的认识。对他们而言，清洁技术是一个笼统的概念，是降低污染并需要尽可能少的非可再生能源的产品、工艺和服务。如隆·波尼克和克林特·瓦尔德在他们撰写的著作中提道：“目前对清洁技术的主要驱动力有：传统技术的现实成本、大型公司对清洁技术的研究和发展所投入的资金、清洁技术在全球的具有竞争优势的市场地位、消费者态度的转变导致环境问题成为主流的焦点、中国中产阶级的壮大导致中国政府在可替代性能源上投入更多。”[6]

清洁技术是20世纪90年代后逐渐得以广泛使用的一个名词，早期被环保产业广泛定义，环保概念经历了从可持续发展到清洁技术的过程，使环保最终依赖的技术得到广泛重视。实际上它包含涉及可再生能源、其他新能源以及环保等相关行业的技术，如太阳能、氢能、风能、交通运输业以及节能减排等能效产业。清洁技术是可持续发展的重要组成部分，它涵盖从早期低端的治理废水、废气、固体废弃物到节能再到新能源形态以及新材料等，包括生态农业、智能电网、绿色交通等各领域的技术。多数学者认为“清洁技术”与“无害

---

〔1〕 转引自 Carol L. McClelland, *Green Careers For Dummies*, p. 146。

〔2〕 转引自 Nevin Cohen, *Green Business: An A-to-Z Guide*, p. 83。

〔3〕 全名 Clean Technology Trade Alliance。有关该机构的介绍参见 Clean Technology Trade Alliance, http://www.cleantechtradealliance.org/。

〔4〕 See Purushottam N Vaidya, *Clean tech startups in India*, 12 International Journal of Commerce and Management Research, 2016.

〔5〕 See “Clean Technology”, https://www.revolvy.com/main/index.php?s=Clean%20technology&item_type=topic.

〔6〕 Ron Pernick and Clint Wilder, *The Clean Revolution: The Next Big Growth and Investment Opportunity*, Harper Business, 1st edition, pp. 14-15.

环境技术"意思相同，都指少或零废物的技术（或能防止废物产生的技术等），或视为"管道末端"的技术（代后待遇）。[1]

从囊括的范围来看，清洁技术包括清洁能源技术所包括的内容，同时又有清洁能源技术所没有包括的内容，如发展可持续绿色交通和供应于建筑的新材料等。从这一层面上看，清洁技术是包括清洁能源技术这一概念的。

3. 低碳技术与清洁能源技术

低碳技术是指涉及电力、交通、建筑、冶金、化工、石化等部门以及在可再生能源及新能源、煤的干净高效应用、油气资源和煤层气的勘察开发、二氧化碳捕获与埋存等范畴开发的有效掌握温室气体排放的新技术。它包括三个类型：第一类是减碳技术，指高能耗、高排放领域的节能减排技术，包括煤的清洁高效利用、油气资源和煤层气的勘探开发技术等；第二类是无碳技术，比如核能、太阳能、风能、生物质能等可再生能源技术，在过去10年里，世界太阳能电池产量年均增长38%，超过IT产业，全球风电装机容量2008年在金融危机中逆势增长28.8%；第三类是去碳技术，典型的是二氧化碳捕获与埋存（CCS）。

为保证全球能够继续使用化石燃料发电，在未来数十年内必须大幅降低发电厂等主要二氧化碳排放源的排放量。一方面，需要进一步提高热力效率改善成本效益，合理地采用热电联产和废热利用等途径；另一方面，必须对煤炭和天然气电厂及其他大规模的二氧化碳排放源（如水泥厂等）采用碳捕获和封存技术（CCS）。

CCS是指通过碳捕捉技术，将工业和某些能源产业所生产的二氧化碳分离出来，再通过碳储存手段，将其输送并封存到海底或地下等与大气隔绝的地方。碳捕获和封存分为三个阶段：捕获阶段，从电力生产、工业生产和燃料处理过程中分离、收集二氧化碳，并将其净化和压缩，采用的方法是燃烧后捕获、燃烧前捕获和富氧燃烧捕获；运输阶段，将收集到的二氧化碳通过管道和船只等运输到封存地；封存阶段，主要采用地质封存、海洋封存和化学封存三种方式。前文已经做过具体分析，这里不再赘述。

CCS技术仍处于试验阶段，因其成本过高而难以大规模推广。据麦肯锡咨询公司估计，捕获和处理二氧化碳的成本为每吨75美元到115美元，与开发风能、太阳能等可再生能源的成本相比并不具备竞争优势。此外，由于被捕获的二氧化碳缺乏良好的工业应用，封存是碳捕捉的最终路径。CCS技术的

---

[1] Cristina Tébar Less, Steven McMillan, *Achieving the Successful Transfer of Environmentally Sound Technologies: Trade - Related Aspects*, http://www.oecd.org/trade/envtrade/35837552.pdf.

普及与二氧化碳的排放价格也密切相关，当二氧化碳价格为每吨 25 美元到 30 美元时，CCS 技术的推广速度将会加快。2012 年 5 月，由欧盟资助的目前世界最大的碳捕获和封存示范工程在挪威建成，其总投资为 10 亿美元，设计能力为年捕获二氧化碳 10 万吨。

如果利用 CCS 技术将现有煤焚电厂进行技术改造，可以捕获其二氧化碳排放量的 90%，但所需费用相当于重新建造一座电厂。此外，发电厂生产的电力将有 20% ~40% 被用于二氧化碳的分离、压缩和输送。因此，只有那些最具有超临界或超超临界机组的发电厂采用这种技术才比较合算。全球知名的埃森哲咨询公司曾对配备碳捕获和封存设备的发电场的成本进行预估，结果显示，到 2020 年，将现有电厂翻新配备碳捕获设备并将捕获的碳加以封存，将使每度电的成本增加约 3 美分，使其成本增加为 8 美分左右，接近于 2015 年风力发电和 2050 年太阳能发电的预估价格。由于碳捕获和封存的成本仍高于国际上的碳交易价格，而配备碳捕获与封存设备将使燃煤发电厂的成本提高，因此除非政府提供补助，或开征高额碳税以增加厂商的经济诱因，否则碳捕获与封存尚难以形成具有利润的商业模式。

基于此，开发碳捕获、利用和封存技术（CCUS），探索利用二氧化碳进行油气增产和地热增产的相关技术途径，将成为一个具有吸引力的方向。研究人员可以利用高清晰仿真模拟技术来研究先进的 CCS 和 CCUS，以减少小规模示范性工程向大型实用化系统转化过程中的风险，加快工业界采用这些技术的进程。

低碳技术是包含在清洁能源技术之中的。因为可再生能源和低碳化的非可再生能源都可作为低碳技术的一部分，但清洁能源技术的范围还是比低碳技术要广，如清洁能源技术还包括高能效的能源——核能。

4. 清洁能源技术

清洁能源技术，从字面意思看，可以理解为与清洁能源有关的技术，或者促进清洁能源形成、推广或使用的相关技术。根据美国商务部下的国际贸易局的一份指南性文件，“清洁能源技术包括了可再生能源，混合和共生以及发电有效技术，替代燃料技术以及先进的交通技术”。[1] 针对清洁能源技术，目前没有严格的定义或者统一的概念。国际环境会议的宣言以及诸如《京都议定书》、《21 世纪议程》、《联合国气候变化框架公约》及其成员方大会（以下简

〔1〕 U. S. Department of Commerce, *International Trade Administration*, *Clean Energy*: *An Exporter's Guide to China*.

称 COP 会议)的决议等国际法文件,都没有对清洁能源技术给出确切定义。国内研究清洁能源以及清洁能源技术的学者也认为清洁能源技术尚无严格定义,认为清洁能源通常指太阳能、风能等在发电过程中对空气、土壤和海洋等不会造成任何污染和零碳排放的能源,如水能等,属于可替代煤、石油等传统能源的可再生新能源。[1] 而诸多国外学者在谈论或探究本国清洁能源制度体系时,也并没有对清洁能源或清洁能源技术下过具体的定义。[2]

前文提及清洁煤技术是否归于清洁能源技术,对此学术界有不同的看法,这是由于清洁能源技术这一概念也有广义和狭义之分。国内学者赖先进在其《清洁能源技术政策于管理研究——以碳捕集与封存为例》中指出:"新兴清洁能源是在技术创新过程中,处于大规模商业化应用前期的成长中的清洁能源技术。在全球气候变化治理背景下,清洁能源被赋予更为广泛的含义,这种含义的本质是实现能源的低碳化或者去碳化,既包括低碳的新能源开发,又包括对传统化石能源清洁利用。从这个意义上讲,新兴清洁能源技术既包括新兴的可再生能源(如人们经常提及的风能、太阳能、生物质能等),又包括新兴的对常规能源清洁化利用技术(如碳捕集与封存等)。由于处于技术创新的中间阶段,新兴清洁能源技术往往具有非成熟性、探索性甚至是过渡性等特征,还在不断完善之中,这在一定程度上,增加了针对新兴清洁能源的政策管理研究的挑战性和复杂性。但是,长期来看只要技术突破实现,新兴能源技术成本下降,应用前景良好。从这个意义上来看,新兴能源和常规能源具有明显区别,常规能源主要是技术上成熟和已被大规模利用的能源,而新兴能源尚未大规模利用、正积极研究与开发。"[3] 从其观点来看,虽然未提及清洁技术的概念及其所囊括的范围,但是其基本赞成将对传统化石能源的清洁化利用技术归入清洁能源技术麾下,并且其也认为对清洁能源技术应做广义理解。笔者分析了各国相关政策以及全球共同治理气候变化问题以及全球变暖的严峻

---

〔1〕 张乃根:《论后〈京都议定书〉时期的清洁能源技术转让》,载《复旦大学学报》(社会科学版)2011 年第 1 期。

〔2〕 Marilyn A. Brown, "Market Failures and Barriers as a Basis for Clean Energy Policies", *Energy Policy* 29(2001), 1197 - 1207; Andy Haines, Kirk R Smith, Dennis Anderson, Paul R Epstein, Anthony J McMichael, Ian Roberts, Paul Wilkinson, James Woodcock, Jeremy Woods, *Policies for Accelerating Access to Clean Energy, Improving Health, Advancing Development, and Mitigating Climate Change*; Steven G. Chalk, James F. Miller, "Key Challenges and Recent Progress in Batteries, Fuel Cells, and Hydrogen Storage for Clean Energy Systems", *Journal of Power Sources* 159(2006), 73 - 80.

〔3〕 赖先进:《清洁能源技术政策于管理研究——以碳捕集与封存为例》,中国科学技术出版社 2014 年版,第 7 页。

问题后，比较赞同其观点。各国尤其是中国这个产煤和用煤大国，如果能够以高效、低污染的方式利用煤炭等化石燃料，那么这种清洁煤技术达到的效果虽不能与可再生能源如风能等的功效相比拟，但是对比未经清洁煤技术利用下的煤炭燃烧产生的污染要少得多，并且高效使用有限且不可再生的煤炭等化石燃料也是一种可持续发展的体现。下文阐述清洁能源具体分类时，笔者会具体分析清洁煤技术，尤其是中国的清洁煤技术以及相关政策。

综合相关文献，可以将“清洁能源技术”界定为对环境和生态不会产生有害影响且能清洁、高效、系统化地应用能源的技术体系。它可以将前文“清洁能源”所述的两种情况均涵盖其中：(1)可再生能源开发和使用的技术；(2)非可再生能源在生产及消费过程中尽可能减少对生态环境污染的技术，包括降低污染的化石能源(如天然气和煤等)使用技术，如洁净煤、洁净油等技术。

这个定义有三点值得注意：第一，清洁能源技术不是对能源技术的简单分类，而是指能源利用的技术体系，既包含可再生能源，也包含对传统石化能源的高效利用，比如清洁煤技术等。第二，清洁能源技术中的“清洁”要符合一定的排放标准，这些排放标准可以通过温室气体(GHG)、污染物等指标来衡量。第三，清洁能源技术是为解决发展与环境、发展与能源紧张等而开发和使用的，它不但强调清洁性，也强调经济性和社会性。

(三)清洁能源技术的特点

通过前文对清洁能源技术的分析和界定，我们可以发现，清洁能源技术有以下几个特点。

1. 清洁能源技术均有保护环境、减少废弃物等使命

从“清洁能源技术”一词本身可以看出，该类技术的首要特点是围绕“清洁”而展开，它们开发和使用的主要目的在于减少废气、废水及固体废弃物等的排放，利于环境保护、利于生态的发展。这一点在可再生能源技术和清洁煤等提高能源效率的技术等都是一致的。

2. 清洁能源技术多是利用可循环的自然现象或规律的技术

这是多数清洁能源技术的又一个显著的特征。下文罗列出的可再生能源技术、高能效能源技术等均是利用了特定领域的自然规律或现象等而产生的能源，正是由于它们利用了自然规律，它们需要大量的资金投入、人员研究、反复试验等。

3. 清洁能源技术之间存在优势互补

清洁能源技术产生的能源最终要服务于人们的生活或生产，它们是传统化石能源技术的替代者，清洁能源技术生产或解决的多是替代性可再生能源问题，

在特定时间内可以重复使用，同时它们相互之间也具有优势互补的特点。

4. 清洁能源技术的技术含量较高

从下文分析的三大类技术中可以看出，它们的技术含量都很高，即对技术方案的创造性都有较高要求，特别是原创性方面，因为它们相对缺少具有可参考性的对象。

5. 清洁能源技术在主要国家中的发展的水平相似

发达国家与发展中国家起步相似，各国均可发现自己的优势，如光伏电池方面中国有优势，在生物质与生物能方面巴西有优势。尽管总体上，发达国家拥有80%清洁能源技术（如与机械制造有关的设备如风能涡轮机、太阳能高端技术设备、核电技术等由发达国家持有），但发达国家与发展中国家技术之间的差距不像其他领域那么大，这潜在地为发达国家与发展中国家企业的合作开发创造前提。

（四）清洁能源技术的分类

前文已经就清洁能源技术及与其相关的概念的具体定义做了具体分析，通过界定，我们可以将其分为以下三个大的类别。[1]

1. 可再生能源技术

可再生能源是指在自然界中可以不断再生、永续利用且不产生或极少产生污染物的能源，它们具有取之不尽、用之不竭的特点，主要包括太阳能、风能、水能、生物质能、地热能和海洋能等。可再生能源技术是指与开发和利用可再生能源相关的技术方案体系。我国《可再生能源法》没有对可再生能源给出概括性的定义，只是列举出其种类，包括风能、太阳能、水能、生物质能、地热能、海洋能等非化石能源；[2] 该法也没有对可再生能源技术进行界定。可再生能源是最理想的能源，可以不受能源短缺的影响，但受自然条件的影响，如需要水力、风力、太阳能资源等；而且最主要的是投资和维护费用高、效率低，所以发出的电成本高。现在许多科学家在积极寻找提高利用可再生能源

〔1〕 有人根据清洁技术覆盖的四个主要部门（能源、交通、水及材料）将其分为八种，即太阳能、风电、生物能源和生物质、绿色建筑、个人交通、智能电网、移动使用工具、水的过滤等。See Ron Pernick and Clint Wilder, *The Clean Tech Revolution: Discover the Top Trends, Technologies, and Companies to Watch*, New York, NY: Harper, 2008, pp. 2 – 20. 本书只讨论清洁能源技术。

〔2〕 《中华人民共和国可再生能源法》（2009 修正）第2条规定：本法所称可再生能源，是指风能、太阳能、水能、生物质能、地热能、海洋能等非化石能源；2016年12月国家发改委公布的《可再生能源发展"十三五"规划》（http://www.ndrc.gov.cn/zcfb/zcfbtz/201612/W020161216659579206185.pdf）也是依此做出了相应的规划。水力发电对可再生能源法的适用，由国务院能源主管部门规定，报国务院批准。通过低效率炉灶直接燃烧方式利用秸秆、薪柴、粪便等，不适用可再生能源法。

效率的方法，因此，如何提高相关技术来扬其之长避其之短十分重要。

有学者认为，可再生能源一般"包括太阳能、水力、风力、生物质能、波浪能、潮汐能、海洋温差能等。它们在自然界可以循环再生"。[1] 国际能源署对可再生能源有如下定义："可再生能源包括各种自然现象，例如：光照、风、潮汐、植物生长、地热等。国际能源署对可再生能源的解释是，可再生能源是来源于大自然并且处于不断补充之中。在其多种多样的形式中，可再生能源一般直接来源于太阳，或者是地球深层次的内部所产生的热能。被这一定义所包含的是由太阳能、风能、海洋、水力、生物质能、地热能和来自于可再生能源的生物燃料和氢能所产生的电力和热能。"[2]

与其他能源相比，可再生能源以及其所带来的巨大的能源高效利用的重要机遇是广泛存在于各个国家的。可再生能源和能源高效利用的迅速发展，以及高效利用能源的技术的多样性，对国家的能源安全以及经济效益都有重要影响。[3] 可再生能源可以减少环境污染，例如，可以减少因为化石燃料的燃烧而导致的空气污染等，并且提高人类的公共健康水平，减少各国因为环境污染而用于治疗环境污染导致的公共疾病的医疗成本。[4] 联合国原秘书长潘基文曾经说过："可再生能源有将最贫穷的国家带入一个繁荣发展的新层面的能力。"[5]总的来看，可再生能源及其相关技术是清洁能源技术中最为重要的组成部分，其具体种类有以下几个：

（1）太阳能技术

太阳能是一种丰富的清洁能源。随着全球气候变化，各国越来越关注太阳能的开发和利用。从全球来看，利用太阳能的热水器、灶具、空调、电池、家用灯具、农用设施等已较为普及；太阳能显示器、大型路灯、铁路信号、远程电信中继站、原油管道加热器、游泳池加热器、充电器、手机、电脑、帐篷、窗户、屋顶、建材、

---

〔1〕 Omar Ellabban, Haitham Abu-Rub, Frede Blaabjerg, "Renewable energy resources: Current status, future prospects and their enabling technology", *Renewable and Sustainable Energy Reviews* 39, (2014), pp. 748 – 764, 749.

〔2〕 IEA Renewable Energy Working Party (2002). Renewable Energy... into the mainstream, p. 9.

〔3〕 International Energy Agency (2012), *Energy Technology Perspectives* 2012.

〔4〕 Mark Z. Jacobson et al., "100% clean and renewable wind, water, and sunlight (WWS) all-sector energy roadmaps for the 50 United States." *Energy and Environmental Science* (2015), 10. 1039/C5EE01283J.

〔5〕 Steve Leone, U. N. *Secretary-General: Renewables Can End Energy Poverty*, Renewable Energy World. 2011.

房屋等也开始上市。[1] 国际能源署的报告显示，太阳能清洁能源是将太阳的光能转换成为其他形式的热能、电能、化学能，能源转换过程中不产生其他有害的气体或固体废料，是一种环保、安全、无污染的新型能源。[2][3] 目前开展的对太阳能综合利用的全生命评估（LCA）结果显示，以往的太阳能光电转换的利用方式，由于依赖太阳能电池板这一生产过程中导致高污染、高耗能的材料，因此利用成本和环境代价都较高。目前研究的热电在太阳能热利用方向上，主要路径有两种：①光与热的转换，如太阳能热水器、太阳能灶、太阳能热发电系统等；②光与电的转换，如太阳能电池板、太阳能船等。技术是不断进步发展的，随着研发人员的研究阶段的不断推进，更加低能耗、低污染的光伏板组件生产工艺一定能使太阳能这一清洁能源得到更好的利用。

（2）风能

风能是地球表面大量空气流动所产生的动能。地面各处受太阳辐照后气温变化不同和空气中水蒸气的含量不同，因而引起各地气压的差异，在水平方向高压空气向低压地区流动，从而形成风。风能资源取决于风能密度和可利用的风能年累积小时数。风能资源受地形的影响较大，世界风能资源多集中在沿海和开阔大陆的收缩地带。在自然界中，风是一种可再生、无污染而且储量巨大的能源。由于全球气候变暖和能源危机，各国都在加紧对风力的开发和利用，尽量减少二氧化碳等温室气体的排放。风能的利用主要是以风能作动力和风力发电两种形式，其中又以风力发电为主。以风能作动力，就是利用风能直接带动各种机械装置，如带动水泵提水等。这种风发动机的优点是投资少、工效高、经济耐用。

根据世界风能理事会（Global Wind Energy Council，GWEC）在 2015 年 4 月发布的《2014 全球风电统计及风电发展五年预测》[4] 中的数据，我们可以看出一些风能产业作为清洁能源技术的巨大发展远景和潜力。全球的风能产业正处于持续上升发展阶段，而不论是从全球新增装机容量还是累计容量的统计数据来看，风电装机的数量都是以成倍的速度在迅猛增长。中国在累计风电装机容量和年新增风电装机容量上还是处于优势地位，说明中国对风电

---

[1] 张乃根、马忠法主编：《清洁能源与技术转移》，上海交通大学出版社 2011 年版，第 87 页。

[2] International Energy Agency, *Solar Energy Perspectives: Executive Summary*, 2011.

[3] "Solar Fuels and Artificial Photosynthesis", *Royal Society of Chemistry* 2012, http://www.rsc.org/ScienceAndTechnology/Policy/Documents/solar-fuels.asp.

[4] Global Wind Energy Council, GWEC, http://www.gwec.net/wp-content/uploads/2015/03/GWEC_Global_Wind_2014_Report_LR.pdf.

事业的重视,但是海上风电领域依旧没有充分利用起来,这或许是中国政府今后的政策鼓励方向,也是中外企业今后的可投资方向。

(3)氢能技术

氢能是一种二次能源,因为它是通过一定的方法利用其他能源制取的,而不像煤、石油和天然气等可以直接从地下开采。氢能是一种在常规能源出现危机、在开发新的二次能源的同时人们期待的新的二次能源。

二次能源是联系一次能源和能源用户的中间纽带,又可分为"过程性能源"和"含能体能源"。当今电能就是应用最广的"过程性能源",柴油、汽油则是应用最广的"含能体能源"。由于目前"过程性能源"尚不能大量地直接贮存,因此汽车、轮船、飞机等机动性强的现代交通运输工具无法直接使用从发电厂输出来的电能,只能采用像柴油、汽油这一类"含能体能源"。可见,"过程型能源"和"含能体能源"是不可相互替代的,它们各有自己的应用范围。随着科学技术的发展,人们也将目光投向寻求新的"含能体能源"。作为二次能源的电能,可从各种一次能源中生产出来,如煤炭、石油、天然气、太阳能、风能、水力、潮汐能、地热能、核燃料等均可直接生产电能。而作为二次能源的汽油和柴油等则不然,生产它们几乎完全依靠化石燃料。随着化石燃料耗量的日益增加,其储量日益减少,终有一天这些资源将要枯竭,这就迫切需要寻找一种不依赖化石燃料的、储量丰富的新的含能体能源。[1]

作为能源,氢有以下特点:首先,除核燃料外氢的发热值是所有化石燃料、化工燃料和生物燃料中最高的,为142351kJ/kg,是汽油发热值的3倍。[2] 其次,氢燃烧性能好,点燃快,与空气结合时有广泛的可燃范围,而且燃点高,燃烧速度快。再次,氢本身无毒,与其他燃料相比氢燃烧时最清洁,而且燃烧生成的水还可以继续制氢,反复循环使用。最后,氢能利用形式多样,既可以通过燃烧产生热能,在热力发动机中产生机械能,又可以作为能源材料用于燃料电池,或转换成固态氢用作结构材料。用氢代替煤和石油,不需要对现有的技术装备做重大的改造,现在的内燃机稍加改装即可使用。可见,氢能源是一种理想的新能源。[3] 氢能经济产业链包括氢气开发、氢燃料电池、氢燃料电池驱动系统、制氢、加氢、加氢站建设几个方面。燃料电池是氢的理想的转化装置,是氢能利用的关键技术。近10年来,燃料电池技术得到全球的高度重视,

[1] 张乃根、马忠法主编:《清洁能源与技术转移》,上海交通大学出版社2011年版,第128页。
[2] 张乃根、马忠法主编:《清洁能源与技术转移》,上海交通大学出版社2011年版,第128页。
[3] 张乃根、马忠法主编:《清洁能源与技术转移》,上海交通大学出版社2011年版,第128页。

由此逐渐形成了一个新兴的产业。[1]

此外，氢是自然界存在最普遍的元素，据估计它构成了宇宙质量的75%。除空气中含有氢气外，它主要以化合物的形态贮存于水中，而水是地球上最广泛的物质。有人做了一个推算，如把海水中的氢全部提取出来，它所产生的总热量比地球上所有化石燃料放出的热量还大9000倍。

因此，氢能的储量丰富，还可以循环使用，这应该是今后人类重点开发和利用的资源。而据目前看来，利用氢能的相关技术主要是氢能燃料电池，而氢能燃料电池技术项下又细分了一些具体技术。我国燃料电池研究进展主要侧重于质子交换膜燃料电池（PEMFC）、熔融碳酸盐燃料电池（MCFC）和固态氧化物燃料电池（SOFC）这三种燃料电池的研究。目前各国对氢能燃料电池都有研究，"我国在PEMFC方面的研究水平与国外差距较小"。[2] SOFC是燃料电池一个新的希望。我国在这一点上已经走在了世界前列。[3] 不过，世界其他各国也在积极开发氢能源技术，使用该项能源与技术以期代替日益枯竭的化石燃料。其中，日本在氢能源利用上的技术相对比较成熟和发达。如何通过国际合作、加强各国之间的技术分享和转让以充分发挥氢能技术的作用，是一个很有研究价值的课题。

（4）生物质能

生物能是太阳能以化学能形式贮存在生物中的一种能量形式，是一种以生物质为载体的能量。它直接或间接地来源于植物的光合作用，在各种可再生能源中，生物质是独特的，它是贮存的太阳能，更是唯一一种可再生的碳源，可转化成常规的固态、液态和气态燃料。所有生物质都有一定的能量，而作为能源利用的主要是农林业的副产品及其加工残余物，也包括人畜粪便和有机废弃物。生物质能为人类提供了基本燃料。生物质能具备诸多优点：①提供低硫燃料；②提供廉价能源（于某些条件下）；③将有机物转化成燃料可减少环境公害（如垃圾燃料）；④与其他非传统性能源相比较，技术上的难题较少。当然，其也存在诸多缺点：①植物仅能将极少量的太阳能转化成有机物；②单位土地面积的有机物能量偏低；③缺乏适合栽种植物的土地；④有机物的水分偏多（50%～95%）。

生物质能是一种很有发展潜力的新型能源。[4] 据推算，每年由植物固定

[1] 张乃根、马忠法主编：《清洁能源与技术转移》，上海交通大学出版社2011年版，第128页。

[2] 马涛：《国外氢能源经济发展现状及对我国的启示》，载《节能技术》2008年第4期。

[3] 《氢能时代——燃料电池的新能源革命——访清华大学核能与新能源技术研究院毛宗强教授》，载《电源技术》2006年第30期。

[4] 张乃根、马忠法主编：《清洁能源与技术转移》，上海交通大学出版社2011年版，第146页。

下来的太阳辐射能是目前世界每年能源消耗总量的10倍。生物质能一直是人类赖以生存的重要能源之一，其能源总量仅次于煤炭、石油、天然气而位列第四。在世界能源消耗中，生物质能占总能耗的14%，在发展中国家，占到40%以上。生物质能是一种清洁能源，具有可再生和环境友好的双重属性。发展生物质能既有利于实现能源多元化，缓解能源紧张，又有利于保护生态环境，减少温室气体排放。因此，生物质能在未来能源结构中具有举足轻重的地位。[1]

目前关于使用生物质能的技术有4种：一是热化学转换技术，获得木炭焦油和可燃气体等品味高的能源产品，分为高温干馏、热解、生物质液化等方法；二是生物化学转换法，主要指生物质在微生物的发酵作用下，生成沼气、酒精等能源产品；三是利用油料植物所产生的生物油；四是直接燃烧技术，包括炉灶燃烧技术、锅炉燃烧技术、致密成型技术和垃圾焚烧技术等。

从各国利用生物质能技术的情况来看，中国虽然在某些技术上处于世界领先水平，但是也存在许多技术不成熟的地方。例如，从技术成熟性上看，目前我国生物质气化发电技术处于国际先进水平，而生物燃油特别是生物乙醇的研发、示范也取得了相当的经验。[2] 但中国目前对生物质能的利用，相较于发达国家还是有诸多不足之处。中国目前的生物质能的燃烧利用方式主要有两种：一种是在农村广泛存在的炊事炉灶中低效率利用，为10%～20%；另一种是很少部分生物质利用层燃燃烧设备燃烧，但效率也不高。而欧美国家，如芬兰，早在1970年就开始开发流化床锅炉技术，现在芬兰的这项技术也趋于成熟。当然中国也做了相当多的产学研相结合的努力，许多高校都积极研发技术，国家和政府也给予支持，力图赶上发达国家的步伐。生物质能的利用可以解决很多能源危机问题，如供应给汽车使用的汽油日益耗尽，而生物质能产生的乙醇则能代替一部分汽油。

（5）水能技术

水能是一种可再生能源和清洁能源，顾名思义，水能是指水体的动能、势能和压力能等能量资源。广义的水能资源包括河流水能、潮汐水能、波浪能、海流能等能量资源；狭义的水能资源指河流的水能资源，是常规能源和一次能源。水是能量的一种重要载体，太阳能驱动地球上水循环，使之持续进行。地表水的流动是重要的一环，在落差大、流量大的地区，水能资源丰富。随着矿物燃料的日渐减少，水能是非常重要且前景广阔的替代资源，但这种水能资源的充分利用需要相关的技术研究开发和运用。尽管目前世界上水力发电还处

〔1〕 张乃根、马忠法主编：《清洁能源与技术转移》，上海交通大学出版社2011年版，第146页。
〔2〕 张乃根、马忠法主编：《清洁能源与技术转移》，上海交通大学出版社2011年版，第147页。

于起步阶段,但其发电技术在所有可再生能源技术的利用中是较为成熟的技术。例如,2008 年,水力发电总量占美国总发电量的 8%,占美国可再生能源的 85%。[1] 美国有诸多水电站,比较有名的是胡佛大坝、位于美国加利福尼亚州的 Oroville 坝、位于美国华盛顿州的 Grand Coulee 电站、位于美国华盛顿州的 Chief Joseph 电站和位于美国纽约州的 Robert Moses Niagara 电站等;中国最为有名的水利工程是三峡水力发电工程。当然三峡工程也带来了一些问题,这些问题或许是由于当时技术不够成熟未能考虑到的。

在谈及水能时,还会涉及一个概念即"海洋能"。作为可再生能源的一种,海洋能和水能一样,都可以作为人类开发的清洁能源的对象,但由于两者的属性不同,水能与海洋能的开发现状和未来前景是有所不同的,特别是海洋能技术的开发和利用,是一个严峻的挑战。海洋能是海水运动过程中产生的可再生能,主要包括温差能、潮汐能、波浪能、潮流能、海流能、盐差能等。虽然海洋能总量丰富,但是海洋能能量分散且不稳定,使海洋能的利用比较困难,存在投入大、损耗快、效率低的问题,所以技术上的创新对海洋能的开发利用意义重大。世界各国都重视海洋能的利用,例如,英国在 1995 年建立了世界上第一座波浪能发电站。[2] 美国在 1979 年就建成了世界上第一座温差发电站,在温差能开发技术方面领先于其他国家。日本在海洋热能发电系统和换热器技术上取得了举世瞩目的成就。[3] 中国的海洋能的利用主要集中于潮汐能的利用,然而,中国在海洋能的其他利用方式上并没有显示出独特的优势、成就或领先地位。我国拥有广阔的海域,如何充分研究开发各种海洋能资源利用方式,对于充分利用海洋这个巨大的资源有着重要的意义。前文分析风能时,我们不难发现,根据世界风能理事会的数据,中国在海上风能资源的利用上也是有所欠缺的,并没有充分利用好海洋上的风能。[4] 中国在海洋能的利用上也存在同样的问题。总的来说,海洋对于中国是一笔巨大的财富,海洋中蕴含的丰富的资源,我们应该在环保、无害环境的基础上充分地将它们利用起来。

(6)地热能技术

地热能是从地壳抽取的天然热能,这种能量来自地球内部的熔岩,并以热力形式存在,是引起火山爆发及地震的能量。地球内部的温度高达 7000℃,

---

〔1〕 龙夫:《美国开发可再生资源的政策和措施》,载《高科技和产业化》2008 年第 5 期。

〔2〕《英国将大力开发海洋能源》,载《中国海洋报》2007 年 12 月 18 日。

〔3〕 张乃根、马忠法主编:《清洁能源与技术转移》,上海交通大学出版社 2011 年版,第 158 页。

〔4〕 Global Wind Energy Council, GWEC, http://www.gwec.net/wp-content/uploads/2015/03/GWEC_Global_Wind_2014_Report_LR.pdf, Jan. 30, 2018.

而在 80 ~ 100 公英里的深度处，温度会降至 650 ~ 1200℃，透过地下水的流动和熔岩涌至离地面 1 ~ 5 公里的地壳，热力得以被转送至较接近地面的地方，高温的熔岩将附近的地下水加热。这些被加热的水最终会渗出地面，运用地热能最简单和最合乎成本效益的方法就是直接取用这些热源，并抽取其能量。地热能是可再生资源。

目前对于地热能的利用主要包括发电和热利用两种方式。其中，热利用又包括地热水的直接利用和地源热泵供热、制冷。地热资源具有利用系数高、持续稳定以及清洁性等优点。地热能在使用过程中不会产生温室气体，因此不会污染地球环境，是理想的清洁能源之一。

2. 低排放的非可再生能源技术

风能、太阳能、水能、生物质能、地热能、海洋能等属于非化石能源。低排放的非可再生能源技术是指在生产及消费过程中尽可能减少对生态环境造成污染的能源，包括使用低污染的化石能源，如天然气、页岩气，〔1〕和利用清洁能源技术处理过的化石能源，如洁净煤、洁净油等。前文已经提及，在学术界，对低碳排放的非可再生能源技术是否可以构成清洁能源技术一直存在争议，但本书主张对清洁能源技术做广义的概念分析与理解，从这一层面说，低排放的非可再生能源技术可以作为清洁能源技术的组成部分。

非可再生能源并非清洁能源，因其拥有不可再生、污染严重、有排放、不可循环利用等特点，在当今世界上的储量已经越来越少，有一些资源在某些国家和地区也面临耗尽的危险。一个国家的排放就是另一个国家的气候变化问题。〔2〕 因此，技术先进国家如何帮助技术后进国在低排放的非可再生能源技术方面的转让和分享，也是十分重要的，特别是对那些可再生能源匮乏，依赖化石能源的发展中国家。

历史上对排放负有责任的大国今天仍在排放，空气中积存的 90% 的温室气体是工业化国家在过去长达二百多年里累积排放的结果，是没有任何代价的排放；当下很多国家继续补贴化石能源而非征税，而这些补贴对社会的贫穷

〔1〕 页岩气是指贮存于以富有机质页岩为主的储集岩系中的非常规天然气，是连续生成的生物化学成因气、热成因气或二者的混合，可以游离态存在于天然裂缝和孔隙中，以吸附态存在于干酪根、黏土颗粒表面，还有极少量以溶解状态储存于干酪根和沥青质中，游离气比例一般在 20% ~85%。张东晓、杨婷云：《页岩气开发综述》，载《石油学报》2013 年第 4 期。

〔2〕 "View" of Filing Climate Change: Human Solidarity in a Divided World, http://hdr. undp. org/en/media/HDR_20072008_EN_Overview. pdf, Jan. 30, 2018.

成员(无车或无力使用电力的)几乎无任何益处,[1]只是增加他们的负担,他们却享受不到任何便利,还要与享受者共担环境污染等恶劣的后果。其实排放是结果不是原因,真正有效的方法应该是减少和防治温室气体减排。那些在很大程度上造成气候变化、应对气候变化能力很强的国家(富裕国家)不会在短期遭受最严重的影响,而过去没有、现在仍不会显著增加温室气体排放的最贫困国家却最容易遭受气候变化的影响。[2] 因此,全球鼓励使用清洁能源,鼓励清洁能源技术的转移也是为了减少污染和温室气体的排放。

在利用可再生能源技术减少排放的同时,如何使非可再生能源低碳化则是每个国家要重视的事情,因为现在可再生能源技术还难以普及和推广,只有通过较好的技术提高传统化石能源的效率才能减少或避免全球温室气体排放,解决全球气候变化问题。因此,低碳化的技术是清洁能源技术,它能使传统非可再生能源即化石能源低碳化。

其实,对于依旧使用煤炭、石油的传统的化石能源的发展中国家来说,煤炭和石油等化石能源才是目前重点使用的资源。这些发展中国家多数处于工业化、城镇化阶段,国内的政策大多是大力发展工业,尤其是重工业。相比于欧洲和美国的相对耗能少、产业结构先进的服务业等第三产业来说,工业尤其是重工业属于耗能大、污染多的产业。而发展中国为了经济社会发展的需要,往往选择比较方便快捷的能源来源,即传统的煤炭和石油等化石燃料,通过燃烧发电的模式供应工业生产所需的电力等能量。从另一方面来看,这些发展中国家由于技术相对于欧美国家来说比较落后,以及其关于利用可再生能源的意识没有发达国家那么强,毕竟发达国家在工业革命后经历能源濒临耗尽、污染严重、城市环境不宜居住等环境污染严重的问题。因此,发展中国家在没有充分利用国内可再生能源以及其掌握的利用可再生能源的技术并不完备和先进的前提下,积极发展低碳化的非可再生能源技术是非常必要和重要的。

从前文的分析来看,这些开发和利用可再生能源的技术,如风能(尤其是海上风能)、狭义范围上的水能、海洋能(尤其是潮汐能和温差能等)、生物质和生物质能、地热能等清洁能源,基本上掌握在欧洲的国家(如荷兰、德国、英国等)以及美国等发达国家的手中。从这个层面上说,针对非可再生能源的

---

〔1〕 Min Zhu,"Paying the Price for the Future We Want",IMFdirect,June 19,2012,http://blog-imfdirect.imf.org/2012/06/19/paying-the-price-for-the-future-we-want/,last inquiry:2018/1/30.

〔2〕 胡鞍钢、管清友:《应对全球气候变化:中国的贡献——兼评托尼·布莱尔〈打破气候变化僵局:低碳未来的全球协议〉报告》,载《当代亚太》2008 年第 4 期。

低碳化技术也应该作为广义上的清洁能源技术的一部分。下文在辨析清洁能源与无害环境技术、环境友好技术时,会结合国际环境会议、国际环境条约具体解读和探析清洁能源技术与低碳技术的区别。

(1)碳捕集与封存

在谈及非可再生能源的低碳化问题,还涉及碳捕集与封存技术。CCS,也被称作碳捕获与埋存、碳收集与储存等,是指将大型发电厂所产生的二氧化碳(CO_2)收集起来,并用各种方法储存以避免其排放到大气中的一种技术。这种技术被认为是未来大规模减少温室气体排放、减缓全球变暖最经济、可行的方法。因此,从减少二氧化碳的排放以及温室效应的层面说,碳捕集与封存虽然不像通常的清洁能源那样具有可再生、循环使用、环保和减少污染的特性,但是在减少二氧化碳的排放上具有实质性作用,因此笔者认为从这个层面说,碳捕集与封存技术应该被视作清洁能源技术。

2012 年 8 月 6 日,中国首个二氧化碳封存至咸水层项目获重要突破。CCS 技术可以分为捕集、运输以及封存三个步骤,商业化的二氧化碳捕集已经运营了一段时间,技术已发展得较为成熟。至于二氧化碳封存技术,各国还在进行大规模的实验。

而碳捕集的技术如图 1－3 所示:[1]

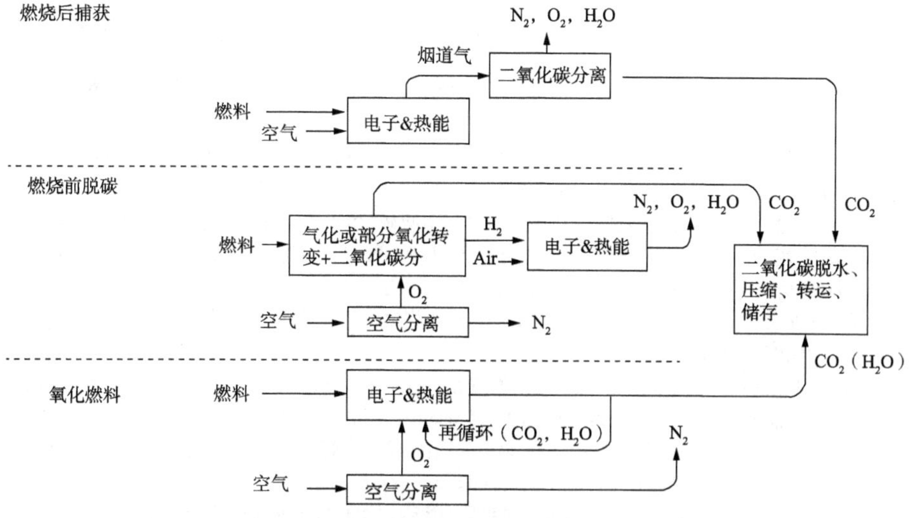

图 1－3　二氧化碳捕获过程(林德集团林德工程部)

〔1〕 图片来源:百度百科“碳捕集与封存”。

二氧化碳的捕集方式主要有燃烧前捕集、[1]富氧燃烧[2]和燃烧后捕集。[3]

捕集到的二氧化碳必须运输到合适的地点进行封存,可以使用汽车、火车、轮船以及管道来进行运输。一般说来,管道是最经济的运输方式。2008年,美国约有5800千米的二氧化碳管道,这些管道大都用于将二氧化碳运输到油田,注入地下油层以提高石油采收率(enhanced oil recovery,EOR)。

二氧化碳封存的方法有许多种,一般说来可分为地质封存[4](geological storage)和海洋封存[5](ocean storage)两类。

中国在碳捕集和碳封存技术方面也是硕果满满,不仅有国家层面和产业的发展,而且有国际层面的合作。首先,我国重视二氧化碳的资源化利用,鼓励碳捕集、利用和封存(CCUS)技术的研发与示范。《国家中长期科学和技术发展规划纲要(2006~2020年)》在先进能源技术重点研究领域提出了"开发高效、清洁和二氧化碳近零排放的化石能源开发利用技术"。《国家"十二五"科学和技术发展规划》在"节能环保产业"和"应对气候变化"两部分均提出要大

---

〔1〕 燃烧前捕集主要运用于IGCC(整体煤气化联合循环)系统中,将煤高压富氧气化变成煤气,水煤气变换后将产生二氧化碳和氢气(H_2),气体压力和二氧化碳浓度都很高,很容易对二氧化碳进行捕集。剩下的H_2可以被当做燃料使用。该技术的捕集系统小、能耗低,在效率以及对污染物的控制方面有很大的潜力,因此受到广泛关注。然而,IGCC发电技术仍面临着投资成本太高、可靠性还有待提高等问题。

〔2〕 富氧燃烧采用传统燃煤电站的技术流程,通过制氧技术,将空气中大比例的氮气(N_2)脱除,直接采用高浓度的氧气(O_2)与抽回的部分烟气(烟道气)的混合气体来替代空气,这样得到的烟气中有高浓度的二氧化碳气体,可以直接进行处理和封存。欧洲已有在小型电厂进行改造的富氧燃烧项目。该技术路线面临的最大难题是制氧技术的投资和能耗太高,还没找到一种廉价低耗的能动技术。

〔3〕 燃烧后捕集即在燃烧排放的烟气中捕集二氧化碳,如今常用的二氧化碳分离技术主要有化学吸收法(利用酸碱性吸收)和物理吸收法(变温或变压吸附),此外还有膜分离法技术,正处于发展阶段,但却是公认的在能耗和设备紧凑性方面具有非常大潜力的技术。从理论上说,燃烧后捕集技术适用于任何一种火力发电厂。然而,普通烟气的压力小体积大,二氧化碳浓度低,而且含有大量的N_2,因此捕集系统庞大,耗费大量的能源。

〔4〕 地质封存一般是将超临界状态(气态及液态的混合体)的二氧化碳注入地质结构中,这些地质结构可以是油田、气田、咸水层、无法开采的煤矿等。IPCC的研究表明,二氧化碳性质稳定,可以在相当长的时间内被封存。若地质封存点经过谨慎的选择、设计与管理,注入其中的二氧化碳的99%都可封存1000年以上。See Wikipedia-Carbon Capture and Storage.

〔5〕 海洋封存是指将二氧化碳通过轮船或管道运输到深海海底进行封存。然而,这种封存办法也许会对环境造成负面的影响,比如过高的二氧化碳含量将杀死深海的生物、使海水酸化等,此外,封存在海底的二氧化碳也有可能会逃逸到大气当中(有研究发现,海底的海水流动到海面需要1600年的时间)。因此,使用海洋封存二氧化碳的方法并不是那么理想,总的来说,人们对海洋封存的了解还是太少。See Wikipedia-Carbon Capture and Storage.

力发展 CCUS 技术。在国务院颁布的《中国应对气候变化国家方案》及科技部等 14 个部门联合发布的《中国应对气候变化科技专项行动》中,二氧化碳的捕集、利用和封存技术均被列为减缓领域的重点科研任务之一。在 CCUS 的技术研发方面,国家基础研究(973)计划、国家高技术发展(863)计划、国家科技支撑计划等有关国家科技计划先后围绕 CCUS 技术减排潜力、二氧化碳捕集、二氧化碳生物转化利用、二氧化碳驱油和地质封存等开展了研究,包括不同种类的二氧化碳排放源、不同的捕集技术方向、不同的二氧化碳转化和利用模式等。

其次,中国的一些企业也已经启动他们自己的碳捕集和封存研究。例如,中国石化公司是中国最大的石油和天然气的制造商和销售商,在 2006 年开始了第一次的二氧化碳封存项目。此外还有诸多企业的碳捕集与封存项目,例如已投运的两个全流程 CCUS 示范项目,分别是中国神华集团全流程 CCS 示范工程,年捕集、封存能力为 10 万吨;以及中石化胜利油田二氧化碳捕集与驱油(EOR)全流程示范工程,年捕集 4 万吨二氧化碳。已投运两个万吨以上级二氧化碳捕集示范装置,分别是华能集团上海石洞口捕集示范项目(捕集能力 12 万吨/年)和中电投重庆双槐电厂碳捕集示范项目(捕集能力 1 万吨/年);此外,中石油吉林油田开展了二氧化碳驱油与封存先导试验,目前累计注入二氧化碳超过 16 万吨。

最后,除了国家政府的政策引导与鼓励以及企业的碳捕集和封存的收集外,还存在碳捕集与封存的国际合作。中国是碳收集领导人论坛(CSLF)[1]的重要成员之一,中国的科技部在论坛上代表中国。在 2015 年 6 月 29 日中国和欧盟在布鲁塞尔发布《中欧气候变化联合声明》。[2]《中欧气候变化联

〔1〕 碳收集领导人论坛(CSLF)是一个促进成员国及国际社会在碳捕集、利用与封存(CCUS)领域开展交流与合作的部长级多边机制,成立于 2003 年。其宗旨是推动开发用于二氧化碳的分离、捕获、运输和长期安全存储且具有更好成本效益的技术;使有关技术在国际上得到广泛利用;确定并解决与碳捕获和储存相关的广泛问题,包括营造适当的技术、政治和监管环境以利于开发此类技术。目前 CSLF 成员包括澳大利亚、巴西、加拿大、中国、哥伦比亚、丹麦、法国、德国、希腊、印度、意大利、日本、韩国、墨西哥、荷兰、新西兰、挪威、波兰、俄罗斯、沙特、南非、阿联酋、英国、美国等 24 个国家和欧盟委员会。迄今碳收集领导人论坛已认证了 36 个二氧化碳捕集和封存项目。CCUS 作为一项具有大规模减排潜力的技术,得到国际社会的广泛关注。目前国内 CCUS 技术研究与示范工作尚处于起步阶段,但已在捕集、封存和利用方面完成了几个独具特色的案例,得到各国的关注。在我国举办的 CSLF 部长级会议有利于加强 CCUS 领域技术研发、示范、部署及相关政策法规和管理制度的国际交流与合作,积极挖掘二氧化碳资源化利用的潜力,推动国内研发和示范工作,以完善技术,减少额外的能源消耗并降低成本,应对 CCUS 技术可能对生态环境、安全等各方面产生的影响。

〔2〕 参见中国政府网的介绍:http://www.gov.cn/xinwen/2015-06/30/content_2886776.htm,2018 年 1 月 30 日最后访问。

合声明》指明："双方致力于携手努力推动 2015 年巴黎气候大会达成一项富有雄心、具有法律约束力的协议，加强公约的实施。协议应以公平为基础，体现共同但有区别的责任和各自能力原则，考虑到各国不同国情。双方重申，协议应在公约下并适用于所有缔约方，特别是平衡处理减缓、适应、资金、技术开发和转让、能力建设、行动和支持的透明度。双方注意到其各自宣布的到 2030 年的应对气候变化强化行动，中国作为一方、欧盟及其成员国为另一方，为实现公约第 2 条所规定的目标而计划各自自主决定做出各自应有的贡献。双方的自主贡献与其他各方宣布的自主贡献一起，构成实现全世界所必需的绿色低碳发展长期努力的重要步骤。双方计划继续在公约下共同努力于未来提高力度。""双方同意：以现有中欧碳排放交易能力建设合作项目为基础并加以拓展，进一步加强碳市场方面的已有双边合作，并在今后几年共同研究碳排放交易相关问题；建立中欧低碳城市伙伴关系，促进关于低碳和气候适应型城市政策、规划和最佳实践的相互交流；推动关于国内减缓气候变化政策措施的对话与合作，涉及能源供应、工业、建筑、交通及航空和海运活动等重点行业的节能和提高能效；加强气候相关科学研究合作和技术创新合作，包括清洁和可再生能源、低碳技术及适应方案的开发和应用；认可在'中欧近零排放'倡议下碳捕集利用和封存方面的成功合作，将研究继续推进相关合作的方式。"[1]在 2015 年《巴黎协议》生效后，中欧进一步加强在应对气候变化领域合作的意向；2018 年 7 月，中欧就应对气候变化和清洁能源及其技术合作等方面，再次发表声明，将在 9 个方面展开合作，[2]彰显两大经济体在该方面的共识及合作的决心。

(2)洁净煤技术

"洁净煤"(clean coal)一词是 20 世纪 80 年代初期美国和加拿大关于解决两国边境酸雨问题谈判的美国特使德鲁 · 刘易斯(Drew Lewis)和加拿大特使威廉姆 · 戴维斯(William Davis)提出的。

洁净煤技术(clean coal technology，CCT)是指旨在减少污染和提高效率的煤炭加工、燃烧、转化和污染控制等新技术的总称。当前，其已成为世界各国解决环境问题主导技术之一，也是高技术国际竞争的一个重要领域。

与国外洁净煤技术领域重点放在燃烧发电技术上有所不同，中国洁净煤技术领域涵盖从煤炭开采到利用的全过程，是煤炭开发和利用中旨在减少污

---

[1] 具体内容参阅《中欧气候变化联合声明》，载《人民日报》2015 年 7 月 1 日。

[2] 《中欧领导人气候变化和清洁能源联合声明》，载《人民日报》2018 年 7 月 17 日。

染和提高效率的煤炭加工、燃烧、转化和污染控制等新技术的总称。由于煤炭在我国能源中的重要地位，今后一段时期内，煤炭仍将是我国主要的一次能源，因而最重要的就是煤炭的清洁燃烧。目前比较成熟的洁净煤技术主要包括型煤、洗选煤、动力配煤、水煤浆、煤炭气化、煤炭液化、洁净燃烧和发电技术等。

前文在分析低碳化的非可再生能源时，提到其实目前发展中国家由于经济发展的需要，大多需要通过燃烧煤炭来为本国的工业提供如电能和热能等能量，因此笔者这里分析发展中国家的洁净煤技术，以期能够清晰地解读洁净煤技术的现状以及发展趋势。

2006年之前较长一段时间里煤炭的消耗量占全部主要能源消耗的将近70%。[1] 中国的主要能源生产量稳步地从1980年的637Mtce（百万吨标准）煤增长到1996年的1326 Mtce煤，在1998年降至1243 Mtce煤，在2007年重新回升并且上升至2354 Mtce煤。[2] 但近年来煤炭占总能源耗费量的比例有所下降，如2015年的比例已经下降到64%，[3]并计划到2020年进一步降到58%。[4] 如图1－4所示：

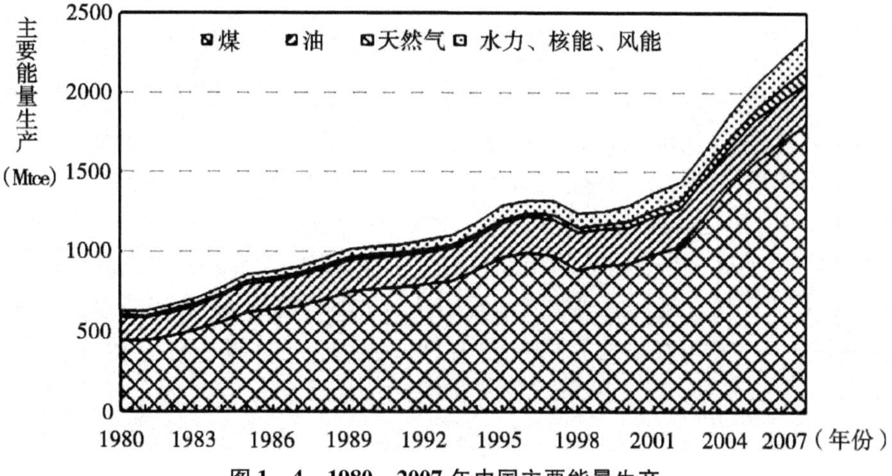

图1－4　1980～2007年中国主要能量生产

〔1〕 China Statistics Bureau, 1998; 2001; 2006; 2007. China Energy Statistical Yearbook, 1991－1996; 2000－2002; 2005; 2006.

〔2〕 China Statistics Bureau, *China Statistical Yearbook* 2007, Beijing, China Statistics Press, 2008.

〔3〕《中国10年以来煤炭占能源消费的比重由72%下降到64%》，载 http://news.d1cm.com/2016062 382264.shtml。

〔4〕 国务院印发《打赢蓝天保卫战三年行动计划》，2018年7月3日。

中国的电力容量从 1980 年的 66GW（10 亿瓦特）增长到 2000 年的 319GW。[1] 中国的用于发电的煤炭消耗从 1991 年的 196Mtce 增长到 2005 年的 684Mtce，煤炭消耗总量中用于发电的煤炭消耗同期增长率从 26.0% 增长到 44.6%，如图 1-5 所示：

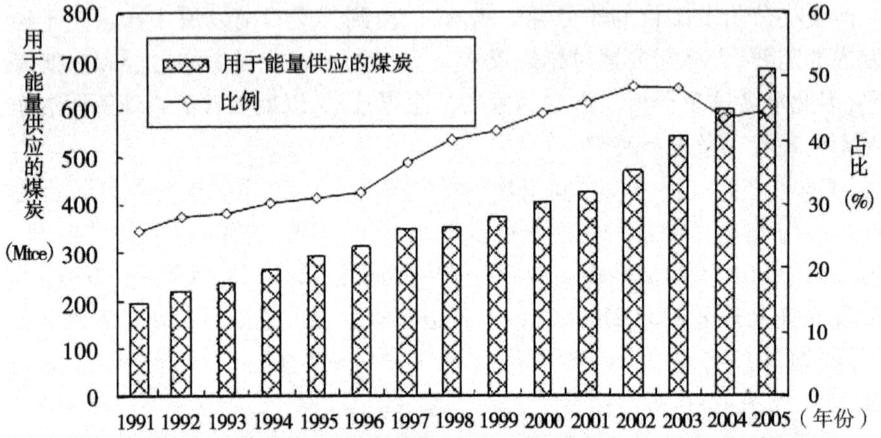

图 1-5 用于能源的煤炭消耗与总煤炭消耗中用于能源的比例

尽管中国的煤炭消耗量已经从 1991 年的 755Mtce 增长到 2005 年的 1528Mtce，但是煤炭的同期最终使用量始终保持在 300Mtce 到 520Mtce 的范围。煤炭在最终能量消耗总量中的份额从 1991 年的 56.9% 下降至 2005 年的 29.8%。[2] 以焦炭为例，其份额从 1991 年的 65.7% 下降至 2005 年的 43.9%。[3] 而经济合作与发展组织（OECD）的国家的情况则与中国的情况不太一致，OECD 国家消耗的清洁能源要远远多于煤的数量，根据 2005 年 OECD 的数据，煤炭的数量在最终能源消耗中仅仅占了 3%，[4] 如图 1-6 所示：

---

〔1〕 Wenying Chen, Ruina Xu, "Clean Coal Technology Development in China", *Energy Policy* 38 (2010), 2123-2130.

〔2〕 China Statistics Bureau, *China Energy Statistical Yearbook*, 1991-1996; 2000-2002; 2005; 2006.

〔3〕 Wenying Chen, Ruina Xu, "Clean Coal Technology Development in China", *Energy Policy* 38 (2010), 2123-2130.

〔4〕 International Energy Agency, *Energy Balances of OECD Countries* 2004-2005, Paris, International Energy Agency, 2007b.

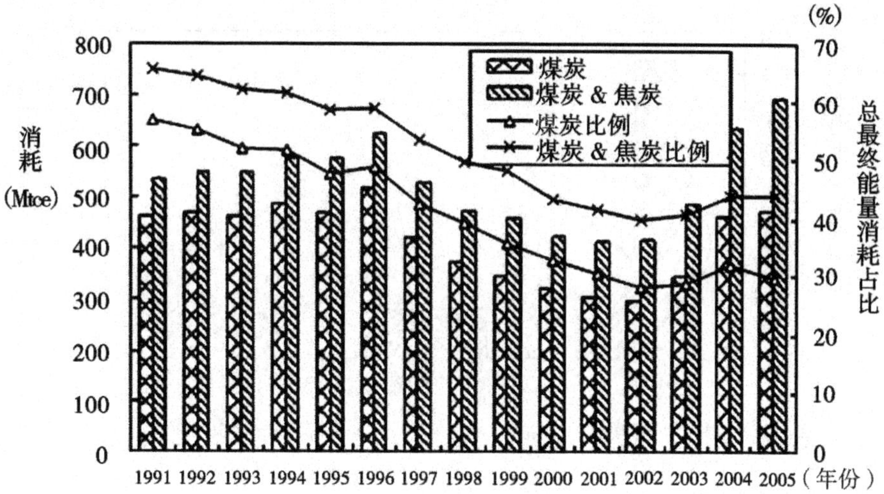

图 1－6　1991～2005 年煤炭消耗与其在总最终能量消耗所占比例

煤炭的使用方式导致中国的空气污染非常严重，同时也伴随着大量的二氧化碳的排放。中国日益增长的能源消耗以及持续以煤炭为主导的能源消耗结构已经导致其二氧化碳的排放量以每年 5.2% 的速率在增长，从 1980 年的 387MtC 增长到 2005 年的 1376MtC，[1] 占到世界总比例的 18.6%。从 2008 年起，中国温室气体排放量一直居世界第一，且占全球排放量比例逐年增加。如 2014 年和 2015 年，中国二氧化碳的排放量分别为 90.365 亿吨和 90.407 亿吨，分别占当年世界总排放量的 27.96% 和 27.99%，分别是排名第二的美国的 1.75 倍和 1.81 倍。[2] 意识到这一严峻问题后，中国进行能源结构的调整和产业结构的调整，提高能源的使用效率，同时尽量使用低碳化与无碳化的能源。即便这样，与其他国家相比而言，中国的二氧化碳排放量依旧很高，是 OECD 国家的二氧化碳排放量的 5 倍多，同时是 2005 年世界平均二氧化碳排放量的 2.5 倍，[3] 如图 1－7 所示：

---

〔1〕 Chen, W. Y., "The Costs of Mitigating Carbon Emissions in China: Findings from China MARKAL-MACRO Modeling", *Energy Policy* 33(7), 885－896; Chen, W. Y., Wu, Z. X., Wang, W. Z., "Carbon Capture and Storage(CCS) and Its Potentials Role to Mitigate Carbon Emission in China", *Environmental Science* 28(6), 1178－1182; Chen, W., Wu, Z., He, J. K., Gao, P. F., Xu, S. F., "Carbon Emission Control Strategies for China: a Comparative Study with Partial and General Equilibrium Versions of the China MARKAL Model", *Energy* 32(1), 59－72.

〔2〕 *CO_2 Emissions from Fuel Combustion Highlights* (2017 edition), See https://www.iea.org/publications/freepublications/publication/CO2EmissionsfromFuelCombustionHighlights2017.pdf.

〔3〕 International Energy Agency, *CO_2 Emissions from Fuel Combustion* 1971－2005, Paris, International Energy Agency, 2007c.

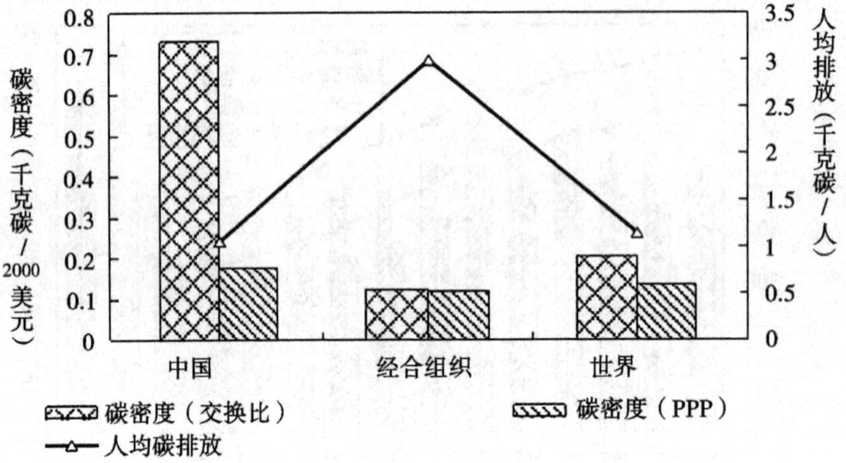

图1-7 人均碳排放与碳密度之对比

面临可开采的煤炭能源一点点被消耗掉的现状，中国积极发展洁净煤技术。首先，在高效燃煤和先进的发电技术上，中国投入大量人力、物力和财力在超临界系统的研发上，同时循环使用流化床，并且利用管道技术消除氮氧化物进入大气中。[1] 其次，在煤炭转化技术上，利用气化和液化技术减少二氧化硫等在燃烧煤炭过程中产生的有毒有害物质进入大气，[2]避免造成严重的空气污染。[3] 最后，作为洁净煤技术中重要的一种——整体煤气化循环机组，这项技术从20世纪60年代起就已经在世界范围内得到发展。[4] 在2006年，根据国家中长期科技发展规划，整体煤气化循环机组技术就已经被选作为一项未来中国发电的关键技术。

总的来说，以中国这样的发展中国家的洁净煤技术为例，低碳化的非可再生能源，尤其以洁净煤技术为主，其实与可再生能源有同等重要的作用。对于以传统化石能源作为工业能源而国内清洁能源技术不太先进完善的国家来

---

〔1〕 Deng, J., "Adopting Clean and High-efficiency Power Generation Technologies Vigorously to Promote the Sustainable Development of Electric Power Industry", *Huadian Technology* 30 (1), 1-4, 2008.

〔2〕 Lu, J. F., Zhang, J. S., Zhang, H., Liu, Q., Yue, G. X., "Performance Evaluation of a 220 t/h CFB Boiler with Water-cooled Square Cyclones", *Fuel Processing Technology* 88, 129-135, 2007.

〔3〕 Morin, J., "Recent ALSTOM Power Large CFB and Scale up Aspects Including Steps to Supercritical", in 47th *International Energy Agency Workshop on Large Scale CFB*, Poland, 2003.

〔4〕 China Desulphurization Industry Report, 2007-2008.

说,洁净煤技术就显得尤为重要。因此,将洁净煤等非再生能源的低碳化技术归为广义概念上的清洁能源技术是至关重要的。

3. 高能效能源技术

高能效能源是指能够产生较高能效的能源,最典型的是核能(由于核材料的使用也会耗尽且不可循环,它不可能被归为可再生能源中)。虽然对于核能是否属于清洁能源长期以来争论不止,但总体上由于其在 CO_2 减排方面的效果,多数学者还是倾向于将其视为清洁能源。然而,由于核泄漏的风险、核材料的开采、运输和使用过程中存在的风险及核电站运营期结束后的处理(核电站都有一定的使用年限,废弃的核电站或核电厂如果没有进行安全处理,将对整个环境以及周边的人类等生物造成不可想象的延续性的致命性后果)等弊端[1],让人们对它慎之又慎。几乎所有的国家包括技术和管理最先进的国家都不能保证核电站的绝对安全。苏联的"切尔诺贝利"事故、美国的"三里岛事故"和日本的"福岛核事故"所产生的消极影响至今没有消除。核电站尤其是战争或恐怖主义袭击的主要目标,遭到袭击后可能会产生严重的后果。所以在福岛核事件后,发达国家对核电站建设产生质疑,并在缓建核电站,如德国准备逐渐关闭所有的核电站,以可再生能源代替。但是,在人类没有有效解决发展和能源之间的紧张关系之前,在人类继续面对气候变化之严峻威胁的情况下,核能仍是我们需要重点运用的一种能源,这就对核技术尤其是与安全相关的技术提出较高要求。事实上,从首个核电站运营至今已有60多年的历史,发生的重大核事件有三起,随着技术的发展,只要做好绝对的安全措施并研发出有效技术,对废弃的核电站做好相关的深埋处理,那么核能可以作为一种高能效的清洁能源。

第三节 清洁能源技术转移的相关理论

技术是应对气候变化和防治环境污染的重要手段和核心问题,它对全球温室气体减排的决定性作用已为人们所共识,而技术转让和分享是应对气候变化的重要途径。故人类对环境、技术转让和全球化的普遍关注几乎同步,都

---

〔1〕 有学者基于这些弊端明确将核技术排除在清洁能源技术之外。See Ron Pernick and Clint Wilder, The Clean Tech Revolution: Discover the Top Trends, Technologies, and Companies to Watch, New York, NY: Harper, 2008, pp. 24 – 25.

在20世纪70年代前后,它们因技术发展这个关键要素而建立了密切联系;特别是在20世纪90年代后,三者几乎捆绑在一起。自工业革命以来200年左右的时间里,人类在享受技术进步带来的物质财富和文明的同时,也承受着技术不当使用带来的消极结果,特别是技术发展带来的经济全球化,使任何一个灾难都可能变成全球性的;其中,环境污染、生态平衡的破坏及温室气体排放等给人类带来的灾难已不计其数。为此,自20世纪60年代末起,人类开始在生态学和环境科学基本理论的指导下,为适应环境,与环境协同发展、和谐共进而开展了"节能、降耗、减排、治污"等以保护环境为核心任务的绿色革命。其中减少温室气体排放是绿色革命的重中之重,而这一任务的完成不可避免地与环境友好技术或无害环境技术转让联系起来。然而,掌握关键技术的发达国家一方面在大量地消耗全球的不可再生能源(包括自己的直接消费和通过转移高耗能产业于发展中国家但给自己带来利益的间接消费);另一方面,它们通过国际制度设计,使今天现代化进程中的发展中国家难于得到无害环境而发展所急需的技术,[1]以至于后者仍在重复着资本主义工业革命时期的老路,即破坏环境、能源耗费、排放污染等,这种自残式的发展进一步恶化了人类生存的环境。

针对这种情况,1972年6月5日以来的历次有关环境保护的国际会议和重要的国际条约或国际法文件均无一例外地将国际技术转让作为重要内容加以讨论或规定。但时至今日,技术转让方面的境况并没有得到根本性的改善,以至于人类的环境问题变得更为严重,气候趋暖的情势没有得到遏制。2018年,全球又迎来了一个炎热的夏天。欧洲多个城市出现了多个连续的高温日。7月的最后一周,北极圈附近出现了罕见的摄氏32度的极端天气。如果全球升温再不有效控制,人类离灾难性后果的时日不远了。[2] 这已引起了人类的急切关注。但40多年过去了,在技术转让领域依然没有有效的国际统一条约或机制来发挥EST的潜在价值,以服务人类走可持续发展之路。尽管在2015年12月巴黎气候大会重申了《框架公约》以及《京都议定书》的"共同但有区别责任",参加巴黎气候大会谈判的各国代表如期通过了《巴黎协议》,但多数国家关于在发达国家和发展中国家间就技术转让和资金机制方面有所突破之

---

[1] 人类发展至今已经有很多在发展同时避免环境污染和能源耗费的技术,但它们掌握在发达国家企业的手中,出于利益的追逐,发达国家不转让给发展中国家,致使后者重复着第一次现代化付出环境代价的老路,加重本可避免的对地球的破坏,加速地球毁灭进程。

[2] For Detailed Analysis, See Karen Graham, Temperatures in the Arctic Circle Hits 90° Fahrenheit this week, SCIENCE, July 31, 2018.

愿望并未实现，虽然各国都认识到清洁能源的技术的转移对于发展中国家节能减排、实现“2 摄氏度”控温目标具有重要意义。[1]

种种情况说明，各国对解决气候变化问题迫切性已形成共识，但在解决问题的路径和措施方面分歧很大。笔者认为清洁能源技术的开发、转移及其应用是人类解决气候变化和环境污染问题的根本之道。巴黎气候大会也强调了技术发展与转让的重要性，尤其是清洁能源的技术转移。因此，本书在此基础上分析一般性的技术转移特性，[2]传统的技术转移理论，以及清洁能源技术转移的特殊性。

一、技术及技术转移的基本理论

随着全球经济交往的日益密切和全球化的发展，各种经济因素如劳动力、资本、管理和设备等在世界范围内传播，而技术作为一个影响经济的重要因素，其重要作用日益突出。在经济学和技术学中，人们对“技术”一词的定义和解释众说纷纭，由于看问题的角度不同，对技术的定义也各不相同。技术作为制造一种产品或提供一项服务的系统知识，有着诸多内在特性。技术可以按照不同的标识，从不同的角度加以分类。

技术可以转移。人们对技术转移的解释和定义，也因为观察问题的角度和所强调的侧重点不同而不同。技术转移不同于一般的物品及物权转移，有着独特的个性和特点。[3] 技术转移可以通过多种渠道、方法及方式来实现。在当代经济社会条件下，技术转移正日益向着转移主体多元化、转移课题高级化、实施形式多样化的方向发展。

本节对技术、技术转移的内涵进行梳理，并解读传统的技术转移理论，例如技术差距论、技术转移选择论、技术转移内部化理论及技术从属论与适用技术论等理论，以期能为后文分析清洁能源技术转移的特殊性进行理论铺垫。

---

〔1〕“Speech delivered by UN Secretary-General Ban Ki-moon”, http://www.theguardian.com/environment/2015/dec/05/paris-climate-change-talks-draft-french-summit, Jan. 30, 2018.

〔2〕对于早期的技术转让，较少见到相关的环境保护方面的论证，即是否技术转让自始就与环境保护结合起来。早期相对进步的技术，是否在环境保护方面也较先前的技术有明显的优势，我们从现有的研究中较难看到相关论述。本书所讨论的“技术转让”显然是在环保方面有显著进步的技术之转让，即前述所讨论的各种清洁能源技术。

〔3〕具体分析参见马忠法：《国际技术转让法律制度理论与实务研究》，法律出版社 2007 年版，第 70 ~ 79 页。

(一)技术的内涵及特性

1. 技术的内涵

技术(technology)一词源于古希腊,由古希腊文 techne(工艺、技能)与 logos(系统的论述、学问)演化而成。技术多指个人的制作技艺,由经验积累而成,且不系统也不易推广,因而古希腊哲学家亚里士多德将技术定义为“制作的智慧”。[1]

进入工业革命后,法国哲学家狄德罗对技术的定义为“是为某一目的的共同协作组成的各种工具和规则体系”。[2] 这一定义将技术的目的性(为某一目的)和技术的表现形式(一为“工具”,一为“规则”)综合在一起,一直到现在依然被认为是对“技术”一词最为确切、权威的一种解释。德国技术哲学家卡普认为,从简单工具到复杂机器,人类所发明的一切技术活动手段都是人体器官向外界投影而形成的结果,因此,技术包含两层含义即人的生产活动方式本身与代替人类活动的装置。[3] 德国的另一位学者经济学家贝克曼将技术定义为:指导物质生产过程的科学或工艺知识,这种知识清楚地解释了全部操作及其原因和结果。[4] 英国学者诺里斯和维西提出关于技术的五种含义:技术包括所有工业革新过程中的科学和工程活动;技术是工程的同义语;技术是技巧的集合;技术是工业技术的科学;技术是能生产一定实际产品的投入要素的各种不同组合。[5]

现在的各种研究机构和组织也从不同的角度对“技术”给出了不同的定义。美国国家科学基金会(NSF)和斯科恩(Schon)认为技术是“一种工具或物资设备,人们借助于它们扩展自己的能力”。[6] 世界知识产权组织(以下简称 WIPO)从技术所包含的内容或内涵角度给出的“技术”的定义是:“技术指制造一种产品或提供一项服务的系统知识。这种知识可能是一项产品或工艺的发明、一种外形设计、一种实用新型、一种动植物新品种,也可能是一种设

---

〔1〕 [古希腊]亚里士多德:《尼各马科伦理学》,苗力田译,中国社会科学出版社 1990 年版,第 126 页。

〔2〕 狄德罗:《狄德罗的百科全书》,梁从诫译,辽宁出版社 1992 年版,第 311 页。

〔3〕 黄顺基等:《科学技术这些引论——科技革命时代的自然辩证法》,中国人民大学出版社 1991 年版,第 255 页。

〔4〕 黄顺基等:《科学技术这些引论——科技革命时代的自然辩证法》,中国人民大学出版社 1991 年版,第 255 页。

〔5〕 国务院经济技术社会发展研究中心:《中国经济的发展与模型》,中国财经经济出版社 1990 年版,第 89 页。

〔6〕 《中美技术创新论坛会议纪要》,2002 年 3 月。

计、布局、维修和管理的专门技能。”联合国工业发展组织(UNDIO)则认为:“技术是制造一种或多种产品以及以此为目的而建立的一个企业、工厂时需要的知识、经验和技能的总和。”[1]在1996年的《联合国技术转让谈判手册》中,技术被视为“用来生产、利用产品和服务以满足人类物质和生活舒适之需求的知识、技能、经验和组织的系统”。[2] 但较为大家认可的可能还是《发展中国家许可证贸易指南》中的定义:技术是制造产品、实施工艺流程或提供服务的系统性的知识。[3] 这一观点在1985年的联合国《国际技术转让行动守则(草案)》中也得到了体现,从该文件上下文中可以得知技术是某一产品生产制造、某一流程应用或提供某一服务的系统知识。[4]

在相关法律规范中,对技术做出明确界定的代表性法规是美国的《出口管制条例》,它将“技术”定义为“开发、生产、使用某一产品所必需的特定的知识”。[5] 我国《技术进出口管理条例》(2011修订)对“技术进出口”进行了界定,但没有对“技术”做出界定,只是规定技术进出口行为“包括专利权转让、专利申请权转让、专利实施许可、技术秘密转让、技术服务和其他方式的技术转移”;[6]也就是说,其涉及的技术主要是专利技术或正在被申请专利的技术、技术秘密和技术服务中的技术等,但对到底何为“技术”还是没有明确。

从上述诸多不同角度的不同定义可以看出,人们看问题的角度不同,对于技术的定义也必然不同。但仔细分析上述定义,可以发现其本质是一种系统的知识和技能,是根据自然科学原理和生产经验而形成的一种工艺操作方法和技能,包括相应的生产工具、设备和管理办法,是科学性的或组织化的知识在实际经济、技术活动中的系统应用;它们有共同的部分,即技术是实用的系统知识,是科学知识的实际应用。因此,我们不妨简洁地将技术的实质定义为“实际应用的系统的科学(包括自然科学、社会科学及二者的结合)知识”,至于其概念的外延可以随着时代的不断发展而不断地更新和变化,但这种嬗变

---

〔1〕《中美技术创新论坛会议纪要》,2002年3月。

〔2〕UNIDO, *United Nations Manual on Technology Transfer Negotiation* (Vienna: UNIDO, 1996), Cat. No. UNIDO-ID/SER.018 UNIDO-95.2.

〔3〕参见余劲松等主编:《国际经济法》,北京大学出版社2000年版,第118页;郑成思:《国际技术转让法通论》,中国展望出版社1987年版,第7页。

〔4〕See Clause1.2 *Draft International Code of Conduct on the Transfer of Technology*, 1985 Version.

〔5〕Part 772 -Definitions of Terms of *Export Administration Regulation.*

〔6〕《中华人民共和国技术进出口管理条例》(2011修订)第2条第2款。

并不影响其内涵实质的稳定。[1]

2. 技术的特性

技术作为人们制造某种产品、应用某种工艺或提供某项服务的系统知识，有诸多内在特性。格兰特认为，技术知识具有“可转移性、可累积性和可专用性”三大特性。[2] Hdelund 认为技术知识是“内隐”和“外显”的双重特性。[3] 而逖斯则认为技术知识具有“不确定型、路径依赖性、累积性、不可逆转性、相关关联性、内隐性、公共性”7 种特性。[4] 还有人认为，当代多数技术的特性主要体现在以下几个方面：(1)科学性与可实施性，技术是人类根据科学的原理而发明创造或总结出来的、可以实施、能够产生经济效益的知识。[5] (2)复杂性、相互关联性与内隐性。当代多数技术常由一系列相关的基础概念构成，而这些相关的基础概念又由许多独立的或非独立的亚概念构成；[6] 相互关联性是指任何一项技术多在不同程度上同其他支持性或关联性技术形成某种联系；内隐性是指一项技术内容往往不易用文字描述出来。(3)可传授和可转移性，技术是知识，人们通过教与学而掌握技术，可以通过适当的方式使技术在不同的主体之间进行转移，从而使技术得以在更大的范围内推广应用。(4)可累积性，技术知识可以积累，可以融入新的知识，从而为在现有技术基础上吸收提供可能。(5)技术生产的周期性，技术具有类似于生物体从出生、成长、成熟、衰退至消亡的生命特征现象。(6)价值的不确定性，技术的价值只能以其在使用领域中所产生的经济效益等指标来加以度量和确定。由于技术在使用领域中到底能够创造出多大的经济效益在不同地点、场合和使用不同的计量方法时会有很大的不同，因此，技术的价值是不确定的。[7]

---

〔1〕 具体分析参见马忠法：《国际技术转让法律制度理论与实务研究》，法律出版社 2007 年版，第 243 页。

〔2〕 Almedia, P. Song, J. Grant, “Are Firms Superior to Alliances and Markets? An Empirical Test of Cross-Order Knowledge Building”, *Organization Science*, 2002(13), pp. 147 – 161.

〔3〕 Hdelund G, *A Model of Knowledge Management and the N. Form*, Strategic Management journal, 1996(12), pp. 109 – 122.

〔4〕 Teece, “Time-Cost Tradeoffs-Elasticity Estimates and Determinants for International Technology Transfer Projects”, *Management Science*, 1997, 23(8), pp. 830 – 837.

〔5〕 人类社会早期的技术主要是人们在其社会实践中根据生产的实践经验而获得，但西方进入文艺复兴时期之后，根据科学原理产生的技术日新月异。可以说，工业革命时期以来经济的快速增长和发展，主要是革命性技术所引起的。

〔6〕 陈艳：《复杂性与复杂技术》，载《科技情报开发与经济杂志》2006 年第 3 期。

〔7〕 张晓凌、周淑景、刘宏珍、朱舜南、侯方达：《技术转移联盟导论》，知识产权出版社 2009 年版，第 4 页。

我们基于商品经济条件下技术作为一种商品的现象及其可交易的情形，将技术的特征归纳为以下4点：[1](1)作为商品的技术，其价值和使用价值与一般商品不同。按照一般商品的社会必要劳动时间来计算技术的价值量十分困难，因为技术具有单一性、个性化特征，其个别价值就是社会价值；[2]作为发明创造的产物，其数量不是规模化的，只具有单一性，因而具有较强的垄断性和排他性。此外，技术价值具有潜在性即其价值在于其实施后经济效益的实现，如果不能实现，则其价值往往就无以体现。同时，它与研究开发成本间并不必然呈正相关关系。至于其使用价值，更具特殊性，它在使用中会随着使用范围的扩大和频率的增多而增值，在使用中得以发展和完善，乃至创造出更新内容、更好形式的技术，而不会像其他商品那样存在使用中磨损耗费直至彻底丧失其价值。(2)技术具有无形性和存在的依赖性。技术本身是一种构思或解决问题的方案，并无形状；但当它作为商品进入流通领域时，必须依赖于一定的有形体让人们感知，如技术文件、图纸、配方、资料、以磁盘或磁带形式存在的计算机软件、样品、成套设备、动植物品种、微生物菌种以及技术专家和技术人员乃至口头传授的经验或示范表演的技能等。由于无形，且借助廉价的载体而不经再生产过程就可无限复制、传播，[3]在转让使用权的情况下，技术所有人可以在拥有所有权的前提下，无数次向不同的对象转让其使用权，即同一主体可以多次重复销售；而且技术不会因重复使用而出现过度使用的情况，这不同于有形财产，故其客观上创造的社会价值绝对量可随次数的增多而增加。当然，由于技术无形，它会导致信息不对称性被滥用，受方在获取技术时，难以知晓哪些技术信息应该获取或已经获取，而供方在确定价格时，又常常将技术价格建立在已披露技术信息和未披露信息的基础上，[4]从而导致不公平结果。(3)专利类技术有覆盖性和连续性特征，前者指某一技术可能有许多人在开发研究，但如果有一人申请专利则其他人的发明过程可能就得终止，其投入也就可能化为乌有；后者是指技术一旦扩散开去，人们在先有技术的基础上可以开发出更新的技术，加快原有技术的成熟和衰退。这两方面矛盾而又统一：为节省人类资源，避免重复研究和开发是必要的，而专利制度可以有效阻止技术的重复研发，鼓励技术转让，加快技术转移和扩散；但另一方

---

〔1〕 详细分析参见马忠法：《国际技术转让法律制度理论与实务研究》，法律出版社2007年版，第70~72页。

〔2〕 李少卿主编：《国际技术转让》，暨南大学出版社1993年版，第3页。

〔3〕 李少卿主编：《国际技术转让》，暨南大学出版社1993年版，第3页。

〔4〕 See WIPO, *Licensing Guidefor Developing Countries*, WIPO Publication, No. 62, 1977, p. 20.

面,技术的扩散,受让者们在现有技术开发的基础上的进一步研究和开发又会对原有技术构成威胁,这往往使技术供方不会轻易转让技术,如果转让,则会对技术价格给予高度关注。(4)技术具有不可再售性。一般商品的生产者是为了销售而生产,而且买方购买商品除自己使用外还可以转售盈利。技术商品则不同,技术开发通常多是以为自己生产和使用而进行的,它不以出售和转让为主要目标;技术受方一般拥有同类技术,然后才可能买入较为先进的技术,[1]但买入技术的受方未经供方同意不能转让或再出售给其他任何人。

由于技术的上述特征,成功的技术转移案例在"二战"以来的现实之中较为少见,因为它容易培养竞争对手,让技术权利人丧失竞争优势。也正因为如此,研究其法律制度的构建和完善,对于解决人类当下面对的公共问题意义十分重大。

(二)技术转移的概念、特点与重要途径和效应

1.技术转移的概念

全球范围内讨论的技术转移与1964年设立的联合国贸易发展会议(以下简称贸发会)有着密切联系。[2] 对发展中国家进行技术转移和扩散是贸发会过去数十年研究和分析工作的不可分割的组成部分,成员国将技术问题作为其重要使命之一,并将其指定为贸发会就贸易和发展待遇问题讨论的主要议题之一(其他还有资金、投资和可持续发展等)。但是真正从国际层面开始认真关注技术的是1968年(之前均认为是国内法的问题),原因至少有以下三个:认识到技术和技术诀窍是提高生产力、促进出口增长和获得发展的关键前提条件;发展中国家意识到发达国家与发展中国家日益扩大的技术鸿沟对贸易和发展带来的影响及它们对追赶发达国家的预期;关注从发达国家获得先进技术所付出的过高成本和难度。[3] 虽然较早出现"技术转移"(technology transfer[4])一词的国际文件是1964年第一届联合国贸易发展会议的一份支援发展中国家的报告,它指出"发展中国家的自立发展,无疑要依赖来自发达国家的知识和技术转移,但机械式的技术转移的做法是不可取的",[5]且在这

---

[1] 相关内容可参见尹尊声:《国际技术转让价格》,上海人民出版社1993年版,第22~24页。

[2] 郭燕青:《对技术转移的基本理论分析》,载《大连大学学报》2003年第3期。

[3] *Beyond Conventional Wisdom in Development Policy: An Intellectual History of UNCTAD 1964-2004*, UNCTAD/EDM/2004/4, p. 82.

[4] 国内早期多数学者将其译成"技术转让",在法学领域,"技术转移"与"技术转让"本质是一致的。

[5] 林耕:《实施技术转移战略,促进国家技术创新》,载《科技成果纵横》2006年第1期。

份报告中,技术转移是作为解决南北问题的一个重要战略而提出来的,并将国家间的技术输入与输出统称为技术转移;但有效推进国际技术转移的谈判却是在20世纪60年代末70年代初,1970年贸发会决定设立政府间技术转让小组,组织成员就技术转让问题进行谈判;后在1974年,该小组改为技术转让委员会,最终推动了《联合国国际技术转让行动守则》的谈判。[1] 此后,"技术转移"一词所涵盖的内容逐渐扩大到研发机构之间的技术项目转移,研发机构与企业和企业与企业之间的技术转让,以及不同经济、技术行为主体间的技术许可等各个方面,并且从早期的无意识行为、后进国家的政府行为、发达国家为打破南北僵局的策略工具等内涵逐步发展成为世界范围内不同行业、企业、研发机构和政府等都高度关注并积极参与的一种战略行动。

关于技术转移的确切概念,一般认为是由美国学者布鲁克斯(H. Blucurs)最先加以界定的。按照他的观点:"所谓技术转移,就是科学和技术通过人类活动被传播的过程;由一些人或机构所开发的系统、合理的知识,通过人们的活动被另外一些人或机构应用于处理事物的方式过程。"[2]这一定义不带有任何明确的商业成分。在布鲁克斯之后的学者,由于观察问题的角度和强调的侧重点不同,因此给出的定义也有所不同。归纳起来,大致有以下几种观点:[3](1)知识扩散说。认为技术转移就是基于某种技术类型、代表某种技术水平的一个知识群的扩散过程。[4] 这种观点目前在国际上较为普遍,但它没有给出是否出于商业目的。有人在此基础上,认为技术作为一种财产,[5]其转让就是一种商业技术扩散的过程,[6]即有商业目的;这实际上就是我们一般意义上的"技术转让"了。(2)知识诀窍转移、分配说。认为技术转移就是知识的转移和再分配。如日本的小林达认为:"从广义上说,技术转移是技术知识的再分配。"[7](3)技术知识应用说。将技术转移视为技术在

[1] *Beyond Conventional Wisdom in Development Policy: An Intellectual History of UNCTAD* 1964 - 2004, UNCTAD/EDM/2004/4, p. 83.

[2] 贺艳、许云:《国内外技术转移问题研究新进展》,载《中共中央党校学报》2014年第6期。

[3] 张晓凌、周淑景、刘宏珍、朱舜南、侯方达:《技术转移联盟导论》,知识产权出版社2009年版,第9~10页。

[4] 王新新:《我国技术转移的发展趋势及相关对策》,载《科技管理研究》2008年第12期。

[5] Andres Guadamuz, Technology Transfer, Open Licensing and Developing Countries, LAPLAMBERT Academic Publishing, 2010, p. 41.

[6] See P. T. Muchlinski, Multinational Corporations and the Law, Blackwell Publishes, 1995, p. 426.

[7] 转引自冯中越主编:《社会性规制评论》(第1辑),中国财政经济出版社2012年版,第182页。

社会范围的广泛应用。如弗兰克·普雷斯认为:"技术转移就是研究成果的社会化,包括其在国内和向国外推广。"(4)地域、领域转移说。认为技术转移是技术在地域上和技术所属领域的转移。如美国赞凯认为:"当某一领域中产生的或使用的科学技术信息在一个不同的领域中被重新改进或被应用时,这一过程就叫技术转移。"而经济合作与发展组织给出的定义也属于此类,认为技术转移是指一国做出的发明(包括新产品和新技术)转移到另一国家的过程。(5)环节转移说。认为技术转移是技术信息经过一些阶段、一系列环节的顺序发展过程。如中国的林慧岳认为,技术转移是技术和知识及其载体在技术活动中发明、创新和扩散三个环节之间的定向流动。(6)不同主体合作说。认为技术转移就是技术要素在不同主体之间的流动过程,其特征有两方面,一是存在不同的主体,二是存在主体间的合作。(7)技术商品流通说。认为技术转移就是技术成果作为一种商品在不同所有者之间的流通过程。(8)消化吸收说。认为技术转移不仅是指技术知识以及随同技术一起转移的机器设备的移动,而且还是技术在新的环境中被获得、吸收和掌握这三个方面的有机统一的完整过程。如S. 洛杉布尔姆认为,技术转移是指"技术在与其起源完全不同的路径、环境中被获得、开发和利用的技术变动过程"。还有学者认为,技术转移是指将研究实验室产生的思想和发明放入那些将它们进行开发并商业化的过程;技术转移发生的路径因为实验室、发明人及所涉及的发明等不同而不同。其中已经实践了几个世纪的最简单但依然重要的形式就是:在科学期刊上发表研究成果,学生和科学家们带着他们的观点、技巧和其他的专有知识一道从大学和政府的实验室流动到私人部门。然而,今天我们所说的技术转移,通常指通过复杂的商业安排来完成,而且这样的安排常常以与被转让技术相关的可以保护的知识产权的存在和分配等为前提条件。在美国语境下,其技术转让常指由政府创造或资助的技术转让给私人部门的现象。[1]

尽管技术转移的定义可以从不同的角度和侧重点加以界定和描述,但就其一般意义而言,是指为一定的经济目的而发生的关于技术及其知识的信息流动过程,也就是某种技术及其知识从技术输出方向技术接收方的流动过程。这种流动源自技术转移双方的技术输出及技术吸收的意愿,同时受制于转移双方的技术输出能力和技术吸收能力,是技术输出方和接收方相互作用和对

---

〔1〕 Aline Flowers, *Intellectual Property Technology Transfer* 2nd edition, Bloomberg BNA, 2014, pp. 1－3.

接的过程，直到技术接收方完全掌握该技术时为止。在此过程中，技术转移双方所在地区的相关政策、法律法规和政府的服务水平与能力等，对技术的转移起着促进或阻碍的作用。

技术转移的流动过程既可以发生在科技与生产部门之间，也可以发生在不同的生产部门之间；可以发生在国际上，也可以发生在国内；可以通过市场途径，也可以通过非市场途径；可以表现为纯知识的形态，也可以是某种实物体；可以是一种有组织、有计划的过程，也可以是自发的过程。但不论这些行为或过程的形式如何，基本上含有以下要素：(1)它们是一个过程或行为，往往需要很长时间；(2)有技术的供给方和需求方；(3)双方之间需要充分的交流和合作，才能实现预期的目的。故有人将其定义为技术供需双方通过相互作用而实现预期目标的一个过程。[1] 但本书将其讨论的技术转移限定在有一定商业目的的活动内，因此，本书中的技术转移行为主要指有供需双方、有一定的商业目的并通过特定法律形式来实现预期目标的技术转移行为。

理解技术转移应该将其与相关概念加以区分。前文在分析技术转移的概念时，提到“知识扩散说”，另一个概念是“技术扩散”(technology diffusion)，技术转移与技术扩散还是存在很多不同点。技术扩散这一概念，按照美国经济学家斯通曼(P. Stonman)的解释，指“一项新技术的广泛应用和推广”。[2] 由于技术扩散是技术创新扩散(technological innovation diffusion)的同义语，因此，技术创新理论的奠基人熊彼特(J. A. Schumpeter)将技术扩散定义为技术创新的大面积或大规模的“模仿”。[3] 而在舒尔茨(L. Scholtz)看来，所谓技术扩散“是指创新通过市场或非市场的渠道的传播”。[4]

从技术转移和技术扩散的概念定义中，可以清楚地看到，二者都是指技术通过一定的渠道发生不同领域或地域之间的移动。二者的区别主要有：[5] (1)技术转移主要是指一种有目的的经济行为，参与技术转移的双方都有明确的诉求，尽管诉求有所不同。而技术扩散则既包括有意识的技术转移，又包括无意识的技术传播，但更强调后者；技术扩散范围更为宽泛。[6] (2)技术转

---

〔1〕 范保群等：《国内外技术转移研究的现状与前瞻》，载《科学管理研究》1996年第1期。

〔2〕 [美]埃弗雷特·M. 罗杰斯：《创新的扩散》，辛欣译，中央编译出版社2002年版。

〔3〕 [美]熊彼特：《经济发展理论》，何畏等译，商务印书馆1990年版。

〔4〕 胡保民：《技术创新扩散理论与系统演化模型》，科学出版社2002年版。

〔5〕 张晓凌、周淑景、刘宏珍、朱舜南、侯方达：《技术转移联盟导论》，知识产权出版社2009年版，第11~12页。

〔6〕 马忠法：《国际技术转让法律制度理论与实务研究》，法律出版社2007年版，第3页。

移的受方一般来说是明确的，无论是技术所有权的转让还是技术使用权的许可，也不论对象是一个还是数个，受方明确是基本特征。但技术扩散的对象通常是不确定的，且多数场合下，只要对技术感兴趣或认为技术有所用的人，均可以成为技术受方。(3)技术转移往往带有商业活动的性质，而技术扩散通常是无商业目的的，而且在技术成为商品之前，用技术扩散或技术传播远比用"技术转移"更科学合理。目前，技术扩散通常用于对那些进入公有领域的技术的推广和传播场合。

至于技术转移或扩散是国内还是国际活动，笔者认为在今天语境下已经没有区别：它们都可以在国际或国内进行，尽管早期"技术转移"是因为南北关系、南北发展而提出的，但国内研究技术转移（特别是从高校、科研院所向产业界转移）也越来越多；而技术扩散随着外商直接投资行为在全球进行，技术随着投资而出现日渐频繁的外溢现象，技术扩散也基本上成为全球化的一种现象，而非仅仅限于国内。日本经济学家斋藤优所持的"通常所说的技术扩散（diffusion）往往指国内传播的情况，在国际则是更多使用转移（transfer）一词"[1]这种观点已经与现实不太相符了。

对于技术转移和技术转让、技术贸易等之间的关系，这里有必要将"技术转让"与"技术贸易"和"技术转移"区别开来。技术贸易指有关技术的交易，即以技术成果和技术服务为对象的交易或贸易活动；[2]技术成果通常包括在新产品、新工艺、新材料、新设备等的研发成果基础上所获取的专利、专有技术等；技术服务为技术持有方利用自己的技术特长为他人提供技术咨询、指导或其他服务等。故技术贸易应包括以技术成果为交易对象的技术转让和以技术服务为交易的技术服务贸易，二者不能混同。关于技术转移，有人认为它是指科学通过人类的活动被传播的过程，[3]有人认为其广义上是指技术的传播和交流，[4][5]或为出于在最终产品上应用之目的而将技术转移看作在空间上将技术转移到某一产品上。但笔者认为将其理解为"技术从技术供方向技术接受方流动的动态过程"更准确，它不以空间位置的移动为标志，而以人（主体）为载体，空间变化只是人的需要变化的外在形式之一，这一点对后文理解

---

〔1〕［日］斋藤优：《技术转移理论与方法》，丁明序、谢文正等译，中国发明创造基金会、中国预测研究会1985年版。

〔2〕范力：《中国技术贸易指南》，中国经济出版社2001年版，第49页。

〔3〕李志军：《当代国际技术转移与对策》，中国财政经济出版社1997年版，第12页

〔4〕Howard V. Perlmutter, Tagi Sagafi-Nejad, *International Technology Transfer*, p. 9.

〔5〕李志军：《当代国际技术转移与对策》，中国财政经济出版社1997年版，第13页。

"实质上的跨越国境"十分重要。这种技术转移包括技术的无偿转移或援助和有偿转移，后者就是我们常说的法律上的技术转让，因为转让作为法律概念一般要有相应的对价。故转移和转让二者间也是属种关系。我国 2002 年 1 月 1 日起实施的《技术进出口管理条例》规定"本条例所称技术进出口，是指从中华人民共和国境外向中华人民共和国境内，或者从中华人民共和国境内向中华人民共和国境外，通过贸易、投资或者经济技术合作的方式转移技术的行为"，[1] 此处用的是"转移"而非"转让"，足见我国立法上将"转移"和"转让"做了明确的区分。此外，为何法律上的技术转让是有偿的，因为真正的技术转让应当能够在受让方及其所在国的发展进程中起到积极作用，否则，实现不了该目的，体现不了对价，就不是技术转让，而为"技术旅行"（technology travel），[2] 即技术纯粹地从空间到空间的位置变动和转移。

2. 技术转移的特点

技术不同于一般的物品。技术是人们制造某种物品、应用某种工艺或提供某项服务的一种系统知识。因此，技术转移也与一般的物权转移相区别，有其独特的个性和特点。这种个性和特点突出地表现在技术转移所体现的内容及过程等方面。[3]

（1）技术转移所体现的本质特征是知识或技术的移动

不论形式或载体如何，技术转移的实质就是特定知识的移动，而且所移动的知识乃是基于某种技术类型、代表某种技术水平的一个知识群或知识系统（技术方案）。这一知识群或知识系统的移动，包括以下 4 个方面：一是无形知识体系的移动，即不以物化形式而是以认识、经验等形式而存在的纯知识的移动，如专有技术、专利技术等从一方转移给另一方或多方的活动。它们的移动可通过特定载体如纸质的技术文件或说明书、光盘、磁盘或其他电子形式载体等进行交付，通常这些载体本身往往价值不大或几乎没有什么价值，只是一些特定的媒介而已。通过这种方式转移的技术，往往都是高质量的智力成果。二是借助特定的有较高价值的外在财产或设备来转移技术，即技术等知识物化在产品、设备、零部件等商品或设备中；它们的价值可以在上述物品中直接体现，或通过特定的技术的运用，帮助它们实现价值或创造出更多的价值。三

---

〔1〕《中华人民共和国技术进出口管理条例》（2011 修订）第 2 条。

〔2〕 Howard V. Perlmutter, Tagi Sagafi-Nejad, *International Technology Transfer*, Pergamon Press, 1981, p. 9.

〔3〕 张晓凌、周淑景、刘宏珍、朱舜南、侯方达：《技术转移联盟导论》，知识产权出版社 2009 年版，第 14～15 页。

是技术转移通常都会涉及在知识产权保护范围之外的公有领域的知识或技术，而且公有领域的知识对技术转移所起到的作用往往易被忽略。四是在知识、技术流动中，须注意“显性知识”（explicit knowledge）与“隐性知识”（tacit knowledge）的关系的处理，对于可以通过书面材料、文字等形式进行并加以实现内容的知识流动容易实现，但对于通过操作、实践、展示等才能加以了解和掌握的知识，转移最为困难。然而，如果没有隐性知识，技术转移可能难以成功。

(2)技术转移的商事性特征

技术转移从本质上说是私人间的交易行为，其商事性特征十分明显。我们也能注意到多数技术是由私人公司持有的，决定这些技术为他人所用将组成公司整体运营战略的一部分，因此也包括公司对技术让他人可得时对与之相关的长期利益和可得利润的考虑。[1] 自 20 世纪 80 年代以来，全球各国政策普遍介入了技术领域，但重点放在吸引直接投资和技术集中规范审批程序和较少的技术转让及其他运营要求规定上，技术转让被更深程度地认为是通过商务基础上的市场而完成的公司与公司间的交易。[2]

技术转移这种私人间交易的性质虽然近年来受到公法的一定影响，如国内激励政策的指引、技术出口国家相关方面的管制等，但其私法性特征没有变化。具体说来，其私法性体现在以下三个方面。

其一，双方当事人的法律地位在法理上是平等的，他们的活动多是基于自愿原则而发生的，意思自治在这个领域还是一个重要原则。但实际上由于技术客体的特殊性，一方处于强大的优势地位，另一方则是十分弱势，不论是对技术的了解程度、谈判的经验，还是技术实力、技术人员及环境等，均会使后者在谈判中居于不利地位。在这个基础上的所谓“意思自治”可想而知，更何况我们还没有考虑政府对自己企业某些核心技术的“关心”会使技术转让大打折扣。

其二，等价有偿性，指交易的双方在交易活动中应当按照价值规律即对等价格的基础上进行有偿交易，这是按照商品是“天然的平等派”规律而要求的。交换的基础就是凝聚在商品中的平均社会必要劳动时间（凝聚在商品中的无差别的人类劳动），但是由于技术的价值的单向性，受让者根本无法确认

〔1〕 “Communication from European Communities”, 10 June, 2002, *Working Group on Trade of Technology*, WT/WGTTT/1(02-3210).

〔2〕 Annex 1 of WT/WGTTT/1(02-3210).

技术的价值,也举不出反证说明技术出让方的价格不合理性,所以往往很难断定自己支付的价格到底如何,等价有偿性在这种场合下失去了意义。

其三,转让形式的民事行为特征性。无论传统上的技术转让形式还是今天变化了的形式,均脱离不了形式的民事性。传统的转让方式有许可协议、交钥匙工程、技术合作、技术咨询和服务、补偿贸易等,今天更多的方式是并购、直接投资、服务贸易、货物贸易、政府采购、开发合作以及多边环境保护协议等,[1]它们都具有明显的民事行为特征。

(3)技术转移形式的多样性和复杂性

根据技术转让权能的多少,可将技术转让分为所有权转让、使用权转让、[2]技术咨询和技术服务等。按技术转让是否单独转让,可将其分为纯技术转让、与设备买卖同时进行的转让、与投资捆绑在一起的转让、BOT项目中的转让、OEM协议中的转让、特许经营中的转让和合作生产、补偿贸易中的转让等。按技术转让的客体,可将其分为专利技术的转让、专有技术的转让、计算机软件技术的转让及集成电路设计的转让、公有技术的转让等。按技术转让的范围,可将其分为独占许可、排他许可、普通许可、分许可及交叉许可等。按技术的功能,可将技术转让分为生产技术的转让、产品技术的转让和管理技术的转让。按技术的表现形式,可将技术转让分为技术硬件(如设备、仪器等)的转让、技术软件(如计算机程序、设计工艺、图纸、操作流程和维护程序等)的转让和技术专家(不存在于书面材料或设备、产品中,只存在于大脑中)技术经验等的转让,通常后两者的价格难以确定。按技术是否公开,可将技术转让分为公有技术的转让与私有技术的转让等。按不同开发阶段,可将技术转让分为开发(试制阶段,往往又是高精尖技术)、成长、成熟和衰老等各阶段的技术转让,由于所处的阶段不同,价格也会有很大的不同。

国际技术转让较为复杂,会涉及技术评审、评估、转让方式、法律、贸易、合作期限、技术本身风险、政治经济风险和政府干预等多方面问题。

因此,一项国际技术转让会受各种因素的制约,在谈判交易过程中投入的

---

〔1〕 "Communication from European Communities", 10 June, 2002, *Working Group on Trade of Technology*, WT/WGTTT/1(02-3210).

〔2〕 有人认为商业性技术转让就是国际技术贸易,意指国家、企业或个体间按一般商业条件转让技术使用权的一种贸易行为(李少卿主编:《国际技术转让》,暨南大学出版社1993年版,第6页)。这种解释不够全面,其一,尽管技术使用权转让在实务中占绝对多数,但并不是唯一现象,在有些条件下技术所有权也是转让的对象;其二,技术服务或咨询,并不完全等同于技术使用权的转让,尤其是在技术服务情况下,技术服务提供者往往只解决需方的技术难题,而未必会转让技术使用权。

人力、物力、财力和时间等也会较多，交易费用占总成本的比例不容忽视，它们对价格的影响不可低估。

技术的使用价值还具有多重性：用于经济，可以发展本国的生产力，提高本国竞争力和人民生活水平；用于政治，可以作为政治外交的筹码，提高本国的政治地位；用于军事，可以加强本国的军事力量，提高威慑力。而且这几重性间可相互转换。使用价值作用发挥的大小取决于技术自身的难度与受方技术吸收能力的大小。此外，由于技术的进步速度加快，使技术的寿命缩短，特定技术的使用价值也会因此逐渐减小。

此外，技术成果还可以进行多次交易，重复使用，而不会因过度使用给权利人带来损害，这不同于有形财产；故其创造的价值可随使用次数的增多而增加。

资源的有限性和短缺是人类恐慌的根源；技术的上述特征应当唤起人类在技术方面的合作，创造或节省更多资源，更有效地使用资源。人类局部的自私则加剧人类的恐慌心理，带来了人与人间的激烈竞争，众所周知，在今天的世界中，面对竞争向前冲击胜出的唯一途径就是在技术的新天地里取得先机。[1]

以上特征使技术转让不像货物贸易、服务贸易那样容易在国际层面达成一致意见。

(4)技术转移的国家干预性

该特征体现了技术转让与国家政策和公共利益等的结合，典型就是国家对国内相关技术转移或转化的激励政策及对核心技术技术进出口的管理和管制。

由于技术发展日益复杂及某些技术市场潜力的有限性等，技术越来越多地由政府投资，通过多种渠道分散到企业、学校和各种科研机构中，这种状况下的技术成果在多数国家由法律规定其属于研发单位。由于权利人特别是高校、科研院所等获得的技术与企业投入巨大成本研发技术需要回报不同，他们将技术进行产业化或转移的动力不足。因此，不少国家就技术转移等多会出台相关鼓励或激励政策，以使相关成果在本国国内尽快能够产业化，以推动国家经济的发展。

另一方面，对于关键技术的出口，因为单个企业在市场经济范围内是自己

---

〔1〕 "Annex 1 of Note on the Meeting of 11June", 2002, *Working Group on Trade of Technology 2nd Session*, WT/WGTTT/M/2(02－4503).

最佳利益的判断者,可能缺少整体的国家利益意识,将最核心的技术欲通过市场规则进行转移。而政府会基于特定目的,对企业进行必要的监管或控制。为此,政府的控制和干预日渐突出。1998 年美国兰德关键技术研究院对政府投资项目的技术转让进行了专门研究,并炮制出《监控和管制国际技术转让》报告,指出政府支持项目潜在的经济价值利于美国的企业和个人,但若将研究成果转让到国外,则预期利益就会丧失;[1] 因此政府应当谨慎对可能在不知不觉中侵蚀国内宝贵利益的技术转让方式进行控制,基于限制国际技术转让的风险及监控此类技术的艰难,政府对技术转让严格控制的政策不要做太大的调整。[2]

技术已成为国家综合国力的表现,具体落实点是单个企业构成的整体,对那些关系到国家安全和重大利益的技术,各国均会通过出口管制或管理等加以控制,以维护自身利益。这就体现出技术转让的国家公法性。

3. 技术转移的重要途径

技术转移可以通过多种渠道或方式进行。根据贸发会的一个报告,其与商业渠道相关的路径主要有与物品或设备联系的贸易、许可、外商直接投资和人员流动等。[3] 实际上,广泛意义上的技术转移途径有多种。(1)商业目的下技术转让(含狭义上的转让与许可)等。这种方式是通过技术市场使技术(所有权或使用权)从权利人手中转移给技术受方。这一过程中,技术供方提供技术而技术受方接受技术。在涉及跨国行为时,后者又被称为技术引进方。技术转让的具体方式多种多样,但以许可方式居多,其他方式包括技术咨询和服务、合作生产、招标和承包、交钥匙工程等。通过这种方式实现技术转移的优点是:按市场规律及原则办事,易为技术转移双方所接受,在合理公平的合同条件下,容易调动各方的积极性,加强相互之间的合作,有利于技术转移的顺利进行,提升技术受方的技术水平。缺点是:如果技术供方滥用优势地位,会对技术受方带来不利影响。(2)技术推广和技术援助。这种方式往往是没有对价的,带有公益的性质。技术推广是指通过示范性活动使目标技术传播

---

〔1〕 这一点与《联合国国际技术转让行动守则(草案)》要求的"使发展中国家自由充分地获得不由私人决定的技术"背道而驰。See *Draft International Code of Conduct on the Transfer of Technology*, 1985 Version.

〔2〕 James Bonomo et al., *Monitoring and Controlling the International Transfer of Technology*, RAND New York, 1998, Preface.

〔3〕 Transfer of Technology and Knowledge Sharing for Development Science, Technology and Innovation Issues for Developing Countries, UNCTAD/DTL/STICT/2013/8, 2014.

出去得到广泛应用的过程;而技术援助则是指技术权利人通过派员、解决技术问题等途径对生产企业提供技术帮助,从而达到技术转移目的,可以作为技术推广的一种手段。(3)技术信息交流。以媒体、会议、现场展示等方式促使技术信息的扩散、传播,加强相关方的技术信息交流,以使需要技术的当事人能够获得相关信息。(4)人员流动。这是技术转移中常被人们忽视的方面。实际上,最为彻底的技术转移方式就是获得拥有该技术的人;人才流动是最为重要的技术转移方式,只不过我们没有将其作为技术转移合同研究的对象而已。各国各地区人才引进是典型的技术转移。(5)合作研究与开发。产、学、研结合,研发单位与企业之间和企业与企业、研发单位与研发单位之间的合作研究和合作开发,在这个过程中的技术分享本身就是一个转移的过程,只不过它不体现为单位与单位之间,而是个体与个体之间。(6)设备、服务等交易中的技术转移。这是传统的技术转移的主要方式,特别是在研发人员还没有作为独立的力量及知识产权还没有成为独立的商品之情形下,通过设备、服务等促进技术转移是常态,在设备等中就蕴含了技术的成分。(7)企业并购。通过企业并购实现技术的有效转移,从而使买方获取其所需要的技术;这是现代化企业生产过程中,企业提升自己技术能力的一个十分有效的方式,微软等跨国公司就是通过不断地并购,将本来属于他人的技术并到本公司范围内,在本公司进行分享,提升竞争力,进而实现技术转移的目的。[1]

上述诸多方式中,带有商业目的的技术转移方式是本书研究的重点,至于那些虽带有技术转移的内容但主体上不以技术转移为内容且无商业目的的,不在本书讨论的范围之内。实际上技术转移还有其他方式,如通过 FDI、BOT、OEM、CDM 等方式转让技术,这些也是本书讨论的内容,后文相关章节将会有所涉及。

4. 技术转移的效应

技术转移会带来诸多的效应,我们可以将其分为产业效应、技术效应和贸易效应等,其中技术效应或技术能力是我们所希望看到的最积极的内容。产业效应是指用知识和技术密集型产业替代劳动和资本密集型产业;技术效应是指发展中国家(或技术后进国)技术的提升和跨越某些阶段的技术能力的形成;贸易效应是指扩大贸易规模,以致技术本身也成为交易的对象,即纯粹的技术交易。

---

〔1〕 张晓凌、周淑景、刘宏珍、朱舜南、侯方达:《技术转移联盟导论》,知识产权出版社 2009 年版,第 15～17 页。

二、传统的技术转移理论

在人类社会早期，技术等知识没有进入私人领域，其主要是通过自然、无偿的方式进行传播，当然战争也是传播技术的一个路径。在没有商业理念和追求状况下的技术流转，其速度、扩展的范围等往往是顺其自然。然而到了工业革命之后，主动的、出于商业价值目标之实现的技术转让慢慢取代了原先的无偿传播，相关技术转移理论开始出现。

（一）技术转移理论的基本发展历程

国际社会对于技术转移所进行的比较全面、系统的理论及实践研究始于19世纪末20世纪初。之后，一些学者相继从不同角度、不同层次对国际技术转移的机制和政策提出一些具体的理论。虽然这些理论相互之间缺乏有机的联系，但作为逐步形成技术转移独立理论体系的基本趋势已初步形成。

1939年，斯泰莱（Eugene Staley）从世界经济发展的角度出发，倡导建立国际经济机构，进行技术转移国际开发计划。[1] 1943年，美国学者莱安（Bryce Ryan）及其助手格鲁斯（Neal C. Gross）在对美国爱荷华州农民传播高产玉米品种进行统计研究的基础上，发表“在爱荷华两个群落中的杂交玉米种子的扩散”一文，以实践的方式证实了技术转移理论是近代技术转移学的开端，成为技术转移研究传统模式和近代模式的划分标志。[2]

进入20世纪60年代，技术转移研究逐渐成为一个独立的学科，有关技术转移的研究成果也不断丰富，并开始渗透到其他的研究领域。

1962年，罗格斯（Everett M. Rogers）发表“创新的扩散”一文，成为技术转移学的经典之作。[3] 1964～1968年，罗格斯领导下的一项国际技术转移调查计划，对巴西、尼日利亚和印度三国农村的技术传播进行深入研究，发表了大量的研究报告，在开创技术转移研究的国际合作新局面方面做出了重要贡献。

20世纪60年代后期，由于国家间技术转移的快速发展，有关技术转移研究也已不再局限于一个国家内部的技术转移，而是同时开始了对国家间技术转移的重视，技术转移研究出现国际化的新趋势。为切实把握技术转移新的规律及其理论，从20世纪70年代开始，联合国贸易和发展会议（UNCTAD）、

---

〔1〕 李志军：《当代国际技术转移与对策》，中国财政经济出版社1997年版。

〔2〕 Ryan, B., N. Gross, “Acceptance and Diffusion of Hybrid Seed Corn in Two Iowa Communities”, *Journal of the Electrochemical Society*, 116.3 (1943): 323－328.

〔3〕 Rogers E. M., *Diffusion of Innovation*. New YorkFree Press, 1962 (1st ed.), 1983 (2nd ed.), 1985 (3rd ed.), 1995 (4th ed.).

联合国经济及社会理事会(UNECOSOC)、联合国教科文组织(UNESCO)、经济合作和发展组织(OECD)、世界银行(WB)等国际机构投入大量资金对国际技术转移情况进行专门调查,在探索技术转移规律及其理论研究方面取得了不少重要成果。[1]

(二)主要的技术转移传统理论

1. 从技术转移方考察[2]

从供方角度考察技术转移的代表性理论,主要有技术差距论、技术选择周期论、技术转移选择论、雁行形态发展论、技术转移内部论等。

(1)技术差距论

1961年,美国经济学家波斯纳(Bosna)发表《国际贸易和技术变化》一文,首次用技术差距论来解释国际贸易发生的原因。[3] 技术差距论认为,技术具有一定的技术势,各个国家、地区科学技术发展的不平衡导致国家之间、地区之间的技术势存在差异。已经完成技术创新的国家,不仅取得了技术上的优势,而且凭借其技术上的优势而在一定时期内,利用与其他国家间的技术差距,实现该技术产品的国际贸易。随着该技术产品国际贸易的扩大,为进一步追求特殊利润,技术创新国家可能会通过多种途径和方式进行技术转移。其他国家亦会因该项技术在经济增长中的示范效应,研究与开发同样的或类似的产品,两国间该产品的国际贸易终止,技术差距最终消失。技术差距无论是在发达国家或地区之间还是在发达国家或地区与发展中国家或地区之间都存在,技术差距是普遍存在的。

技术差距论认为,技术差距是国家、地区和企业之间进行技术转移的前提,不但是经济上存在一种"二元结构",技术上也存在一种"二元结构",技术总是从其"中心"(技术发达国家)向其"边缘"(发展中国家)实现转移。同时,"中心"控制和支配着"边缘"。技术差距论的主要缺陷是,没能具体分析技术差距的种种形态,只能说明国际垂直的技术转移,而无法说明在技术水平上大体处于相同阶段的国家之间也会发生水平技术转移的问题。

随着对技术差距研究的逐步深入,美国学者克鲁格曼(P. Krugman)提出

---

〔1〕 张晓凌、周淑景、刘宏珍、朱舜南、侯方达:《技术转移联盟导论》,知识产权出版社2009年版,第24页。

〔2〕 张晓凌、周淑景、刘宏珍、朱舜南、侯方达:《技术转移联盟导论》,知识产权出版社2009年版,第25~30页。

〔3〕 Krugman P. A.,"Model of Innovation, Technology Transfer and the World Distribution of Income", *The Journal of Economy*, 1979, 87:253-266.

了一般均衡条件下的商品周期贸易模式，成为保持技术差距的依据。[1] 该理论把资源配置、世界收入分配和技术综合起来考察，认为技术在发达国家不断创新，新技术首先在发达国家以创新产品的形式生产出来，然后与发展中国家形成技术差距。发达国家在技术创新和开发新产品上具有绝对的优势，决定了发达国家与发展中国家的贸易类型。发达国家出口创新产品，发展中国家出口模仿产品，模仿意味着特定的生产技术变成了共同的财富。技术的变化影响发达国家和发展中国家的经济与贸易，影响的大小、受益程度的高低取决于各自技术创新和技术扩散的增长速度。

用这种理论来描述当下的技术转移路径如下：美国是世界最新技术的来源国，其创新能力最强，产生新的产品或技术；一段时间后，技术或产品由美国转移到欧盟、日本等较发达国际，其技术创新能力略微低于美国；在这些国家技术或产品使用一段时间后，再流向发展中国家和最不发达国家。在已有技术向其他国家转移时，美国可能又产生了一个新技术，然后旧技术不断被淘汰，又进入一个新的技术循环过程。[2] 这种理论能够较为准确地反映现实世界中技术转移的总体状况，但对于清洁能源技术而言，可能会有变化；因为清洁能源技术由于其要求的技术形成的因素、已有技术积累等与传统的制造业等技术会有所不同，美国与很多发展中国家可能处在同一起跑线上，发展中国家的有些清洁能源技术也是十分先进的，此时发达国家与发展中国家间的技术转移可能就不是单向的，而是相互间的了。

(2)技术选择周期论

技术选择周期论的典型代表人物是美国的费农（R. Vernon）。技术选择周期论与技术的寿命周期密切相关。技术寿命周期，是指技术同一切有机体一样，也有一个产生、发展、衰退和消亡的过程，这一过程称为技术寿命周期。技术寿命周期通过产品生命周期加以体现，因为技术的优势、技术创新的成果最终都要体现在产品上，体现在产品的工业化生产上，体现在技术实施的经济效果上。技术选择周期论的核心思想是将技术创新产品比较优势的动态过程和产品的盛衰期紧密地结合在一起来加以考虑的。从国际贸易角度看，技术创新产品在一国问世并占领国内市场，到产品出口、出口增长、出口竞争、出口

---

〔1〕 Posner M, *International Trade and Technical Change*, Oxford Economic Paper, 1961, 13: 323 - 341.

〔2〕 李虹：《国际技术转移与中国技术引进》，对外经济贸易大学出版社 2016 年版，第 17 ~ 20 页。

衰退直至开始在本国市场上进口该产品的这一过程,一般可分为新产品垄断阶段、出口增长阶段、出口竞争阶段和出口衰退阶段。按照技术选择周期论和“技术生命周期假说”,占有新技术的国家必然首先运用该技术在国内生产新产品;随着该技术的成熟、发展和推广,新产品在国内的销量减少;其他国家的市场对该产品需求提高,于是占有新技术的国家就将在其他国家进行直接投资,以便利用其他国家的廉价劳动力,谋求最高利润。[1]

(3)技术转移选择论

技术转移选择论的代表人物包括美国经济学家邓宁、凯夫斯(Caves,R. E.)和日本学者斋藤优。邓宁将国际直接投资、国际贸易、技术转移有机地结合在一起,通过建立国际生产选择模型分析国际技术转移发生的机制。[2] 他认为,企业在国外拥有区位优势、又能控制技术专利权在国外进行生产的条件下,一般选择外国直接投资;企业在区位因素吸引力不大的情况下,倾向于选择出口贸易;企业在内部交易市场不具备一定规模、区位优势又不明显时,才选择技术转移。[3]

在上述选择理论的基础上,凯夫斯认为影响跨国公司在FDI和技术转移之间做出选择的因素主要有以下两个方面:①选择技术转移的因素。FDI存在障碍,如市场容量小、缺乏规模经济等;缺乏FDI的基本条件,如知识存量不足、对国外市场不了解、投资成本高等;技术创新的周期太短;风险考虑。技术转移不用在国外周转大量固定资产,从而避免政治风险。但是,当技术转移可能使技术泄露给竞争对手时,又会妨碍技术转移,在互惠回授条件下,即供方把技术转移给受方后,双方将改进技术回授给对方。②不选择技术转移的因素。技术转移交易成本过高,如谈判时讨价还价、因商品质量影响声誉、可能泄密等。跨国公司内部的技术转移成本大大低于企业之间的转移,一般不鼓励技术转移。[4]

技术转移选择论与技术选择周期论关系密切。邓宁的理论就是受产品周

---

〔1〕 Vernon, Raymond, “International Investment and International Trade in the Product Cycle”, *Quarterly Journal of Economics*, 80.2(1982):307 – 324.

〔2〕 Dunning, John H, *Explaining the International Direct Investment Position of Countries: Towards a Dynamic or Developmental Approach. International Capital Movements*, Palgrave Macmillan UK, 1982.

〔3〕 陈霞、范亚洵:《国际技术转移成因分析——兼论邓宁国际生产折衷理论》,载《科技进步与对策》2004年10月。

〔4〕 Caves R E., “Causes of Direct Investment: Foreign Firms’ Shares in Canadian and United Kingdom Manufacturing Industries,” *Review of Economics & Statistics*, 1974, 56(3):279 – 293.

期论的启迪演化形成的。

日本学者斋藤优从技术寿命周期和谋取最大利益的角度，把跨国公司在国际生产经营的战略归纳为三种形式：一是运用创新技术在本国生产产品并对外出口；二是FDI，在国外运用该项技术进行生产并就地销售；三是直接进行技术转移。他进一步分析认为，从表面上看，这三者是相互独立、互不相关的，但实质上却存在内在联系，并按一定的规律周期循环。〔1〕

（4）雁行形态发展论〔2〕

雁行形态发展论对技术转移原因及其发生、发展机制的分析和刻画，是通过将一国产品的进出口发展全过程同其技术的引进、消化吸收、应用、开发、积累、转移过程有机地统一在一起，并将整个过程区分为5个阶段即进口导入期、国内生产进口替代期、出口增长期、成熟期、再进口期来加以描述的。

这5个阶段也是雁行形态说的基本模型。〔3〕①导入期。新商品的进口达到技术引进的目的，国内需求也会扩大。这一阶段，进口国会开始进行模仿生产，并且根据技术引进试图达到国产化，但在品质及成本方面，进口产品有其优势。因此，引进国不会向其他国进行技术转移。②进口替代期。这一阶段，进口品的国内生产增加，从而形成进口替代化。生产技术达到标准化，可进入大量生产阶段，这一时期是技术积累和技术转移的准备阶段。③出口增长期。这一阶段，国内需求的增加速度会减慢，海外需求扩大，出口会增加，产品的技术也同时转移。这一阶段内销市场的需求增加，生产规模扩大，出现对进口商品的模仿，技术得到提高，经验获得积累。国内生产超过国内需求，会出现出口剩余部分，出口量会逐渐增加。④成熟期。国内需求的显著减少导致对国内投资的下降，因大量生产而成本下降，只有通过出口的增加来保证成本的持续减少，以有所收益。这一阶段发展中国家也开始生产，技术转移全面展开。⑤再进口期。技术转移到后发国，后发国也以低工资等优势进行生产，因此会出现从后发国逆进口现象，这一时期称为再进口期。随着先进国出口和国内生产的减少，国内需求的减少率小于国内生产的减少率，因此须再进口其不足部分。

---

〔1〕［日］斋藤优：《技术转移理论与方法》，丁明序、谢文正等译，中国发明创造基金会、中国预测研究会1985年版。

〔2〕［日］赤松要：《我国产业发展的雁行形态——以机械仪表工业为例》，载《一桥论丛》1956年第36卷第5号。

〔3〕［日］山泽逸平：《亚洲太平洋经济论——21世纪APEC行动计划建议》，范建亭等译，上海人民出版社2001年版。

(5)技术转移内部化论[1]

技术转移内部化理论的主要代表人物是美国学者巴克利(P. J. Buchley)、卡逊(M. Casson)和拉格曼(A. M. Rugman)。技术转移内部化论认为技术的所有权属性决定了它在市场上不可能像商品一样自由竞争。技术市场的不完全性,必然导致技术转移的内部化倾向。技术转移内部论认为,国际技术市场存在买、卖双方的双向垄断,是一个发育不完善的市场。在一个发育不完善的市场中进行技术交易,不利于公司追求利润的最大化。技术本身是一种在一定时期内具有专有性质的特殊的商品,是企业中最为重要的一种核心资源。因此,对于跨国公司来说,为了保持公司在生产技术、管理技术和销售技术等方面的垄断优势,要强化其国际竞争能力,防止技术的扩散和流失,产生强有力的技术转移内部化倾向;而现行不很健全、完善的专利制度和技术转移的风险以及对利润最大化的追求等因素,则进一步加剧了技术转移内部化的进程。

技术转移内部化理论是从维护工业发达国家和跨国公司的利益出发的,总的来说,不利于国际技术转移的正常发展。对于发展中国家来说,研究这一理论和公司内贸易行为,是为了突破跨国公司在经济上、技术上的控制,选择正确的技术引进战略和有利的合作方式,引进跨国公司的资金、技术、管理经验和营销技术,以发展本国的经济、加快工业化的进程。

2. 从技术受让方考察[2]

从接受方角度考察技术转移的代表性理论主要有需求资源关系论、中间技术论和外贸自乘效益论。

(1)需求资源(NR)关系论

需求资源关系论的提出以日本斋藤优于1979年出版的专著《技术转移论》为标志。该书提出的"NR关系假说"[3]认为,一个国家、地区或企业的经济发展和对外活动受两个方面因素的约束:一是国民需求和其国内资源关系的制约;二是经济、技术交往国家的需求与资源的制约,即该国、地区或企业的需要(N:needs)和该国、地区或企业的资源(R:resources),这种约束关系被称

---

〔1〕 Buckley, Peter J., and M. J. Carter, "Managing Cross-Border Complementary Knowledge", *International Studies of Management & Organization*, 29.1(1999):80 - 104.

〔2〕 张晓凌、周淑景、刘宏珍、朱舜南、侯方达:《技术转移联盟导论》,知识产权出版社2009年版,第28~31页。

〔3〕 [日]斋藤优:《技术转移论》,文真堂1979年版。转引自李文军:《当代国际技术转移与对策》,中国财政经济出版社1997年版。

作"NR关系"。该理论从需求与资源的关系方面探讨了国际技术转移发生的机制,并且认为NR关系的不相适应,既是技术创新的动力,也是产生国际技术转移的原因,即国际技术转移产生于对技术这一特殊资源的需求。在国与国之间,有对技术资源的需求,才会有满足这种需求的技术资源的转移。由于新技术具有节约资本、劳动,降低消耗,或者发现新能源、新材料等特征,从而能够弥补资源(R:resources)的不足,更好地适应需要(N:needs)。NR关系的不适应,促进技术的革新和再创造,原有的技术可以转移到其他仍然需要该技术的国家、地区或企业;同时使NR关系得到改善和协调,促进技术创新以及国家、地区或企业间的技术转移。

(2)中间技术论

中间技术论是英国经济学家舒马赫(E. F. Schumachel)在1973年提出的。中间技术论是从发展中国家的角度,针对发展中国家经济、技术落后及其与发达国家间的经济、技术差距日益扩大的现状,为有效解决其社会和经济问题而提出的一种理论。中间技术论是从发展中国家的观点来看待国际间技术转移的。[1]

舒马赫指出,对于发展中国家来说,经济发展主要是一个完成更多工作的问题,是一个充分利用现有劳动力、使劳动者充分就业的问题。为了做到这一点,需要有4个基本条件:一是动力;二是技术知识;三是资金;四是出路,即额外的产量需要有额外的市场。在这4个基本条件中,任何一个处于像印度这样地位的国家必须采取的一个最大的集体决策就是做出技术选择。由此,舒马赫特别强调指出,技术选择是一切选择中最重要的选择。舒马赫认为,发展中国家应该优先选择劳动密集型工业。贫穷地区的经济发展,只有立足于中间技术才能获得成果。中间技术最终将是劳动密集的,适合小型企业采用。这种中间技术与本地技术相比,生产率高得多;与现代工业资本高度密集的高级技术相比,又便宜得多。按这样一种投资水平,在很短时期内即可建立大量的工作场所。

(3)外贸自乘效益论[2]

自乘效益论由庄峻在其专著《外贸自乘效益论》中首次阐述并提出。自乘,源自马克思在《资本论》中提出的一个科学概念。自乘,指由于技术进步而引起的劳动生产率的提高,是通过技术创新成果应用于生产过程而实现的。

---

〔1〕[英]舒马赫:《小的是美好的》,虞鸿钧、郑长林译,商务印书馆1984年版,第109~129页。

〔2〕庄峻:《外贸自乘效益论》,中国社会科学出版社1994年版,第67~108页。

在生产力的发展中，除了需要科学技术这一决定性要素之外，其他各个要素也都离不开科学技术，都是同一定的科学技术结合才能发挥作用的。科技进步及其成果的有效应用，最终将引起社会劳动生产率的倍加和自乘。[1]

外贸自乘效益，是指一国通过对外贸易所引进吸收的，包括知识产权、专利技术和非专利技术、装备技术、技术信息等各种形态的技术成果，使本国的劳动生产率得以倍加和自乘，国民劳动生产力和综合国力跃升所得到的宏观经济利益。取得外贸自乘效益的根本标志是劳动生产率的提高，因此自乘效益的实现并不是直接的，而是需要经历一个过程。也就是说，对于引进的技术成果，还必须经历一个消化、吸收的过程，并应用于生产过程和融入自身的工作素质之中，把引进的技术成果转化为现实的生产力后，才能取得自乘效益。

外贸自乘效益论所指的外贸自乘效益，实际上专指一国通过开展国际技术贸易与引进技术所导致的经济效益部分。而对于一个国家来说，其综合自乘效益包括对技术的自主研究与开发和技术引进等两大主体及其他组成部分，因此，外贸自乘效益只是综合自乘效益的一个有机组成部分。

上述理论为有关国家在20世纪80年代之前，结合吸引外商直接投资，它们为制定有关国际、国内技术转移政策和法律制度提供了重要依据。例如，不少国家出台了土地、税收和劳动力使用等优惠政策，以及住房、户口、水电煤气等的优惠，孩子入学及其他奖励等，在人才引进方面也采用了不同政策等。这些政策，特别是土地和税收优惠在一定时期内发挥了积极作用。但在经济发展快速科技化、全球化的今天，技术转移作为经济与企业发展不可或缺的一个重要组成部分，已经成为推动科技进步从而推动经济均衡增长的最主要动力，是促进产业升级、结构转型的源泉所在，是加快企业技术进步步伐从而提高其核心竞争能力的关键所在，也是改变和技术转移相关各方技术及其资源比较优势的一个重要因素。[2] 在这种背景下，仅靠优惠政策实现有效的技术转移较难收到预期的效果；而当下清洁能源技术转移作为技术转移的一个非常重要的组成部分，因清洁能源技术自身的特殊性，与其相关的技术转移也势必有不同于一般技术转移之处。由此，对其转移理论进行探索并结合这些理论制定相应的技术转移政策与法律制度意义重大。

---

〔1〕《马克思恩格斯全集》（第23卷），中共中央编译局译，人民出版社1972年版，第351～354页。

〔2〕张晓凌、周淑景、刘宏珍、朱舜南、侯方达：《技术转移联盟导论》，知识产权出版社2009年版，第31页。

三、清洁能源技术转移的特殊性

清洁能源技术的特点决定了其转移具有特殊性，故前述根据传统技术转移理论而形成的有关法律政策，如给技术供方提供各种优惠条件（以市场或其他资源换技术、制定专门法规给予税收等特别优惠）和通过提供优惠法律条件鼓励发达国家直接投资来引进先进技术，在清洁能源技术领域难以奏效。我们必须在应对环境和气候变化的背景下，找到适合其转移的法律路径和制度。

清洁能源技术转移对可持续发展的作用不言而喻，很多国家已经意识到清洁能源技术及其转移对环境污染治理及应对气候变化的重大意义。实际上，1992 年《里约环境与发展宣言》（以下简称《里约宣言》）中〔1〕的"原则九"就将其作为我们人类应对环境问题的一个基本要求，即"各国应进行合作，通过科技知识交流提高科学认识和加强包括新技术和革新技术在内的技术的开发、适应、推广和转让，从而加强为持续发展形成的内生能力"。作为确保《里约宣言》实施的《21 世纪议程》，整个第 34 章就专门论及无害环境技术转移这一问题，鼓励发达国家向发展中国家进行技术转移。2015 年通过的《2030 年可持续发展议程》（简称《2030 年议程》）多处提到无害环境技术转让对该议程所设定的目标实现的重大作用，它重申发达国家对发展中国家在公平合理、优惠的基础上转让技术的积极意义。〔2〕 但是，目前看来，技术转移的相关法律制度的构建和完善进程还需要进一步加快，特别是清洁能源技术转移方面的法律制度，以真正推动技术转移向清洁技术转移的方向发展。为此，本书将对清洁能源技术转移与一般技术转移的区别进行分析。

---

〔1〕 Principle 9 States should cooperate to strengthen endogenous capacity-building for sustainable development by improving scientific understanding through exchanges of scientific and technological knowledge, and by enhancing the development, adaptation, diffusion and transfer of technologies, including new and innovative technologies. See http://www. unep. org/Documents. Multilingual/Default. asp? documentid = 78&articleid = 1163.《里约环境与发展宣言》（Rio declaration）是 1992 年 6 月在联合国环境与发展大会上作出；同时先前通过的《联合国气候变化框架公约》在该次会议上对所有国家开放签字。联合国环境与发展会议于 1992 年 6 月 3 日至 14 日在里约热内卢召开，重申了 1972 年 6 月 16 日在斯德哥尔摩通过的联合国人类环境会议的宣言，并谋求以之为基础，目标是通过在国家、社会重要部门和人民之间建立新水平的合作来建立一种新的和公平的全球伙伴关系，为签订尊重大家的利益和维护全球环境与发展体系完整的国际协定而努力，认识到我们的家园即地球的大自然的完整性和互相依存性。该宣言共提出 27 项原则。

〔2〕 For details, see the United Nations: Transforming our World; The 2030 Agenda for Sustainable Development, September 25 – 27, 2018.

(一)清洁能源技术转移与一般技术转移的区别

清洁能源技术并不仅仅指单个的技术,其整个技术体系包含专有技术、软件程序、商品和服务,以及附带组织性和管理性的软件程序的设备。因此,在讨论清洁能源技术转移时,其实涉及的是一个庞大的技术转移体系。[1]

通过前文的分析可以发现,清洁能源技术是在当前全球环境不断遭到破坏、气候受到严重影响、资源能源不断耗尽的前提下提出的。地球是全人类的生活家园,因此并不存在一国环境和空气优质而完全不受影响且无须利用清洁能源技术的情形。在这样的大背景下,清洁能源技术就有了现实的普世意义,因而与之相关的技术转移与一般技术的技术转移势必不同。为了公共利益的目的,清洁能源技术的技术转移或许更多要从其社会效用和作用的角度来看,而不单单从经济利益的角度考虑。

目前并没有相关文献具体讨论一般技术与清洁能源技术的本质区别或详尽阐述两者的异同。两者的不同之处,体现在技术的主要驱动力、融资方式和技术研发实验室的所在地、转移机制、商业化、技术运用及向发展中国家和转型国家转移等方面;然而在与贸易相关的技术转移上,其实两者的区别并不是很大。而 UNCTAD 早在 2003 年就很好地总结了清洁能源技术的技术转移与一般类的技术转移的不同点,如表 1-1 所示:

表 1-1 无害环境技术和其他技术的共同之处与不同点

	无害环境技术(EST)	其他技术
主要推动者/驱动力	法规,公共政策及多边环境协议	市场力量:需求、竞争、生产“瓶颈”、其他
融资	公共财政支持很重要	绝大部分来自私人资金,包括再投资的收入,风险资本和股票出售的兑现等
研发场所或主体	主要是大学,公共研究所和实验室等	主要是企业或具有企业性质的组织(以营利为目的)
转让机制	向私人主体转让;公司部门合作作用明显(如大学—企业合作等)	通过公司内部的研发合作构建新的结构,公司与公共研发部门建立合作伙伴关系等

[1] “Achieving the Successful Transfer of Environmentally Sound Technologies: Trade Related Aspects”, OECD, *Trade and Environment Working Paper* No. 2005-2, by Cristina Tébar Less and Steven McMillan.

续表

	无害环境技术(EST)	其他技术
商业化	私人进行的在不断增加,很多中小企业介入,需要支持结构与激励	通常,私人主动进行
运用	通常在十分具体的点或地方运用,一些 EST(如 CFC 替代技术)在全球运用	在日渐全球化
对发展中国家和经济转型国家的转让	私人商业化;ODA;有时依赖于多国资源进行(如蒙特利尔议定书下的多国基金,GEF 等)	几乎全部是通过私人商业化

资料来源:基于贸发会(UNCTAD)2003 年的数据。

从表 1－1 可以发现,UNCTAD 从技术的主要驱动力等六个方面来讨论清洁能源技术与一般技术的区别。

1. 在主要驱动力方面,清洁能源技术的研发由于其特殊性,起始阶段主要是通过法律法规、公共政策、多边环境条约等来加以推动,正如本章第二节在清洁能源与其他相关概念辨析部分所分析以及以后的章节将涉及的国际条约和国外以及中国的法规政策部分所阐明的那样。而其他技术的主要动力大多来自于市场力量,即市场需求、竞争压力或生产瓶颈的解决等。

2. 在融资方式方面,对清洁能源技术而言,由于多数技术开始不能直接带来经济效益,故通过社会大众进行积极融资是十分重要的,而一般技术的研发往往是由私人主体出于经济或市场原因进行研发的,故其绝大部分是由私人出资的,包括再投资、风险投资(亦称天使投资)和股票买卖等。

3. 从技术研发的单位或主体来看,清洁能源技术的研发主力是大学或公共性质的研发机构和实验室,而一般性的技术由具有以营利为目的的企业等私人主体来进行。其主要原因是:清洁能源技术不能像一般技术那样由企业根据其营利的经营目的来决定研发,而主要是由减少环境污染等目的决定的,带有公益性,较难产生收益,因此一般私人企业不愿意投资。

4. 从转移方式和机制来看,清洁能源技术一般转移向私人部门,当然公私合营方式也是一种新兴的转移方式(例如,大学与公司的合作形式即为通常所说的产、学、研相结合模式)。而一般类技术通常都是由私营公司内部研发,在私人企业与私人企业之间进行转移,或者大学、科研院所向企业转移等。

5. 从商业化方面来说,一般性技术的技术转移大多呈现出私营性质。清洁能源技术转移也越来越呈现出私营化的趋势，而且中小微企业介入的比较多；此外，这些转化和转移往往需要政府的激励政策和相应的结构性支持或扶持。

6. 从技术适用上来说，清洁能源技术由于所针对的地区或所依赖的资源不同（即地域性，由不同地方的自然禀赋所导致），有的国家或地区的太阳能是可供大量开发利用的，有些国家和地区的风能是可供利用开发的，因此向各个地方所转移的清洁能源技术也就不同，清洁能源技术转移呈现出地区化的趋势，但也有些 EST 可以在全球推行。而一般性技术由于其普遍适用性，一般是在全球范围内适用的。

基于清洁能源技术的特点，本书试图给出清洁能源技术转移与一般技术转移的不同之处，即由于各国在清洁能源技术方面的发展水平相似，技术转移在发达国家或地区与欠发达国家或地区会存在更多的双向流动或相互转让的现象。一般技术由发达国家向发展中国家或转型国家转移。清洁能源技术在形式上可以由私人部门进行产业化，也可以由多国资金给予支持（出于公共利益的考虑）；但一般技术通常是由私人部门来进行产业化。

另外一些学者从不同的角度讨论了清洁能源技术转移特点。(1)技术转让不仅涉及知识产权的出售、许可，还包括使用该技术所需的机器、基础设施、产品以及生产执照等。(2)在清洁能源技术转移中，水电技术占比较高。如 2006 年，在总共 29 个 CDM 项目中，水电项目占比最大，有 12 个。水电项目的需求国来自全球各地，包括巴西、中国、印度、巴拿马、秘鲁和斯里兰卡。水电技术标准化程度非常强，转移的水电技术并不必然包括那些高价值技术。[1] (3)发展中国家和发达国家之间的大量清洁技术转让是在 CDM 项目中进行的。在中国的 CDM 项目中，外国合作伙伴的参与程度比较低，相对而言，中国的技术承载能力比较强，能够承载高技术含量的清洁能源技术的转入。[2] (4)大部分绿色技术的转移都发生在发达国家（主要是 OECD 成员）的内部之间。在非 OECD 国家中，仅中国登记了一些来自发达国家的专利申请。(5)在中国、巴西、印度的光伏能源、生物质能源和风能领域，知识产权对技术转移的影响微乎其微。[3]

---

〔1〕 Nitya Nanda & Nidhi Srivastava, *Clean Technology Transfer and Intellectual Property Rights*, Sustainable Dev. L. & Pol'y, April 2009, p. 42.

〔2〕 Mei Gechlik, *Making Transfer of Clean Technology Work: Lessons of the Clean Development Mechanism*, 11 San Diego Int'l L. J. 227, 286 (2009).

〔3〕 Bronwyn H. Hall, Christian Helmers, *The Role of Patent Protection in (Clean/Green) Technology Transfer*, 26 Santa Clara Computer & HighTech. L. J. 487, 532 (2009).

（二）清洁能源技术转移的主要渠道

清洁能源技术转移与一般的技术转移共同的渠道或路径有以下几种：

1. 通过贸易方式，即将技术转移与货物贸易、服务贸易结合起来的方式。这种形式主要是将技术转移隐含于设备买卖或服务之中。技术后进国在进行技术转移初期基本上采此种形式，因为没有必要的技术积累和相关人才，花较大成本购进设备，同时要求设备供方给予相应的技术指导和培训，以获取最基础的技术能力，为后来能力的提升打下基础。在清洁能源技术转移方面，这一点也不例外。例如，就风能发电的电机而言，技术受方在安装、维护、使用和修理等方面需要技术供方的帮助、培训和指导，以便于技术受方了解和掌握相关设备的性能、运行机制等。技术受方只有在了解这些后，才有可能在未来自己走研发、创新之路，开发出满足本国需要的风能设备。

2. 通过投资形式，涉及外国当事方时，通常是外商直接投资（FDI）。投资往往带有技术的转移，当然在《与贸易有关的投资措施协议》（TRIMs 协议）实施以后，发达国家跨国公司的 FDI 中的核心技术转移几乎没有。[1] 实际上，有学者研究表明，通过 FDI 实现成功的技术转移风毛麟角，FDI 甚至不可能在真正意义上促进技术转移。如韩国的汽车、信息技术等行业的技术发展，都是在没有 FDI 的环境下实现的。[2] 对此，笔者深表赞同，因为 FDI 投资者的直接目的就是把东道国变成廉价的产品加工地，而不可能是为了促进其技术发展；即使 FDI 中形成的合资合营企业所带来的技术外溢，那也是低水平的技术外溢，对促进东道国的技术能力积极意义十分有限。拉丁美洲国家于 20 世纪通过 FDI 来提升技术能力的目的没有实现，反而让它们成为对外技术高度依赖的地区，以至于到今天，它们依然没有形成有创新能力和竞争力的产品和技术，仍然受制于发达国家的跨国公司。[3] 反观日本与亚洲四小龙（韩国、新加坡、中国台湾和中国香港）的崛起与发展，几乎没有一个是依赖 FDI 而成功的。目前，通过这种方式进行技术转让的越来越少。在清洁能源技术这一领

〔1〕 具体分析参见马忠法：《国际技术转让法律制度理论与实务研究》，法律出版社 2007 年版，第 121～122 页。

〔2〕 当然对于化工、电子和机械等领域可能起到一定作用。参见蔡声霞：《国际技术转移与发展中国家的技术能力建设》，经济科学出版社 2013 年版，第 128 页。

〔3〕 在中国的汽车制造行业，中外合资经营企业的中方对于汽车制造的核心技术依然没有掌握，仍在外方手中。在信息技术行业，1984 年成立的中外合资经营企业——上海贝尔电话设备制造有限公司，经历了 90 年代的短期辉煌后，经过两次转股后，最终完全变成了另外一家企业，而与之形成鲜明对比的是：曾经它在国内的最大的竞争对手——华为技术有限公司——却成为世界上创新动力足、创新能力强的信息网络技术公司，还在续写着自己未来。这两个例子能够说明一定的问题。

域,同样,寄希望于FDI也是实现不了预期目标的。

3.技术许可方式,即在特定时间内同意被许可方使用技术的方式。它最大的好处在于,所有权仍在技术权利人手中,而使用权与其相分离,以助权利人实现其营利之目的。这种方式是当下最为常见的技术转移方式。但这种方式对技术受方要求较高,它们必须有一定的技术积累和相应人才与社会储备能力。如果受方缺少这些条件,想要充分运用技术并在消化、吸收、再创新方面有所突破是不太可能的。此外,在技术许可中,除了专利等显性知识之外,对于专有技术等隐性知识的运用也是十分关键的,它们甚至是起决定性作用的,因为它们难以用书面等形式直接表达出来。在清洁能源技术领域,对发展中国家而言,可以根据自己本国技术、经济发展的实际情况及待许可技术的复杂程度和实现的难易程度,酌情采用此方法;因为前文提到,某些清洁能源技术发达国家与发展中国家起步差别不大,而且发展中国家相互之间技术转移和分享的情况也较为常见。但不论是何种情况,在平等、公平、合理的基础上签订相对完善、明晰的许可协议等是必需的,以确保双方各自义务的履行。

4.原设备制造(OEM)方式,即贴牌加工的方式,通过对具有一定技术含量的元器件等委托加工,提高委托方的技术水平。[1] 韩国通过OEM方式实现汽车等制造业技术能力的飞跃是一个典型的案例。[2] 然而,这种方式可否适用于清洁能源技术值得探索。笔者认为,对于清洁能源发展的某些设备制造等,该方式可以发挥一些作用,但对于需要技术方法等软件部分的内容,该方式可能不太适合。

除了上述主要渠道之外,清洁能源技术转移的特有渠道就是借助《京都议定书》下的清洁发展机制(CDM)、联合履约机制等,特别是CDM,它是促进发达国家向发展中国家转让清洁能源技术的主要渠道。该机制的目标是通过特定的交易方式冲抵负有减排义务的国家的二氧化碳排放量,以此促进技术转让。然而,现实中只有那些有一定技术基础的发展中国家才可能真正做到一定程度的技术进步,但通过该方式难以实现预期的技术转让效果。[3] 此外,还有不同主体之间的技术合作开发或委托开发,对于清洁能源技术的转移

[1] 具体分析参见马忠法:《国际技术转让合同实务研究:法律制度与关键条款》,法律出版社2016年版。

[2] 蔡声霞:《国际技术转移与发展中国家的技术能力建设》,经济科学出版社2013年版,第129~140页。

[3] 具体分析参见马忠法:《应对气候变化的国际技术转让法律制度研究》,法律出版社2014年版,第149~156页。

也能够起到积极的推动作用；在合作研发中，各方相互分享技术信息等变相地对技术转移起到积极作用。还有技术咨询和技术服务、国际工程承包等形式中的经营，也含有技术转移的内容；[1]对于这类活动中涉及的技术转移，本书不予讨论。至于技术援助，虽然含有技术转移的成分，但由于它基于非营利目的，本书也不予涉及。

第四节　清洁能源技术转移法律制度的一般基本理论

一、清洁能源技术转移与知识产权确权、保护的关系

一般而言，知识产权的确权、保护是技术转移的前提和基础；对于清洁技术转移而言，这一点也是要遵守的。技术转让的基础性法律规范是指有关专利、专有技术、版权、商标等知识产权的确权、保护和转让等方面的一般规定以及民法、投资法和合同法等的相关规定；它们要么以确权、保护为重点，要么以交易的基本内容为重点，规定的内容为技术转让的前提或重要组成部分。技术转让从法律关系的本质方面来看是私人间的交易行为，但它又不同于一般的交易，因交易的对象即技术与一般财物不同，需要经过特定程序的法律认可或授予，因此其确权成为十分重要的一环，这是国际间进行大规模技术转让活动的主要前提。一方面，通过授予智力成果创造者以特定的垄断权来保障他们的正当权益；另一方面，将发明创造的内容向社会公开，为技术转让提供了丰富的源泉。[2] 因此，先有法律规定明确保护的对象，然后发明人申请专利，技术得以公开，潜在的受方通过公开的技术获得相应的信息，寻找自己需要的技术，这样就为技术转让创造了沟通、交流的条件，并通过一定的形式来完成。

对于清洁能源技术与一般技术而言，在知识产权的确权以及救济方面应该有所区别。各国也相应出台对应清洁能源技术的政策和法规来调整与清洁能源技术相关的知识产权问题。例如，在清洁能源技术专利申请和授权方面，可以采取快速通道的方法，加快专利的披露和审查，让申请人尽快获得授权；在保护期方面，可以通过一定的方法使权利人放弃权利，以变相地缩短保护期，以利于其尽早进入公有领域等。如果采取的措施适当，客观上可以推动清洁能源的技术转移。

---

〔1〕 李虹：《国际技术转移与中国技术引进》，对外经济贸易大学出版社 2016 年版，第 52 页。

〔2〕 郭寿康主编：《国际技术转让》，法律出版社 1989 年版，第 49 页。

二、清洁能源技术转移的理论

“理论是实践的先导”,任何实践背后都蕴含着深刻的理论。在讨论清洁能源技术的转移这一具体问题之前,首先要梳理其发展的历史沿革、审视其背后的理论基础。

讨论到清洁能源技术转移,似乎逃不开这两个方面。一是基于能源的特性,清洁能源是可替代能源,更多集中在能源安全和能源替代方面的讨论。二是基于技术,技术传播和扩散,或者技术引进和技术创新,一般认为清洁能源技术转移只是其中一部分。

笔者认为,清洁能源技术转移更多是与国际治理相关的,而不仅仅是技术与能源理论简单的堆砌。鉴于清洁能源技术转移与气候变化的密切联系,成熟的理论至少要回答以下几个方面的内容。第一,清洁能源技术为何需要转移?仅仅是技术扩散的必然结果抑或有其他更深层次的原因?第二,清洁能源技术向谁转移?技术自由化流动是否需要国际社会干预和调整?第三,清洁能源技术如何转移?与之相应国际和国内的机构和制度是否需要进一步改善?

上述三个问题是清洁能源技术转移关键之所在,也是构建理论基础的出发点。笔者认为,20 世纪 80 年代以后,由于美国等西方发达国家加强了在全球知识产权保护的力度,全球技术创新等发展环境发生了深刻变化,传统技术转移理论基础上制定的相关政策显然已经难以使技术后进国便利地走“模仿创新”战略,由此给技术转移(包括清洁能源技术转移)带来诸多障碍。在这种语境下,探讨技术转移必须要有新的理论来回答上述问题。笔者认为现代化理论、私法行为公法化理论、气候正义理论及可持续发展理论能够较好地回答上述三个问题。现代化理论考察经济动因,私法行为公法化理论研究技术转让的动力,气候正义理论强调公平正义,而可持续发展理论强调技术转让发展的目的,它们各有利弊,相互补充,构成较为完整的清洁能源技术转移新理论。下文将具体阐述之。

(一)现代化理论

在国家发展的进程中,出现了许多理论。现代化理论是最具代表性的理论。现代化理论认为,在传统社会中的人们,应当以发达的资本主义国家为模范,吸纳现代化社会的特征,使其社会、政治和经济现代化。[1] 现代化理论的

---

〔1〕 Kühr, Rüdiger, *Japan's Transnational Environmental Policies*, Deutsche Nationalbibliothek, 2011:7.

理论核心是经济增长，其发展的同时带来了现代性，如政治民主化、经济工业化、社会城市化、观念理性化等。[1] 它来源于 18 世纪工业革命后人类社会所发生的巨大变化，是一种区别于传统农耕文明的现代文明产生、发展、转变、成熟以及普及化的过程，是当代世界各国为了追赶、达到、保持这种先进性状态的国际互动和竞争过程。[2]

1. 能源的现代化

从远古"钻木取火"的"薪柴时代"到近代的"煤炭时代""油气时代"，经济发展一直被视为第一要义。

第一次工业革命最初发轫于英国，蒸汽机、煤炭和浓烟是这个时代最好的表征。英国国内原先一直以木材作为传统燃料，虽然境内煤炭储量丰富，但煤炭燃烧所产生的烟雾和气味让人难以忍受，因而 1306 年，英国政府颁布禁止使用煤炭的法令。[3] 然而，哥伦布地理大发现之后，英国积极开拓海外市场。具有国际贸易优势的羊毛纺织业、钢铁业、造船业急需大量的燃料，境内的森林资源已经几乎被砍伐殆尽，英国不得不从资源丰富的俄罗斯进口木材。在英国面临能源供应链断裂而产生社会经济危机之时，煤炭作为廉价的替代燃料悄悄走上历史舞台，而最早的蒸汽机就是做煤炭矿井中汲水之用。有学者[4]认为，从木材到薪碳，能源的根本性变革利用才是工业革命发车轫于英国的关键所在。

第二次工业革命以"电气"为代表，能源又迎来新的一次革命性变化。一次性能源，诸如煤炭等产生的热力可以转化为持续性的电力储存，实现了能源在时间和空间的分离，石油的发现和有效利用更是成为第二次工业革命助燃剂。两次工业革命奠定了以化石燃料为基础、以电力为核心的涵盖交通运输业、制造业、金融工商业的化石能源体系，石油、煤炭成为能源供应的支柱。但令人无法忽视的是，能源现代化过程中所带来的副产品，诸如环境问题、自然资源的破坏等。

2. 技术转移的现代化

"现代化"理论在知识与技术的传播和扩散方面，为清洁能源技术以及其知识的在国际上传播起到了非常关键的作用。该理论认为，只有在现代化的

---

〔1〕 何传启：《世界现代化研究的三次浪潮》，载《中国科学院院刊》2003 年第 3 期。

〔2〕 邹俊、姜云霞：《论现代化理论在中国队的发展和实践》，载《商业时代》2014 年第 32 期。

〔3〕 [美]巴巴拉·弗里兹：《煤的历史》，时娜译，中信出版社 2005 年版，第 24 页。

〔4〕 邱建群：《生态危机与能源转换——英国首先发生工业革命之新解》，载《辽宁大学学报》（社会科学版）2010 年第 2 期。

背景下，经济繁荣，市场自由，才能为技术在全球范围内转移提供条件。

原始时代的所谓技术，无非是唯一的工具——手的使用法。如何在流动的水域里捞取鱼虾、在沙滩上捡拾贝类或在山林中抓获小动物，或是从树上摘取果实之类以维持生存，无不是通过自然的手完成的。手的作用，对于群居的原始人便是技术。〔1〕 也就是说，在“由手到口”的单线直进型生产方式下，手的技术是通过父而子、子而孙的途径和后者模仿前者的方式世代相传。人类的远古时代还没有国家。所谓“国际的技术转移”在当时只能是部落之间通过居住地的迁徙的途径实现的。〔2〕

人类社会进入阶级社会后，随着生产力的发达，技术不断进步，技术的传播与转移也有了很大的发展。此中较为典型的是中日两国之间的文化交流开始形成。唐朝(约公元7世纪)时，日本曾先后十余次派遣大批人员前来我国留学，学习中国的科学技术、政治法律、行政管理。我国的四大发明(火药、指南针、造纸、印刷术)以及古希腊文化等就在这个时期传播到世界各地。我国的印刷术，早在唐代就已传到东南亚、非洲及欧洲。德国人谷登堡首创的金属活字印刷就是在我国毕昇活字印刷术的影响下发明出来的。我国发明的火药及其在军事、矿业上的应用，在公元13世纪传入伊斯兰教国家和欧洲。制纸、指南针等也是从我国传入欧洲的。除了这些早已为人所共知的史实外，鲜为人知的还有数以百计的科学技术、创造发明都源于中国。美国宾夕法尼亚大学教授坦普尔著书认为，引起欧洲农业革命的耕作方法，源自中国公元6世纪的“精耕细作”。1859年美国第一口油井，是采用中国宋朝开采天然气的“竹篾缆绳法”钻探成功的。〔3〕

18世纪末到19世纪上半叶，英国工业革命成功并向全世界转移工业革命成果。当时，法、德、荷等国的传教士和一些政治流亡分子纷纷涌到英国谋求开办私人企业的自由。法国的纺织技术、德国的冶炼与机械技术、荷兰的土木工程技术被带到英国，在英国汇集了几乎是当时最先进的技术而酝酿成一场划时代的工业革命。世界经济、工业生产、科学技术有了极大的进步。航海技术取得进步，蒸汽船舶已经向世，大大促进了洲际联系，对于国际间的技术转移起了巨大作用。造纸术、印刷术的突破性进步，使记载、传递科学技术的

〔1〕［美］莱斯特·R. 布朗：《B模式——拯救地球延续文明》，林自新、暴永宁译，东方出版社2003年版，第5页。

〔2〕沈越、鱼金涛：《国际技术转移论》，中国科学技术出版社1999年版，第25页。

〔3〕罗伯特·K. G. 坦普尔：《中国：发明与发现的国度》，陈养生译，21世纪出版社1995年版，第47页。

手段更为普及。电报的出现,无疑是这个时代通信技术的最伟大的进步。工业革命促进了工业生产,商品(主要是工业产品)以前所未有的态势不断创新,从而使商品携带的新技术增多。人们对“溶化在商品中的技术”的认识提高了,通过“模仿”从商品中获得那些“溶化”了的新技术。

到了垄断资本主义时代,资本主义商品经济高度发展,使一切都打上了商品的烙印。早先被奉为“无国界”的技术成果,尤其是应用技术,也被作为商品对待,开始在市场上流通。技术越来越受到重视。1883 年,各国签订了《保护工业产权巴黎公约》,1886 年《保护文学和艺术作品伯尔尼公约》签订。工业知识与技术,从原先的国王颁布令状或由政府认可的“特许权利”,通过法定方式与程序变为私人财产权利,神圣不可侵犯。

“第三次浪潮”袭来,信息革命的开始以及跨国公司的全球扩张,使技术在国际间的流转更为便利和迅速。同时,南北鸿沟愈加拉大。发展中国家变成“污染避难所”,发展中国家的政府干预与发达国家推行的投资自由化格格不入。发展的冲突,殖民地国家在政治上的独立与经济上、技术上的贫弱和对外严重依赖,促使它们需要制定一个利于它们获得先进技术的国际规则。20 世纪七八十年代的《联合国国际技术转让行动守则》的谈判便是它们努力的一种表现,但结果是以失败而告终。1986 年开始的乌拉圭回合谈判通过的《与贸易有关的知识产权协定》(TRIPs 协议)一方面尊重“技术转移”,在其“原则”与“目标”中均有利于国际技术转让的内容,也规定了于发展中国家有利的强制许可,但另一方面又着重强调知识产权保护的最低标准,强调知识产权执法以及对于“强制许可”规定严格的适用条件。

总结而言,技术的现代化,从最初依靠人员流动,到商品贸易的发展,再到技术贸易,经济的发展促进了公有技术大规模的流转,为清洁能源技术转移提供了借鉴参考基础。

3. 现代化难以解决清洁能源技术转让问题

在现代化语境[1]下,有些问题无法得到解决。最为关键的是,现代化理论无法回答“发达国家为何需要无偿向发展中国家转移清洁能源技术”这一问题。

在现代化过程中,发展中国家接受了从发达国家转移过来的高耗能和高污染的工业,却并没有得到相应的技术,反而在经济腾飞之后面对满目疮痍的环境,不得不求助于发达国家的污物处理技术。发展中国家在发展的初始阶

〔1〕 也有学者称为“经典现代化”或“第一次现代化”,指以经济发展为目标的现代化。

段，过分注重经济发展，而将清洁能源技术的开发和使用视为高投入低产出甚至是经济发展的一种负担，从而使它们的环保意识远远落后于经济长远、健康、良性发展的内在需求。等它们发展到工业化后期，有所意识时，环境问题已经十分严重。而早先进行现代化的发达国家在汲取工业革命时期的教训后实行绿色、环保、可持续发展政策，掌握了较多的清洁能源技术，使本国健康发展。我们认为，后进国家在经济全球化下进行现代化建设时，为了全人类的福利，发达国家完全可以摒弃政治、意识形态等的偏见，与后进国家形成公平合理的国际技术转移规则，减少甚或避免第一次工业革命所带来环境污染和破坏现象。因此，在现代化理论中，发达国家如何在公平合理甚或无偿情形下向发展中国家转移清洁能源技术，便是当下亟须讨论和解决的问题。

（二）私法行为公法化理论

私法行为公法化现象在国际贸易中存在由来已久，特别是在国家垄断资本主义的出现后，垄断资本主义直接干涉民商事活动已是司空见惯的事情。有些政府成为跨国公司的代言人后，国家利益和企业私人利益已彼此不分，企业的发展战略就是政府的政策乃至法律，因此公法和私法的界限日渐模糊，其法律背后集中体现的仍是私人意志和利益。这是私法行为公法化最为集中的表现。但在现有的背景下，私人部门仍是我们这个社会创造财富和拥有技术（特别是清洁能源技术）的最主要的主体，如何借助私法行为公法化积极性的一面，发挥该理论的正面价值，推动私人部门在清洁能源技术转方面发挥积极作用，是一个值得研究和重视的重大命题。

1. 私法行为公法化的含义及其本质

所谓私法行为，是指传统上由私法调整的平等主体间进行的交易等民商事行为，而公法化是指这些私人间的交易等行为日趋渗透着国家意志和公权力的干预，有时甚至就是赤裸裸的公法行为。[1] 它有两个层面的表现形式，一是私法公法化，二是私法行为公法化。私法公法化是指政府对私法关系逐渐改变以往的放任主义态度而采取积极干预的方式进行调整，[2] 或视之为“不单使违反限制之个人相互间的法律关系无效，且以国家的权力科违反者以公法上的制裁并依该制裁手段去强制其遵守的场合，私法便发生公法

〔1〕“公法化”与“化公法”之区别详见沈宗灵：《比较法总论》，北京大学出版社1987年版，第98页。

〔2〕王保树主编：《中国商事法》，人民法院出版社2001年版，第14页。

化”。[1] 也就是说，其主要从立法效力和制裁两个角度看私法行为与公法之间的关系：本来按照“意思自治”由私法调整的行为受到国家公法规范的调整，表现为国家对私人行为一定范围内的干预或限制。私法公法化与私法行为公法化有一定的联系，但又有区别。

私法行为公法化意指在各国政府加强对市场交易行为干预的背后去寻找原因。国家或其他公权力干预私人贸易行为通常可以分为两种情形：(1)国家积极主动的干预；(2)私人意志转化后的干预，即政府的被动式干预，它使个人的私利借助于国家公法的干预而予以实现。第一种情形，不同法律针对市场主体（主要为公司组织形态）规定了强制性规范：如公司法规定公司设立的一些形式要求、法定公积金等，合伙企业法规定的合伙协议、普通合伙人之间的无限连带责任等；它们通常被认为是“私法公法化”现象。第二种情形，如国际知识产权制度和“二战”以来在国际贸易领域得到很大发展的各国反倾销、反补贴和技术转让管制等制度及这些制度下的实践；它们就是本书所指的私法行为公法化之表现。从这些规定形成与发展过程中所体现出的特点看，私法行为公法化可以被定义为“私人通过特定贸易行为获利的动机与目的通过特定形式变成国家意志，影响或干预国际贸易，以追求自己利益的最大化之行为”。由于经济发展的历史渊源、制度传统等不同，企业或私人与政府的关系及企业的地位在各国的表现也各不相同，因而各国的私法行为公法化的程度和影响也就各有差异。发达国家企业的发展历史悠久，私人利益的发展及保护制度充分，对政府的影响较大，形成强企业、服务型政府的态势；发展中国家多为后起之国，企业历史短暂，私人利益保护制度相对落后，企业对政府的影响较弱，往往多是政府通过一定的政策与法律对企业的经营等产生重大影响。

当下私法行为公法化的本质不是国家积极主动地去干预经济，而是国家为适应私人营利的需求而被动地采取特定行为，主要通过一定的立法形式和执法步骤来完成。在立法上，最典型的表现就是在西方所谓民主政体下，跨国公司或其他私人主体通过选举立法机关成员（议会议员）作为自己的代言人，或通过游说议会成员将自己的议案列入立法程序中；在执法上，典型的就是美国总统选举，各利益集团都想选出自己的代言人，并在选举汇中投入巨额资金，以其将来一旦当选能够较好维护自己的利益。

在当今国际社会，私法行为公法化多体现为国家的意志行为，其路径是各

---

〔1〕 美浓部达吉：《公法与私法》，黄冯明译，中国政法大学出版社2003年版，第235页。

国谈判,其结果主要表现为国际条约。在国际贸易领域,若剥去政府干预的外衣,会发现企业往往通过在政府里的代理人把企业利益转化成国家意志,国家通过谈判把它们转化为国际条约的内容,这是值得重视的。委托人的力量越大,实力越强,干预政府行为的程度就越深,其意志上升为国家意志即被制定成法律的可能性就越大。企业在发达国家和发展中国家的地位对立法的影响证明了这一点:在发达国家,企业尤其是跨国公司,在经济贸易中起主导作用,是政府服务的对象,政府一般会根据企业利益的需求不断调整自己的政策或修改法律,当然这些企业的要求须符合国家整体利益;发展中国家多为政府主导型社会,企业多被动追随政府的政策和立法。这些企业在国际经济贸易活动中的活力、动力和灵活性不如发达国家的企业,对政府过度依赖,与政府之间不是主动、积极的关系,它们对政府立法和制定政策的影响很弱,较难通过国家行为来维护自己在国际贸易中的利益。总而言之,西方国家主导下的国际条约常常是发达国家跨国公司的意志的体现。

2. 私法行为公法化的特征

从私法行为公法化的定义和本质中,也许能析出其若干特征,但本书认为以下三个特征较为明显。

(1)私人意志通过国家意志的表达来为其营利行为创造条件

按照马克思主义的观点,国家自诞生以来就是统治阶级进行阶级统治的工具,是一个成长于社会之中而又凌驾于社会之上的、以暴力或合法性为基础的、带有相当抽象性的权力机构,它在不同的阶段或时期由不同的政权组织形式(政府)管理和驾驭。如果我们将一国之内的诸组成部分依范围大小列一个表,则国家的含义及其在这些因素中的位置可以通过下面的简述体现出来:社会(个人、企业等经济组织和各种社会团体)—政治(各政党与非党派组织等)—国家(长期存在的各种因素如土地、人民、政府、主权等综合而成的客观存在体)—政府(特定阶段的国家的政权组织形式);该简述可以看出它是由抽象存在体与实质存在体的中间过度者。对于一般国家而言,公式"社会—政治—国家—政府"可以进一步延伸为"社会—政治—国家—政府—政府治下的人民";而发达国家的公式可为"社会—政治—国家—政府—选举和掌控政府的跨国公司—政府治下的人民"。

在全球化背景下,"国家"是发达国家在全球通过跨国公司触角去获取财富的工具,而操纵这个工具的就是以营利为目的的大大小小的跨国公司。当然,即使从近现代自然法学派的观点来看,国家也成为私法行为公法化的最佳载体。它们认为国家是公民通过"社会契约"让渡自己部分权力所组成的特定机构(独立第三方),[1]它应该是民意的代表,故应该通过民主选举产生民众的代表组成的机构即政府(包括立法、执法和司法等机关)来进行有效管理。在自由资本主义时期,政府多采取无为而治的手段,扮演市场经济“守夜人”的角色;但由于垄断资本主义的到来,为避免垄断影响市场的公平竞争及其带来的经济危机,国家主动干预经济成为不可避免的选择。在20世纪80年代,自由市场经济政策在美欧再次抬头,它以英国撒切尔主义、美国的里根主义和新自由主义为代表。实际上,当我们拨开西方这些理论或行为迷障之后,可以发现这些政策的变化都是由掌握着经济权力的大型公司控制的,自由竞争能够保证自己利益的最大化,防止垄断最终也是为了避免自己的进一步损失而要求国家强行干预,以实现利益最大化;而20世纪80年代自由经济政策的回笼,也是西方跨国公司为重获优势、冲破殖民主义国家独立以来在20世纪70年代提出建立国际经济新秩序诉求而做出的相应调整。事实证明这些跨国公司操纵下的政府行为是成功的:它们不仅推动WTO的成立,还将本来限于货物贸易关税减免的谈判议题扩展至知识产权贸易和服务贸易的范围,并通过一系列的协议使发展中国家通过多年斗争而获得的一点可怜的胜利再度丧失。其中,TRIMs协议是个典型。抽象一点说,世界贸易组织的成立是为发达国家牟利,说具体一些,就是为发达国家的跨国公司牟利。通过这一系列的游戏规则,借助现代技术和全球化,跨国公司的触角已经延伸到世界各个角落,其在全球各地的分公司或机构就像章鱼的触角一样牢牢地贴在东道国的身上,拼命地汲取营养,获取暴利。

上述国家提倡自由贸易主义政策有其理由,因为它们治内的跨国公司无论是经济实力、技术水平还是贸易实务经验与对现有的国际贸易规则的影响等,与那些发展中国家的公司、竞争对手或贸易伙伴相比均有绝对优势,在所谓的“平等”基础上的自由贸易对它们最为有利,因为对手的弱势地位是不可能使双方之间形成公平的交易,它们在贸易活动中是真正的主导者、引领者,也是真正的受益者。私法行为公法化下的贸易政策和法律规定,无疑有助于那些跨国公司目的的实现。表面上看,跨国公司驱动下的发达国家的这些政策是为了营造一个公平的竞争环境,但实质上是要求跨国公司的竞争对手所

---

〔1〕“一切社会之中最古老的而又唯一自然的社会,就是家庭”,各个家庭成员成年而脱离家庭依附关系后,为了维护各自生来具有的自由和平等,确保自身生存的利益,理智地于社会生活中发生一种约束,当社会发展需要人们共同协作,“以全部共同的力量来保障结合的人身和财富时”,“每个结合者及其自身的一切权利将全部转让给整个集体”,而原来的约束就转化成了“社会契约”。[法]卢梭:《社会契约论》,何兆武译,商务印书馆1980年版,第23~25页。

在国少一些干预,在所谓的"自由贸易"幌子下,让力量不对等的私人实体在同一个貌似公平的市场中遵守所谓的"公平"规则进行不可能的"公平"自由竞争。我们可以想象:在一个拳击场上,让一个经验丰富的重量级选手与一个轻量级拳击新手进行比赛所带来的结果。

(2)私法行为公法化的目的必须借助于特定的政府公法行为才可以实现

跨国公司等私人主体的意志成为国家的相关法律只是它们实现目标的一个步骤或前提,这必须借助于政府的公共执法行为才可以完成。这方面最典型的就是反倾销、反补贴和在 WTO 争端解决机构(DSB)申诉的一些案子。例如,美国很多公司频频对中国企业发起反倾销之诉,可能不是由于中国企业以低于成本价在美国销售,而是因为美国企业希望将中国产品赶出美国市场。理论上说,中国企业以较低价格出售产品,利于美国的消费者,整体上也利于整个美国;但在一部分私人公司眼中,这会损害他们的利益,于是他们动用所谓的反倾销、反补贴措施,借助于美国商务部和国际贸易委员会的行为,将中国产品赶出。再如,DSB 审理的案子多是来自于跨国公司。表面上看,它不能做出任何实质性的处罚如要求违反 WTO 规则一方赔偿等,只能要求一国修改与 WTO 规则不符的国内法规定或政策;这似乎与企业行为相差甚远。然而,其实不然,发现一成员方规定与 WTO 规则不符的往往首先来自于企业,因为其利益可能在该成员方受到影响,然后推动本国政府要求对方修改相应的法律,如不修改,则在 DSB 相见。中国近期在 DSB 遭诉的经典案例如 2007 年4 月的"中国—影响知识产权保护及执行的措施案"[1]与2009 年6 月的"中国——与原材料出口相关措施案"[2]、2012 年 3 月由美国等提出的"美国诉中国稀土案"等。再如,思科在幕后操纵,让在前台的美国国会颁布报告,以危害美国国家安全为由,将自己的主要竞争对手赶出美国市场,也是一个高明的做法;这更加鲜活地证明了私人目的假借国家之名而得以实现在国际贸易中牟利的突出特征。

发达国家政府的干预行为与发展中国家政府的干预行为最大区别在于:前者多是私人部门起到主动、引导甚或控制的作用,而后者多是政府起主导作用,企业多被动跟随或实施政府的政策或法律。发展中国家的私人部门运用

---

〔1〕 对于该案的具体分析可参见马忠法等:《知识经济与知识产权管理》,上海人民出版社 2011 年版,第 5 ~6 页。

〔2〕 具体分析参见马忠法、张啸:《中国——与原材料出口相关措施案评析及对我国的启示》,载《上海海关学院学报》2012 年第 2 期。

私法行为公法化理论来实现自己营利目标的意图和程度远不如发达国家的类似主体。

(3)私法行为公法化具有双刃性:使用不当,损害人类;使用得当,利于人类

从理性的角度看,"私法行为公法化"应被当做一个中性词来使用,只是在目前体制下,它被滥用了,被当做私人实现个人不正当利益的理论依据。当下的国际贸易制度主要由西方在文艺复兴以后所主导的理念和其国内政治法律制度影响下而形成的,它以"个人主义"及其相应权利为导向,主张追求所谓私人利益最大化;它以所谓的"促进自由竞争"为原则,构建国际贸易秩序。在经济发展带来环境污染等"负外部性"现象而"自由竞争"政策又无法控制时,又以私法领域中常涉及的公法干预之理由即所谓的公共利益、公平竞争等为依据来实现其逐利的目的。简言之,目前的私法行为公法化理论在现实中常被发达国家的私人主体滥用,以所谓的"公平竞争"为借口来实现其目标。

这一点使其与私法公法化所涉及的公共利益或公共秩序或公共健康或保护消费者利益等有着明显的区别。例如,各国法律规定,公司等经营实体需要在政府指定的机构登记注册并获得营业执照、需要经有关权威机构审核与授权并经注册或公告等方可使用专利和商标等都是私法公法化的体现,但它们不是私法行为公法化;如果说它们与私法行为公法化之间有何关系的话,充其量它们是私法行为公法化的前提和条件。即使在使用"公共利益"时,它也常用"国家安全""国家利益"等字眼,以逃避受到"贸易保护主义"之谴责。例如,2004 年前后发生的美国国际贸易委员会分别以危害"美国国家能源安全"和"美国国家经济安全"等为理由拒绝中国海洋石油总公司简称(中海油)收购美国优尼科公司案与迪拜一公司收购美国的六个港口码头案等。私法行为公法化最常用的旗号就是所谓的维护"公平竞争"旗号,或遭受不公平待遇等。实际上使用"公平竞争"旗号比使用"公共利益"或"国家安全"来得更为容易,比如在反倾销领域,对所谓"成本价"的认定、"倾销幅度"及"非市场经济国家"等的认定就具有很大的随意性。又如美国的特殊 301 条款、337 条款等的使用,都是以"公平竞争"为借口而百试不爽、一打一个准的"妙方"。

"私法行为公法化"也有其积极的一面,我们可以充分发挥它在这方面的作用。例如,公司应对气候变化三种最为重要的驱动力是成本节约、社会责任和声誉,它们与公司长远成功的愿望密切相关;[1] 有些跨国公司由此可将其

〔1〕[美]安德鲁·霍夫曼等:《碳战略顶级公司如何减少气候足迹》,李明等译,社会科学文献出版社 2012 年版,第 38 页。

社会责任理念反映到有关国内或国际立法中并在实践中落实。[1] 又如,发展中国家推动的WTO多哈回合谈判旨在纠正1947年以来阻碍发展中国家贸易的多边贸易机制的不平衡性,[2]这背后也有私人部门的作用。这些均是例子。因为当今世界的任何问题的解决,尤其是环境保护和气候变化应对等,没有跨国公司的参与和支持是难以完成的。在应对环境污染和气候变化方面,成功达成的《蒙特利尔臭氧层保护公约》中,私人部门发挥的积极作用是大家公认的。[3] 孟德斯鸠曾言,"每个个人都会增进公益,然而在他行动时,他实际上考虑的只是如何增进自己的利益"。[4] 笔者认为这一观点过于绝对,其显得人类对自己的整体行为过于被动。现实中,很多人的自利行为并未产生公益效果,反而损害了公共利益,如环境污染问题;而如果对人的自利行为不加以适当制度引导,产生公益的效果会十分有限。因此,如何通过适当的法律制度,充分发挥私法行为公法化理论的积极因素,让私主体的自利行为与公益行为一致,是我们寻求应对气候变化中技术转让法律制度的根本之道。对此,我们可以充分利用人的自利性来发挥私法行为公法化理论优势的一面。笔者认为,一个人的利他行为最终也会产生利己的效果,尤其是在环境保护和气候应对方面。人的利益可以分为长远利益和近期利益;实际上,只要跨国公司等私人部门认识到今天的技术转让、环境保护等行为是为了人类的长远利益,也是它们的长远利益,应该是可以找到共同点的。因为这个星球的生态系统的破坏、环境的恶化,并不因为国界线的存在而让发达国家逃离消极结果的影响,我们同在一条船上,需要共同努力,以遏制那些可能将我们(无论是穷人还是富人,穷国还是富国)带向灾难边缘的行为。这在现实中不是没有先例的,前面提到的蒙特利尔条约体系(含《蒙特利尔公约》及《蒙特利尔议定书》等)的签订就是一例:发达国家在发展中国家对"补偿正义"原则的坚持下,被迫让步,因它们考虑到发展中国家如果进一步排放洞穿臭氧层的气体,它们将跟着一道遭殃;与其这样,不如合作,一道共同努力来阻止情况的恶化。在相关条约谈判中,发展中国家附带获得了一定的回报即环境帮助、技术援助和技

---

〔1〕 其中最典型的就是杜邦公司,具体内容参见[美]安德鲁·霍夫曼等:《碳战略顶级公司如何减少气候足迹》,李明等译,社会科学文献出版社2012年版,第38页。

〔2〕 Donatella Alessandrini, *Developing Countries and the Multilateral Trade Regime: The Failure and Promise of the WTO's Development Mission*, Hart Publishing House, 2010, p. 12.

〔3〕 See Erich Vranes, *Trade and the Environment: Fundamental Issues in International Law, WTO Law, and Legal Theory*, Oxford University Press, 2009, pp. 353 – 354, note 3.

〔4〕 Charles de Secondat Montesquieu, *Spirit of the Laws, Book I*, Glasgow: Dabin Diven, p. 25.

术转让，作为它们履行义务的条件，或有助于他们履行义务。因为发展中国家要发展，要实现现代化，向空气中排放有关损害臭氧层的气体不可避免，如果发达国家不给予技术转让或资金支持，要减少气体排放是困难的。印度当时的环境部长马妮科·甘地说："我们没有而是你们破坏了臭氧层。你们西方有能力和资金来恢复被你们破坏了的臭氧层。"[1]西方在这件事屈服了，后来还制定了蒙特利尔议定书；但布什说下不为例，他反对并拒绝承认"补偿正义"作为环境问题处理的一般原则，他说"我们不是敞开的钱袋子"。[2] 此后南北国家间的相互信任江河日下，2002 年后进一步恶化，以至于 2002 年 6 月到 2012 年 6 月间，没有再召开过所谓的环境峰会。在相互极不信任的条件下，建立环境领域的全球有效治理是不可能的。[3] 但如果人类能够在新的历史条件下，找到共同利益切入点，建立相互信任关系，前途依然是一片光明。

因此，笔者认为，如果能够发挥跨国公司等私人部门发挥私法行为公法化方面的积极作用的话，将对国际贸易和技术转让发挥巨大的推动作用，进而对应对气候变化和控制环境污染做出积极贡献。

（三）气候正义理论

气候正义最早是一个将气候变化作为法律和道德问题并考虑其与正义概念（社会、环境正义）之间关系的词语而被经常使用，如审查与气候变化相关的平等、人权、集体权利和历史责任等议题。[4] 气候正义是环境正义在气候变化领域的具体要求。根据美国联邦环境保护署（EPA）对环境正义所作的界定，"环境正义是指在环境法律、法规和政策的制定、适用和执行等方面，全体人类，不论种族、肤色、国籍和财产状况差异，都应得到公平对待和有效参与环境决策"。[5] 气候正义可以概括为在气候变化的法律应对方面（包括制定、适用和执行等），无论发达国家还是发展中国家，全体人类都应得到公平对待

---

〔1〕 Susan Sell, "North South environmental Bargaining: Ozone, climate change, and biodiversity", *Global Governance*, Vol. 2(1), 1996, pp. 97 – 118.

〔2〕 See J. Timmons Roberts, Bradley C. Parks, *A Climate of Injustice: Global Inequality, North-South Politics, and Climate Policy*, MIT Press, 2007, p. 329.

〔3〕 AdilNajam, "The Case against a New International Environmental Organization", *Global Governance*, Vol. 9(3), 2003, p. 370.

〔4〕 马忠法：《气候正义与无害环境技术国际转让法律制度的困境及其完善》，载《学海》2014 年第 2 期。

〔5〕 See Seth Johnson, "Climate Change and Global Justice: Crafting Fair Solutions for Nations and Peoples", *Harvard Environmental Law Review*, Vol. 33, No. 2, 2009, p. 301.

和有效参与气候治理。[1] 当前,气候变化引发的正义问题严重影响了解决气候变化各种措施的有效性。

1. 气候正义的作用及意义

对于气候正义,首先要了解气候正义的作用及意义。在气候正义的理论基础方面,主要以罗尔斯的正义理论为基础的全球正义理论、霍布斯主义的全球正义理论以及世界主义的全球正义理论为代表。[2] 将罗尔斯正义理论扩展至全球正义领域的做法,优点是能够充分体现应对气候变化中碳排放权分配的"平等"与"差别"。但其弱点在于该种方案并未承诺建构一个超国家机构,它只是为国家之间的正义提供了正义原则,而没有提供保障全球正义实现的机构设置。霍布斯主义与世界主义的全球正义在理论上都承诺一种保障正义实现的超国家组织和制度,在这一点上,它们优于罗尔斯正义理论方案。霍布斯主义的全球正义方案的最大问题在于其威权主义倾向难以让人接受,其次是威权的形成途径存在很大问题,且缺乏霍布斯理论中可被满足的社会心理基础。世界主义方案的主要缺陷在于国家主权的干扰以及支撑世界主义的全球观念的薄弱。

国外学者的分析角度更为多样。[3] Angus 和 Ian 对气候政治中的"公正"概念进行了分析,认为它应当包含"分配"公正与"程序"公正两个方面。[4] 分配公正所考虑的是,气候变化对不同地区、不同国家造成的危害在程度上是有差别的,因而要区别对待。程序公正考虑的是,由于历史的和现存的不公正因素,发展中国家在国际气候对话中处于不利地位,不利于国际气候正义的生成。这两个方面的"公正"在气候变化应对的国际机制改革等重要的实质性问题上关系重大。Ayma 和 Evo Morales 认为"生存还是死亡",气候变化已经到如此刻不容缓的地步了,气候问题的解决需要国际社会建立一个能够考虑到世界各国利益的国际公平机制。[5] Thomas Nage 认为,发达国家和发展中国家之间的"不公平"对国际气候谈判起到了消极作用,阻碍了国际

---

〔1〕《什么是气候变化》,载联合国环境规划署官方网站:http://www. unepo. org/chinese/Themes/climatechange/whatis/index. asp,2009 年 12 月 2 日最后访问。

〔2〕曹晓阳:《气候正义》,中南大学 2012 年博士学位论文,第 24 页。

〔3〕Thomas Nagel, *The Problem of Global Justice*, Philosophy & Public Affairs, 2005 (33), pp. 113 - 147.

〔4〕Angus, Ian, *The Global Fight for Climate Justice*, Independent Pub Group, 2010.

〔5〕Ayma, Evo Morales, *Planet or Death: Climate Justice Versus Climate Change*, Verso Books, London.

社会应对气候变化问题的积极合作。为此，他们进一步探讨了实现气候正义的途径：一是非常规甚至是极端的政策干预；二是发达国家援助发展中国家，使后者走上更加公平的、经济上可持续的低碳发展之路。Barbara Adams 和 Gretchen Luchsinger 对美国在气候变化国际应对中的道德责任进行了分析。[1] 他们指出，从温室气体的历史排放与当前排放总量来看，美国对于气候问题负有不可推卸的道德责任，而且从公平的角度看，美国作为发达国家不能期望承担和发展中国家一样的责任，因而美国在气候谈判中企图逃避责任的做法是不道德的。

大量证据表明，引起气候变化的温室气体中的80%是由发达国家在过去二百多年的工业化革命中累积排放的。从历史的角度看，发达国家无疑要承担主要的历史责任，在应对气候变化和保护环境方面坚持"共同但有区别责任"原则。更主要的是，发达国家在经过工业化革命之后，达到了较高的发展水平，在清洁能源技术领域也取得较为明显的优势，从全人类共同利益的角度考虑，为避免后起的发展中国家在发展过程中重走工业革命时期的老路，发达国家应以较为合理的价格向发展中国家转移技术，以造福全人类。这是我们今天讨论气候正义中技术转让的一个根本背景。我们已经注意到在诸多的多边环境保护条约中已有相关技术转移的规定，多数发达国家也批准了相关条约，但清洁能源技术转移一直没有收到预期的效果。这其中的原因很多，但笔者认为最重要的原因是，很多清洁能源技术以专利等知识产权形式掌握在私人手中，属于私权利，而西方政体和法律制度又恰恰是建立在私有制的基础上，它们的法律制度注重保护私权利，不可能通过法律制度强制私人转移技术。现实中的技术转移多是以许可等合同方式进行，许可人以营利为目的，在无利可图时，不会转让技术；即使转让技术，也是以较不公平的价格转移技术，这样就构成了技术转移的障碍。为此，如何通过合理的法律制度设计，在既保障权利人利益的同时又能够促进私人部门积极转移技术，是当今人类面对的一大难题。[2] 而解决其背后的合理动因就是人类的共同利益以及在该认识基础上的人类命运共同体的打造和建设；在这个过程中，必须坚持的一个原则就是"气候正义"。

---

〔1〕 Barbara Adams and Gretchen Luchsinger, *Climate Justice for a Changing Planet: A Primer for Policy Makers and NGOs*, New York, United Nations: NGLS, 2009.

〔2〕 马忠法：《应对气候变化的国际技术转让法律制度研究》，法律出版社2014年版，第149～156页。

2. 代际气候正义

“每个人应该在道德上得到平等的关心和尊重”无疑应该是人类所追求的最重要的道德理想。尤其是涉及每个人的生存和发展时,对基本的公共资源的代际气候正义处理的是代际之间在气候资源配置与消费上的正义关系,主要包括前代人应该承担什么样的历史责任和当代人对未来人具有什么样的义务。分配更应贯彻平等原则。[1] 在气候语境下,碳排放空间无疑是关乎每个人生存和发展的最为重要的公共资源,无论是发达国家还是发展中国家,都有不可剥夺的享有平等份额的权利。

在代际气候正义的历史责任认定上,“可原谅的无知”不能为发达国家或前代人的大气污染行为免责。“可原谅的无知”是指前代人无法充分地估量他们排放的气体对于大气环境造成的危害,气候变化不确定的表现之一就在于对气候变化的后果进行检测与评价需要一个过程。发达国家认为,这种“无知”是能够得到谅解的,因为他们原本不知道自己行为的结果。而“无知”不等于“不知”,“可原谅的无知”带来了责任认定上的契约主义,不利于贯彻代际气候正义原则。如果我们在代际气候正义的历史责任判定问题上采纳“可原谅的无知”原则,减免发达国家以往的历史责任,将会使代际气候正义原则产生内在矛盾。代际气候正义处理的是不同代际之间在气候资源配置与消费上的正义关系,这个关系可以化为两个问题即前代人应该承担什么样的历史责任和当代人对未来人应负什么样的义务。历史地看,我们每代人都曾是未来人,也都会成为前代人。[2] 同样地,我们也不可以用历史的无知来对抗子孙后代。无论是处理前代人的历史责任问题,还是处理未来人的权利问题,气候正义的原则应当保持一致。

发达国家承担历史责任的依据在于“合理的谨慎”。原因在于引发气候变化问题的各主体都存在道义上义务——“合理的谨慎”,这是代际气候正义得以实现的重要原则。[3] 人类必须在资源有限的条件下展开社会合作,“合理的谨慎”能够保证社会合作与社会发展的顺利实现;气候变化问题是现代性风险的重要体现,“合理的谨慎”是应对气候变化问题的有效理念;气候变化问题归责的立足点在于各方主体的行为,正是各方主体未能履行“合理的谨慎”义务,才引发了全球性的温室效应。前一代人不能滥用自己先出生的

---

〔1〕 陈俊:《论全球气候正义中的差异原则》,载《伦理学研究》2013 年第 6 期。

〔2〕 叶方兴:《代际气候正义中的历史责任沉思》,载《复旦大学学报》2013 年第 4 期。

〔3〕 叶方兴:《代际气候正义中的历史责任沉思》,载《复旦大学学报》2013 年第 4 期。

优势,任意践踏或毁损后代人的资源与他们潜在的权利和生存、发展的机会。基于这一点,有效地促进清洁能源技术转移,帮助不同技术发展水平的国家或地区提升技术能力来改善本地的气候状况及遏制气候变化,既是利于当地人、当代人的善举,也是利于其他地区、后代人的有益行为。因此,“气候代际公平”原则是技术转移中需要坚守的另一原则。

3. 清洁能源技术转移中的贯彻气候正义理论

(1)生存权与清洁能源技术转移

生存权作为一项基本人权在全球气候治理中应受到特别的关注。目前在气候变化问题上,“那些在造成气候变化上责任最小的群体,即贫困和脆弱人群,所遭受的负面影响却是最大的”。

典型的例子如一些岛屿国家由于气候变化造成的海平面上升而面临成为气候难民的局面。在基里巴斯沿海村庄波提奥,海潮冲毁了许多小屋。人们担心,随着海平面不断上升,过些年海潮将冲进整个村庄。在斐济维提岛,部分多年前还是沙滩的海岸,如今已成为绵延的浅滩,渔民只能站在齐腰深的海水中捕捞。面积 26 平方公里、人口约 1 万的小岛国图瓦卢,最高海拔不到 4.5 米,可能成为地球上第一个被海水淹没的国家。在萨摩亚,气候恶化已经严重影响了当地的支柱产业——旅游业,岛上季风季节越来越长,无疑缩短了旅游旺季。“度假天堂”马尔代夫已经忙着自救,该国在首都马累周围大部分区域修了防波堤,每个岛屿都建了避难处。根据《蒙特维多国家权利义务公约》对主权国家的定义,国家作为国际法人应具备下列条件:固定的居民,一定界限的领土,有效的政府,以及与他国交往的能力。因此,从目前法律上说,如果一个国家因全球变暖造成的海平面上升而丧失了领土,该国就自然灭亡了。

因此,在清洁能源技术转移领域,必须特别关注那些过去没有、现在和将来也不会显著增加温室气体排放的贫困人群和不发达国家,原因在于:一方面,气候变化对他们影响显著;另一方面,他们对于气候变化缺乏适应能力。因此,生存权应成为清洁能源技术转移中气候正义关注的重点。

(2)发展权与全球气候治理

发展权作为一项基本人权在全球气候治理中也应受到特别的关注。当前全球气候治理面临的一个困境是在发达国家承诺减排的同时,发展中国家如中国、印度等随着经济的快速发展碳排放量迅速增加。

因此,一些发达国家如美国要求中国、印度等发展中大国也要承担明确的减排责任。但是,这实际上是在全球气候治理中忽视了发展中国家人民的发展权。发展中国家由于历史的原因目前正处于工业化的进程中,其温室气体排放量不像发达国家已达到峰值，他们在发展经济的过程中如不能实现技术的飞跃和经济的转型，排放总量无疑会随着工业化的深入而不断增加。不过，通过限制发展中国家人民的发展权进行全球气候治理是有违气候正义的，其无法吸引发展中国家真正融入到全球气候治理之中，而单靠发达国家是无法实现全球气候治理的。目前，从人均碳排放水平来看，发展中国家远低于发达国家，而且发展中国家碳排放中有相当一部分是由于生产出口到发达国家的产品所致。因此，发展权也应成为清洁能源技术转移中气候正义关注的重点。

（四）可持续发展理论

1. 可持续发展理论概述

可持续发展理论（sustainable development theory）是指既满足当代人的需要，又不对后代人满足其需要的能力构成危害的发展等相关理论，[1]它以公平性、持续性、共同性为三大基本原则，其最终目的是达到共同、协调、公平、高效、多维的发展。其概念和含义最早出现于20世纪80年代的《布兰特报告》。

可持续发展定义可以浓缩为两个基本要素，即“需要”和对需要的“限制”。满足需要，首先是满足贫困人民的基本需要。对需要的限制主要是指对未来环境需要的能力构成危害的限制，这种能力一旦被突破，必将危及支持地球生命的自然系统中的大气、水体、土壤和生物。决定两个基本要素的关键性指标是：收入再分配以保证不会为了短期生存需要而被迫耗尽自然资源，主要是考虑穷人应对自然灾害和农产品价格暴跌等损害的脆弱性；普遍提供可持续生存的基本条件，如卫生、教育、水和新鲜空气，保护和满足社会最脆弱人群的基本需要，为全体人民特别是贫困人民提供发展的平等机会和选择自由。

可持续发展的内涵包括：（1）共同发展。地球是一个复杂的大系统，每个国家或地区都是这个系统不可分割的子系统。系统的最根本特征是整体性，每个子系统都和其他子系统相互联系并发生作用，任何一个系统发生问题，都会直接或间接影响到其他系统的紊乱，甚至会诱发系统的整体突变，这在地球生态系统中表现最为突出。因此，可持续发展追求的是整体发展和协调发展，即共同发展。（2）协调发展。协调发展包括经济、社会、环境三大系统的整体

[1] World Commission on Environment and Development, *Our Common Future* (*The Bruntland Report*), Oxford, 1987, p. 8.

协调,也包括世界、国家和地区三个空间层面的协调,还包括一个国家或地区经济与人口、资源、环境、社会以及内部各个阶层的协调,持续发展源于协调发展。(3)公平发展。世界经济的发展呈现出因水平差异而表现出来的层次性,这是发展过程中始终存在的问题。但是这种发展水平的层次性若因不公平、不平等而引发或加剧,就会由局部而上升到整体,并最终影响到整个世界的可持续发展。可持续发展思想的公平发展包含两个纬度:一是时间纬度上的公平,当代人的发展不能以损害后代人的发展能力为代价;二是空间纬度上的公平,一个国家或地区的发展不能以损害其他国家或地区的发展能力为代价。(4)高效发展。公平和效率是可持续发展的两个轮子。可持续发展的效率不同于经济学的效率,可持续发展的效率既包括经济意义上的效率,也包含自然资源和环境的损益的成分。因此,可持续发展思想的高效发展是指经济、社会、资源、环境、人口等协调下的高效率发展。(5)多维发展。人类社会的发展表现出全球化的趋势,但是不同国家与地区的发展水平是不同的,而且不同国家与地区又有着异质性的文化、体制、地理环境、国际环境等发展背景。此外,由于可持续发展是一个综合性、全球性的概念,要考虑到不同地域实体的可接受性,因此,可持续发展本身包含多样性、多模式的多维度选择的内涵。因此,在可持续发展这个全球性目标的约束和制导下,各国与各地区在实施可持续发展战略时,应该从国情或区情出发,走符合本国或本区实际的、多样性、多模式的可持续发展道路。[1]

2. 可持续发展理论的基本原则

根据联合国《改变我们的世界——2030 年可持续发展议程》的规定,可持续发展遵循联合国章程、世界人权宣言、国际人权条约、千年发展宣言及相关国际环境保护的条约、宣言等所确立各种以人为本、尊重人权、共同但有区别责任等各项原则。[2] 这些涉及可持续发展的原则总体上可以分为以下三个:

(1)公平和消除贫困原则

所谓公平是指机会选择的平等性。可持续发展的公平性原则包括两个方面:一方面是本代人的公平即代内之间的横向公平;另一方面是指代际公平性,即世代之间的纵向公平性。可持续发展要满足当代所有人的基本需求,给他们机会以满足他们要求过美好生活的愿望。可持续发展不仅要实现当代人之间的公平,也要实现当代人与未来各代人之间的公平。因为人类赖以生存

〔1〕 UN, Transforming our world: the 2030 Agenda for Sustainable Development, 2015, pp. 14 – 28.
〔2〕 UN, Transforming our world: the 2030 Agenda for Sustainable Development, 2015, p. 6.

与发展的自然资源是有限的,从伦理上讲,未来各代人应与当代人有同样的权力来提出他们对资源与环境的需求。可持续发展要求当代人在考虑自己的需求与消费的同时,也要对未来各代人的需求与消费负起历史的责任,因为同后代人相比,当代人在资源开发和利用方面处于一种无竞争的主宰地位。各代人之间的公平要求任何一代都不能处于支配的地位,即各代人都应有同样选择的机会空间。消除贫困不仅是要消除同代人之间的贫困,也要确保后代人生活的不贫困以及他们同时代所有人的不贫困。对于我们全人类而言,《改变我们的世界——2030 年可持续发展议程》的第一个目标就是到 2030 年全人类消除贫困。

(2)可持续原则

这里的可持续是指生态系统受到某种干扰时仍保持其生产力的能力。资源环境是人类生存与发展的基础和条件,资源的持续利用和生态系统的可持续性是保持人类社会可持续发展的首要条件。这就要求人们根据可持续性的条件调整自己的生活方式,在生态可能的范围内确定自己的消耗标准,要合理开发、合理利用自然资源,使再生性资源保持其再生产能力,非再生性资源不至于被过度消耗并能得到替代资源的补充,环境自净能力能得以维持。该原则首先要求国家遵守自然资源可持续利用原则。根据国际法,国家对自然资源享有永久主权,故国家要确保自身、相应产业部门和市民社会的其他组成部分合理使用资源,避免资源的浪费,遵守耗费最小化原则等。

(3)共同但有区别原则

可持续发展关系到全球的发展。要实现可持续发展的总目标,必须争取全球共同配合行动,这是由地球整体性和相互依存性所决定的。因此,致力于达成既尊重各方的利益又保护全球环境与发展体系的国际协定至关重要。正如《我们共同的未来》中提到的,“今天我们最紧迫的任务也许是要说服各国,认识回到多边主义的必要性”,“进一步发展共同的认识和共同的责任感,是这个分裂的世界十分需要的”。这就是说,实现可持续发展就是人类要共同促进自身之间、自身与自然之间的协调,这是人类共同的道义和责任。

考虑到人类发展史上国家工业化前后的差距、技术发展水平的差异及不同国家在不同阶段对当下环境污染和气候变化所起的不同作用,各国在履行自己义务的时候,根据技术、经济发展水平和能力大小的不同,各自应承担的责任也有明显的不同。

此外,对人类健康、自然资源和生态系统采取预防性措施的原则、公众参与和获取信息与公正的原则、一体化和相互关系的原则(特别是关于人权和社会、经济和环境目标方面）等也是十分重要的原则，[1]限于篇幅这里不一一分析。

3. 可持续发展理论的基本论点

可持续发展理论的基本内容可以简单地归纳为经济的可持续发展（此为该理论基础）、生态（环境）的可持续发展（此为该理论的条件）和社会的可持续发展（此为该理论的目的）。围绕这三点，其基本论点可以论述如下。

（1）可持续发展并不否定经济增长。经济发展是人类生存和进步所必需的，是提高当代人福利水平、增强国家实力和社会财富的根本路径，也是社会发展和保持、改善环境的物质保障。但可持续发展不仅要重视经济增长的数量，更要追求经济增长的质量。对发展中国家来说，发展尤为重要。目前发展中国家正承受贫困和生态恶化的双重压力，贫困是导致环境恶化的根源，生态恶化更加剧了贫困。尤其是不发达的国家和地区，必须正确选择使用能源和原料的方式，力求减少损失、杜绝浪费，减少经济活动造成的环境压力，从而达到具有可持续意义的经济增长。既然环境恶化的原因存在于经济过程之中，其解决办法也只能从经济过程中去寻找。目前亟须解决的问题是研究经济发展中存在的扭曲和误区，并站在保护环境特别是保护全部资本存量的立场上去纠正它们，使传统的经济增长模式逐步向可持续发展模式过渡。简言之，经济发展包括数量增长和质量提高两部分。数量的增长是有限的，而依靠科学技术提高经济活动中的效益和质量、采取科学的经济增长方式才是可持续的。

（2）可持续发展的标志是资源的永续利用和良好的生态环境，它需要以自然资源为基础，同环境承载能力相协调，不能超越资源和环境的承载能力，要求在保护环境和资源永续利用的条件下（必须使可再生资源的消耗速率低于资源的再生速率，使不可再生资源的利用能够得到替代资源的补充）进行经济建设，保证以可持续的方式使用自然资源和环境成本，使人类的发展控制在地球的承载力之内。可持续发展追求人与自然的和谐。可持续性可以通过适当的经济手段、技术措施和政府干预得以实现，目的是减缓自然资源的消耗速度，使之低于自然资源的再生速度。例如，形成有效的利益驱动机制，引导企业采用清洁工艺和生产非污染物品，引导消费者采用可持续消费方式，并推动生产方式的改革。经济活动总会产生一定的污染和废物，但每单位经济活

---

〔1〕 For details, see ILA Resolution, "New Delhi Declaration of Principles of International Law Relating to Sustainable Development", in ILA, *Report of the Seventieth Conference*, New Delhi (London: ILA, 2002), http://www.ila-hq.org and excerpted here.

动所产生的废物数量是可以减少的。如果在经济决策中能够全面、系统地考虑其对环境产生的影响,可持续发展是可以实现的。“一流的环境政策就是一流的经济政策”的主张正在被越来越多的国家所接受,这是可持续发展区别于传统的发展的一个重要标志。相反,如果处理不当,环境退化的成本将是十分巨大的,甚至会抵消经济增长的成果。

(3)可持续发展以提高生活质量为目标,同社会进步相适应。单纯追求产值的增长不能体现发展的内涵。学术界多年来关于“增长”和“发展”的辩论已达成共识,“经济发展”比“经济增长”的概念更广泛、意义更深远。单纯追求产值的经济增长不能体现发展的内涵,若不能使社会经济结构发生变化,不能使一系列社会发展目标得以实现,就不能承认其为“发展”,就是所谓的“没有发展的增长”。可持续发展的观念认为,世界各国的发展阶段和发展目标可以不同,但发展的本质应当包括改善人类生活质量,提高人类健康水平,创造一个保障人们平等、自由、教育和免受暴力的社会环境。也就是说,在人类可持续发展系统中,经济发展是基础,自然生态(环境)保护是条件,社会进步是目的。而这三者又是一个相互影响的综合体,只要社会在每一个时间段内都能保持经济、资源和环境的协调,这个社会就符合可持续发展的要求。显然,在新的世纪里,人类共同追求的目标是以人为本的自然—经济—社会复合系统的持续、稳定、健康的发展。

(4)可持续发展承认自然环境的价值,谋求社会的全面进步。这种价值不仅体现在环境对经济系统的支撑和服务上,也体现在环境对生命支持系统的支持上,应当把生产中环境资源的投入计入生产成本和产品价格之中,逐步修改和完善国民经济核算体系,即“绿色 GDP”。为了全面反映自然资源的价值,产品价格应当完整地反映三部分成本:资源开采或资源获取成本;与开采、获取、使用有关的环境成本,如环境净化成本和环境损害成本;由于当代人使用了某项资源而不可能为后代人使用的效益损失,即用户成本。产品销售价格应该是这些成本加上税及流通费用的总和,由生产者和消费者承担,最终由消费者承担。

(5)可持续发展是培育新的经济增长点的有利因素。通常认为,贯彻可持续发展要治理污染、保护环境、限制乱采滥发和浪费资源对经济发展是一种制约、一种限制,而实际上,贯彻可持续发展所限制的是那些质量差、效益低的产业,限制这些产业恰恰为那些质优、效高且具有合理、持续、健康发展条件的绿色产业、环保产业、保健产业、节能产业等提供了发展的良机,培育了大批新的经济增长点。

4. 可持续发展理论为清洁能源技术转移既提出了要求，也提供了理论依据

从可持续发展的含义、原则和内容等各方面来看，清洁能源技术是实现可持续发展的依赖和保障。因此，可持续发展既给清洁能源技术的转移提出了客观要求，又为其顺畅进行提供了理论基础。而上述有关原则和内容必然要反映到相关的法律制度中，并通过法律制度加以实施和完成。实际上，在诸多的国际条约或宣言中，转移无害环境技术已经作为可持续发展与相关规范的重要内容之一，如《里约宣言》原则9、《生物多样性公约》第16条、《气候变化框架公约》第4.5款等。[1] 因此，技术转移法律制度的构建和完善，也必然要遵循可持续发展理念及其所蕴含的基本原则。实际上，在现有相关的国际条约与软法之中，可持续发展已经融入其中，如何将这一内容与清洁能源技术转移结合在一起是本书讨论的重点之一。

三、清洁能源技术转移理论试图解决的关键问题

分析上述清洁能源技术转移的理论，重在解决人类自20世纪70年代以来针对环境污染等所带来的公共问题，其核心主要是以下两个：

（一）发展中国家和发达国家之间的分歧

向发展中国家转移技术是一个历久弥新而且充满争议的话题。20世纪60年代殖民地国家在政治上纷纷独立，经济发展是它们面对的一个特别议题：技术能力的缺乏、原材料输出国的地位没有根本改变，仍然靠廉价的低技术含量的劳动获取财富等，使它们无法改变落后、贫穷及牺牲环境为代价的发展模式。技术转移成为发展中国家独立后的最为突出的诉求，希望发达国家基于公平合理的条件向他们转让技术。另外，20世纪50年代出现的环境污染事件，也开始引起人类的关注，如1952年的“伦敦烟雾事件”，[2]1956年在日本发生的水俣病事件[3]等。1962年，美国女生物学家莱切尔·卡逊（Rachel Carson）发表了一部引起很大轰动的环境科普著作《寂静的春天》，作者描绘了一幅由于农药污染等公害所带来的可怕景象，惊呼人们将会失去“春光明媚的春天”，在世界范围内引发了人类关于发展观念上的争论。[4] 此

---

〔1〕 具体内容参见各国际法律文件的相关内容。

〔2〕 伦敦烟雾事件，参见金博文：《1952年英国伦敦烟雾事件原因探析》，载《安庆师范学院学报》（社会科学版）2014年4月18日。

〔3〕 具体内容参见浜尚亮：《环境污染公害之日本水俣病事件》，载《人民公安》2016年第3期。

〔4〕 向玉乔、龙娟论：《〈寂静的春天〉中的生态伦理思想》，载《湖南社会科学》2001年第6期。

后，在20世纪60年代初期(1964年3月)，联合国成立了"贸易发展会议"，意在通过贸易等促进发展中国家的发展，其重要任务之一是促进发达国家向发展中国家转让技术。

其实，向落后国家转移技术最早由国际经济学领域的学者尤金斯泰莱在1939年"国际开发计划"中提出，向"知识和生产技术落后的国家转移技术"。[1] 他主要考虑贸易、海外投资的自动调整作用的界限，以及知识和技术的国家转移对世界经济的贡献。而1974年第六次联合国特别大会通过的《国际经济新秩序(NIEO)宣言和行动计划》宣称：要改变至当时为止的殖民主义的国际经济旧秩序(在广大发展中国家处于无权地位的情况下，按照发达资本主义国家的意志和需要建立起来。其主要内容和特征是：以不合理分工为基础的国际生产体系，以不等价交换为特征的国际贸易体系，以国际垄断资本占据支配地位的国际金融体系，以及受少数发达国家控制的国际经济机构，即资本主义在国际生产和流通领域里的垄断)，此后应该以民族自决、不干涉内政、公正、平等、正义为原则，实现各国间相互依赖、共同受益的新国际经济秩序。要实现这一决定的行动计划之一就是技术转移。第三世界主张先进国家不应该垄断科学技术，科学技术是全世界的公共财产，任何国家为了促进经济、社会的发展都有享受科学技术进步所带来利益的权利。NIEO宣言还规定为促进有益于发展中国家开发的技术转移和本国技术的发明，发达国家应该提供较为先进的科学技术成果让发展中国家分享。行动计划要求发达国家与发展中国家进行技术合作，以便引进适合该国经济、社会、生态等条件的近代技术，促进发展中国家本国技术的研究开发进步。

1961年12月19日联合国大会第1713号决议着重指出了技术转让的某些问题，1965年12月20日2091号决议又全面论述了向发展中国家转让技术的问题。[2] 经济与社会委员会正式通过了投资与技术转让各个方面的决议。联合国贸易与发展会议(UNCTAD)也在呼吁发达国家向发展中国家转移技术，并且制定了一系列技术转移方面的"行动规划"。但十分可惜的是，虽然在20世纪整个70年代发展中国家一直努力在UNCTAD的协调下，试图与发达国家通过《联合国国际技术转让行动守则》，但最终由于遭到发达国家的反对而以失败告终，因而至今没有形成统一的技术转让国际条约；相关的技术转让规定只是分散在相关环境保护条约、应对气候变化的条约或协议及有关国

〔1〕 唐晓云：《国际技术转移的非线性分析与经济增长》，复旦大学出版社2005年版，第1页。

〔2〕 联合国：《发展中国际技术引进指南》(1985)。

际贸易的协议中。[1] 然而，即使是这些有限的规定，在现实中也无法得到实施或履行。下文以应对气候变化方面的国际条约为例进行分析。

1992 年在里约热内卢国际环境峰会上对所有国家开放签字的《联合国应对气候变化框架公约》（以下简称《框架公约》）以及 1997 年通过的《京都议定书》使发达国家向发展中国家转移技术成为一项国际义务。然而，在国际气候会议上，各国过于强调自己的立场，基础四国、小岛屿国家集团、欧盟以及美国在会议上对“共同但有区别责任”原则依然争吵不休。发达国家不断向发展中国家施压，认为发展中国家也应当履行减排责任。气候大会也逐渐在强调“共同责任”而忽视“区别责任”。《哥本哈根协定》虽然规定了技术转移的资金机制，发达国家应当建立 1000 亿美元的绿色基金以帮助发展中国家展进行技术转移。而事实却是资金迟迟不到位，缺口依然很大。2015 年《巴黎协定》恰恰强调了“自主减排承诺”，而在最为关键的技术转移议题上，除了中国倡议建立 200 亿元的南南合作基金外，发达国家几乎无所作为。

但现实是，即使《框架公约》已经实施很长时间了，发展中国家和发达国家之间的技术转移依然缓慢而低效。在全球环境策略机构（IGES）发布的《亚洲应对气候变化的雄心》一文中，强调了发达国家和发展中国家对于技术转移迥然相异的观点。[2] 发达国家认为，发展中国家缺乏强有力的法律机制和国内机构是技术转让不畅的主要原因，大多数 CDM 所涉及的技术已经发展成熟并且被少部分私人企业所拥有，而它们转移技术需要受方企业有一定的技术基础及接受国良好的环境。发达国家认为，发展中国家需要友好的国内政策和机构，以及强有力的知识产权保护，才能鼓励技术转移。而发展中国家的观点正好相反，发达国家并没有完成其在《气候变化框架公约》中的技术转移义务，发达国家缺乏技术转移的意识和意愿是主要原因，[3] 而且缺乏政府层面的技术转移项目和倡议。高昂的技术许可费用和大量资本也是重要原因。

（二）私人利益和国家利益之间的分歧

尽管很多多边国际条约对技术转让已经做出规定，要求发达国家履行转

---

〔1〕 具体分析参见马忠法：《应对气候变化的国际技术转让法律制度研究》，法律出版社 2014 年版，第 149 ~ 156 页。

〔2〕 Nitya Nanda & Nidhi Srivastava, *Clean Technology Transfer and Intellectual Property Rights*, Sustainable Dev. L. & Pol'y, April 2009, p. 42.

〔3〕 Nitya Nanda& Nidhi Srivastava, *Clean Technology Transfer and Intellectual Property Rights*, Sustainable Dev. L. & Pol'y, April 2009, p. 42.

让技术义务,但掌握了全球90%以上无害环境技术的发达国家企业及其政府并未履行义务,全球技术转让并不充分。导致这种情况的原因很多。其中,最为关键的是国际条约对私人并不直接产生法律约束力,而企业是以营利而非以履行其政府在条约中承诺的义务为自己的行动指南。企业追求利益最大化,通常会将最先进、最有效率的技术以技术秘密的形式进行保护,并且利用外商投资(FDI)扩大生产规模,快速占领市场。而等到潜在的竞争者出现时,又将该技术申请专利,利用知识产权战略对抗竞争者,以保护其在市场中的垄断地位。等到竞争者越来越多时,才会把技术真正授权许可出去。在应对气候变化中,即使有的企业愿意承担社会责任,其承担社会责任的方式往往是设立基金等援助的方式,而不是主动转移其技术。

此外,这些发达国家的法律制度又以保护私人权利为核心,作为私人权利重要组成部分的技术,政府不能以公共权力进行不合法律程序的干预。TRIPs协议规定,知识产权属于私权利。而清洁能源技术往往以专利、技术秘密的形式表现出来。国家可以获得私人权利的唯一途径就是征收征用,而知识产权作为无形之物,很难作为征收征用的客体。至于国家动用国家所有的清洁能源知识产权更是少之又少。美国率先规定国家资助的研发所得的技术成果一般归属于发明人。中国最近修改了《促进科技成果转化法》明确规定,知识产权一般归属于发明人或发明人所在的单位,权利人有着更多充分的转移转化权利。

即使在技术转移过程中,拥有技术的跨国公司在签订技术许可合同时,也会制定苛刻的条件。比如,在技术许可使用费上设定过高,以至于发展中国家无法承受。再如,在技术许可中规定许可到期后,必须将所有资料归还。这些明显有利于许可方的条款对于发展中国家获得清洁能源造成了很大的障碍。

总而言之,我们应当根据清洁能源技术的特性,以及在当代语境下人类对其需求的紧迫性,在适当的技术转移理论的基础上,采取有效措施,加快其转移,及时应对和解决人类面对的诸如气候变化、环境污染、公共健康和贫困等公共问题,而其中的落脚点无疑是中国的相关问题。本书以下章节基于本章的分析将分别从已有的国际和国内制度的现状及其不足、中国的实践及中国的应对等方面来论证本书的核心观点。

本章小结

当今人类正面对着气候变化、环境污染等严重威胁人类生存的公共问题。

尽管人类已经做出了种种努力并取得一定成绩，但仅仅依靠各国的政治努力和国际协定来解决当前的问题看上去难以实现预期目标，各国之间仍然存在诸多分歧。在这些分歧中，发达国家对"环境友好型技术"("低碳专利技术"或"清洁能源技术")的控制成为遏制气候变化国际合作进程中最突出的阻碍之一。面对传统化石能源日渐耗竭、人类发展对能源有更多需求及应对气候变化和保护生态环境以促进可持续发展的压力等现状，清洁能源技术的分享是帮助人类走出困境的一条重要路径。本章借助哈伯特峰值理论及其模型，分析了不可再生能源的日益枯竭及日益严重的气候变化和环境污染，提出开发、分享和转让清洁能源技术的重要性。接下来研究比较了清洁能源技术的概念、转移与一般技术及其转移的区别，介绍了传统技术转让的基本理论与针对清洁能源技术转移的相关理论。经过分析，认为从概念以及涵盖的范围来看，无害环境技术(EST)、环境友好技术(EFT)、有益环境技术和清洁技术基本上是同一个概念，它们既包括了清洁能源技术，又有清洁能源技术所没有包括的内容。例如，发展可持续绿色交通和供应于建筑的新材料等，只是称谓有所差异而已。清洁能源技术是指在可再生能源及新能源、煤的清洁高效利用等领域开发的有效控制温室气体排放或减少甚至避免对环境的损害的新技术，包括风能、太阳能、水能、生物质能、地热能、海洋能等非化石能源和在生产及消费过程中尽可能减少对生态环境的污染的能源的低排放的非可再生能源技术，包括天然气、页岩气等低污染化石能源使用技术与洁净煤、洁净油等处理过的化石能源的清洁能源技术。传统的技术转移理论主要有技术差距论、技术选择周期论、技术转移选择论、雁行形态发展论、技术转移内部论、需求资源关系论、中间技术论和外贸自乘效益论等。而在应对气候变化等公共问题背景下的清洁能源技术转移理论，主要有现代化理论、私法行为公法化理论、气候正义理论和可持续发展论等。分析清洁能源技术转移理论的目的是试图解决发展中国家和发达国家之间的分歧及私人利益和国家利益之间的分歧等关键问题。实际上，自20世纪90年代以来，国际环境保护领域中诸多条约及21世纪议程等软法性质的国际法文件所说的"技术转让或转移"主要是无害环境技术(其中的绝大部分就是清洁能源技术)，故一般的技术转让之规律多数适用于清洁能源技术的转移。不过，清洁能源技术转移也有一些特殊的地方。例如，通过清洁发展机制(CDM)来转让技术，尽管在传统制造业或与传统技术相关的清洁能源技术等领域，发达国家在先进技术方面具有绝对优势，存在发展中国家要求发达国家向其转让技术的单向请求，而且这些领域中发达国家间相互转让的比较多；但在新兴的清洁能源技术领域，由于起点相似，一些发展中大国如中国、巴西、印度等在特定的清洁能源技术领域与发达国家各有优势，它们相互间转让及发展中国家相互间转让也是较为常见的。在这种场合下，发展中国家如何建立相对公平合理的技术转移和分享机制等，往往由他们自己决定：他们除了遵循已经形成的国际贸易制度之外，也可以形成适合他们自己之间进行技术转移的制度。无论如何，我们应当根据清洁能源技术的特性及当代语境下人类对其需求的紧迫性，在适当理论的基础上，采取有效措施，加快其转移，及时应对和解决人类面对的诸如气候变化、环境污染、公共健康和贫困等公共问题。

第二章　清洁能源技术转移的国际法规制和中国国内法律制度与政策

第一节　清洁能源技术转移的国际法规制和中国国内法律制度与政策概述

现代经济增长的本质就在于实用知识存量的增加以及运用知识范围的不断扩大。从历史上看，技术的进步和社会制度的创新都在某种程度上依赖对于知识存量的成功利用。也就是说，任何国家的经济的增长，都与成功的技术转移联系在一起。[1] 应对气候变化，更为强调技术在减缓和适应气候变化中的作用。联合国政府间气候变化问题小组(IPCC)报告指出，我们已经或者即将拥有实现与气候相关的目标所必需的各种技术。联合国副秘书长沙祖康在2008年北京应对气候变化与技术开发和转让高级别会议上表示："我们面临的实质挑战，就是要大大加快技术开发和技术转让的速度。"[2]

然而，国际性、实质性的技术转让条约的进展遥遥无期。"国际经济合作与国际协议被证明很难在'全球公共财产'领域里达成，在那里，产权界定不明，以及不受制约的追求部门利益导致了资源利用无效的风险。"[3] 国际上对于气候变化的认识也日益深刻，从单纯的科学问题上升到具有政治意义的议题，各国在气候正义和国家利益之间进退维谷。时至今日，国际气候会议上，各个集团利益对立，矛盾尖锐，虽然达成了控温减排的共识，但是关于"共同

---

〔1〕 杨先明等：《国际直接投资、技术转移与中国技术发展》，科学出版社2004年版，第5页。

〔2〕 沙祖康：《联合国主管社会与经济事务副秘书长沙祖康先生在北京"应对气候变化与技术开发和转让高级别会议"上的主旨发言》，载 http://www.docin.com/p-932979823.html. 2018年1月29日最后访问。

〔3〕 ［德］彼得斯曼：《国际经济法的宪法功能与宪法问题》，何志鹏、孙璐、王彦志译，高等教育出版社2004年版，第51页。

但有区别”原则具体如何执行、发达国家和发展中国之间的权利义务如何分配,各国仍然难以就应对气候变化的实质性的国际法律文件达成共识。清洁能源的知识产权的私权利借助 TRIPs 协议以及各种知识产权条约得到全球性过度保护。

但与此同时,全球气候变化此种公共性问题在技术转移方面的实质性困难却得不到很好的解决。受益的私人实体却并未对于气候变化所产生的后果承担责任。矫正性的政府干预也无法保证最优的结果,因为个人、政治家们以及各种利益集团不仅在经济的领域,而且在政治过程中也在追求他们自己的利益,而各种规制机构也可能受到各个部门的利益集团的影响。因此,总是存在“政府失灵”的风险,而这比“市场失灵”更糟。[1]

应对气候变化刻不容缓。目前,减缓气候变化效果最为显著的路径即为“节能减排”,包括控制温室气体排放、建立碳交易机制、鼓励清洁能源利用、鼓励技术创新等。发达国家可以倚赖先进的技术,提供各种手段鼓励创新。发展中国家一方面需要发展国内经济,工业的发展不得不依赖石化能源的驱动,温室气体排放处于增长阶段;另一方面,又面临着控温和减排的国际义务。技术的不足以及建设能力的匮乏是其最为主要的压力来源。

任何进步到超越“每个人为了自己”阶段的社会,都需要规则来促成合作行为以及通过产权的认可来调整可得资源的流转。[2] 对于气候变化,国内法对于清洁能源技术转移的法律调整比国际法强有力得多。推进清洁能源技术是一项系统工程。政府不仅仅需要在国际层面推动和合作,更需要在国内层面进行经济驱动与宏观调控。市场主体的竞争、社会团体的参与、民众的环保意识的增强都缺一不可。自上而下的顶层设计固然重要,激发市场热情,将清洁能源渗透到生产、消费之中更有助于节能减排。这一点在技术转移领域表现得尤为明显。如何通过法律制度的构建和政策的安排,以促进清洁能源技术转移的速率,使之保持市场经济活力,又能达成国家促进创新和减排的宏观政策的目标,是各个政府最为关切的问题。

近年来,中国政府在清洁能源方面在以惊人的速度发展。在绿色和平发展的前提下,它开展广泛的国际合作,利用最现代化、最先进的技术来解决环

---

〔1〕［德］彼得斯曼:《国际经济法的宪法功能与宪法问题》,何志鹏、孙璐、王彦志译,高等教育出版社 2004 年版,第 42 页。

〔2〕［德］彼得斯曼:《国际经济法的宪法功能与宪法问题》,何志鹏、孙璐、王彦志译,高等教育出版社 2004 年版,第 46 页。

境问题。一方面，加快开发太阳能和空间太阳能、风电、生物质能、水电、地热深井、热电联产、氢能等新能源和可再生能源，加快新能源汽车、建筑节能等新兴低碳工业的发展。采取的政策加大了对低碳技术创新扶植力度，重点攻克可再生能源发电在输送、分配、存储等环节的瓶颈问题，降低清洁能源成本，以清洁能源来代替煤炭。另一方面，推进以天然气、能源绿色技术为中心的化石能源高效清洁利用，包括天然气的绿色开发、"煤地下气化"等洁净煤技术、碳捕捉与储存技术等。同时，慎重发展污染大气、安全度低的能源行业（如页岩气、可燃冰等），加快治理空气污染，促进城市生态良性发展。[1]

中国独特的法律制度以及相关政策对促进中国清洁能源技术的发展与运用功不可没。自治、协调和可持续是中国的法律和政策得以发挥最大效用的最为主要的原因。这些法律与规则在三个方面发挥了巨大的作用。第一，构建与界定自治。[2] 清洁能源技术转移所涉及的贸易法和知识产权法，以肯定私人权利、尊重当事人的意思自治和保护私法自由为主要内容，这些自发产生的交换秩序以及被法律所肯定的产权，极大地鼓励了市场主体自由竞争，焕发活力。第二，以与私人和社会相协调的方式来调节自治的专门性活动。[3] 私人权利的肆意以及滥用会造成可怕的后果。例如，一项意在利用其优势的市场地位获取超高额利润的技术产品，不仅不能促进技术的传播和扩散使更多人享受新技术带来的好处，而且会损害消费者的利益。反不正当竞争法等的出现就是为了确保竞争机制在相关市场发挥作用，从而提高生产效率和资源配置，增进消费者福利。[4] 这种意在平衡私人权利和公共利益的法律的纠偏机制是必不可少的法律手段。这一类的法律还有诸如为了保护国家安全和动植物以及扶持弱小产业等的"管理型"法律与政策。第三，促进持续性和相对"稳定性"。法律的安定性在鼓励相关产业的发展中扮演了非常重要的角色。在技术转移中，部门法和政策在这个过程中起到了很大的作用。涉及跨国公司和外国商业实体或技术进入本国市场时，朝令夕改的法律以及政策显然不利于长期的技术转移的实施。这些部门法和政策依然要受到上一级的宪法性规则的制约，诸如透明度、非歧视以及程序正当的要求，以确保良法得以保持一致性和协调性。

---

〔1〕 佚名：《中国清洁能源新机遇》，载《现代经济信息》2015 年第 1 期。

〔2〕 E. U. Petersmannn, *Trade Policy as a Constitutional Problem*, Aussenwirtschaft, 1986, pp. 405 – 424.

〔3〕 J. Tumlir, *Can the International Economic Order be Saved*?, The World Economy1, 1977, p. 3.

〔4〕 张乃根、陈乃蔚主编：《技术转移与公平竞争》，上海交通大学出版社 2008 年版，第 39 页。

本章以下两节分别介绍、分析国际与国内两个层面所涉及的清洁能源技术转移的法律规范。

第二节　清洁能源技术转移的国际法律规制

在国际社会，关于清洁能源技术转移的国际法规制，主要体现在有关环境保护的国际条约和应对气候变化的国际条约中；这些国际法文件经有关国家或地区批准或接受后，对他们产生相应的法律约束力。这些文件包括1989年通过的《保护臭氧层维也纳公约》、1992年通过的《框架公约》和2015年通过的《巴黎协议》等。除了条约之外，清洁能源技术转移国际法规制的很多内容还体现在有关环境或应对气候变化国际会议上所形成的、具有软法性质的国际法文件之中，如1972年的《斯德哥尔摩宣言》、1992年的《里约热内卢宣言》和《21世纪议程》等；虽然它们没有直接的法律约束力，但对有关国际条约的形成及有关国家的立法等有指导或借鉴意义，其影响和作用也不容忽视。

由于本书作者在其两部专著（分别于2007年及2014年由法律出版社出版的《国际技术转让法律制度理论与实务研究》和《应对气候变化的国际技术转让法律制度研究》）对环境友好技术或无害环境技术转让做了较为系统的分析，[1]它们同样适用于清洁能源技术转移，本节对重复的内容不再分析，仅就这一领域的国际法规制做概括式介绍和归纳，并对前两本书出版后的有关条约或其他国际法文件的规定进行补充和分析。

一、清洁能源技术转移的国际法规制概要

从2001年收集的有关国际技术转让法律文件集中，我们可以发现属于多边条约或协定或议定书的文件共有28件，其中涉及环境保护的占1/2以上，多达15个。[2] 2001年以来签订的国际环境保护的主要条约有2009年的《哥本哈根协议》、2013年的《水俣公约》和2015年的《巴黎协议》等。而目前形成的以《斯德哥尔摩宣言》、《里约热内卢宣言》、《21世纪议程》及《2030年发展议程》等对技术转移的规定更为丰富。上述条约等国际法文件中关于技术

---

〔1〕 马忠法：《国际技术转让法律制度理论与实务研究》，法律出版社2007年版，第97～130页；马忠法：《应对气候变化的国际技术转让法律制度研究》，法律出版社2014年版，第133～192页。

〔2〕 See United Nations, *Compendium of International Arrangements on Transfer of Technology: Selected Instruments—Relevant provisions in selected international arrangements pertaining to transfer of technology*, UNCTAD/ITE/Misc. 5, 2001, p. 5.

转移的规定,构成了较为丰富的国际技术转移规范之内容。

(一)国际条约方面的规定

根据制定的国际组织的不同,我们可以将这类国际条约分为一般环境保护多边条约和专门的气候变化应对条约;根据内容,可以将其分为清洁能源技术转移的基础性条约和一般环境保护条约。本书将两种分法结合起来,但主要按照国际组织形成的条约来划分,将条约分为以下两类。[1]

1. 联合国体系下形成的国际条约

联合国体系下形成的国际条约主要包括涉及技术转让的基础性条约、一般的国际环境保护条约和专门的气候变化条约。

(1)涉及技术转让的基础性条约

涉及技术转让的基础性条约主要是指与技术转让相关的知识产权方面的国际条约。技术转移与知识产权保护密切相关,技术的确权和保护是其转移的前提和基础,特别是在全球范围内,相关知识产权制度的建立会为技术转移创造条件。技术交易的对象绝大多数属于知识产权法律保护的范围,通常情况下技术交易合同必须符合知识产权法律对相关技术保护所应遵循的原则。技术转移和知识产权制度两者共同促进、共同发展:知识产权保护有利于国际技术交易的发展,[2]而国际技术交易的发展又促进了知识产权保护制度的完善。[3]

该方面的条约主要包括世界知识产权组织(WIPO)体制下的知识产权协调制度,尤其以专利协调制度为核心,含《保护工业产权的巴黎公约》、《专利合作条约》(PCT)、《专利法条约》(PLT)等,此外《保护文学艺术作品的伯尔尼公约》等也有部分内容涉及技术转让。这一部分的规定,主要涉及清洁能源技术在知识产权在确权和保护方面的内容。[4] 它们主要为清洁能源技术转移创造前提条件:因为没有明确的确权制度,特别是专利制度,就难以实现技术转移。这一点与有形财产的转让、买卖和租赁是十分相似的:如果有形财

〔1〕 其他条约也有涉及清洁能源技术转移的,本书不作分析。

〔2〕 李虹:《国际技术转移与中国技术引进》,对外经济贸易大学出版社2016年版,第57~58页。

〔3〕 至于有人认为国际技术交易的发展促进了知识产权制度的建立,可能值得商榷。实际上,国内知识产权制度中产生最早的是专利法,源于威尼斯城市建设对机械技术的需要,通过给予技术权利人一定时期的垄断权,鼓励他们公开自己的技术并实施;再后来是英国1623年的《垄断法案》,意在肯定因新技术而获得的垄断为合法,其他的为非法。国际知识产权制度源于1883年的《保护工业产权的巴黎公约》,它并非出于技术转移之目的,而是为了实现跨国保护。

〔4〕 各相关国际条约规定的内容参见马忠法:《国际技术转让法律制度理论与实务研究》,法律出版社2007年版,第97~103页。

产的所有权人不明确，任何交易的最终法律后果都是不确定的，这无疑会阻碍交易的顺利进行。绝大多数的清洁能源技术作为一种知识产权，其确权和保护也是必需的。基于作为技术的无形性，它们的确权和保护更为重要：没有确权和保护，技术所有人可能不会去申请专利，由此也就不会披露自己的技术，进而也就不可能产生大量的技术转让现象。

(2)一般的国际环境保护条约

有关环境保护领域的技术转让的规定一般主要出现在1972年之后的多边国际环境条约中。此前，有关条约多不涉及技术转让；之后，国际社会基于技术对保护环境的重大意义及当时正在兴起的建立"国际经济新秩序"之呼声，国际技术转让成为这种新秩序建立的一个重要内容。因此，1972年之后联合国体系下通过了很多涉及技术转让的环境方面的多边条约。这些条约主要包括《海洋法公约》(1982)、[1]《维也纳臭氧层保护公约》(1985)、《生物多样性公约》(1992)、《关于消耗臭氧层物质的蒙特利尔议定书》(1987年通过，1992年修订，简称《蒙特利尔议定书》)、《能源宪章公约》(1994)、《联合国防治荒漠化公约》(1994)、《生物多样性公约生物安全卡塔赫纳议定书》(2000，简称《卡塔赫纳议定书》)及《关于汞的水俣公约》(2013)等，其中每个条约或议定书均涉及技术转让问题，核心仍是出于环境保护的需要发达国家在技术转让和资金支持等方面应当给予发展中国家以必要的帮助。这些内容的规定相互配合和呼应，均旨在促进环境友好技术转让，为保护环境和减少温室气体排放积极努力。有关各条约规定的技术转移的内容，相关专著[2]或论文[3]已有论述，此处不述。

(3)专门的气候变化条约

专门的气候变化条约主要指《框架公约》及以其为核心而形成的系列协定，包括1997年的《京都议定书》、2009年的《哥本哈根协议》、2010年的《坎昆协议》[4]和2015年的《巴黎协定》。应对气候变化对清洁能源技术的开发、应用和转让提出了较高要求，因此在前述几个国际法文件中，技术转让无

---

[1] 涉及技术转让的主要条款约有16条，分别是第62、143、144条，第266~277条及附件3第5条。

[2] 马忠法：《应对气候变化的国际技术转让法律制度研究》，法律出版社2014年版，第150~154页。

[3] 《关于汞的水俣公约》中有关技术转移的规定参见马忠法：《〈关于汞的水俣公约〉与中国汞污染防治法律制度的完善》，载《复旦学报》(社会科学版)2015年第2期。

[4] 马忠法：《应对气候变化的国际技术转让法律制度研究》，法律出版社2014年版，第180~183页。

一例外都是它们规范的重要内容。其中,《框架公约》的规定是基础性和原则性的,而后四个协议无非是实施和践行前者的规定,如《京都议定书》规定的清洁发展机制、[1]《哥本哈根协议》规定的基金及相应制度[2]和《巴黎协定》规定的相关内容(参见下文分析)等。当下,《巴黎协定》规定的落实是最为迫切和现实的,下文就其关于技术转让的条款做简要分析。

2015 年 12 月 12 日,气候变化巴黎大会通过《巴黎协定》。《框架公约》近 200 个缔约方全体起立,鼓掌一致同意通过《巴黎协定》。协议规定,各国应着眼于尽快达到"温室气体排放量的全球峰值",并在 21 世纪下半叶实现人类活动排放与自然吸收之间的平衡(净零排放)。中国气候变化事务特别代表解振华在协定通过后接受记者采访时表示,这是一个历史性的协定,在全球应对气候变化进程中具有里程碑意义,是与《框架公约》《京都议定书》同样重要的里程碑。

该协定将于至少 55 个参与国(其排放量占比超过全球的 55%)递交签署、批准或加入文件当日后的第 30 日起生效。[3] 由于该协定反映了世界上绝大多数国家的意志,该协定于 2016 年 4 月 22 日在联合国总部纽约对各国开放签字,至 2016 年 10 月 4 日满足其生效的最低门槛,30 天后即 2016 年 11 月 4 日该协定正式生效。截至 2018 年 9 月 10 日,在 197 个签字方中,已有 180 个国家批准或加入,即其成员为 180 个。[4]

《巴黎协定》共 29 条,包括目标、减缓、适应、损失损害、资金、技术、能力建设、透明度、全球盘点等内容。根据协定,各方以自主贡献的方式参与全球应对气候变化行动;发达国家继续带头减排,并加强对发展中国家的资金、技术和能力建设支持以帮助它们减缓和适应气候变化;从 2023 年开始,每 5 年将对全球行动进展进行一次盘点,以帮助各国提高力度、加强国际合作,实现长期目标。

《巴黎协定》为成员国设定了三大目标。第一,遏制全球平均温度至多不

---

〔1〕《框架公约》和《京都议定书》规定的技术转让的内容及其分析,参见马忠法:《应对气候变化的国际技术转让法律制度研究》,法律出版社 2014 年版,第 157 ~ 168 页。

〔2〕马忠法:《应对气候变化的国际技术转让法律制度研究》,法律出版社 2014 年版,第 179 ~ 180、212 页。

〔3〕Paris Agreement 第 29 条,载 http://unfccc. int/resource/docs/2015/cop21/eng/l09r01. pdf. 2018 年 1 月 29 日最后访问。

〔4〕See Paris Agreement – Status of Ratification, https://unfccc. int/process/the – paris – agreement/status – of – ratification.

高于前工业化时期2摄氏度,谋求将温度增长限制在不高于前工业化时期1.5摄氏度,如此才能大幅度降低气候变化带来的风险和影响。[1] 全球将尽快实现温室气体排放达到峰值,21世纪下半叶实现温室气体净零排放。第二,增强对气候变化不利影响的适应能力,在不威胁粮食生产的前提下,培育气候顺应力和低温室气体排放式发展。[2] 第三,资金流动与低温室气体排放和气候顺应发展道路相适应。[3] 可见协定为各国设定了极高的减排目标,各国达成目标任重而道远。为实现COP21《巴黎协定》,各国公开出台2020年后应对气候变化的规划被称为INDC,即国别自定预期贡献(intended nationally determined contributions)。这标志着气候治理路线与《京都议定书》不同,从强制绝对目标转向国家自定贡献。

关于技术方面,早在巴黎气候变化大会之前在伯恩举行的最后一轮谈判中(2015年10月19日至23日),各国就已经对技术在应对气候变化方面的重要性达成了一致。各国一致同意,低碳技术在应对减少温室气候方面有极高的重要性,同时,各国在达成未来协议目标时,势必会通过技术发展和转移的合作来实现。在巴黎气候变化大会中,各方曾提出建设技术框架的想法,旨在通过技术框架指导现有的能源机制和机构,并找到能够解决技术瓶颈的新技术和新能源技术。所谓"现有的能源机制和机构"包括技术机制(建立于2010年)、技术执行委员会和气候技术中心和网络。[4]

缔约国在《巴黎协定》中做出了同样的认可,并做出了相似的决策。协定第10条单独阐述了技术发展和转移问题。缔约各方深刻认识到了,为了预防气候变化和减少温室气体排放,构建一个长期性的技术发展和转移制度是十分重要的。[5] 且在现有的技术应用和推广所做出的努力之上,和认识到技术

---

〔1〕 Paris Agreement 第2.1(a)条,原文为:Holding the increase in the global average temperature to well below 2 ℃ above pre-industrial levels and to pursue efforts to limit the temperature increase to 1.5 ℃ above pre-industrial levels,recognizing that this would significantly reduce the risks and impacts of climate change。

〔2〕 Paris Agreement 第2.1(b)条,原文为:(b) Increasing the ability to adapt to the adverse impacts of climate change and foster climate resilience and low greenhouse gas emissions development,in a manner that does not threaten food production。

〔3〕 Paris Agreement 第2.1(c)条,原文为:(c) Making finance flows consistent with a pathway towards low greenhouse gas emissions and climate-resilient development。

〔4〕 Climate Change:Paris(COP21):Technology Development and Transfer,http://www.cms-lawnow.com/ealerts/2015/11/climate-change-paris-cop21-technology-development-and-transfer, Jan. 29,2018.

〔5〕 Paris Agreement 第10.1条,原文为:1. Parties share a long-term vision on the importance of fully realizing technology development and transfer in order to improve resilience to climate change and to reduce greenhouse gas emissions。

对气候变化缓和与适应行动的重要性，各方应加强技术发展和转移方面的合作。[1]

缔约国同意利用现有气候变化公约下的技术机制来达到本协定的目的，[2]但同时也通过本协定建立一个技术框架，通过该框架为技术机制在促进和加强技术开发和转让方面的行动提供首要的指导，从而使本协定得到很好的实施，使上述的长远目标能够得到实现。[3] 协定中并未对框架做出更加详细的阐述，但是大会主席在《巴黎协定采用书》中，对技术框架做了简要的阐述。大会要求科学和技术附属咨询机构在其第四十四届会议（2016 年 5 月）时，启动技术框架的合作，并向大会汇报其调研结果且做出关于框架的具体推荐和意见。大会指出，在创建框架时应该尤其考虑以下几点：①技术的实施与更新，以及技术成果的应用，尤其是技术行动计划和项目想法，都需要通过可营利性评估；②对技术成果实施进行支持的资金和技术也需要经过评估；③对可以被转移的技术进行评估；④加强对社会和环境有益的技术的授权环境，并减少对其开发和转让的壁垒。[4]

关于技术开发和转让的资金问题，协定规定，与发展中国家在技术开发、研究以及提高技术可用性方面的合作的经费均由公约下的资金机制提供。[5] 发展中国家在其技术周期中任何时段为了加强技术开发和转移合作行动而实施巴黎协定第 10 条的，可获得包括资金在内的支持，意图在对气候变化的环

---

〔1〕 Paris Agreement 第 10.2 条，原文为：2. Parties, noting the importance of technology for the implementation of mitigation and adaptation actions under this Agreement and recognizing existing technology deployment and dissemination efforts, shall strengthen cooperative action on technology development and transfer。

〔2〕 Paris Agreement 第 10.3 条，原文为：3. The Technology Mechanism established under the Convention shall serve this Agreement。

〔3〕 Paris Agreement 第 10.4 条，原文为：4. A technology framework is hereby established to provide overarching guidance to the work of the Technology Mechanism in promoting and facilitating enhanced action on technology development and transfer in order to support the implementation of this Agreement, in pursuit of the long-term vision referred to in paragraph 1 of this Article。

〔4〕 Adoption of the Paris Agreement, Draft Decision-/CP. 21, http://unfccc.int/resource/docs/2015/cop21/eng/l09r01.pdf, Jan. 29, 2018.

〔5〕 Paris Agreement 第 10.5 条，原文为：5. Accelerating, encouraging and enabling innovation is critical for an effective, long-term global response to climate change and promoting economic growth and sustainable development. Such effort shall be, as appropriate, supported, including by the Technology Mechanism and, through financial means, by the Financial Mechanism of the Convention, for collaborative approaches to research and development, and facilitating access to technology, in particular for early stages of the technology cycle, to developing country Parties。

节和适应的支持之间找到平衡。[1]

2. 世界贸易组织框架下有关技术转让的规定

WTO 建立的规则体系是经济全球化下的必然产物，它是现今国际经济、贸易发展的基础性法律文件。知识产权、公平竞争政策进入这个体系后，技术转让成为其必不可少的内容，但这方面的规定分散于各条约或协议中，其中以 TRIPs 协议和 TRIMs 协议为代表。

（1）《与贸易有关的知识产权协议》（TRIPs 协议）及其修正案关于技术转让的规定

TRIPs 协议通过第 2 条、第 9 条将《巴黎公约》和《伯尔尼公约》的实体约定纳入自己的体系中，它们涉及的技术转让规定不再重复。但在确权保护方面，TRIPs 协议较《巴黎公约》扩大了保护范围，几乎包括所有技术领域（如药品、农业化学物质、植物新品种等），同时对保护期限明确做了最低要求之规定；强制许可也变得更为苛刻。这些不同点是研究技术转让时不可忽视的。

TRIPs 协议的技术转让的核心内容集中于序言以及第 7、8、31、40、66. 2 和 67 条等条款。TRIPs 协议将知识产权保护推到了一个较高的水平，序言中点明各国认识到为使最不发达国家能够形成合理可行的技术基础，它们在法律法规的国内执行中有最大灵活性的特殊需要，而第 7、8 条对技术转让更是意味深长。第 7 条在规定协议的目的时强调“知识产权的保护和执行应当有益于技术创新的促进、技术的转让与传播及技术知识的生产者和使用者的共同利益，进而有助于社会和经济福利以及权利和义务间的平衡”；[2] 第 8 条谈到原则时规定“在与本协议规定相一致的情况下，成员方在制定和修改其国内法律法规时可以采取必要的措施来保护其公共健康和营养，并促进社会经济和技术发展非常重要的领域的公共利益；在与本协议规定相一致的情况下，成员方可以根据需要采取适当的措施禁止权利人对其知识产权的滥用或不合理限制贸易或对国际技术转让产生消极影响的习惯性做法”。[3] 第 31 条规

---

〔1〕 Paris Agreement 第10.6 条，原文为：6. Support, including financial support, shall be provided to developing country Parties for the implementation of this Article, including for strengthening cooperative action on technology development and transfer at different stages of the technology cycle, with a view to achieving a balance between support for mitigation and adaptation. The global stocktake referred to in Article 14 shall take into account available information on efforts related to support on technology development and transfer for developing country Parties。

〔2〕 Article 7 of *TRIPs*.

〔3〕 Article 8 of *TRIPs*.

定了强制许可。第 40 条规定了“在协议许可中对反竞争惯例的控制”，内容有：成员方一致认为某些限制竞争、与知识产权有关的许可惯例或条件可能会对贸易产生负面影响，并可能阻止技术转让和扩散；协议允许成员方在立法中具体规定特定情况下对相关市场竞争产生消极影响、可能构成的滥用知识产权的许可惯例和条件；对此成员方在遵守协议其他规定前提下可以采取适当措施阻止或控制类似惯例，它们可能包括独占性返授条件、禁止对知识产权有效性提出质疑及强迫性一揽子许可等。第 66.2 款规定发达成员方应提供激励机制以促进和鼓励其域内的企业和机构向最不发达成员方转让技术以使它们能够形成合理、可行的技术基础。这一款与第 67 条本质上是技术转让守则精神的延续，它规定了技术合作，为了便于实施 TRIPs 协议，发达成员方根据请求和相互同意的条款提供有利于发展中和最不发达成员方的技术、金融合作，该合作包括保护和执行知识产权及禁止滥用法律法规准备方面的援助，支持相关域内机关或代理机构的建立和强化，包括人员培训等。

(2)《与贸易有关的投资措施协议》(TRIMs 协议)

TRIMs 协议是乌拉圭回合谈判中新增加的议题。其内容不多，从某种意义上说，它完全是发达国家跨国公司需求在国际条约中的反映，利于在外国投资的跨国公司。该协议共有 9 个条款和一个附件，其核心和关键内容是第 2 条“国民待遇和数量限制”之规定及其附件，其他条款要么是程序性的规定，要么是非实质性的内容，如过渡期、贸易投资委员会等。其宗旨在于避免投资措施给贸易带来扭曲和限制，从而促进世界贸易扩展和逐步自由化，并促进跨国投资，已达到在确保自由竞争同时，增进所有贸易伙伴，尤其是发展中国家成员方的经济增长目的。[1] 它只适用于那些可能对贸易产生限制或扭曲作用的投资措施，如禁止其实施违反国民待遇原则和取消数量限制原则等一切可能对贸易产生限制或扭曲作用的投资措施等。对发达国家而言，它有力地促进了其贸易的扩展和自由化，并在便利跨国投资以确保自己具有强势地位的自由竞争的同时，保障了自己在全球的竞争地位、市场份额，而又不丧失核心技术。但对于发展中国家来说，由于受经济发展水平的限制，它在某种程度上不利于发展中国家保护民族工业的发展，甚至对其经济发展有负面影响。TRIMs 协议附件解释性清单中共列举了上述两种情形下的五个禁止与货物贸易有关的投资措施，其中除了限制企业产品出口或出口销售外，其他四个均

---

〔1〕 在现有的规定下，这一目标根本不可能实现；相反，倒是便利了发达国家的简单投资及对东道国原材料等的掠夺，而对东道国技术和经济发展未起到实质的帮助。

涉及技术转让。该四条措施中有两条为当地成分要求，即违反国民待遇精神的法律或行政法规规定义务性或强制性的措施，或为取得竞争优势所需的措施：①要求投资企业购买或使用产于本国产品或来源于国内渠道的产品，不论其是以特定产品，产品数量或价值，或本地生产的数量或价值比例等形式做出的具体规定；②限制企业购买或使用与出口本地生产产品的数量和价值相关的进口产品的数量。另外两条涉及数量限制问题，主要体现为贸易平衡要求：①限制企业用于或与本地生产相关的，或与出口本地生产产品的数量和价值相关的产品的进口；②通过限制与购买或使用出口本地生产产品相关的外汇流入来限制企业进口。[1]

这些限制措施的剔除对外商有利，不论外商投资的企业是否是跨国集团的一部分，它们都可以在东道国以外的供应商处获得想要的材料并将它们整合到自己的全球性生产链中而无须受限于本地供应；如此则东道国的技术发展受到了抑制或停止下来，[2]因这样可将东道国变成简单的加工地，而无须转移技术；研发、试验等原创性的工作在母国完成，核心技术掌握在手中，将环保、资源耗费、污染等环境问题转移到生产国，自己只需输出能控制住的技术即可。[3] 跨国公司这种将母国当做“科技创造中心”而将他国当做“生产制造中心”的做法通过 TRIMs 协议得到了巩固：公司在利用廉价劳动力及其他低生产成本获取暴利的同时无须担心核心技术的外泄，而其政府免于考虑环保、资源问题的同时，跨国公司输回的大量财富使之无须担心本国人民福利的来源。尽管 TRIMs 协议有对发展中国家的例外和过渡期安排的规定，但与《国际技术转让行动守则(草案)》规定的跨国公司转让技术之义务及对东道国法规制定无限制是无法相提并论的。跨国公司不愿接受任何限制条件，使该协议成为单方面限制东道国行为的绳索，[4]一定程度上阻止了发展中国家实施“模仿—创新战略”，便利了发达国家追求“技术垄断优势”的目的。就此点而言，与《国际技术转让行动守则》和《跨国公司行动守则》的有关规定相比，它是一种倒退。上述规定实际上就是《多边投资协议》(MAI)在 1998 年因取消向发展中国家/东道国转让技术内容的反映，它与 MAI 的做法有异曲

[1] See Annex of *Agreement on Trade-Related Investment Measures*.

[2] Jean Touscoz, “A Changing Policy Landscape”, in Surendra J. Patel, Pedro Roffe, Abdulqawi Yusuf, eds., *International Technology Transfer*, Kluwer Law International, 2001, p. 289.

[3] 庞彩霞：《欧洲家电为何落后中国》，载《报刊文摘》2005 年 2 月 21 日，第 2 版。

[4] 彭迪云、甘筱青等：《跨国公司发展论：跨国公司的成长与中国实施“走出去”战略研究》，经济科学出版社 2004 年版，第 35 ~ 36 页。

同工之处，但它生效了并对各国产生强制执行力，而MAI因遭到反对而流产了。这实在是一个有趣的现象。

至于WTO框架下的其他协定，如《实施动植物卫生检疫措施协议》（SPS协议）、《贸易技术壁垒协议》（TBT协议）、《贸易服务总协定》（GATS）及《补贴与反补贴协议》（SCM协议）等中均有关技术转让和技术援助的内容，参见前述马忠法所著的两部专著。[1]

（二）条约之外的国际法文件就清洁能源技术转移相关的规定

20世纪60年代，环境污染带来的危害引起人们对环境保护的关注，并由此促使国际社会力图在全球合作以使各方受益；[2]20世纪70年代以来在技术发展推动的经济全球化下，人类试图通过建立相关的国际法律制度来保护环境，其中技术转让[3]法律制度是该制度关注的焦点之一。结合20世纪70年代至80年代建立国际经济新秩序的趋势，制定《国际技术转让行动守则》等国际立法活动一度十分活跃，但随着20世纪80年代初美国等发达国家不断强调知识产权保护和相应制度完善的欲求不断提升，并将这种欲求变成现实，技术转让的国际立法活动遭受挫折，日渐被忽视。而今，从国际技术转让的立法活动来看，经过四十多年的努力，目前国际社会在应对国际气候变化领域甚至在整个国际贸易制度框架下都尚未形成统一的技术转让条约，有关技术转让的诸多规定零星地分散于众多的国际环境保护条约及世界贸易组织框架下的部分协议中。其中，有四次重要的国际会议（1972年斯德哥尔摩环境会议、1992年里约热内卢环境峰会、2002年约翰内斯堡会议及2012年里约热内卢20+会议）对国际环境保护法律制度的形成与发展起到了积极的推动作用，我们可以将其看作环境保护国际运动中四个里程碑。这些会议形成的有

---

〔1〕 马忠法：《国际技术转让法律制度理论与实务研究》，法律出版社2007年版，第119～121页；参见马忠法：《应对气候变化的国际技术转让法律制度研究》，法律出版社2014年版，第155～157页。

〔2〕 20世纪60年代之前尽管有双边或区域性的保护环境措施，但多集中于特定的种群或具体事宜（如微生物和水保护条约等）而非全球性生物多样性的丧失或污染问题。See Damrosch et al., *International Law: Cases and Materials*（5th edition），West Thomas Reuters，2009，pp. 1486－1487.

〔3〕 尽管《框架公约》《京都议定书》等中使用的是“技术开发和转让”，但笔者认为，其本质是技术转让。对于多数发展中国家而言，就无害环境技术进行原创性开发是不太现实的，也无必要；而且开发如果不涉及国际合作，主要是由国内法加以界定的；即使有，多数场合也是需要在引进技术的基础上进行消化吸收再创新。而就国际义务而言，从《框架公约》规定的技术开发和转让内容的上下文看，主要是发达国家向发展中国家进行技术转让；如果是国际合作开发，无疑也会涉及技术转让。总之，不论从哪个角度看，从有关环境保护条约及专门的气候变化应对的条约看，技术开发和转让的最终落脚点是“技术转让”。因此，本书集中讨论技术转让。

关法律文件中规定的技术转让内容颇为丰富，也远比相关条约更具体详细，只是它们的法律效力有待于进一步提升。

应对气候变化和保障国际层面可持续发展的良好机制的主要内容包括获取资金、能力建设和可持续发展。[1] 这三者无不与技术转让相关联。国际环境会议形成的国际法文件中关于技术转让的规定等更为丰富，它们与前述条约等对现有技术转让的规定已经形成了一个相对独立的体系，它们有存在的价值和积极意义，对现有环境友好技术的国际转让起到了一定的作用，但是这种作用远远满足不了现实对技术转移制度提出的实际需求。为此，我们需要在系统分析现有制度优缺点的基础上，结合实务中的具体效果，提出相应的对策和建议以满足这种需求。

关于清洁能源技术转移的国际软法文件主要有：(1)1972 年 6 月 5 ~ 16 日在斯德哥尔摩召开的人类环境大会通过的《人类环境宣言》(又称《斯德哥尔摩宣言》)、具有 109 条建议的保护全球环境的"行动计划"和《关于机构和资金安排的决定》等。其中，《人类环境宣言》是纲领性文件，它是人类环境保护方面开启通过国际协调来解决环境污染和保护问题之先河的国际法律文件，对后来的国际环境保护和气候变化应对等起到了基础性的作用，它所涉及的技术转让对后来的相关国际条约、各种环境保护宣言与其他法律性文件有着重大的指导意义。(2)1992 年 6 月在里约热内卢召开的国际环境会议通过的《关于环境与发展的里约热内卢宣言》(以下简称《里约宣言》)、《21 世纪议程》等文件，[2] 肯定和倡导可持续发展理念。此外，该次会上还将于 1992 年 5 月联合国大会通过的《生物多样性公约》、《防治沙漠化公约》及《框架公约》这三个公约向与会者开放签字。上述软法文件对无害环境技术转让做了突破性的规定，并在相关文件中有专门条款或章节给予明确或细化，如《21 世纪议程》第 34 章[3] 详细规定了无害环境技术转让问题。这些文件具有重大意义，它们开启了全球治理环境污染的新篇章，并将环境保护正式作为需要全球各国与各个层次人们关注和努力的全球性问题。(3)2002 年 8 月 26 日至 9 月 4 日在南非约翰内斯堡召开的联合国可持续发展世界首脑会议(亦称"地球峰

[1] 刘燕华主编：《气候变化与科技创新》，科学出版社 2009 年版，第 353 页。

[2] 该次会议还通过的《关于所有类型森林管理、养护和可持续开发全球共识的无法律约束力权威性原则声明》没有涉及技术转移，所以这里没有列举。

[3] 有关这些内容的详细描述与分析参见后文相关章节。

会”）通过了《可持续发展世界峰会执行计划》[1]和《政治宣言》（又称《约翰内斯堡可持续发展承诺》）。[2] 该次会议全面审议了1992年联合国环境与发展大会通过的《里约宣言》《21世纪议程》等重要文件和其他一些主要环境公约的执行情况，以公开讨论的形式审视了人类在健康、生物多样性、农业生产、水和能源五大领域的现状（通过的该次会议上其他文件的详细内容，可以访问该次会议的专门网站）。[3] 这是一次关乎人类前途与地球未来的重要会议，在世界可持续发展史上将产生深远影响。会上通过的《政治宣言》明确将技术转让作为全球化下永久消除贫穷的重要手段，[4]其内容也是2003年WTO坎昆会议的重要议题，[5]它为WTO和联合国寻求到新时期的共同话题，并将二者紧密联系起来创造了条件。会上通过的《执行计划》32次提到通过技术或知识的转让来帮助落后国家消除贫困，促进人类的可持续发展，[6]它为人类在21世纪的发展指出了更为明确的路径。（4）2012年“里约20+”峰会通过了《我们期待的未来》，会议最终文件还敦促发达国家履行官方发展援助承诺，要求发达国家以优惠条件向发展中国家转让环境友好技术，帮助发展中国家加强能力建设。大会通过的《我们想要的未来》有多处提到技术和技术转让对可持续发展的重要意义。技术转让在该文件中得到很好的认可，对知识产权讨论得较少，但在这些领域的强有力的坚定行动方面还须努力。[7] 通读整个文件，只有三段提到知识产权（其中第73段和第269段两段

---

[1] See Resolution 2, *Plan of Implementation of the World Summit on Sustainable Development*, in the Resolutions adopted by the Summit, in *the Report of the World Summit on Sustainable Development Johannesburg*, South Africa, August 26-September 4, 2002, A/CONF. 199/20.

[2] See Annex to Resolution 1 *Political Declaration*, *Johannesburg Declaration on Sustainable Development in the Resolutions adopted by the Summit*, in *the Report of the World Summit on Sustainable Development Johannesburg*, South Africa, August 26-September 4, 2002, A/CONF. 199/20.

[3] *UN Documents*, http://www.johannesburgsummit.org/html/documents/documents.html, Jan. 29, 2018.

[4] See *The Johannesburg Declaration on Sustainable Development*, Sept. 4, 2002, http://www.unep.org/wssd/, Jan. 29, 2018.

[5] Supachai, "Opening Session of Sustainable Trade Day", http://www.wto.org, September 9, 2003.

[6] See *Plan of Implementation of the World Summit on Sustainable Development*, http://www.un.org/esa/sustdev/documents/WSSD_POI_PD/English/WSSD_PlanImpl.pdf, Jan. 29, 2018.

[7] William New, *Near-Final Draft Of Rio + 20 Outcome Document Shows Likely Commitments*, Intellectual Property Watch, June 20, 2012.

完全一样),且是围绕技术转让等而展开的;[1]然而,它们并没有提到出于无害环境技术转让的实际需要而降低有关知识产权的保护水平等。

此外,《框架公约》成员方大会(COP)所形成的会议决议对清洁能源技术的转移也有重要影响,它们直接涉及相关条约内容的实施,有些还可以对未来相关条约将技术转移内容的纳入起到一定的推动作用。自1995年召开第一次会议至2017年11月期间共召开了23次会议,[2]其中除了2000~2001年COP6(海牙—波恩)会议[3]和2003年COP9(米兰)会议没有涉及技术转让议题外,其他每次会议均将把技术转让议题作为重要的事项来谈。[4] 其中涉及技术转让的最为引人注目的会议有摩洛哥马拉喀什会议(COP7)、印度尼

---

〔1〕 See "The Future We Want", http://www. uncsd2012. org/content/documents/727The% 20Future% 20We% 20Want% 2019% 20June% 201230pm. pdf/ http://www. cfact. tv/rio20-resources/, Jan. 29,2018.

〔2〕 自1995年3月28日至4月7日首次成员方大会在柏林举行以来,成员方每年都召开一次会议。第2次至第6次成员方大会分别于1996年7月8日至19日、1997年12月1日至10日、1998年11月2日至13日、1999年10月25日至11月5日及2000年11月13日至25日在日内瓦、京都、布宜诺斯艾利斯、波恩和海牙举行。其中1997年12月1日召开的第3次成员方大会最为有名,149个国家和地区的代表通过了《京都议定书》。2001年10月,第7次成员方大会在摩洛哥马拉喀什举行。2002年10月,第8次成员方大会在印度新德里举行;会议通过的《德里宣言》强调应对气候变化必须在可持续发展的框架内进行。2003年12月,第9次成员方大会在意大利米兰举行。2004年12月,第10次成员方大会在阿根廷布宜诺斯艾利斯举行。2005年2月16日,《京都议定书》正式生效。2005年11月,第11次成员方大会在加拿大蒙特利尔市举行。2006年11月,第12次成员方大会在肯尼亚首都内罗毕举行。2007年12月,第13次成员方大会在印度尼西亚巴厘岛举行,会议着重讨论"后京都"问题;12月15日,联合国气候变化大会通过了"巴厘岛路线图",启动了加强《公约》和《京都议定书》全面实施的谈判进程。2008年12月,第14次成员方大会在波兰波兹南市举行。2009年12月7日至18日在哥本哈根召开《框架公约》第15次成员方会议。2010年11月29日至12月10日,第16次成员方会议在坎昆召开,会议通过了《坎昆协议》。2011年11月28日至12月9日,第17次成员方会议在德班召开。第18次成员方会议于2012年11月26日至12月8日在多哈召开。See Session Archive—COP, http://unfccc. int/meetings/items/6237. php? filtbody = 53, Jan. 29,2018. 第19次成员方会议于2013年11月11日至22日在波兰华沙举行;第20次成员方会议于2014年12月1日到12月12日在秘鲁的利马举行;第21次成员方会议于2015年12月2日至12月13日在法国举行。See "Dates and Venues of Future Sessions, Draft decision -/CP. 18," http://unfccc. int/files/meetings/doha_nov_2012/decisions/application/pdf/cop18_dates. pdf, Jan. 29,2018. 第22次会议于2016年11月7日至18日在摩洛哥的马拉喀什举行;第23次会议于2017年11月6日至17日在德国波恩举行,由第一个批准《巴黎气候协议》的国家即斐济(同时也是太平洋中的岛国)任会议主席。

〔3〕 2000年11月在海牙召开第6次缔约方大会期间,美国坚持要大幅度降低它的减排指标,主办者不得不宣布休会,将会议延期到2001年7月在波恩继续举行。

〔4〕 See "COP Decisions on Technology", http://unfccc. int/ttclear/templates/render_cms_page? NAD_dtt, Jan. 29,2018.

西亚巴厘岛会议(COP13)、丹麦哥本哈根会议(COP15)、坎昆会议(COP16)、南非德班会议(COP17)及巴黎会议(COP21)。前18次会议有关决议关于技术转让的相关分析由于已经有专著论述,这里略去;第21次会议的相关内容主要体现在《巴黎协议》中,请参见前述相关部分。第22次会议涉及的技术转让的决定主要是对此前相关工作的总结,没有涉及制度设计方面的内容。[1]

至于20世纪七八十年代谈判所形成的《联合国国际技术转让行动守则(草案)》与《跨国公司行动守则(草案)》中涉及的技术转让之规定,[2]虽然没有相应的法律约束力,但对相关国际条约的谈判、相关国家国内法的制定甚至有关私人主体的合同签订等均有一定的参考价值。

上述国际法文件中的条约所涉及的技术转让规范对缔约成员而言具有法律强制力,各成员必须予以遵守。至于那些具有软法性质的国际法文件或两个守则草案的规定,虽然没有法律强制执行力,但对相关国际条约的制定或有关国家的国内立法有着较强的借鉴价值;当然,它们对于中国而言也不例外。

二、中国与有关国家在清洁能源技术领域的双边合作

作为国际法规制的一部分,中国与有关国家就清洁能源技术转移的双边合作机制也是十分重要的内容。下文就主要的双边合作进行简要梳理。

(一)中国与欧盟关于清洁能源技术转移的交流与合作

我国目前十分重视清洁能源技术转移国际合作,与其他国家建立技术转移中心或者签订相关条约,一方面促进了我国引进吸收国外先进技术,另一方面也有利于我国清洁能源技术"走出去"。

1.《中华人民共和国国家发展和改革委员会和欧洲委员会对外关系及欧洲邻国政策委员会关于中国—欧盟清洁能源中心的联合声明》

近年来,能源领域的合作已经成为中国与欧盟伙伴关系的重要组成部分,双方都认识到进一步深化和扩大能源合作的重要性。根据双方领导人2007年12月达成的共识,在中华人民共和国国家发展和改革委员会以及欧洲委员会的积极支持下,中国国家能源局与欧洲委员会驻华代表团共同负责中欧清

[1] See Enhancing climate technology development and transfer through the Technology Mechanism, 15/CP. 22.

[2] 相关分析参见马忠法:《国际技术转让法律制度理论与实务研究》,法律出版社2007年版,第109~117页。

洁能源中心项目的执行。中心将为双方相关政府部门、企业和科研机构等提供一个交流与合作的平台，促进清洁能源政策、法规与最佳实践的交流以及先进技术的转让和传播，推动清洁能源在中国和欧盟的更广泛使用。

中欧清洁能源中心拟在以下领域开展活动：可持续的煤炭，可持续的生物燃料，可再生能源，节能与提高能效，分布系统，其他双方商定的领域。[1]

2.《中国—中东欧国家合作贝尔格莱德纲要》

2014年12月16日，第三次中国—中东欧国家领导人会晤在塞尔维亚贝尔格莱德举行，欧盟应邀派代表与会。中国—中东欧国家合作显示出越来越旺盛的生命力和强大吸引力，各方愿意继续在平等、互利、合作、共赢的基础上，共同推动合作不断迈上新台阶，造福各自国家和人民，实现共同发展繁荣，促进和平稳定。与会各方围绕"新动力、新平台、新引擎"的主题，共同制定和发表《中国—中东欧国家合作贝尔格莱德纲要》。

《中国—中东欧国家合作贝尔格莱德纲要》第六章"拓展科技创新环保能源领域合作"特别强调了技术转移的重要性："2015年在斯洛伐克举办中国—中东欧国家创新技术合作及国际技术转移研讨会。鼓励中国和中东欧国家的科研机构和企业在产学研及国际技术转移等领域加强合作；鼓励中国和中东欧国家遵循透明、负责的原则发展核能项目。认可各国有发展核能的权利，应妥善履行核安全国际义务。对中国同罗马尼亚、捷克签署有关核能合作文件并与匈牙利就核能领域合作达成共识表示欢迎；鼓励中国和中东欧国家在自然资源保护和可持续利用、地质、采矿、页岩气开发和空间规划方面加强合作。"[2]

3.《中国—中东欧国家合作布加勒斯特纲要》

2013年11月26日，中国—中东欧国家领导人会晤在罗马尼亚布加勒斯特举行。与会各方围绕"合作共赢，共同发展"的主题，共同制定和发表《中国—中东欧国家合作布加勒斯特纲要》。

《中国—中东欧国家合作布加勒斯特纲要》在"拓展科技创新环保能源领域合作"中，约定定期举行中国—中东欧国家促进创新技术合作及国际技术转移的研讨会。[3] 2014年举办首届会议。同时，双方表达了加强在核电、风

---

[1] 参见《中华人民共和国国家发展和改革委员会和欧洲委员会对外关系及欧洲邻国政策委员会关于中国—欧盟清洁能源中心的联合声明》(2009)。

[2] 《中国—中东欧国家合作贝尔格莱德纲要》(2014)第4条，第5条，第6.1条。

[3] 《中国—中东欧国家合作布加勒斯特纲要》(2013)第5条。

电、水电、太阳能发电等清洁电力领域的合作,互利互惠、共促发展的意愿。

(二)中国与美国关于清洁能源技术转移的交流与合作

气候变化、清洁高效能源和环境保护是中美两国面临的巨大挑战,中美之间的合作对于增强能源安全、应对气候变化以及通过污染控制和其他措施保护环境和自然资源至关重要;在气候变化、清洁高效能源和环境保护方面的合作能够成为维护中美双边关系的支柱,能够促进互信互敬,并为构建未来中美建设性关系奠定基础,同时为促进多边合作做出贡献。

1.《中华人民共和国政府与美利坚合众国政府关于加强气候变化、能源和环境合作的谅解备忘录》

该文件旨在加强和协调两国在应对全球气候变化、推广清洁高效能源、保护环境和自然资源以及支持环境可持续和低碳经济增长方面的合作。两国均承诺通过采取积极的国内行动和开展国际合作,努力应对能源安全、气候变化和环境保护方面的挑战。为此,两国都有意向低碳经济转型,并就此进行政策对话,开展能力建设、气候友好技术的研发和应用方面的合作。两国决心在相关领域开展合作,在这些领域中,双方联合的专业技能、资源投入和研究能力以及两国市场合并的规模都能加速实现共同目标的进程。

基于公平、两国共同但有区别的责任,以及各自能力,中美两国认识到,在应对气候变化方面有着非常重要的作用。中美两国将共同致力于进一步加强《联合国气候变化框架公约》的全面、有效和持续实施。双方同意,气候变化政策对话与合作机制应推动:(1)关于国内应对气候变化战略和政策的讨论和交流;(2)向低碳经济转型的务实解决方案;(3)成功的国际气候变化谈判;(4)气候友好技术的联合研究、开发、应用和双方同意的转让。[1]

2.《中华人民共和国科学技术部、国家能源局与美利坚合众国能源部关于中美清洁能源联合研究中心合作议定书》

该项议定书由中华人民共和国科学技术部、国家能源局与美利坚合众国能源部共同签署,意欲在清洁能源领域建立联合研究中心,在研究机构、大学和企业之间业已存在的该领域科学和技术合作基础上推进清洁能源技术;旨在加速开发和更快采用可再生能源、能源效率、煤的更清洁利用(包括碳捕获和封存)以及其他领域的清洁能源关键技术,上述技术对避免气候变化产生的恶果、使能源供应多样化和加速向低碳经济转型有重要意义。

---

〔1〕《中华人民共和国政府与美利坚合众国政府关于加强气候变化、能源和环境合作的谅解备忘录》第2~4条。

该项议定书属于非常具体的清洁能源技术联合研究，其内容包括目标、合作领域、原则、项目附件、管理、出资机制、信息分享和知识产权。首批优先研究领域包括建筑节能、煤的更清洁利用（包括碳捕获封存技术）、清洁汽车技术等。除非项目附件里另达成共识，各方将有权在其领土内使用或许可他人使用合作活动中创造的知识产权。[1]

3.《中国国家能源局、中国商务部和美国能源部、美国商务部、美国贸易及发展署关于中美能源合作项目的谅解备忘录》

中美能源合作项目是中美两国的清洁能源领域的商业执行机构，其具有非盈利和非政府性，旨在促进中美两国政府合作，在两国应对气候变化努力框架内推动清洁能源发展。其宗旨是利用私营部门资源促进中国清洁能源项目的发展，提高帮助中国发展其能源产业的技术、产品标准、监管程序和服务等方面的意识，强调中国国家能源局、商务部和美国能源部、美国商务部在推动实现 ECP 各项目标的过程中发挥领导作用的重要性，以及 ECP 工作须两国提供多机构支持的必要性。

4.《中华人民共和国与美利坚合众国联合声明》

该文件重申了中美加强清洁能源伙伴关系应对气候变化的立场。中美同意继续就应对气候变化行动进行密切磋商，为实现两国和世界人民的能源安全而开展协调，加强现有清洁能源合作，确保市场开放，在气候友好型能源领域推动互利投资，鼓励清洁能源，推动先进清洁能源技术开发。

对于已经开展的清洁能源合作，双方积极评价中美清洁能源研究中心、可再生能源伙伴关系、《中美能源安全合作联合声明》和中美能源合作项目启动以来两国在清洁能源和能源安全领域合作取得的进展。双方重申继续就能源政策进行交流，在石油、天然气（包括页岩气）、民用核能、风能和太阳能、智能电网、先进生物燃料、清洁煤、能效、电动汽车及清洁能源技术标准等领域进行合作。[2]

5.《中美气候变化联合声明》

该文件强调技术创新对于降低当前减排技术成本至关重要，这将带动新的零碳和低碳技术的发明和推广，并增强各国减排的能力。该文件指出，中美已建立了成熟的能源技术合作计划。除此以外，双方还开展了如下工作：建立

---

〔1〕《中华人民共和国科学技术部、国家能源局与美利坚合众国能源部关于中美清洁能源联合研究中心合作议定书》(2009)第6条。

〔2〕《中华人民共和国与美利坚合众国联合声明》第1条。

了中美气候变化工作组（气候变化工作组），并在此工作组下启动了关于汽车、智能电网、碳捕集利用和封存、能效、温室气体数据管理、林业和工业锅炉的行动倡议；成立了中美清洁能源研究中心，促进双方在碳捕集和封存技术、建筑能效和清洁汽车方面的合作；同意在二十国集团下就低效化石能源补贴进行联合同行审议。

双方对于继续扩大合作达成共识，包括：扩大清洁能源联合研发，鼓励在可持续环境产品和清洁能源技术方面的双边贸易，实地示范清洁能源，在建筑能效、锅炉效率、太阳能和智能电网方面开展更多试验活动、可行性研究和其他合作项目。[1]

（三）中国与东盟加强清洁能源技术转移的交流与合作

1.《第十七次中国—东盟领导人会议主席声明》

2014年11月13日，第十七次中国—东盟（10+1）领导人会议在缅甸内比都（Naypyitaw，2015年11月6日以后，缅甸的首都，位于缅甸中部山区的彬马那西侧，位于仰光以北，距仰光约400公里）举行。会议发表《第十七次中国—东盟领导人会议主席声明》（以下简称《主席声明》），积极评价中国—东盟关系取得的进展，并对进一步推进各领域务实合作做出规划。

《主席声明》第23条提及建立中国—东盟技术转移中心。双方希望落实“中国—东盟科技伙伴计划”取得的显著进展，包括建设中国—东盟联合实验室、中国—东盟遥感卫星数据共享服务平台、中国—东盟技术转移中心，邀请东盟国家青年科学家访问中国等，并期待双方早日签署“中国—东盟科技合作谅解备忘录”。[2]

2.《中华人民共和国和马来西亚建立外交关系40周年联合公报》

该文件于2014年5月31号发布，其中特别提及了中马建立技术转移中心。该文件第20条规定：“双方同意加强科学、技术和创新领域的合作，推动在共同感兴趣的领域共建联合实验室，推动共建中马技术转移中心，促进两国青年科学家交流。双方同意于2014年10月在中国北京举行的首届中马科学、技术和创新联委会会议期间讨论有关合作细节。”[3]

3.《中泰关系发展远景规划》

2013年10月11日至13日，中国总理对泰国进行正式访问，并发布了

〔1〕《中美气候变化联合声明》第1～3条。

〔2〕《第十七次中国—东盟领导人会议主席声明》（2014）第1条。

〔3〕《中华人民共和国和马来西亚建立外交关系40周年联合公报》（2014）第20条。

《中泰关系远景规划》。《中泰关系发展远景规划》强调建立中国—东盟技术转让中心,并在能源领域加强合作,分别体现在第21条和第23条。第21条规定:"双方积极支持中国—东盟技术转移中心建设。双方同意促进中泰间技术转移,进而带动本地区技术能力的提高。"第23条规定:"双方同意加强以下领域能源合作:①化石燃料(石油、天然气、煤炭)开发与利用;②电力生产、贸易和基础设施开发;③可再生、替代和清洁能源开发;④能源效率与能源节约。上述合作有助于促进能源安全,实现两国绿色增长和可持续发展。"[1]

4.《中越联合声明》

2013年6月19日至21日,越南主席对我国进行了国事访问,并发布《中越联合声明》,该声明中对于技术转移等合作达成共识。在第3部分第10款中规定:"双方同意深化科技交流与合作,进一步发挥两国政府间科技合作联委会作用,鼓励和支持两国科技和产业界在农业、信息通信、新能源、环保、水资源管理利用和保护等共同感兴趣的领域开展联合研究与开发、共建联合实验室和技术转移等多种形式的合作"。[2]

(四)其他

1.《中华人民共和国和卡塔尔国关于建立战略伙伴关系的联合声明》

2014年11月3日至4日,卡塔尔国主席对我国进行了国事访问,基于当前中卡关系发展的现实需要和双方进一步提升双边关系水平的共同意愿,双方决定建立战略伙伴关系。

该"联合声明"第3条和第4条规定了有关清洁能源技术转移的内容,意在加强能源技术转移,并为之提供便利化条件。第3条规定:"充分利用两国经贸互补优势,促进双边经贸关系,促进相互投资,扩大在基础设施建设、各项工业和高科技领域,特别是交通、路桥、铁路、电信、国有企业、先进技术转移便利化等方面多种形式的互利合作。"第4条规定:"建立能源与替代能源领域长期全面的战略合作关系,加强两国在包括液化天然气、石化领域在内的油气生产和加工领域的合作。鼓励两国政府主管部门、相关企业签署并落实能源供给及相关项目投资领域的合作协议。"[3]

2.《中华人民共和国政府与秘鲁共和国政府自由贸易协定》(2009)

《中华人民共和国政府与秘鲁共和国政府自由贸易协定》是少有的规定

---

[1] 《中泰关系发展远景规划》(2013)第21条、第23条。

[2] 《中越联合声明》(2013)第3.10节。

[3] 《中华人民共和国和卡塔尔国关于建立战略伙伴关系的联合声明》(2014)第3~4条。

技术转移的协定。第 144 条第 1 款规定:"缔约双方认识到知识产权在促进经济与社会发展中所起的重要作用,特别是在技术创新和贸易的全球化,以及为技术创造者和使用者的共同利益进行技术转移和传播等方面。双方同意鼓励社会经济福利和贸易发展。"第 155 条关于中小型企业条款中,双方合作内容包括"增加中小企业获取技术升级、财政扶持和奖励机制的信息渠道"。这些规定实际上都是旨在积极推动企业之间的技术转移。

3.《中华人民共和国政府和大韩民国政府关于促进和保护投资的协定》

在该"投资协定"中,双方罕见地将技术转移作为一个阻碍自由贸易的要件加以规定。第 3 条规定:"缔约一方也不得在当地含量、技术转移或出口业绩要求方面对缔约另一方投资者作出的投资采取任何不合理的或歧视性的措施。"〔1〕

虽然上述"合作纲要""联合声明"只具有宣言性质,并不具有法律约束力,但是表明各国对于清洁能源技术转移对各国在经贸领域合作有着重大意义的共识,并且一些实质性的合作如建立技术转移中心等正在进行,技术转移中心一旦建成,清洁能源技术转移可以基于国家之间的平台进行,减少了跨国交易的成本,有利于技术"引进来"与"走出去"。但同时也应当看到,这种国际间合作形式的技术转移中心筹建和运营都是充满挑战的事儿,两国的政治意愿、外交环境、经济发展水平都是影响其顺利运行的因素,前路多艰,任重道远。

中国清洁能源技术转移在对外合作中的一些创新点也不可忽视,它主要体现在两方面。(1)将技术转移纳入双边投资协定中。例如,《中华人民共和国政府和大韩民国政府关于促进和保护投资的协定》(2007)规定:"缔约一方也不得在当地含量、技术转移或出口业绩要求方面对缔约另一方投资者作出的投资采取任何不合理的或歧视性的措施。"实质上,它将技术转移问题上升到了国际条约层面,而非仅仅是私人合同可以解决的事宜。这种"上升性"使技术转移可以享受双边投资协定所规定的国民待遇和最惠国待遇以及公平公正待遇的保护,从而缩小同种技术转移的国别差距。(2)私营企业与政府合作的非营利性商业机制模式。如中美清洁能源合作项目(EPR)模式,通过该模式,发达国家向发展中国家转移技术的义务,可以通过私人企业非营利性的技术转移来履行。美方 EPR 企业可以进行能源相关领域的商业开发、市场拓展、境外直接投资等活动,符合条件即可获得美国贸易代表(USTR)的资金援助。

---

〔1〕《中华人民共和国政府和大韩民国政府关于促进和保护投资的协定》(2007)第 3 条。

第三节　中国清洁能源技术转移的法律制度

新的技术扩散包括发明、扩散和饱和三个阶段。为使清洁能源技术成功转移，法律必须在以下三个方面进行调控。一是鼓励创新。发展中国家是对清洁能源技术需求最为迫切，而其在境内对于技术发明者的激励却并没有那么充分，[1]而且能源系统受到惯性和锁定效应的影响。由于新兴环保型技术处于典型的商业初级阶段，所以通常认为新型的清洁能源技术比现有的商业技术风险更高。主要利益相关方往往会赋予他们不熟悉的较低的优先级，这反过来可能会影响技术转移的过程。[2] 社会投入较少，创新动力不足，影响的是整个国家的能力建设。政府有必要制定相关法律政策以支持清洁能源技术的推广，使公司考虑采用替代能源技术。知识产权法在其中扮演了最为重要的角色，其通过产权制度激励发明人创新，促进技术的转移与扩散。二是自由、便捷、稳定的交易环境。从积极意义上说，尽可能将技术转化为生产力。我国制定的《促进科技成果转化法》，目的就是鼓励将科学理论和知识转化为产品，实行产学研相结合。从消极意义上来说，在技术转移过程中，法律和政策透明，程序正当便捷，不会因为政府的肆意干预而致使技术转移中途流产。技术转移过程中成本费用应当公平合理，不会阻碍技术创新与进步。IPCC 认为，稳定的政治体制、健全的经济政策和监管机构、安全的法律和开放的贸易以及低腐败程度等元素对于构建适合引进外国技术的环境十分重要。[3] 三是合理的政府调控。清洁能源技术转移不可能完全依靠市场。知识和环境都具有极其强烈的公共性。发明人因自己的技术获得利益，但是由于技术所产生的环境的代价却由公众来承担。清洁能源技术在环境成本上降低了公众的费用，但是这部分的费用除了将技术卖出高价得到补偿之外，很难从其他地方获得必要费用支持。此外，知识是人类共同的财富，知识和技术往往紧密相连。尤其是对人类至关重要的气候变化的知识和信息，知识的垄断会使人类应对气候变化的进程迟滞不前。比如，通用技术以及标准技术相关的专利，这

---

〔1〕 Laura M. Carpenter, B. A., *The RoleofIntellectual Property Rights and Absorptive Capacityin International Clean Technology Transfer: Within the CMD and Beyond* (master's thesis).

〔2〕［美］布雷登·艾弗雷、特奈杰尔·鲁特西略主编：《技术转移与知识产权问题》，王石宝、王婷婷、李娟、唐世雄、胡翠娟、钱京译，知识产权出版社 2014 年版，第 8 页。

〔3〕［美］布雷登·艾弗雷、特奈杰尔·鲁特西略主编：《技术转移与知识产权问题》，王石宝、王婷婷、李娟、唐世雄、胡翠娟、钱京译，知识产权出版社 2014 年版，第 9 页。

些技术在产业中普遍采用,基本的技术同时也可能是申请了专利的技术,这些技术都是产业发展中难以回避且急切需要的技术,如果仅仅依靠市场,则高昂的专利许可费用会阻碍相关产业的发展。这些障碍,除高昂的技术价格之外,还有诸如对清洁能源技术创新投入的缺乏以及相关知识的获取等,都需要政府的竞争政策来调整和控制。

在法经济学上,法律与政策效用是最受关注的问题。关于清洁能源技术转移,特定的法律政策是否能够达到促进技术创新和技术转移的目的,是经济学也是法学关注的焦点。英国公共福利秘书处发布的《向发展中国家转移国际技术》中,认为国内法对于技术转移最为强有力的三个调控工具分别是贸易法、外商投资法以及知识产权法。[1] OECD 的贸易与环境联合工作组发布的报告也认为,技术转移的主要路径为贸易、投资和知识产权许可。[2] 政府间气候变化委员会将技术转移阐释为:"一种涵盖了在不同利益相关者之间交换知识、金钱和商品的普遍方法,其导致了适应或者减缓气候变化的技术的传播。"[3]一般而言,技术转移可以以三种方式进行:第一,硬件模式,主要通过购买工业设备而获得技术;第二,软件模式,主要通过获得技术信息如专用技术的许可证而获得技术;第三,资本模式,主要通过吸收和利用国际直接投资方式获得技术。[4] 此外,国内一些管理性的法律,如竞争法和环境法,也对在清洁能源技术转移进行了规定。本书认为,从效用上可以将这些法律分为"私人自治型"(以私权利确定和行使为主要特征,充分尊重当事人意思自治和发挥其积极主动性)法律以及"政府干预型"(以政府引导和强制规定等为主要特征)法律。下文将按照这种分类对中国的相关法律制度进行分析。

一、"私人自治型"法律

"私人自治型"法律指以私权利的确定与行使为主要特征的法律,通常与经济自由化和市场机制紧密联系在一起。私人权利的确定、行使及保护是经

[1] Kamal Saggi, *International technology transfer to developing countries*, Commonwealth Secretariat, 2004, pp. 27 – 39.

[2] Cristina Tebar Less, Steven Mcmillan, "Achieving the Sucessful Transfer Environment-friedfly Technology: Trade-related aspect", *OECD Trade and Environment Working Paper* No. 2005 – 02.

[3] 政府间气候变化委员会:《技术转移的方法和技术问题》,载 http://www.grids.no/climate/ipcc/tectran/362.htm。

[4] 杨先明、赵果庆、张锦、潘小春:《国际直接投资、技术转移与中国技术发展》,科学出版社 2004 年版,第 4 页。

济成长过程中十分重要的驱动因素。市场信息的传递、激烈的竞争机制迫使经济当事人不断地、积极主动地在科技投入、研究开发、引进消化吸收先进的技术设备等方面努力进取,以便通过确权、保护在竞争中以性能更好、质量更高、价格最廉、成本最低的商品扩大市场占有份额,获取更多的利润。劳动者和管理者不断地自觉接受培训、学习、掌握和运用现代科技知识等也有助于推进科技进步。由此产生的"技术溢出效应",将大大推动清洁能源技术的推广和实施。

该方面的法律主要集中于知识产权的确权、保护与运用及贸易类的法律,主要特征是界定私人权利,提供法律保护以及争端解决机制。从经济效益的角度来看,这些法律为市场主体确立较为明确的商业排他权,减少交易成本,促进清洁能源技术的投资、创新以及在不同主体之间的流转。

(一)知识产权法

知识产权制度定义了产权,使技术成为能够重新配置的资源,得以脱离产品成为单独进行转让的标的。知识产权制度一体化的进程在不同国家国内以统一的最低标准得以确立,使清洁能源技术在不同的国家内得到相同程度的保护。

从功能上说,知识产权法也是由技术研发、技术运用、技术扩散和技术更新并循环往复的有机的法律整体。技术的研发即为吸收和整合环境自有资源,集中相关技术人员、必要的机器设备以及技术信息,从而进一步发展技术或者创造出新的技术。技术运用是一个理论到实践的过程,实验室里开发的技术可以运用到社会化的大规模生产中。技术扩散不仅包括同领域内不同地理空间的扩散,也包括同一技术向不同领域渗透,比如清洁能源技术已经深入到制造业、服务业等各个领域。技术的更新包括从无到有创造新的技术,也包括在旧有的技术基础上的改进和加工。[1]

该方面与清洁能源转移相关的法律主要有:《专利法》(1984 年制定,经过 1992 年、2000 年以及 2008 年三次修正)以及与之配套的《专利法实施细则》,2015 年《专利法修改草案(征求意见稿)》代表了中国专利法新的发展方向,《合同法》第 18 章"技术合同",以及《促进科技成果转化法》(1996 年颁布,2015 年修正)。从积极意义上来说,这些法律有助于培育技术友好的环境,尊重技术,技术教育优秀,技术信息和交流便利且信息交易成本低廉,鼓励创新,

[1] 杨先明、赵果庆、张锦、潘小春:《国际直接投资、技术转移与中国技术发展》,科学出版社 2004 年版,第 24 页。

更加鼓励技术流转。从消极意义上而言，这些法律有利于保护技术权利不受侵犯，维护市场秩序，避免不正当竞争。

1. 专利法

《专利法》是一部相对静态的法律。专利的本质是一种垄断权，即国家给予权利人一定的垄断期以换取该项技术信息的公开，促进技术的扩散与转移。从某种意义上说，这是国家和发明人或专利权人之间形成的一个契约：国家承诺给予权利人特定时间的合法垄断权，但作为交换，权利人需要公开自己的技术方案，同时在保护期满后，让技术进入公有领域，任何人都可以无偿使用。

在保护专利权人的合法权益、鼓励发明创造、推动发明创造的应用、提高创新能力、促进科学技术进步和经济社会发展方面，《专利法》发挥了巨大的作用。我国2008年《专利法》共有八章，分别为：总则，授予专利权的条件，专利的申请，专利申请的审查和批准，专利权的期限、终止和无效、专利实施的强制许可，专利权的保护，附则。它从专利的取得、实施和权利保护等各个方面予以规定。

一般而言，清洁能源技术申请发明和实用新型的居多，前者为指对产品、方法或者其改进所提出的新的技术方案。[1] 例如，清洁煤技术就是为了抑制煤炭燃烧产生污染物的一种方法的改进。后者指对产品的形状、构造或者其结合所提出的适于实用的新的技术方案。[2] 例如，对于锅炉的改造使其降低能耗。清洁能源专利技术转移之于相关企业，可以贯穿始终，在专利获取战略实施中，如果涉及委托开发、专利引进等，将发生专利技术转移；在专利保护战略中，有时候在专利侵权诉讼中，可能达成交叉许可的和解协议，发生专利技术转移；在专利经营战略实施中，专利技术转移活动较为频繁，而企业的利润即从这些专利转移中获取。[3]

（1）权利的归属

发明和创造是整个社会技术进步的源泉，社会中的所有人都将受益于技术进步。发明和创造可能完全出于发明人或者设计人的兴趣和自我满足，但是要使发明和创造持续不断，政府必须通过法律加以鼓励。

亚当·斯密在《国富论》中提道："对于一切尊贵职业，荣誉可以说是报酬

---

〔1〕《中华人民共和国专利法》（2008修正）第2条。

〔2〕《中华人民共和国专利法》（2008修正）第2条

〔3〕陶鑫良主编：《专利技术转移》，中国知识产权出版社2011年版，第5页。

的大部分。"[1]对于发明人或设计人,即使其并非专利权的所有人,法律也规定其享有在专利文件中写明自己是发明人或者设计人的权利。[2] 发明人或者设计人享有尊荣,这是整个社会对于发明人和设计人贡献的肯定。所以正如亚当·斯密评论的那样,"就金钱得利说,考虑到各方面,从事此等职业的报酬一般都很有限",[3]仍然有源源不断的人投身于发明创造之中,是因为他们可以获得金钱之外的东西,如荣誉,特别是流芳百世的精神价值。

界定"产权"是法律最为重要的一部分,《专利法》开篇即规定了专利权利的归属。这种权利一般遵从"谁发明,谁享有"的原则,合作发明或者委托发明,除另有约定,权利归属于完成或者共同完成的单位或者个人。

对于职务发明,2015 年的《专利法修改草案(征求意见稿)》[以下简称《修改草案(征求意见稿)》]作了较大的变动,《修改草案(征求意见稿)》也代表着中国专利法的最新进展。它增加了发明人和设计人的权益的机会,表现在以下几个方面:①限缩职务发明创造的范围并明确了相关权属的划分。在 2008 年的《专利法》第 6 条规定,"执行本单位的任务或者主要是利用本单位的物质技术条件所完成的发明创造为职务发明"。对于前者——执行本单位任务,权利当人归属于单位。对于后者——主要利用本单位物质条件完成的发明创造,发明人如与单位有约定从约定,如无约定则该权利默认归属于单位。但是在 2015 年《修改草案(征求意见稿)》中,对于职务发明的定义完全限缩至"执行本单位的任务",而"主要利用本单位的物质技术条件"则不认为是职务发明。[4] 对于此种发明的权利归属,《修改草案(征求意见稿)》第 6 条第 4 款规定,发明人如与单位有约定从约定,如无约定则该权利默认归属于发明人。[5] ②保护职务发明人获取报酬的权利。《修改草案(征求意见稿)》第 6 条第 4 款规定,对于"利用本单位物质技术条件所完成的发明创造"不再定义为职务发明或者非职务发明。如果根据双方的约定,该发明创造申请专利的权利属于单位,发明人或设计人也应当有权获得相应的奖励和报酬。但这种情况下,发明人或者设计人并不能直接依据有关职务发明创造的规定获得奖励和报酬。为保障发明人或设计人的合法权益,《修改草案(征求意见稿)》第 16 条增加了一款,规定在约定发明创造申请专利的权利属于单位的

[1] [英]亚当·斯密:《国富论》(全译本),杨敬年译,陕西人民出版社 2005 年版,第 89 页。
[2] 《中华人民共和国专利法》第 17 条。
[3] [英]亚当·斯密:《国富论》(全译本),杨敬年译,陕西人民出版社 2005 年版,第 89 页。
[4] 《中华人民共和国专利法修改草案(征求意见稿)》(2015)第 6 条。
[5] 《中华人民共和国专利法修改草案(征求意见稿)》(2015)第 6 条。

情况下,该单位应当依据第 16 条第 1 款的规定给予发明人或者设计人奖励和报酬。[1] ③扩大了"单位"的范围。根据 2008 年《专利法》第 16 条的规定,给予发明人或者设计人奖励和报酬的主体是"被授予专利权的单位"。实践中,部分单位在申请专利之前将职务发明创造转让给其他单位,由其申请专利。在这种情况下,"被授予专利权的单位"不再是发明人或者设计人所在单位,而是受让单位,要求已经支付转让费的单位给予发明人或者设计人奖励和报酬不具有合理性。为此,《修改草案(征求意见稿)》对该条进行了修改,规定给予发明人或设计人奖励报酬的主体是被授予专利权的发明人或设计人所在单位。这种规定也避免了转让单位和受让单位在"发明人"的奖励和报酬责任方面相互扯皮和推诿。[2]

这样的修改主要基于以下考虑:一是体现"人是科技创新的最关键因素",充分利用产权制度激发发明人的创新积极性。对于利用单位物质技术条件完成的发明创造,在权利归属方面给予单位和发明人之间更大的自主空间,在没有约定的情况下,规定申请专利的权利属于发明人或者设计人;二是克服《专利法》第 6 条第 1 款与第 3 款规定之间可能产生的矛盾,消除实践中对第 3 款规定的"利用"是否包含"主要利用"情形存在的不同理解;三是促使单位完善内部知识产权管理制度,事先约定好利用单位物质技术条件完成发明创造的权利归属,预防纠纷的发生;四是落实 2014 年 12 月国务院发布的《关于国家重大科研基础设施和大型科研仪器向社会开放的意见》的要求,加快推进国家重大科研基础设施和大型科研仪器向社会开放,进一步提高科技资源利用效率,为发明人充分利用科研单位物质技术条件进行研发活动营造更完善的法律环境。[3]

(2)专利权的类别

专利的本质在于"赋予专利人获取合法控制利用其专利技术生产的专利产品之市场份额的能力"。[4] 专利的使用就是专利的生命所在。专利权的行

---

〔1〕《中华人民共和国专利法修改草案(征求意见稿)》(2015)第 16 条。

〔2〕中华人民共和国知识产权局:《关于〈中华人民共和国专利法〉修改草案(征求意见稿)的说明》,载 http://www.sipo.gov.cn/zcfg/zcjd/201504/t20150402_1096196.html. 2018 年 1 月 30 日最后访问。

〔3〕中华人民共和国知识产权局:《关于〈中华人民共和国专利法〉修改草案(征求意见稿)的说明》,载 http://www.sipo.gov.cn/zcfg/zcjd/201504/t20150402_1096196.html. 2018 年 1 月 30 日最后访问。

〔4〕法律出版社数字出版中心编写:《专利权缱绻中的"使用"行为的认定》,法律出版社 2012 年版。

使通常包含积极和消极两方面内容。从积极的方面来说,专利权是一种财产权利,属于私权。《专利法》授予权利人实施自己的专利权获利以及许可他人实施专利并收取专利使用费的权利。[1] 在消极的方面,专利权是一种垄断权利,主要是通过禁止他人未经权利人许可,为生产经营之目的制造、使用、许诺销售、销售、进口权利人的专利产品。[2]

对于作为财产权的专利权,权利得以积极行使并且不受不合理的限制是法律需要重点考虑的问题。①权利人可以顺利实施自己的权利。在实践中,专利共有人可能因为无法达成实施专利或者许可他人实施专利的合意,进而影响专利权的行使。为防止此类事件的发生,《专利法》第 15 条特别规定,专利申请权人有约定从约定,无约定的,共有人可以单独实施或者以普通许可的方式许可他人实施该专利,许可费用应当在共有人之间分配。[3] 该规定不要求共有人事先达成合意,鼓励权利人最大程度提高专利的利用率。②专利权可以作为权利质押的客体。专利权质押是专利运用的重要形式。专利权质押可最大限度地开发利用专利权,实现其担保债权、融通资金的功能,能够有效解决企业(特别是中小企业)以传统抵押物融资不足的问题,拓宽其融资渠道,对改善中小企业创新发展环境具有积极作用。《专利法》中没有与专利质押相关的法律条款。《专利法实施细则》仅规定"以专利权出质的,由出质人和质权人共同向国务院专利行政部门办理出质登记",但缺少有关质权保障的规定。随着我国专利权质押融资快速发展,需要加强对专利权出质行为的规范,避免后续纠纷及不能履约造成质权人的利益损失。《修改草案(征求意见稿)》将现有《专利法实施细则》中质押登记生效的条款上升至专利法层面,明确质押登记在法律中地位;加强对债权的保障,明确质押期间,质权人有保全被质押的专利权的权利,当被质押的专利权价值明显减少,质权人可以要求另行提供担保或增加担保物,而出质人不另行提供担保的,质权人可以处置该被质押的专利。[4] ③权利人可以通过许可的方式获得利益。

作为禁止权的专利权,是专利人为了实现市场垄断利益,从交易链条的各个环节来控制其专利产品流通的权利。我国《专利法》明确将发明和实用新

[1] 《中华人民共和国专利法》(2008 修正)第 12 条。

[2] 《中华人民共和国专利法》(2008 修正)第 11 条。

[3] 《中华人民共和国专利法》(2008 修正)第 15 条。

[4] 中华人民共和国知识产权局:《关于〈中华人民共和国专利法〉修改草案(征求意见稿)的说明》,载 http://www.sipo.gov.cn/zcfg/zcjd/201504/t20150402_1096196.html,2018 年 1 月 30 日最后访问。

型的专利权利人的专利分解为制造权、使用权、销售权、许诺销售权和进口权。上述五种权利分别控制着五种不同的针对市场交易的行为。①制造权主要控制生产环节。专利法中的制造权是指专利人独占实施利用专利方法或者专利技术制造产品的权利，未经权利人许可，任何人都不得为经营的目的，适用专利方法或者专利技术制造产品。[1] ②使用权是专利权人利用专利产品或者直接依据专利方法直接获得的产品的权利。它既包括对于专利产品的直接利用，也包括将专利产品以营利为目的通过出借、出租等方式进行利用。[2] ③销售权控制专利产品的销售环节。④许诺销售权控制产品被广告宣传的环节。许诺销售权是指专利权人有明确表示愿意出售其专利产品的权利，任何人未经权利人许可，都不得向第三方许诺销售专利产品。赋予专利权人许诺销售权，目的在于在商业交易的早期阶段及时制止侵权行为，将侵权行为扼杀在"侵权可能"或"即发侵权"的阶段，防止将来专利侵权产品的传播，从而减少专利权人的损失。[3] 同时，许诺销售权还是对其他专利独占实施权的补充。例如，可以截住专利侵权人向合理使用人出售侵权产品的渠道，避免专利权人因使用人的豁免而得不到应有的救济，从而从另一角度保护了专利权人的使用权。[4] ⑤进口权控制专利产品从国外购入的环节。它是指专利权人有权制止任何未经其许可使用专利技术制造的产品进口至其本国境内。任何人未经权利人许可，不得将使用的专利技术或者依照技术方法制造的产品进口到权利人所在的国境内。

(3)专利权的行使

许可他人实施专利技术是专利权人推广应用专利技术的最主要方式。大多数工业国家之间技术交流通常是建立在技术许可上的。[5] 根据双方约定的条件，技术许可赋予权利人通过传递技术信息以及相关的隐含性知识来收取费用的权利。

除了"鼓励创新"，"技术转移"也是《专利法》的重要内容。为了推广和

---

〔1〕 徐红菊:《国际技术转让法学》,知识产权出版社 2012 年版,第 75 页。

〔2〕 徐红菊:《国际技术转让法学》,知识产权出版社 2012 年版,第 76 页。

〔3〕 毛大春:《许诺销售权初探——对于新专利法第十一条以及相关条文的理解》,载《知识产权》2001 年第 4 期。

〔4〕 毛大春:《许诺销售权初探——对于新专利法第十一条以及相关条文的理解》,载《知识产权》2001 年第 4 期。

〔5〕 联合国工业发展组织等:《发展中国家技术引进指南》,陆以庆译,中国社会科学出版社 1981 年版,第 3 页。

扩散技术,“当然许可”制度在尊重当事人意愿的同时,能够较好地平衡社会公众对于技术的需求,这也是2015年《修改草案(征求意见稿)》的亮点之一。

当然许可是一种十分普遍的、鼓励专利技术推广应用的制度,其主要内容是:出于促进专利技术最大限度应用的愿望,专利权人自愿向专利局或有关主管部门提出请求,发表愿意与任何有意实施其专利的单位或个人签订普通实施许可合同的声明。一般而言,进行“当然许可”的专利将会获得专利申请费的优惠。

该制度的实质是专利权利人自愿限缩其专利权,以换取更广阔的应用市场。进行当然许可的专利权应当受到如下限制:①当然许可客体的专利不得有法律上的瑕疵,不得已授予他人独占许可或排他许可。专利权人就该专利已授予他人普通许可的,则在提交当然许可请求前应征得所有相关被许可人的同意。②专利权人在一定条件下可请求撤销当然许可,条件是在其提撤销请求前尚无任何人向其申请当然许可;或虽然已有人与其签订了当然许可合同,但所有相关的被许可人均同意撤销与其达成的当然许可协议。

当然许可的优点首先是门槛低,专利权人有推广实施其技术的迫切愿望,被许可人在实施中能够得到专利权人的鼎力相助;其次,当然许可是非独占的,费用一般较低,比较容易达成协议,对缺乏资金和技术的中小企业而言可谓量身定做。当然许可制度可以大大缓解中小企业缺乏专利技术信息资源的短板,使他们有方便的途径获取需要的实施专利技术的信息资源,促进专利技术的应用。对主要从事研究开发但自己并无实施专利技术能力的单位或个人,或其研究开发的目的本身就是许可他人实施的单位或个人(某些研究机构与大专院校),这种制度为它们提供了向社会宣告自己的成果和转让意愿的便捷途径,能大大方便许可方和被许可方的相互沟通。[1]

当然,当然许可也有不足之处。第一,恶意侵权人可能利用当然许可逃避临时禁令。由于当然许可制度下的专利权人不得拒绝任何要求利用其专利的申请人,当然许可下的专利技术不可能请求临时禁令,恶意专利侵权人只要最终接受支付双方或法院决定的许可费,就完全可以逃避临时禁令或恶意侵权罚款的惩罚。第二,可能会出现大量的垃圾专利。专利技术良莠不齐,很可能导致一些垃圾专利乘此列车登堂入室并享受国家在收取申请费方面的优惠。第三,核心专利依然难于出现在当然许可制度中。由于专利技术是专利权人

〔1〕 文希凯:《当然许可制度与促进专利技术运用》,载国家知识产权局条法司编:《专利法研究(2011)》,知识产权出版社2012年版。

进行许可交易谈判或交叉许可谈判的重要筹码，但一旦做出当然许可声明，其筹码对第三方的吸引力或威慑力将大受影响，会削弱专利权人相对其竞争者的竞争力。当专利涉及核心技术时，专利权人一般不会请求当然许可。

(4)权利的行使的限制

专利权是法律赋予的一种独占权，但专利权的行使并非不受任何限制。专利权的行使应当遵循诚实信用原则，在法律允许的范围内、以法律允许的方式进行。滥用专利权损害公共利益、妨碍技术进步的行为应当受到专利法及其他法律法规的规制。

专利法应当平衡专利权和公共利益之间的关系。我国1984年、2000年、2008年的《专利法》虽然没有直接规定"专利限制"条款，但是强制许可制度、不视为侵权的情形等规定暗含了对专利权行使的限制。[1] 2015年的《修改草案(征求意见稿)》在总则中增加规定：行使专利权应当遵循诚实信用原则，不得损害公共利益，不得不正当地排除、限制竞争，不得阻碍技术进步。[2] 该原则性条款体现规制专利权滥用、平衡专利权人利益与社会公共利益的基本立场，而且可以使人民法院审理某些案件及行政机关制定相关下位规范时拥有足够的法律依据以及弹性空间。

专利法关于正在申请专利的申请人之许可费的有关规定，也应视为是对权利人行使权利的一定的限制。1984年通过的《专利法》规定"发明专利申请公布后，申请人可以要求实施其发明的单位或者个人支付适当的费用"，虽然它旨在明确技术权利人有权获得报酬，但此处"适当"二字的使用，也隐含了限制之意。2000年、2008年修订的《专利法》以及2015年《专利法修改草案(征求意见稿)》也沿用了"适当的费用"的用语。[3]

在许可制度上，强制许可制度是应对知识产权滥用的有利工具。《专利法》规定在以下几种情形可以实施强制许可：①国有企事业单位的发明专利，对国家利益或公共利益具有重大意义的，经相关机关批准，可以在批准的范围内推广运用，允许指定的单位实施；[4] ②专利权人不积极实施或者为充分实施的，满足专利权被授予满3年或者自提出申请之日起满4年；[5] ③专利权

[1] 可参见2008年《中华人民共和国专利法》第14条。

[2] 《中华人民共和国专利法修改草案(征求意见稿)》第14条。

[3] 参见1984年、2000年、2008年的《中华人民共和国专利法》以及2015年《中华人民共和国专利法修改草案(征求意见稿)》第13条。

[4] 《中华人民共和国专利法》(2008修正)第14条。

[5] 《中华人民共和国专利法》(2008修正)第48条。

人行使专利权的行为被依法认定为垄断，为消除或者减少该行为对于竞争者产生的不利影响；④国家出现紧急状态或者非常情况下，为了公共目的；[1]⑤后来改进的技术发明或者实用新型，其实施需要依赖前一发明并且具有显著效益，经申请也可以被授予强制许可。[2]

(5)对于侵权行为的惩罚

2014年全国人大常委会专利法执法检查报告中指出专利维权存在“时间长、举证难、成本高、赔偿低”等状况，挫伤了企业开展技术创新和利用专利制度维护自身合法权益的积极性。实践中，专利领域中明知侵权而群起效尤的群体侵权、重复侵权现象时有发生，在一些地方甚至还比较严重。专利权人以一己之力无从招架、难以应付。这些行为不仅直接侵害了专利权人的民事权益，还扰乱了市场秩序，破坏了创新环境，侵害了公共利益。对此，只有行政部门主动介入，并追究侵权人的行政责任，方可在保护权利人民事权利的同时，有效维护市场秩序和公共利益。专利法执法检查报告也明确建议在专利法修改中考虑“加大对严重侵犯公共利益的专利侵权行为的执法和查处力度”。[3]

海关保护主要对侵权的实物产品进行限制出入境。海关是知识产权产品出入境流通的第一道屏障，也是制止侵权货物进入流通环节最早的一环。当海关发现涉嫌遣返在海关总署备案的知识产权的货物时，有权主动要求暂停其通关。海关也可以经知识产权权利人申请扣留涉嫌侵权货物。

专利侵权的诉讼也可以有效震慑侵权行为的发生。《修改草案(征求意见稿)》已经将损害赔偿额度提高，对于难以确定的，法院可以综合各要素，确定1万元以上100万元以下的赔偿；而对于故意侵犯专利权的，可以将前款数额提升至2倍到3倍。[4]

2.科技成果转化相关法律

我国《促进科技成果转化法》是一部相对动态的法律，旨在促进科技成果转化为现实生产力，规范科技成果转化活动，加速科学技术进步，推动经济建设和社会发展。其着眼点在于规范化科技成果转化，即为提高生产力水平而对科技成果所进行的后续试验、开发、应用、推广直至形成新技术、新工艺、新

---

〔1〕《中华人民共和国专利法》(2008修正)第49条。

〔2〕《中华人民共和国专利法》(2008修正)第51条。

〔3〕中华人民共和国知识产权局:《关于〈中华人民共和国专利法〉修改草案(征求意见稿)的说明》,载http://www.sipo.gov.cn/zcfg/zcjd/201504/t20150402_1096196.html,2018年1月30日最后访问。

〔4〕《中华人民共和国专利法修改草案(征求意见稿)》第65条。

材料、新产品,发展新产业等活动。[1]

《促进科技成果转化法》对于清洁能源技术("能够合理开发和利用资源、节约能源、降低能耗以及防治环境污染、保护生态、提高应对气候变化能力"的技术)等6类技术做出了特别规定,即国家通过政府采购、研究开发资助、发布产业技术指导目录、示范推广等方式予以支持。[2] 该法重点强调了政府在清洁能源科学技术转化中的能动作用。在组织实施上,将科学技术成果转化列入国民经济和社会发展计划;[3]建立科技报告制度和科技成果信息系统,[4]培育和发展技术市场和科技中介服务,[5]建设公共研究开发平台和科技企业孵化器;[6]国家通过政府采购、研究开发资助、发布产业技术指导目录、示范推广等方式予以支持;[7]通过制定政策措施,加强标准制定等推行先进适用技术的推广和运用;[8]鼓励相关机构采取转让、许可或者作价投资的方式转移科学技术成果;[9]对于公共资助的研究机构,鼓励进行产学研合作方式,完成人和参加人在与单位协商的基础上进行科学技术成果转化,并建立相关的考评体系。[10]

在保障机制上,国家拨付相关的财政经费,[11]并制定税收政策实行税收优惠,[12]鼓励金融机构在知识产权抵押贷款方面开展业务,[13]保险机构开发技术成果转化的险种,[14]并建立创业基金和风险基金[15]以支持重大科技产业化。

在技术权益方面,《科学技术成果转化法》在尊重合同自由的基础上,对于合同未明确事由进行了补充。(1)在所有权方面,若双方未约定,合作转化

---

[1] 《中华人民共和国促进科技成果转化法》(2015修正)第2条。
[2] 《中华人民共和国促进科技成果转化法》(2015修正)第12条。
[3] 《中华人民共和国促进科技成果转化法》(2015修正)第9条。
[4] 《中华人民共和国促进科技成果转化法》(2015修正)第11条。
[5] 《中华人民共和国促进科技成果转化法》(2015修正)第30条。
[6] 《中华人民共和国促进科技成果转化法》(2015修正)第31~32条。
[7] 《中华人民共和国促进科技成果转化法》(2015修正)第12条。
[8] 《中华人民共和国促进科技成果转化法》(2015修正)第13、14条。
[9] 《中华人民共和国促进科技成果转化法》(2015修正)第17条。
[10] 《中华人民共和国促进科技成果转化法》(2015修正)第19、20、21、26条。
[11] 《中华人民共和国促进科技成果转化法》(2015修正)第33条。
[12] 《中华人民共和国促进科技成果转化法》(2015修正)第34条。
[13] 《中华人民共和国促进科技成果转化法》(2015修正)第35条。
[14] 《中华人民共和国促进科技成果转化法》(2015修正)第36条。
[15] 《中华人民共和国促进科技成果转化法》(2015修正)第38、39条。

中无发明创造的，科技成果仍然归于完成单位；若有发明创造，则双方共有，双方都有实施新产生科技成果的权利，转让须经双方同意。(2)在对于成果做出重大贡献的人员的奖励方面，有约定从约定，无约定按照下列原则进行：转让许可的奖励不低于净收入的50%，作价入股不低于50%；合作实施的，投产每年不低于营业利润5%。国家设立的研究开发机构与高等院校与科技人员之间的约定必须符合上述规定。

对于清洁能源技术转移规定最为具体的应当是《国家电力公司促进科技成果转化的若干规定》。[1] 关于清洁能源技术，该文件第6条第3款规定“合理开发和利用资源、节能降耗、安全生产及改善环境的”，可以得到国家电力公司科技成果转化项目优先安排和支持。第13条规定“国家电力公司所属企、事业单位与境外的企业、组织或个人合作进行科技成果转化活动，必须按照国家有关规定对科技成果的价值进行评估。科技成果转化中的对外合作，涉及国家秘密事项的，要依法按照规定的程序事先经过批准”，这是对电力技术对外合作与技术转移的限制。

与《促进科技成果转化法》密切相关的《科学技术进步法》，将重点放在促进技术进步的各个主体上，关注企业、科学技术研发机构、科学技术人员以及政府技术部门。(1)在促进企业技术进步上，企业研发费用可以在税前加计扣除，研发所需的设备和一起可以加速折旧；[2] 国家通过进入机构，相关基金支持企业自主创新。(2)在科研机构上，鼓励从事基础研究、前沿科学研究。财政性资金建立的科研机构应当优化配置，建立有利于科学技术资源共享的机制。[3] (3)鼓励科技人员发挥专长，给予其优厚待遇。对于勤勉尽责但不能完成项目的，给予宽容。[4] (4)在技术行政主管部门方面，应当优化配置，建立技术项目和相关基金，即使向社会公布科学技术资源分布情况，并建立有利于科学技术资源的共享机制。[5]

3. 中小企业促进法

《中小企业促进法》对科技成果流转也有明确规定，如“政府有关部门应当在规划、用地、财政等方面提供政策支持，推进建立各类技术服务机构，建立

---

〔1〕 国电科教〔1998〕第87号，国家电力公司属于国企，在1998年其有权制定规章，只对国家电力公司以及各省市的分公司产生拘束力。

〔2〕《中华人民共和国科学技术进步法》(2007修订)第33条。

〔3〕《中华人民共和国科学技术进步法》(2007修订)第42、46条。

〔4〕《中华人民共和国科学技术进步法》(2007修订)第48、49、55、56条。

〔5〕《中华人民共和国科学技术进步法》(2007修订)第64、65条。

生产力促进中心和科技企业孵化基地，为中小企业提供技术信息、技术咨询和技术转让服务，为中小企业产品研制、技术开发提供服务，促进科技成果转化，实现企业技术、产品升级”及“国家鼓励中小企业与研究机构、大专院校开展技术合作、开发与交流，促进科技成果产业化，积极发展科技型中小企业”等。[1]

（二）贸易方面的法律

技术流动最为重要的一种方式就是贸易，又称为硬件模式。“模仿，改善，创新”，贸易在发展中国家这种逐步创新的模式中占据了重要的地位。许多发展中国家能够从日本的持续改善模式受益。这种持续改善简单来说就是指在运用进口的设备或者产品时，员工通过细小的、渐进的革新所表现出来的持续性改进。[2] 这种持续性的改善已经使一些国家，特别是经济规模较大、有一定技术基础的金砖国家[3]，着手开发新的、低成本的技术和方法从而实现反向创新。清洁能源技术很大程度上是通过技术设备或者产品中所携带的技术信息而进行传播和扩散的，因而规制贸易的法律在清洁能源技术转移中显得尤为重要。

1. 合同法

我国《合同法》第 18 章“技术合同”中主要包括技术开发合同、技术转让合同、技术服务合同以及技术咨询合同中当事人之间的权利义务的分配。技术开发合同是指当事人之间就新技术、新产品、新工艺或者新材料及其系统的研究开发所订立的合同，包括委托开发合同和合作开发合同。[4] 技术转让合同包括专利权转让、专利申请权转让、技术秘密转让、专利实施许可合同。[5] 技术转让合同可以约定让与人和受让人实施专利或者使用技术秘密的范围，但不得限制技术竞争和技术发展。[6] 后两类合同也会涉及技术转移，但由于多数为公知技术的分享或转移，本书不去论及。如果限制技术竞争和技术发展，其合同效力将会归于无效。

---

〔1〕《中华人民共和国中小企业促进法》(2017 修订)第 30、31 条。

〔2〕［美］拉希德·卡恩:《技术转移改变世界——知识产权的许可与商业化》，李跃然、张立译，经济科学出版社 2012 年版，第 8 页。

〔3〕“金砖国家”最早是指巴西、俄罗斯、印度和中国四个国家，后来南非加入，故现在含五个国家。

〔4〕《中华人民共和国合同法》(1999)第 330 条。

〔5〕《中华人民共和国合同法》(1999)第 342 条。

〔6〕《中华人民共和国合同法》(1999)第 343 条。

《合同法》的上述规定适用于所有的技术转移，清洁能源技术转移无疑也包含在其中。

2. 对外贸易法

我国《对外贸易法》对于技术进出口以及技术相关的知识产权保护进行了规定。(1)在技术的进出口方面，中国准许绝大多数技术的自由进出口，法律、行政法规另有规定的除外；[1] 对于自由进出口的技术，应当到相关部门备案。但是对于裂变、聚变以及军用物资等的进出口可因国家安全原因采取必要措施。[2] (2)在技术相关的知识产权保护方面，若知识产权权利人有阻止被许可人对许可合同中的知识产权的有效性提出质疑的行为，则不会被法律所认可。如果权利人有进行强制性的一揽子许可、在许可合同中规定排他性反售条件等行为并危害对外贸易公平竞争秩序的，相关贸易部门可以采取必要措施消除危害。[3] 对于实施贸易法的技术进出口管理条例等规定的详细内容，可以参见马忠法所著的《国际技术转让合同实务研究》一书中的相关论述。[4]

二、"政府干预型"法律

(一)竞争法相关政策

竞争法是市场失灵时政府进行干预的重要法律依据。它主要规制市场主体可能出现的不正当竞争或者垄断等扰乱市场秩序的行为。由于清洁能源技术在中国一般掌握在能源公司手中，而在我国能源公司很多都属于国有企业。若在市场上具有独占地位的企业出现垄断行为，那么清洁能源技术转移的目的也很难得到实现。竞争法就在这个过程中扮演了"大棒"的角色，时刻防止取得支配地位的企业损害和阻碍创新。我国维护公平竞争专门法律主要有两部，分别是《反不正当竞争法》和《反垄断法》。

1. 反不正当竞争法

《反不正当竞争法》的目的主要在于促进社会主义市场经济健康发展，鼓励和保护公平竞争，制止不正当竞争行为，保护经营者和消费者的合法权益。对于清洁能源技术转移来说，《反不正当竞争法》可以规范商业秘密保护及对

---

〔1〕《中华人民共和国对外贸易法》(2016 修正)第 14 条。

〔2〕《中华人民共和国对外贸易法》(2016 修正)第 15、16、17 条。

〔3〕《中华人民共和国对外贸易法》(2016 修正)第 30 条。

〔4〕马忠法：《国际技术转让合同实务研究：法律制度与关键条款》，法律出版社 2016 年版，第 72～75 页。

商业贿赂和虚假宣传进行严厉处罚等。

(1)商业秘密。在清洁能源技术转移中,专利只是其中一小部分,而在实施专利过程中所形成的专有知识,一般是通过商业秘密(不为公众所知悉、具有商业价值并经权利人采取相应保密措施的技术信息和经营信息)进行保护。《反不正当竞争法》规定,任何人不得以盗窃、贿赂、欺诈、胁迫或者其他不正当手段获取权利人的商业秘密,不得披露、使用或者允许他人使用以前项手段获取的权利人的商业秘密。[1] 显然,作为商业秘密一部分的技术秘密必须在技术转移中得到保护和充分尊重与运用。

(2)禁止商业贿赂也是商业道德的要求。《反不正当竞争法》第7条第1款规定:"经营者不得采用财物或者其他手段贿赂下列单位或者个人,以谋取交易机会或者竞争优势:(一)交易相对方的工作人员;(二)受交易相对方委托办理相关事务的单位或者个人;(三)利用职权或者影响力影响交易的单位或者个人。"

(3)禁止虚假宣传是对产品或者技术的宣传环节进行规范。经营者不得对其商品(包含技术,特别是清洁能源技术)的性能、功能、质量、销售状况、用户评价、曾获荣誉等作虚假或者引人误解的商业宣传,欺骗、误导消费者。经营者不得通过组织虚假交易等方式,帮助其他经营者进行虚假或者引人误解的商业宣传。[2] 这就要求权利人如实陈述,不得对相关技术或产品的质量、性能、用途等做出引人误解的虚假宣传。被认定为虚假宣传的,应当立即停止,并赔偿损失,接受主管机关的罚款。

违反不正当竞争法给权利人造成损害的,应承担损害赔偿责任并且承担权利人因调查所支出的合理费用。

2. 反垄断法

《反垄断法》之目的在于预防和制止垄断行为,保护市场公平竞争。[3]《反垄断法》自2008年8月1日起施行,该法第55条明确"滥用知识产权,排除、限制竞争的行为"将受到规制。

在清洁能源技术转移中,知识产权权利人对于知识产权的利用,是出于其自由意志,并不一定会违反《反垄断法》。但是由于知识产权的专有性,权利人可以在特定地域和特定时期内排除竞争者,一方面,这种市场力量可以鼓励

---

〔1〕《中华人民共和国反不正当竞争法》(2017修订)第9条。

〔2〕《中华人民共和国反不正当竞争法》(2017修订)第8条。

〔3〕《中华人民共和国反垄断法》(2007)第1条。

创新和竞争，另一方面，这种市场优势地位极有可能成为垄断。因此，在知识产权许可中，权利人处于有利地位，容易对被许可人权利造成损害或者损害市场创新。[1]

垄断行为的一般表现形式有：垄断协议，滥用市场支配地位，经营者集中，滥用行政权排除和限制竞争。具体到清洁能源技术转移中，可能的竞争行为将会表现为：(1)滥用知识产权市场支配地位等方式，不公平高价销售或无正当理由拒绝销售，或者对条件相对的交易者实行差别待遇。[2] (2)整合知识产权，达成垄断协议，固定或变更专利产品价格，限制商品生产数量，限制购买新技术或者开发新技术；[3]若被认定为达成并实施垄断协议的或者滥用市场优势地位的，由反垄断机构责令停止违法行为，没收违法所得并进行相关惩罚。[4] 但如果符合下述要求，则垄断协议并不当然禁止：(1)为改进技术、研究开发新产品的；(2)为提高产品质量、降低成本、增进效率，统一产品规格、标准或者实行专业化分工的；(3)为提高中小经营者经营效率，增强中小经营者竞争力的；(4)为实现节约能源、保护环境、救灾救助等社会公共利益的……[5]

此外，《反垄断法》还把原先规定在《反不正当竞争法》中的搭售行为调整至其中。搭售行为在知识产权许可协议非常常见。由于当事人谈判地位的不对等，如打包销售不相关的设备产品、技术的案例比比皆是。1993 年《反不正当竞争法》规定，经营者销售商品，不得违背购买者的意愿搭售商品或者附加其他不合理的条件；[6]修改后的《反不正当竞争法》取消了该条，在《反垄断法》中规定：禁止具有市场支配地位的经营者滥用市场支配地位，进行没有正当理由的搭售商品行为，或者在交易时附加其他不合理的交易条件。[7]

3. 税收方面的法律法规对技术转让的规定：《企业所得税法》和《环境保护税法》

该方面的法律规定主要体现在《企业所得税法》和《环境保护税法》中。

---

[1] 曹阳：《技术进步，知识产权与竞争》，载张乃根、陈乃蔚主编：《技术转移的法律与实务》，上海交通大学出版社 2006 年版，第 40 页。

[2] 《中华人民共和国反垄断法》(2007)第 17 条。

[3] 《中华人民共和国反垄断法》(2007)第 14 条。

[4] 《中华人民共和国反垄断法》(2007)第 47、48 条。

[5] 《中华人民共和国反垄断法》(2007)第 15 条。

[6] 《中华人民共和国反不正当竞争法》(1993)第 12 条。

[7] 《中华人民共和国反垄断法》(2007)第 17 条第 1 款第 5 项。

2007 年颁布的《企业所得税法》对科技成果流转方面的税收优惠给予了特别规定。对于企业符合条件的技术转让所得，可以免征、减征企业所得税。[1] 具体而言是指在一个纳税年度内，居民企业技术转让所得不超过 500 万元的部分，免征企业所得税；超过 500 万元的部分，减半征收企业所得税。[2] 这一规定对企业或高校、科研院所[3] 进行科技成果流转有较好的促进作用，也是很多科技成果交易主体愿意进行登记的主要原因。对于技术开发合同，符合税法规定的，也可以享受税收优惠待遇。对于从事符合条件的环境保护、节能节水项目（包括公共污水处理、公共垃圾处理、沼气综合开发利用、节能减排技术改造、海水淡化等）的所得，也可以减征、免征所得税；[4] 它们也会直接或间接地与技术转让发生联系。此外，国家需要重点扶持的高新技术企业，减按 15% 的税率征收企业所得税；[5] 企业开发新技术、新产品、新工艺发生的研究开发费用支出，可以在计算应纳税所得额时加计扣除之规定等，[6] 在一定程度上都会促进技术转让，让企业在从事上述活动时从他方引进技术，此类费用可能会折抵在成本中。

2007 年 12 月颁布的《企业所得税法实施条例》，2009 年国家税务总局颁布的《关于技术转让所得减免企业所得税有关问题的通知》，2010 年由财政部和国家税务总局颁布的《关于居民企业技术转让有关企业所得税政策问题的通知》（以下简称 2010 年《税收通知》），均具有溯及力。这些行政法规或规章均意图对技术转让的税收优惠政策或《企业所得税法》的相关规定作出较为详细的规定，以增强它们的可操作性和可实施性，让技术转让相关方从中确实得到实惠。如 2010 年《税收通知》明确了技术转让的范围，包括居民企业转让专利技术、计算机软件著作权、集成电路布图设计权、植物新品种、生物医药新品种，以及财政部和国家税务总局确定的其他技术等，[7] 这一定义较为宽

[1] 《中华人民共和国企业所得税法》（2007）第 27 条第 4 项。

[2] 《中华人民共和国企业所得税法实施条例》（2007）第 90 条。

[3] 《中华人民共和国企业所得税法实施条例》（2007）第 3 条第 1 款规定："企业所得税法第 2 条所称依法在中国境内成立的企业，包括依照中国法律、行政法规在中国境内成立的企业、事业单位、社会团体以及其他取得收入的组织。"因此，高校、科研院所等产生的技术流转所得，应当享受这种优惠政策。

[4] 《中华人民共和国企业所得税法》（2017 修正）第 27 条第 3 项。

[5] 《中华人民共和国企业所得税法》（2017 修正）第 28 条第 2 款。

[6] 《中华人民共和国企业所得税法》（2017 修正）第 30 条第 1 项。

[7] 财政部、国家税务总局《关于居民企业技术转让有关企业所得税政策问题的通知》（财税〔2010〕111 号）第 1 条。

泛,扩大了享受优惠政策的对象。

此外,1999年11月财政部和国家税务总局通过的《关于贯彻落实〈中共中央国务院关于加强技术创新,发展高科技,实现产业化的决定〉有关税收问题的通知》(财税字〔1999〕273号)、2004年6月国家税务总局通过的《关于取消"单位和个人从事技术转让、技术开发业务免征营业税审批"后有关税收管理问题》(国税函〔2004〕825号)及2011年11月财政部和国家税务总局《关于印发〈营业税改征增值税试点方案〉的通知》中也有涉及技术转让的规定。

2016年12月25日通过的《环境保护税法》于2018年1月1日生效。该法由总则、计税依据和应纳税额、税收减免、征收管理、附则五章共28条和两个附表构成。其主要内容如下:

(1)纳税人。与《环境保护法》相衔接,它规定,在中华人民共和国领域和中华人民共和国管辖的其他海域,直接向环境排放应税污染物的企业事业单位和其他生产经营者为环境保护税的纳税人,应当依照本法规定缴纳环境保护税。[1] 同时,有下列情形之一的,不属于直接向环境排放污染物,不缴纳相应污染物的环境保护税:企业事业单位和其他生产经营者向依法设立的污水集中处理、生活垃圾集中处理场所排放应税污染物的;企业事业单位和其他生产经营者在符合国家和地方环境保护标准的设施、场所贮存或者处置固体废物的。[2]

(2)征税对象和征税范围。与现行排污费制度的征收对象衔接,该法规定环境保护税的征收对象为大气污染物、水污染物、固体废物和噪声4类。[3] 具体税目、税额依照该法所附的《环境保护税税目税额表》执行(在税目中将固体废物细分为煤矸石、尾矿、危险废物和冶炼渣、粉煤灰等四类,且税额不同)。[4] 自2018年1月1日起,依照该法规定征收环境保护税,不再征收排污费。[5] 与现行排污费制度对大气污染物、水污染物的征收范围相衔接,它规定每一排放口或者没有排放口的应税大气污染物,按照污染物当量数从大到小排序,对前3项污染物征收环境保护税。每一排放口的应税污染物,按照污染当量数从大到小排序,对重金属污染物按照前5项、对其他污染物按照前3项征收环境保护税。同时,省、自治区、直辖市人民政府根据本地区污染物

---

〔1〕《中华人民共和国环境保护税法》(2016)第2条。

〔2〕《中华人民共和国环境保护税法》(2016)第4条。

〔3〕《中华人民共和国环境保护税法》(2016)第3条。

〔4〕《中华人民共和国环境保护税法》(2016)第6条第1款和附表1。

〔5〕《中华人民共和国环境保护税法》(2016)第27条。

减排的特殊需求，可以增加同一排放口征收环境保护税的应税污染物种类，报同级人大常委会决定，并报全国人大常委会和国务院备案。[1] 应税大气污染物、水污染物的污染当量数，以该污染物的排放量除以该污染物的污染当量值计算；每种应税大气污染物、水污染物的具体污染当量值，依照本法所附《应税污染物和当量值表》执行。[2]

(3)税负。按照2014年9月发展改革委、财政部、环境保护部《关于调整排污费征收标准等有关问题的通知》要求，全国31个省、自治区、直辖市已于2015年6月底前，将大气和水污染物的排污费标准分别调整至不低于每污染当量1.2元和1.4元，即在2003年基础上上调1倍。其中有7个省、直辖市调整后的收费标准高于通知规定的最低标准。[3] 同时，兼顾目前部分省、直辖市上调了排污费收费标准且有的省、直辖市收费标准较高的情况，规定省、自治区、直辖市人们政府统筹考虑本地区环境承载能力、污染物排放现状和经济社会生态发展目标要求，可以在《环境保护税税目税额表》规定的税额标准基础上，调整应纳税污染物的适用税额，报同级人大常委会决定，并报全国人大常委会和国务院备案。[4]

(4)税收优惠。《环境保护税法》规定了五项免税情形：①农业生产(不包括规模化养殖)排放应税污染物的；②机动车、铁路机车、非道路移动机械、船舶和航空器等流动污染源排放应税污染物的；③依法设立的城乡污水集中处理、生活垃圾集中处理场所排放相应应税污染物，不超过国家和地方规定的排放标准的；④纳税人综合利用的固体废物，符合国家和地方环境保护标准的；⑤国务院批准免税的其他情形。其中，第5项免税规定由国务院报全国人民代表大会常务委员会备案。[5] 为鼓励企业通过采用先进技术减少污染物排放，该法还规定，纳税人排放应税大气污染物或者水污染物的浓度值低于国家和地方规定的污染物排放标准30%的，减按75%征收环境保护税。纳税人排放应税大气污染物或者水污染物的浓度值低于国家和地方规定的污染物排放标准50%的，减按50%征收环境保护税。[6]

---

[1] 《中华人民共和国环境保护税法》(2016)第9条。

[2] 《中华人民共和国环境保护税法》(2016)第8条。

[3] 楼继伟：《关于〈中华人民共和国环境保护税法(草案)〉的说明》，载 http://www.npc.gov.cn/wxzl/gongbao/2017-03/29/content_2019467.htm，2018年1月30日最后访问。

[4] 《中华人民共和国环境保护税法》(2016)第6条。

[5] 《中华人民共和国环境保护税法》(2016)第12条。

[6] 《中华人民共和国环境保护税法》(2016)第13条。

(5)税收征管。《环境保护税法》规定:纳税人应当依法如实办理纳税申报,对申报的真实性和完整性承担责任。[1] 环境保护税由税务机关征收,环境保护主管部门依照该法和有关环境保护法律法规的规定负责对污染物的监测管理。县级以上地方人民政府应当建立税务机关、环境保护主管部门和其他相关单位分工协作工作机制,加强环境保护税征收管理,保障税款及时足额入库。[2] 环境保护主管部门和税务机关应当建立涉税信息共享平台和工作配合机制。环境保护主管部门应当将排污单位的排污许可、污染物排放数据、环境违法和受行政处罚情况等环境保护相关信息,定期交送税务机关。税务机关应当将纳税人的纳税申报、税款入库、减免税额、欠缴税款以及风险疑点等环境保护税涉税信息,定期交送环境保护主管部门。[3]

此外,《环境保护税法》对环境保护税应税污染物计税依据的确定方法(第7条)、应税污染物的计算方法和顺序(第10条)、应纳税额的计算方法(第11条)等均作了规定。同时,征收环境保护税不免除纳税人环境违法行为应承担的民事责任、刑事责任。

毫无疑问,上述法律法规理所当然地适用于清洁能源技术转移,该类行为应当享受《企业所得税法》规定的优惠,也应遵守《环境保护税法》的相关要求。特别是《环境保护税法》的实施,将对清洁能源技术转移产生巨大的推动作用。

(二)投资法

1. 国家安全法

我国《国家安全法》[4]规定对于投资、生产以及技术转移是否危害国家安全应进行审查。"国家安全是指国家政权、主权、统一和领土完整、人民福祉、经济社会可持续发展和国家其他重大利益相对处于没有危险和不受内外威胁的状态,以及保障持续安全状态的能力。"[5]"国家建立国家安全审查和监管的制度和机制,对影响或者可能影响国家安全的外商投资、特定物项和关键技术、网络信息技术产品和服务、涉及国家安全事项的建设项目,以及其他重大事项和活动,进行国家安全审查,有效预防和化解国家安全风险。"[6]鉴于能

---

[1] 《中华人民共和国环境保护税法》(2016)第19条第2款。
[2] 《中华人民共和国环境保护税法》(2016)第14条。
[3] 《中华人民共和国环境保护税法》(2016)第15条。
[4] 本法于2015年中华人民共和国主席令第29号颁布施行。
[5] 《中华人民共和国国家安全法》(2015)第2条。
[6] 《中华人民共和国国家安全法》(2015)第59条。

源技术对于国民经济的重要性，清洁能源技术又关系到社会的可持续发展，对重大关键的技术进行国家安全审查无可厚非。该法第31条对于核能进行了特别规定，“国家坚持和平利用核能和核技术，加强国际合作，防止核扩散，完善防扩散机制，加强对核设施、核材料、核活动和核废料处置的安全管理、监管和保护”。

2. 外国投资法（草案征求意见稿）[1]

当清洁能源技术转移通过外商投资的方式进行，如折股作价、母子公司内部化转移等，就必须涉及投资法的规制。

《外国投资法（草案征求意见稿）》是一部以统一内、外资法律和创新外国投资法制度为目标，实行准入前国民待遇加负面清单管理模式。该草案代表了中国投资法的未来发展方向，如果通过，可能会取代现行的《中外合资经营企法》、《中外合作经营企业法》和《外资企业法》。

该草案以“控制”标准定义了外国投资者，除了通常意义上理解的，直接或间接持有该企业股份、股权财产份额、表决权或其他类似权益超过50%的属于外国投资者；如果持有该企业份额不满50%，但是直接或间接的任命人员在决策机关超过半数，有能力确保其提名人员在决策机关超过半数，或者其表决权足以对董事和股东大会产生重大影响，或者通过合同信托方式对企业经营、财务、人事或技术施加决定性影响的，[2]均属于外国投资者。

外国投资者在市场准入和中后期的监管方面需要接受法律的规制。(1)在市场准入方面，我国实施负面清单管理原则，凡是限制实施目录之内的，投资者需要向相关主管部门申请准入许可，经批准才可以进入中国市场。若属禁止实施目录内的，则不允许外国投资者准入。禁止实施类的一般为与国家安全密切相关的产业，环境高污染高耗能产业，以及其他法律、行政法规规定的产业。(2)在事中和事后，我国实行国家安全审查和信息通报制度。

安全审查既可以由投资者主动提出，也可以由主管机关依职权调查。如果外国投资可能危害国家安全，那么投资者应当主动提交国家安全审查的申请，相关部门决定是否需要进行相关审查。相关安全审查部门也可以依职权进行调查，主要考虑下列因素：国防安全因素，涉及国家安全技术因素，军民两用物质和技术，关键基础设施技术，信息网络安全因素，能源粮食等资源的因

[1] 三资企业法中的有关技术转移的规定参见马忠法：《国际技术转让合同实务研究：法律制度与关键条款》，法律出版社2016年版，第71~72页。

[2] 《中华人民共和国外国投资法（草案征求意见稿）》（2015）第18条。

素,国家经济稳定因素,社会公共利益和公共秩序因素以及其他。[1] 根据安全审查结果可能作出如下决定:第一,不危害国家安全,予以通过;第二,可能危害国家,但可以限制条件予以解除的,则附加限制条件;第三,危害国家安全且不能消除的,不予通过。[2] 若认定外国投资对国家安全已经造成或者可能造成重大危害的,国务院外国投资主管部门应责令当事人不得实施或者终止外国投资,或采取转让相关股权、资产或其他措施,消除或避免危害。[3]

信息报告制度要求外国投资者报告相关投资信息。相关投资信息包括:外国投资者或企业的基本信息,准入许可情况,投资事项变更信息,购买外商投资上市公司股票的信息,实际投资变化情况等情况。[4] 外国投资者在中国境内投资涉及外国投资企业的设立或变更的,应在每年4月30日前提交上一年度的信息报告。重点外国投资企业还须提交季度报告。[5]

3. 公司法、合伙企业法及个人独资企业法

企业是社会创造财富和创新的主体,它们对环境保护等密切相关。实际上,《公司法》、《合伙企业法》及《个人独资企业法》这三部涉及市场主体的法律虽然规定的是各自企业形态形成的法律规范,但其主要内容涉及投资者以何种方式出资及承担何种责任,可以将它们视为"国内投资法"。尽管它们没有在清洁能源技术方面直接做出规定,但它们规定的知识产权出资、设立和经营不得违反国家相关法律规定及社会责任的承担等与清洁能源技术的使用、转让等有着不同联系;特别是国家鼓励对高新技术研发和使用的企业给予鼓励或优惠政策等措施,对清洁能源技术转移能够起到积极作用。

(三)能源、[6]资源与环境法[7]

提升能源、资源利用效率和保护环境是清洁能源技术转移的目的及其核

---

〔1〕《中华人民共和国外国投资法(草案征求意见稿)》(2015)第57条。

〔2〕《中华人民共和国外国投资法(草案征求意见稿)》(2015)第58条。

〔3〕《中华人民共和国外国投资法(草案征求意见稿)》(2015)第71条。

〔4〕《中华人民共和国外国投资法(草案征求意见稿)》(2015)第81、86、87、88、89条。

〔5〕《中华人民共和国外国投资法(草案征求意见稿)》(2015)第92、94条。

〔6〕我国有关能源方面的法律、法规和规章等数量十分庞大,根据内容可以分为综合、电力、煤炭、石油天然气、新能源、能源节约、核电、市场监管及电力安全监管等方面;具体可参见国家能源局:《能源法律法规政策文件汇编》,载http://www.nea.gov.cn/nyflfg/index.htm,2018年1月30日最后访问。

〔7〕资源与环境保护方面的法律(至2017年年底,该方面法律有23部,其中有15部制定于2000年之后)、法规、规章与政策也有很多,具体参见环境保护部的网站中的"政策法规",载http://www.zhb.gov.cn/gzfw_13107/zcfg/fl/,2018年1月30日最后访问。

心使命之所在。能源、资源和环境方面的法律可以分为以下几类:节能提效方面的法律,发展可再生能源方面的法律,增加碳汇方面的法律,促进绿色技术方面的法律,环境保护方面的法律等。

1. 节约能源法

1997 年 11 月 1 日通过、2016 年 7 月 2 日修正的《节约能源法》,对能效标识、能耗限额标准、高耗能产品技术工艺淘汰、节能产品认证、节能标准以及工业节能、建筑节能、交通运输节能、重点用能单位节能做出详细规定。该法所称能源,是指煤炭、石油、天然气、生物质能和电力、热力以及其他直接或者通过加工、转换而取得有用能的各种资源;而节约能源(以下简称节能),是指加强用能管理,采取技术上可行、经济上合理以及环境和社会可以承受的措施,从能源生产到消费的各个环节,降低消耗、减少损失和污染物排放、制止浪费,有效、合理地利用能源。[1] 可见,该法重点在于化石能源,技术在节能方面的作用被充分重视。其中涉及技术转让的内容有:国家鼓励、支持节能科学技术的研究、开发、示范和推广,促进节能技术创新与进步。国家开展节能宣传和教育,将节能知识纳入国民教育和培训体系,普及节能科学知识,增强全民的节能意识,提倡节约型的消费方式。[2] 禁止生产、进口、销售国家明令淘汰或者不符合强制性能源效率标准的用能产品、设备;禁止使用国家明令淘汰的用能设备、生产工艺。[3] 国家支持节能服务机构开展节能知识宣传和节能技术培训,提供节能信息、节能示范和其他公益性节能服务。[4] 国家鼓励行业协会在行业节能规划、节能标准的制定和实施、节能技术推广、能源消费统计、节能宣传培训和信息咨询等方面发挥作用。[5] 用能单位应当按照合理用能的原则,加强节能管理,制定并实施节能计划和节能技术措施,降低能源消耗。[6] 国务院管理节能工作的部门会同国务院有关部门制定电力、钢铁、有色金属、建材、石油加工、化工、煤炭等主要耗能行业的节能技术政策,推动企业节能技术改造。[7] 国家鼓励工业企业采用高效、节能的电动机、锅炉、窑炉、风机、泵类等设备,采用热电联产、余热余压利用、洁净煤以及先进的用能

[1] 《中华人民共和国节约能源法》(2016 修正)第 2、3 条。
[2] 《中华人民共和国节约能源法》(2016 修正)第 8 条。
[3] 《中华人民共和国节约能源法》(2016 修正)第 17 条。
[4] 《中华人民共和国节约能源法》(2016 修正)第 22 条第 2 款。
[5] 《中华人民共和国节约能源法》(2016 修正)第 23 条。
[6] 《中华人民共和国节约能源法》(2016 修正)第 24 条。
[7] 《中华人民共和国节约能源法》(2016 修正)第 30 条。

监测和控制等技术。[1] 但涉及技术转让的内容主要集中于该法的第四章"节能技术进步"和第五章"激励措施"中。

在"节能技术进步"一章中,规定:国务院及各地人民政府以加强节能技术研究、开发和推广应用为工作的重心。国务院管理节能工作的部门会同国务院科技主管部门发布节能技术政策大纲,指导节能技术研究、开发和推广应用国务院管理节能工作的部门会同国务院有关部门制定并公布节能技术、节能产品的推广目录,引导用能单位和个人使用先进的节能技术、节能产品;农业、科技等有关主管部门应当支持、推广在农业生产、农产品加工储运等方面应用节能技术和节能产品。县级以上各级人民政府应当把节能技术研究开发作为政府科技投入的重点领域,支持科研单位和企业开展节能技术应用研究,制定节能标准,开发节能共性和关键技术,促进节能技术创新与成果转化;按照因地制宜、多能互补、综合利用、讲求效益的原则,加强农业和农村节能工作,增加对农业和农村节能技术、节能产品推广应用的资金投入。[2] 此外,国家鼓励、支持在农村大力发展沼气,推广生物质能、太阳能和风能等可再生能源利用技术,按照科学规划、有序开发的原则发展小型水力发电,推广节能型的农村住宅和炉灶等,鼓励利用非耕地种植能源职务,大力发展薪炭林等能源林。[3] 这些内容的关键在于推广相关技术的运用,而"推广"无疑要以技术转让为条件,它是更广泛意义上的"转让";其中不可避免地会涉及技术从一个主体转移给另一个主体的行为,这便是转让。

"激励措施"这一章在财政、税收、进口、信贷、奖励等方面对节能技术的推广和引进做出了明确规定。(1)中央财政和省级地方财政安排节能专项资金,支持节能技术研究开发、节能技术和产品的示范与推广、重点节能工程的实施、节能宣传培训、信息服务和表彰奖励等。(2)国家对生产、使用列入国务院规定的推广目录的需要支持的节能技术、节能产品,实行税收优惠等扶持政策;通过财政补贴支持节能照明器具等节能产品的推广和使用。(3)国家运用税收等政策,鼓励先进节能技术、设备的进口,控制在生产过程中耗能高、污染重的产品的出口。(4)国家引导金融机构增加对节能项目的信贷支持,为符合条件的节能技术研究开发、节能产品生产以及节能技术改造等项目提供优惠贷款;推动和引导社会有关方面加大对节能的资金投入,加快节能技术

---

〔1〕《中华人民共和国节约能源法》(2016 修正)第 31 条。

〔2〕《中华人民共和国节约能源法》(2016 修正)第 56 ~ 58 条及第 59 条第 1 款。

〔3〕《中华人民共和国节约能源法》(2016 修正)第 59 条第 3 款。

改造。(5)各级人民政府对在节能管理、节能科学技术研究和推广应用中有显著成绩以及检举严重浪费能源行为的单位和个人,给予表彰和奖励。[1] 以上激励措施足见立法者对技术及技术转让在节能中的重大作用的认可。

2. 循环经济促进法

2008 年 8 月 29 日通过的《循环经济促进法》的立法目的之一是"提高资源利用效率",最终目的是促进可持续发展。[2] 其主要内容与节能密切相关。它所称的"循环经济"是指在生产、流通和消费等过程中进行的减量化、再利用、资源化活动的总称。其中,"减量化"是指在生产、流通和消费等过程中减少资源消耗和废物产生;"再利用"是指将废物直接作为产品或者经修复、翻新、再制造后继续作为产品使用,或者将废物的全部或者部分作为其他产品的部件予以使用;"资源化"是指将废物直接作为原料进行利用或者对废物进行再生利用。[3] 这些内容与"节能"相关,要实现这些,技术和技术转让是重要保障。该法涉及的技术转让条款有:(1)国家鼓励和支持开展循环经济科学技术的研究、开发和推广,鼓励开展循环经济宣传、教育、科学知识普及和国际合作。[4] (2)国家鼓励和支持行业协会在循环经济发展中发挥技术指导和服务作用;鼓励和支持中介机构、学会和其他社会组织开展循环经济宣传、技术推广和咨询服务,促进循环经济发展。[5] (3)国务院循环经济发展综合管理部门会同国务院环境保护等有关主管部门,定期发布鼓励、限制和淘汰的技术、工艺、设备、材料和产品名录。禁止生产、进口、销售列入淘汰名录的设备、材料和产品,禁止使用列入淘汰名录的技术、工艺、设备和材料。[6] (4)工业、建筑、采矿、农业、餐饮等行业企业应当采用先进或者适用的节水、节能、节油等技术、工艺和设备,来促进相应的生产和发展。[7] (5)企业应当采用先进技术、工艺和设备,对生产过程中产生的废水、废气、废料、余热、余压等各种废弃物进行再生利用或综合利用。(6)利用财政性资金引进循环经济重大技术、装备的,应当制定消化、吸收和创新方案,报有关主管部门审批并由其监督实施;有关主管部门应当根据实际需要建立协调机制,对重大技术、装备的引进

[1] 《中华人民共和国节约能源法》(2016 修正)第 60、61、63、65、67 条。
[2] 《中华人民共和国循环经济促进法》(2008)第 1 条。
[3] 《中华人民共和国循环经济促进法》(2008)第 2 条。
[4] 《中华人民共和国循环经济促进法》(2008)第 7 条。
[5] 《中华人民共和国循环经济促进法》(2008)第 11 条。
[6] 《中华人民共和国循环经济促进法》(2008)第 18 条。
[7] 《中华人民共和国循环经济促进法》(2008)第 20 ~ 24 条。

和消化、吸收、创新实行统筹协调，并给予资金支持。[1] (7)国家对促进循环经济发展的产业活动给予税收优惠，并运用税收等措施鼓励进口先进的节能、节水、节材等技术、设备和产品，限制在生产过程中耗能高、污染重的产品的出口。企业使用或者生产列入国家清洁生产、资源综合利用等鼓励名录的技术、工艺、设备或者产品的，按照国家有关规定享受税收优惠。[2]

3. 可再生能源法

2005 年 2 月 28 日通过、2009 年 12 月 26 日修订的《可再生能源法》的立法目的是“促进可再生能源的开发利用，增加能源供应，改善能源结构，保障能源安全，保护环境，实现经济社会的可持续发展”。[3] 其所称的可再生能源是指风能、太阳能、水能、生物质能、地热能、海洋能等非化石能源。这些能源的利用无疑与技术开发和利用密切相关。该法中关于技术转让的条款主要有：(1)国家将可再生能源开发利用的科学技术研究和产业化发展列为科技发展与高技术产业发展的优先领域，纳入国家科技发展规划和高技术产业发展规划，并安排资金支持可再生能源开发利用的科学技术研究、应用示范和产业化发展，促进可再生能源开发利用的技术进步，降低可再生能源产品的生产成本，提高产品质量。[4] (2)国家鼓励清洁、高效地开发利用生物质燃料，鼓励发展能源作物；国家鼓励单位和个人安装和使用太阳能热水系统、太阳能供热采暖和制冷系统、太阳能光伏发电系统等太阳能利用系统。[5] (3)县级以上地方人民政府管理能源工作的部门会同有关部门，根据当地经济社会发展、生态保护和卫生综合治理需要等实际情况，制定农村地区可再生能源发展规划，因地制宜地推广应用沼气等生物质资源转化、户用太阳能、小型风能、小型水能等技术。[6] (4)国家财政设立可再生能源发展基金，该基金用于补偿有关差额费用[7]，并用于支持以下事项：①可再生能源开发利用的科学技术研究、标准制定和示范工程；②农村、牧区的可再生能源利用项目……⑤促进可再生能源开发利用设备的本地化生产。[8]

---

[1] 《中华人民共和国循环经济促进法》(2008)第 43 条第 2 款。

[2] 《中华人民共和国循环经济促进法》(2008)第 44 条。

[3] 《中华人民共和国可再生能源法》(2009 修正)第 1 条。

[4] 《中华人民共和国可再生能源法》(2009 修正)第 12 条第 1 款。

[5] 《中华人民共和国可再生能源法》(2009 修正)第 16、17 条。

[6] 《中华人民共和国可再生能源法》(2009 修正)第 18 条第 2 款。

[7] 《中华人民共和国可再生能源法》(2009 修正)第 25 条。

[8] 《中华人民共和国可再生能源法》(2009 修正)第 24 条。

4. 清洁生产促进法

2002 年 6 月 29 日通过、2012 年 2 月 29 修改的《清洁生产促进法》涉及节能，可被视为节能方面的又一部法律。其立法的直接目标是“促进清洁生产，提高资源利用效率”；[1] 节能无疑是提高资源利用效率的重要组成部分。该法所称的“清洁生产”是指不断采取改进设计、使用清洁的能源和原料、采用先进的工艺技术与设备、改善管理、综合利用等措施，从源头削减污染，提高资源利用效率，减少或者避免生产、服务和产品使用过程中污染物的产生和排放，以减轻或者消除对人类健康和环境的危害。[2] 根据该定义，它旨在促进绿色技术方面的发展。该法涉及的技术转让内容有：(1) 国家鼓励开展有关清洁生产的科学研究、技术开发和国际合作，组织宣传、普及清洁生产知识，推广清洁生产技术。[3] (2) 国务院应当制定有利于实施清洁生产的财政税收政策；国务院及其有关部门和省、自治区、直辖市人民政府，应当制定有利于实施清洁生产的产业政策、技术开发和推广政策。[4] (3) 中央预算应当加强对清洁生产促进工作的资金投入，包括中央财政清洁生产专项资金和中央预算安排的其他清洁生产资金，用于支持国家清洁生产推行规划确定的重点领域、重点行业、重点工程实施清洁生产及其技术推广工作，以及生态脆弱地区实施清洁生产的项目。[5] (4) 国务院和省、自治区、直辖市人民政府的有关部门，应当组织和支持建立促进清洁生产信息系统和技术咨询服务体系，向社会提供有关清洁生产方法和技术、可再生利用的废物供求以及清洁生产政策等方面的信息和服务。[6] (5) 县级以上人民政府科学技术部门和其他有关部门，应当指导和支持清洁生产技术和有利于环境与资源保护的产品的研究、开发以及清洁生产技术的示范和推广工作。[7] 在清洁生产实施方面，鼓励各行各业优先采用资源利用率高以及污染物产生量少的清洁生产技术、工艺和设备。[8] 这其中包含有关主体对相关技术的引进及以各种方式如购买、许可等获得的技术。

---

[1] 《中华人民共和国清洁生产促进法》(2012 修正) 第 1 条。
[2] 《中华人民共和国清洁生产促进法》(2012 修正) 第 2 条。.
[3] 《中华人民共和国清洁生产促进法》(2012 修正) 第 6 条第 1 款。
[4] 《中华人民共和国清洁生产促进法》(2012 修正) 第 7 条。
[5] 《中华人民共和国清洁生产促进法》(2012 修正) 第 9 条。
[6] 《中华人民共和国清洁生产促进法》(2012 修正) 第 10 条。
[7] 《中华人民共和国清洁生产促进法》(2012 修正) 第 14 条。
[8] 《中华人民共和国清洁生产促进法》(2012 修正) 第 18 ~ 23 条。

5. 增加碳汇及与环境保护相关的法律

增加碳汇方面的法律主要有1984年9月通过、1998年4月和2009年8月修正的《森林法》，以及1985年6月通过、2002年12月修订、2009年8月和2013年6月修正的《草原法》。前者涉及技术转让的内容有"国家鼓励林业科学研究，推广林业先进技术，提高林业科学技术水平"；[1]后者规定"国家鼓励与支持开展草原保护、建设、利用和监测方面的科学研究，推广先进技术和先进成果，培养科学技术人才"。[2] 这些规定是原则性的。

我国关于环境保护方面的法律已经有10多部，其中与气候变化相关的法律主要有1989年12月通过、2014年修订的《环境保护法》及2002年通过、2016年修正的《环境影响评价法》。《环境保护法》涉及技术转让规定的内容有：(1)国家采取有利于节约和循环利用资源、保护和改善环境、促进人与自然和谐的经济、技术政策和措施，使经济社会发展与环境保护相协调。[3] (2)国家支持环境保护科学技术研究、开发和应用，鼓励环境保护产业发展，促进环境保护信息化建设，提高环境保护科学技术水平。[4] (3)引进外来物种以及研究、开发和利用生物技术，应当采取措施，防止对生物多样性的破坏。[5] (4)各级人民政府应当加强对农业环境的保护，促进农业环境保护新技术的使用，加强对农业污染源的监测预警，统筹有关部门采取措施，防治土壤污染和土地沙化、盐渍化、贫瘠化、石漠化、地面沉降以及防治植被破坏、水土流失、水体富营养化、水源枯竭、种源灭绝等生态失调现象，推广植物病虫害的综合防治。[6] (5)国家促进清洁生产和资源循环利用。国务院有关部门和地方各级人民政府应当采取措施，推广清洁能源的生产和使用。企业应当优先使用清洁能源，采用资源利用率高、污染物排放量少的工艺、设备以及废弃物综合利用技术和污染物无害化处理技术，减少污染物的产生。[7] (6)国家对严重污染环境的工艺、设备和产品实行淘汰制度。任何单位和个人不得生产、销售或者转移、使用严重污染环境的工艺、设备和产品。禁止引进不符合

[1] 《中华人民共和国森林法》(2009修正)第6条。

[2] 《中华人民共和国草原法》(2013修正)第6条。

[3] 《中华人民共和国环境保护法》(2014修订)第4条第2款。

[4] 《中华人民共和国环境保护法》(2014修订)第7条。

[5] 《中华人民共和国环境保护法》(2014修订)第30条第2款。

[6] 《中华人民共和国环境保护法》(2014修订)第33条第1款。

[7] 《中华人民共和国环境保护法》(2014修订)第40条。

我国环境保护规定的技术、设备、材料和产品。[1]《环境影响评价法》虽然无直接条款规定技术转让,但其目的是"实施可持续发展战略,预防因规划和建设项目实施后对环境造成不良影响,促进经济、社会和环境的协调发展"。[2]其所称环境影响评价是指对规划和建设项目实施后可能造成的环境影响进行分析、预测和评估,提出预防或者减轻不良环境影响的对策和措施,进行跟踪监测的方法与制度;[3]这说明其评价的结果会直接或间接影响到被评估单位(特别是生产单位)对有关先进技术的引进或获得。

此外,《水土保持法》、《海岛保护法》及间接涉及环境和气候变化的20部专门法律,如《行政强制法》《水污染防治法》《城乡规划法》《气象法》《固体废物污染环境防治法》《煤炭法》《海洋环境保护法》《农业法》《刑法》等,也或多或少涉及清洁能源技术的使用,但它们涉及技术转让的内容非常少,本章不予讨论。

第四节　中国清洁能源技术转移的政策

技术在应对气候变化中发挥着核心作用。除了法律制度对于相关权利的界定和保障,政策由于其独有的灵活性和高效性,也是清洁能源技术转移重要动力之一。针对气候变化和技术转移的问题,中国政府提出了树立科学发展观和构建和谐社会的重大战略思想,加快建设资源节约型、环境友好型社会,进一步强化了一系列与应对气候变化相关的政策措施并颁发一系列政策以支持和鼓励清洁能源技术转移与发展。

有外国学者评论,中国关于清洁能源发展的国内政策主要依赖自上而下的整体规划。[4] 在清洁能源领域,国家的规划和扶持政策的确占到了很大的一部分,主要可以划分成国家层面应对气候变化政策方案、体制机构建设、行业/技术标准、财政手节、研究、开发和示范工程以及建立相关碳排放市场交易体制等。国家方案可以设定国家总体目标以及未来的发展方向;体制机构建设使清洁能源技术权利信息、转让和保护更为便利;技术改造等政策制定有助

---

〔1〕《中华人民共和国环境保护法》(2014修订)第46条。

〔2〕《中华人民共和国环境影响评价法》(2016修正)第1条。

〔3〕《中华人民共和国环境影响评价法》(2016修正)第2条。

〔4〕Richard Balme,"Thematic Focus:Climate Change Governance,Policy and Litigation in a Multi-Level System,China's Climate Change Policy:Governing at the Core of Globalization",*Carbon & Climate Law Review*,2011.

于清洁能源技术的不断改良,淘汰落后和低效的技术;技术推广尤其是国家的研究、开发和示范工程,有助于先进技术的研发和推广,减少清洁能源领域投资风险;财政手节,如相关的税收优惠和补贴,将大大促进清洁能源技术的开发、成果转化、转移和传播;技术交易的市场机制更是运用市场手节,促进清洁能源相关技术在不同市场主体之间的流转。

一、体制机构建设

组织机制的作用在于,其能够更好地引导市场主体,以最有利于社会公益的方式进行。古语有云:"王者以制度为节,使用之有道,役之有时,则不伤财,不害民也。"资本总是前往最有利可图的地方,但是经济活动也往往造成环境污染和资源匮乏等问题。这种巨大的"外部性"因素注定了市场在全球气候问题上的失灵,此时便需要政府介入和干预经济活动,使其向着最符合人类利益的方向发展。

清洁能源技术的重要性已经远远超出了想象。随着绿色经济和知识经济的到来,能源与技术的结合成为应对气候变化重要对策以及引爆经济发展的新的增长点。能源安全与国家安全紧密相连,技术创新与国家竞争力几乎可以画等号。在此种复杂的情况下,更需要国家和政府建立专门的组织机制以应对复杂多变的社会状况。

中国清洁能源技术转移的领导或主管机构主要有国务院在 2007 年成立的国家应对气候变化及节能减排工作领导小组(以下简称领导小组),生态环境部下的气候变化司,国家发改委下的能源局和科技部等。

领导小组组长由国务院总理亲任,其主要任务是:研究制定国家应对气候变化的重大战略、方针和对策,统一部署应对气候变化工作,研究审议国际合作和谈判方案,协调解决应对气候变化工作中的重大问题;组织贯彻落实国务院有关节能减排工作的方针政策,统一部署节能减排工作,研究审议重大政策建议,协调解决工作中的重大问题。[1]

领导小组会议视议题确定参会成员。在 2018 年 3 月国务院机构改革之前,领导小组下设国家应对气候变化领导小组办公室、国务院节能减排工作领导小组办公室,均设在发展改革委员会内,具体承担领导小组的日常工作,相应充实力量。国家应对气候变化领导小组办公室是在原国家气候变化对策协

---

〔1〕 中华人民共和国国家发展与改革委员会应对气候变化司:《国家应对气候变化领导小组》,载 http://qhs.ndrc.gov.cn/ldxz/,2018 年 1 月 30 日最后访问。

调小组办公室的基础上的完善和加强。国务院节能减排工作领导小组办公室,有关综合协调和节能方面的工作由发展改革委员会为主承担,有关污染减排方面的工作由环保总局为主承担。可见,领导小组主要是领导、决策机构,具体执行由相关部委进行。

涉及清洁能源技术转移的主管部门,具体说来有以下三个:

(一)国家气候变化对策协调小组/应对气候变化司

中国应对气候变化的清洁能源技术得以如此迅速发展,与其前瞻性的组织应对气候变化的组织机制有极大的关系。

目前的国家气候变化对策协调小组雏形为1990年设于当时的国务院环境保护委员会下的国家气候变化协调小组,协调小组办公室设在原国家气象局。1998年,在中央国家机关机构改革过程中,设立了由发改委牵头的13个部门组成的“国家气候变化对策协调小组”,其任务之一是在应对气候变化的清洁能源技术发展方面进行跨部门的安排、合作与协调。

协调小组是我国政府协调气候变化领域重大活动和决策的领导机构,每年定期召开一次协调小组全体成员会议,同时根据需要就气候变化领域的重大问题随时召集协调小组成员单位进行商议。国家气候变化对策协调小组下设办公室,为常设机构,具体负责协调小组交办的各项工作,并负责国内气候变化相关活动的统一协调和管理,特别是与我国履约相关的活动,如编制国家信息通报、开展CDM项目合作、与其他国家和国际组织开展能力建设合作等。[1]

早在1996年,国家气候变化协调小组办公室就曾向联合国开发计划署申请信息通报项目,其中就包括能源的信息通报。国家气候变化对策协调小组办公室从1998年开始与全球环境基金(GEF)协商开展“中国准备初始国家信息通报的能力建设(ECPINC)”项目。该项目共设置了7个直接目标及相应的产出和活动,其中前5个目标是按部门编制国家温室气体排放清单,分别为能源、工业生产工艺过程、农业、土地利用变化和森林以及城市废弃物等领域。为顺利实施和完成项目,国家气候变化协调领导小组办公室作为项目的执行机构,进行了如下组织工作:(1)成立了项目领导小组,其成员由原国家计委、外交部、中国气象局、国家科技部、国家环保总局、财政部、国家经贸委和中国科学院等单位的相应人员组成;(2)按照领域成立了两个技术工作组,分

---

〔1〕 国家发展改革委应对气候变化司编著:《清洁发展机制读本》,中国标准出版社2008年版,第9页。

别聘请了相应的首席专家，各领域首席专家负责和组织相应专题技术工作组的工作。[1] 可以说这是我国最早的对清洁能源进行技术调查和摸底的工作了。

2007 年，国家气候变化对策协调小组升级为应对气候变化司，当时设在发改委下面，直至 2018 年 3 月国务院机构改革后，将其转至新成立的"生态环境部"之下，但其职能没有根本性变化。

(二)新能源和可再生能源司

新能源和可再生能源司隶属于发改委下设的能源局，其主要职责为指导协调新能源、可再生能源和农村能源发展，组织拟订新能源、水能、生物质能和其他可再生能源发展规划、计划和政策并组织实施。[2]

新能源和再生能源司最重要的贡献在于新能源的开发和新能源发电项目的管理，每年对于风能、水能、光能等新能源的开发项目进行实地调查和研究，对于合适的新能源进行开发项目的立项和审批，对新能源发电并网进行调研和管理。

(三)高新技术发展及产业化司

高新技术发展及产业化司隶属于科技部，主管能源技术产业化政策研究和指导各地高新区建设以及监管技术交易市场，其主要职责在于协调有关部门拟订相关领域高新技术发展及产业化的规划，提出行业创新发展政策建议；会同有关部门开展高新技术的需求分析和预测，凝练国家重点研发计划专项，编制指南，遴选项目管理专业机构；指导国家高新技术产业开发区建设；推动高新技术产业化相关技术服务体系建设。

高新技术发展及产业化司在清洁能源技术产业化发挥了巨大的作用。例如，对国家"863"计划主题项目"生物质制清洁燃料关键技术与示范"通过中期检查，对国家科技支撑计划重大项目"7MW 级风电机组及关键部件设计及产业化技术"进行工作协调，对国家科技支撑计划"太阳能储热技术及规模化应用"项目进行可行性论证，对国家科技支撑计划"核技术应用研究"项目进行可行性论证等。

此外，有一个主要为发改委等提供决策建议的国家发改委能源研究所，对清洁能源技术转移也会产生一些影响。这里也做简单介绍。

---

〔1〕 国家气候变化协调小组：*National Coordination Committee on Climate Change*，载《世界环境》2008 年第 2 期。

〔2〕 参见能源局新能源和可再生能源司官网：http://www.nea.gov.cn/sjzz/xny/index.htm。

国家发展与改革委员会能源研究所是综合研究中国能源问题的国家级研究机构，以国家宏观能源经济与区域能源经济、能源产业发展、能源技术政策、能源供需预测、能源安全、能源与环境、节能与提高能源效率、可再生能源和替代能源发展等与经济社会发展相关的能源经济问题为主要研究方向。其研究结果对于政策制定有着重要的影响。下文对该所的两个中心进行简要介绍：

1. 国家可再生能源发展中心

能源研究所中专设"可再生能源发展中心"，国家可再生能源发展中心是从事可再生能源领域政策研究的机构，主要研究国内外新能源与可再生能源产业化的途径和措施，为政府部门制定中长期发展规划及相应的产业政策提供决策依据；传播新能源和可再生能源商业化发展的信息，为国内外新能源和可再生能源企业提供技术咨询服务。目前关于清洁能源领域的研究主要有：可再生能源产业化政策研究；可再生能源技术的开发与推广等。

目前，中心与国内相关政府部门和科研机构建立了良好的合作研究关系；同时，与世界银行、联合国开发计划署（UNDP）、国际能源机构（IEA）、亚行等国际机构建立了广泛的交流与合作。〔1〕

2. 清洁发展机制项目管理中心

"清洁能源机制（CDM）管理中心"也隶属于发改委能源研究所，发展和监管中国 CDM 项目。清洁发展机制项目管理中心（CDM 中心）是国家发展和改革委员会根据《国家清洁发展机制项目运行管理办法》的相关规定和要求成立的国家清洁发展机制项目管理机构。

CDM 中心目前承担的主要工作包括：(1) CDM 项目的相关管理和研究工作，包括协助国家发改委气候司进行 CDM 项目的组织申报和专家评审和签发、CDM 项目数据库信息系统的开发和管理、对清洁发展机制项目实施情况进行必要的监测和监督、开展清洁发展机制相关的能力建设活动并提供有关的管理、技术咨询服务、协助气候司对中国清洁发展机制基金资助项目进行汇总、CDM 项目相关问题的跟踪和分析等；(2) 支持和参与国家气候变化谈判，包括研究提出气候变化谈判的相关战略、参与政府在气候变化的国际谈判等；(3) 应对气候变化及节能减排的相关政策研究，包括国家应对气候变化的重大课题、国家节能减排的相关战略、规划与政策研究等；(4) 促进低碳和节能减排的灵活市场机制的相关研究，包括对节能交易、碳交易体系、合同能源

---

〔1〕 参见《国家发展和改革委员会国家可再生能源中心概况》，载 http://www.cnrec.org.cn/zxjs/zxjs/。

管理及节能服务产业等相关市场机制的研究的推动;(5)国际合作项目的开发和管理,包括协助气候司进行 CDM 项目能力建设方面的国际合作、完成政府委托的有关气候变化及节能方面的国际合作项目等。

二、与清洁能源技术转移相关的国家规划

在减缓和适应气候变化过程中,我国逐渐认识到技术转移(尤其是清洁能源的技术转移)在节能减排方面的重要性。多年来,中国政府提出科学发展观,倡导可持续发展,一直坚定不移地推行有利于节约能源资源、保护环境的生产方式、生活方式和消费模式,建设"低投入、高产出,低消耗、少排放,能循环、可持续"的国民经济体系,推动整个社会走上生产发展、生活富裕、生态良好的稳定、健康的发展道路。中国采取了一系列积极的政策行动,将清洁能源技术转移纳入国家规划的高度,包括各种形式的国家方案、白皮书、国民经济发展规划。下文对主要的相关政策文件作简要分析和介绍。

(一)国家方案和长期规划

国家方案和中长期规划都是长期性的政策,是国家对国计民生深思熟虑之后对本国未来的发展设定的目标和做出的安排。

1. 能源方面的中长期发展规划

(1)《能源中长期发展规划纲要(2004—2020年)》

2004年,国务院通过了《能源中长期发展规划纲要(2004—2020年)》(以下简称《纲要》)。该《纲要》明确提出以科学发展观为指导,坚持节能优先的方针,并以提高能效、发展清洁能源、加快技术进步、形成企业和社会自觉节能的机制、建设节能型社会为指导方针。[1]

该《纲要》将节约能源上升为基本国策,更为重要的是,开发天然气、核能、太阳能以及风能等可再生能源成为其中最为重要的应对政策。该《纲要》发布时恰逢中国用电量飙升,全国大部分地区出现电荒,大面积拉闸限电严重影响了社会生产生活。与此同时,中国核电开始成熟,我国第一座自主设计、自主建造、自主管理、自主运营的大型商用核电站——秦山核电二期工程并网发电,开始有效缓解华东电网的供电紧张状况。[2] "电荒"背后的"重开发、

---

〔1〕 国务院《中长期发展规划纲要(2004—2020)》,载 http://www.csuaee.com.cn/CMS/news/2011113/n559911000.html,2018年1月30日最后访问。

〔2〕 《〈今天的中国节目〉实录:盘点2004之中国能源产业》,载全球光伏网:http://www.pvall.com/news/content-6039.aspx,2018年1月30日最后访问。

轻节约,重速度、轻效益”的思路受到严重批评。节能和发展新能源成为中国摆脱能源约束和保护环境的重要举措。

《纲要》认为节能必须依靠技术进步。[1] 但是中国先进适用的节能技术,特别是一些有重大带动作用的共性和关键技术开发不够,相关企业节能技术推广困难。因此,政府应当发挥积极作用,尤其是在技术开发推广方面,第一,组织对共性、关键和前沿节能技术的科研开发,引进国外先进的节能技术消化吸收;第二,制定节能技术开发、示范和推广计划,明确阶节目标、重点支持政策;第三,建立节能共性技术和通用设备科研基地(平台),鼓励依托科研单位和企业、个人开发先进节能技术和高效节能设备。同时,鼓励市场主体发挥活力,其中就包括建立节能信息发布制度,及时发布国内外先进的节能新技术、新工艺、新设备及先进的管理经验。

《纲要》最大的贡献就是调动一切的政府力量来推动节能国策的落实。淘汰落后高耗能产业,鼓励节能技术和产品,并且提供各种财税、信息技术和消费市场的支持,尤其是对可再生能源的大力扶持,自上而下的节能需求和企业追逐利润的内生动力大大刺激清洁能源技术的开发与创新,从而促进清洁能源技术实施、转移和推广。

(2)可再生能源中长期发展规划

《可再生能源中长期发展规划》是2007年中华人民共和国国家与发展改革委员会发布的,旨在提高中国可再生能源利用率,可再生能源被寄予满足能源需求、改善能源结构、减少环境污染、促进经济可持续发展的厚望。《可再生能源中长期发展规划》预计在2010~2020年,大多数可再生能源技术可具有市场竞争力,在2020年以后将会有更快的发展,并逐步成为主导能源。

《可再生能源中长期发展规划》是第一个专门以清洁能源发展为主题的中长期规划,对于技术发展的内容有详细的阐述。[2] 通过国内外相关政策的对比,可以了解我国清洁能源发展的劣势。在技术领域,国外在政策支持、产业扶持和资金支持方面均有向清洁能源技术研发推广和宣传方面倾斜。中国技术开发和产业能力体系薄弱。“除水力发电、太阳能热利用和沼气外,其他可再生能源的技术水平较低,缺乏技术研发能力,设备制造能力弱,技术和设备生产较多依靠进口,技术水平和生产能力与国外先进水平差距较大。同时,

---

〔1〕 国务院《中长期发展规划纲要(2004—2020)》,载 http://www.csuaee.com.cn/CMS/news/2011113/n559911000.html,2018年1月30日最后访问。

〔2〕《可再生能源中长期发展规划》第1.2节。

可再生能源资源评价、技术标准、产品检测和认证等体系不完善,人才培养不能满足市场快速发展的要求,没有形成支撑可再生能源产业发展的技术服务体系。"[1]在发展清洁能源基本原则方面,"坚持市场开发与产业发展互相促进"和"坚持近期开发利用与长期技术储备相结合",既要建立以自我创新为主的可再生能源技术开发和产业发展体系,也要重视未来发展前景良好的太阳能光伏发电、生物液体燃料等可再生能源技术。在规划实施保障方面,整合现有技术,国家对于清洁能源技术的研发、运用以及国外先进技术的消化吸收方面做出专项安排,促进技术进步,力争"到2020年,建立起完善的可再生能源技术和产业体系,形成以自有知识产权为主的可再生能源装备能力"。[2]

2. 气候变化方面的国家方案和国家中长期规划[3]

(1)中国应对气候变化的国家方案

作为《联合国气候变化框架公约》缔约国,2007年,中国政府履行公约义务,特制定《中国应对气候变化国家方案》(以下简称《国家方案》)。该方案明确了到2010年中国应对气候变化的具体目标、基本原则、重点领域及其政策措施。[4]

《国家方案》共有5部分,其中第3部分第2节(原则)、第4部分第1节(减缓温室气体排放的重点领域)和第2节(适应气候变化的重点领域)以及第3节(气候变化相关科技工作)、第5部分第2节(气候变化国际合作需求)中均提到技术转让的内容。

依靠科技进步和科技创新是中国应对气候变化的原则之一。科技进步和科技创新是减缓温室气体排放、提高气候变化适应能力的有效途径。中国将充分发挥科技进步在减缓和适应气候变化中的先导性和基础性作用,大力发展新能源、可再生能源技术和节能新技术,促进碳吸收技术和各种适应性技术的发展,加快科技创新和技术引进步伐,为应对气候变化、增强可持续发展能力提供强有力的科技支撑。[5]

为减缓气候变化,《国家方案》进行了三个方面的考量。①加强制度创新

---

〔1〕《可再生能源中长期发展规划》第2.2节。

〔2〕《可再生能源中长期发展规划》第8.6节。

〔3〕本章涉及的气候变化政策,除下文提到的外,可参见马忠法:《应对气候变化的国际技术转让法律制度研究》,法律出版社2014年版,第416~433页。

〔4〕国务院《国务院关于印发中国应对气候变化国家方案的通知》(国发〔2007〕17号)。

〔5〕《中国应对气候变化的国家方案(2007)》第三部分,载http://www.ccchina.gov.cn/WebSite/CCChina/UpFile/File189.pdf,2018年1月30日最后访问。

和机制建设。对能源价格进行改革，逐步形成能够反映资源稀缺程度、市场供求关系和污染治理成本的价格形成机制。[1] 此外，财政资金投入机制以及持续稳定增长的可再生能源市场也是工作的重点。②强化能源供应。中国能源需求的提升以及对能源安全的顾虑提升了清洁能源的重要性。该方案倡导有序开发水电，积极推进核电建设，大力发展煤层气产业，推进生物质能源的发展，积极扶持风能、太阳能、地热能、海洋能等的开发和利用。③加大先进适用技术开发和推广力度。重点研究水热风光等清洁能源技术的开发，实现相关技术的自主创新能力，比如提倡风电设备的国产化以增强其市场竞争力。

在适应气候变化方面，提高能效和淘汰落后产能是并行的两大任务。《国家方案》将强化重点行业的节能技术开发和推广作为重点任务。[2] 钢铁、冶金、石油化工、建材、交通、农业均是高耗能行业，要求这六大行业降低能耗，清洁生产，技术创新。同时倡导进一步落实《节能中长期专项规划》提出的十大重点节能工程。提高能效和清洁能源技术属于气候变化相关科技工作的重点研究对象，国家在资金、人才和机制方面予以支持。[3] 有效利用中国清洁发展机制基金。中国政府对清洁发展机制项目（CDM）收取一定比例的"温室气体减排量转让额"，用于建立中国清洁发展机制基金，并通过基金管理中心支持气候变化领域的相关活动。[4]

《国家方案》坚持国际技术合作与转让，使全球共享技术发展所产生的惠益；强调应建立有效的技术合作机制，促进应对气候变化技术的研发、应用与转让；消除技术合作中存在的政策、体制、程序、资金以及知识产权保护方面的障碍，为技术合作和技术转让提供激励措施，使技术合作和技术转让在实践中得以顺利进行；建立国际技术合作基金，确保广大发展中国家买得起、用得上先进的环境友好型技术。[5]

（2）《国家应对气候变化规划（2014—2020年）》

《国家应对气候变化规划（2014—2020年）》认为中国能源消费结构不合理、能耗水平偏高是制约经济环境发展的重要瓶颈。[6] 该规划将"坚持科技创新和制度创新相辅相成"作为中国应对气候变化指导原则之一，并专设一

---

〔1〕《中国应对气候变化的国家方案（2007）》第四部分第2节。
〔2〕《中国应对气候变化的国家方案（2007）》第四部分第3节。
〔3〕《中国应对气候变化的国家方案（2007）》第四部分第3节。
〔4〕《中国应对气候变化的国家方案（2007）》第四部分第5节。
〔5〕《中国应对气候变化的国家方案（2007）》第五部分第2节。
〔6〕《国家应对气候变化的中长期规划（2014—2020年）》第3.2节。

章“强化科技支撑”来详细阐述环境友好型技术的研究、开发和推广运用，将重点发展的低碳技术列入技术清单作为国家重点扶持的对象。[1]

3.《国家中长期科学和技术发展规划纲要(2006—2020年)》

2006年2月，国务院印发了《国家中长期科学和技术发展规划纲要(2006—2020年)》(以下简称《规划纲要》)。《规划纲要》最大的特点就是突出自主创新，并将自主创新作为我国科技发展的指导思想和国家战略，将能源和环境确定为科学技术发展的重点领域。[2]

《规划纲要》强调自主创新，并以此为主线贯通全篇，从成因分析到指导方针再到发展重大领域和发展前沿技术，均强调自主创新的重要地位。《规划纲要》认为，我国与发达国家相比关键技术自给率低，发明专利数量少。为此，我国科技工作指导方针是“自主创新，重点跨越，支撑发展，引领未来”。自主创新包括原始性创新、集成创新、引进消化吸收再创新。[3] 支撑发展则为从现实的紧迫需求出发，着力突破重大关键、共性技术，支撑经济社会的持续协调发展。自主创新从来不反对引进技术，但要反对“引进、落后，再引进、再落后”。[4] 只引进而不注重技术的消化吸收和再创新，势必削弱自主研究开发的能力，拉大与世界先进水平的差距。

能源在国民经济中具有特别重要的战略性地位。[5] 除节能和增加能源供应两大目标之外，能源的清洁利用是未来能源技术发展的主要方向，尤其是在经济、高效、清洁利用和新型能源开发领域。第一，在能源生产设备上，对能源装备引进技术的消化、吸收和再创新，攻克先进煤电、核电等重大装备制造核心技术成为发展能源的重要主题。[6] 第二，在能源技术上，规模化的氢能利用和分布式供能系统，先进核能及核燃料循环技术，开发高效、清洁和二氧化碳近零排放的化石能源开发利用技术，低成本、高效率的可再生能源新技术

---

[1] 《国家应对气候变化的中长期规划(2014—2020年)》第8节。

[2] 《中国应对气候变化的政策与行动(2008)白皮书》第1.2节，载http://www.dss.gov.cn/Article_Print.asp? ArticleID=199757，2018年1月30日最后访问。

[3] 国务院：《国家中长期科学和技术发展规划纲要(2006—2020年)》第2.1节，载http://www.dss.gov.cn/Article_Print.asp? ArticleID=199757，2018年1月30日最后访问。

[4] 佚名：《〈国家中长期科学和技术发展规划纲要(2006—2020年)〉导读》，载《安徽科技》2006年第3期。

[5] 国务院：《国家中长期科学和技术发展规划纲要(2006—2020年)》第3.1节，载http://www.dss.gov.cn/Article_Print.asp? ArticleID=199757，2018年1月30日最后访问。

[6] 国务院：《国家中长期科学和技术发展规划纲要(2006—2020年)》第3.1节。

成为重点研究对象。[1]

同时,《规划纲要》强调利用知识产权制度提高我国科技创新水平。第一,营造尊重和保护知识产权的法治环境,强化科技人员和科技管理人员的知识产权意识。第二,知识产权的保有和防止滥用。建立对企业并购、技术交易等重大经济活动知识产权特别审查机制,避免自主知识产权流失。防止滥用知识产权而对正常的市场竞争机制造成不正当的限制,阻碍科技创新和科技成果的推广应用。[2] 第三,将形成技术标准作为国家科技计划的重要目标,积极参与国际标准的制定,推动我国技术标准成为国际标准。第四,注重技术转移市场交易机制。构建技术交流与技术交易信息平台,对国家大学科技园、科技企业孵化基地、生产力促进中心、技术转移中心等科技中介服务机构开展的技术开发与服务活动给予政策扶持。

《规划纲要》明确了我国未来科学技术的发展方向,将能源领域作为重大发展领域,客观上将国家科技资源和政策向清洁能源技术领域倾斜,并且强调知识产权和自主创新的重要作用,让市场主体在清洁能源技术运用和转移中迸发活力。

(二)国家应对气候变化的白皮书

1.《1994 年白皮书》[3]

《1994 年白皮书》是我国早期关于气候变化和发展清洁能源技术的国家层面的倡议。它总共分 20 章,其第 4 章(可持续发展经济政策)、第 5 章(费用与资金机制)、第 6 章(教育与可持续发展能力建设)、第 13 章(可持续的能源生产和消费)、第 15 章(生物多样性保护)、第 16 章(荒漠化防治)和第 18 章(保护大气层)中均提到技术转让。实际上它是履行《21 世纪议程》的中国政策,同时将与气候、环境相关的重要国际条约中有关技术转让的规定通过该议程在中国落实。由于中国当时的经济发展基本上仍然沿袭以大量消耗资源能源和粗放经营为特征的传统发展模式,不仅对生态环境造成极大损害,而且使经济增长难以持续。因此,总体上转变发展战略,走依靠科技进步实现可持续发展道路,是加速中国经济发展的正确选择。[4] 而在具体促进经济发展行动方面就必须结合现有技术改造,推行清洁生产;加速科技进步和提高科技在

---

〔1〕 国务院:《国家中长期科学和技术发展规划纲要(2006－2020 年)》第 5.5 节。

〔2〕 国务院:《国家中长期科学和技术发展规划纲要(2006－2020 年)》第 8.4 节。

〔3〕 文件全名为《中国 21 世纪议程——中国 21 世纪人口、环境与发展白皮书》。

〔4〕《中国 21 世纪议程——中国 21 世纪人口、环境与发展白皮书》(1994)第 4.19 节。

经济增长中的含量;发展高新技术,建立高新技术产业;利用高新技术改造传统产业。[1]

在有效利用经济手段和市场机制行动方面,在国际社会的帮助下,结合中国的具体国情,更新传统技术和开发新一代支持可持续发展的技术产业,重要措施之一是利用经济手段和市场机制,促进在与环境资源密切相关的产业部门,如在能源、交通、工业、健康卫生、第三产业等领域开发、引进、推广应用环境无害技术。[2] (1)费用和资金方面,根据发展形势和《1994年白皮书》实施的需要和可能,逐步建立可持续发展能力建设基金、技术转让基金和技术合作基金等,充分吸纳和有效利用国内外的各种投资。[3] 同时,深化科技体制改革,完善技术市场,促进科技成果的转让与推广,形成科学研究、技术开发、生产、市场有机相连的"一条龙"体系。[4] (2)可持续生产和消费方面,支持对各种环境无害的能源系统,包括新能源和可再生能源技术的研究、开发、转让和使用。[5] (3)生物多样性保护方面,继续扩大双边、周边与多边合作,在管理、科学研究、技术开发与转让、人员培训等领域加强交流与合作,包括在两国边境接壤地区联合或对应建立自然保护区,以便更好地保护迁徙性动物。[6] (4)荒漠化防治方面,重要的是加强水土保持,其工作中的科技手段有:研究出费用小效益高的实施方案和相应的水土保持技术经济政策,进行试验、示范、推广;建立科技成果有偿转让、推广的政策与制度。[7] (5)在保护大气层方面,中国的努力旨在保证国家经济、社会发展的可持续性,并为致力于全球大气层保护的国际合作做出贡献。[8]

在其他章节,多处提到推广清洁技术,如重点发展电子信息、计算机及其软件、通信、生物工程、自动化、航空、航天、新能源、新材料等高技术,推广高技术成果,形成高技术产业。依靠科技进步,开发影响全球环境的污染物控制技术和工业污染;控制最佳适用技术与装备,并在全国普及推广;加强国际技术合作,与发达国家合作开发研究先进的清洁技术,并争取国际组织技术和资金

---

〔1〕《中国21世纪议程——中国21世纪人口、环境与发展白皮书》(1994)第4.23节和第4.25节。

〔2〕《中国21世纪议程——中国21世纪人口、环境与发展白皮书》(1994)第4.36节。

〔3〕《中国21世纪议程——中国21世纪人口、环境与发展白皮书》(1994)第5.4节和第5.15节。

〔4〕《中国21世纪议程——中国21世纪人口、环境与发展白皮书》(1994)第6.45节。

〔5〕《中国21世纪议程——中国21世纪人口、环境与发展白皮书》(1994)第13.16节。

〔6〕《中国21世纪议程——中国21世纪人口、环境与发展白皮书》(1994)第15.20节。

〔7〕《中国21世纪议程——中国21世纪人口、环境与发展白皮书》(1994)第16.31节。

〔8〕《中国21世纪议程——中国21世纪人口、环境与发展白皮书》(1994)第12.18节和第18.1节。

的援助。[1]

此外，《1994 年白皮书》指出，中国建立并完善了国家应对气候变化领导小组统一领导、国家发展和改革委员会归口管理、各有关部门分工负责、各地方各行业广泛参与的应对气候变化管理体制和工作机制。

《1994 年白皮书》是我国较早通过的应对气候变化方面非常重要的政策，其内容既体现了我国对《21 世纪议程》的呼应，又为国内做好应对气候变化提供了纲领性的指导。关于技术转让规定除了上述列举内容之外，还有多处涉及技术转让。可见其对技术转让在我国应对气候变化方面的高度认可和肯定。这些规定为中国气候应对的技术转让的政策制定和相应法律法规的规定提供了总体的规划和框架，为相关制度的形成和发展打下了一定的基础。但它们面对的首要问题是如何在具体法律制度和行动中得到落实和体现。

2. 中国应对气候变化的行动与政策白皮书

2008 年 10 月、2009 年 11 月、2010 年 11 月、2011 年 11 月、2012 年 11 月、2013 年 11 月以及 2014 年 11 月，国家发展和改革委员会分别通过各年度的《中国应对气候的政策与行动》报告，每一个报告中均有技术转让的内容。

2008 年，中国发布《中国应对气候变化的政策与行动》（以下简称《2008 年白皮书》），在增强自身的技术能力的同时，特别强调发达国家向发展中国家转让技术的义务。第一，《2008 年白皮书》回顾了中国在应对气候变化方面所做的努力。通过调整产业结构，节能提效法规和政策的实施以及大力发展循环经济，形成了一批具有自主知识产权的先进技术，特别是开发、示范和推广了一批对行业有重大带动作用的共性和关键技术。第二，强调发达国家在气候变化中所承担的义务。在"应对气候变化的战略和目标"中，中国认为"依靠科技创新和技术转让，应对气候变化要靠技术，技术创新和技术转让是应对气候变化的基础和支撑。发达国家有义务在推动本国开发和应用先进技术的同时，促进国际技术合作与转让，切实履行向发展中国家提供资金和转让技术的承诺，使发展中国家拿得到所需资金，用得上气候友好技术，提高减缓和适应气候变化能力"。[2] 第三，倡导在清洁能源技术的国际合作和建立共享机制。"中国积极推动和参与《气候公约》框架下的技术转让，努力创建有利于国际技术转让的国内环境，并提交了技术需求清单。中国认为，《气候公

---

〔1〕《中国 21 世纪议程——中国 21 世纪人口、环境与发展白皮书》(1994) 第 12.46 节和第 48 节。

〔2〕《中国应对气候变化的政策与行动》(2008) 第 3.1 节，载 http://files.ncsc.org.cn/www/201308/20130 816140701350.pdf，2018 年 1 月 30 日最后访问。

约》框架下的技术转让不应单纯依靠市场，关键在于发达国家政府应努力减少和消除技术转让障碍，采取引导和激励政策与措施，在推动技术转让过程中发挥作用。对于尚在研发之中的应对气候变化的关键技术，应依靠国际社会广大成员国的合力，抓紧取得突破性进展，并为世界各国所共享。”[1]

2009 年年度报告中，多次提到技术转让。首先，回顾了中国在 2008 年到 2009 年期间在技术转让中取得的成就。尤其是《应对气候变化技术开发与转让北京宣言》的发布，强调技术转让的重要性。会议认为应致力于消除政策、知识、体制、资金和法律方面的障碍，并创设激励办法，以促进减缓与适应气候变化技术的有效转让与推广。同时，需要有涵盖技术开发与转让各阶段的全新的、创造性的国际合作机制。[2] 其次，围绕《巴厘岛线路图》和巴厘岛计划而展开的有关技术转让的规定，认为国际谈判的矛盾焦点还是减排责任分担、资金提供和技术转让。敦促发达国家履行国际层面强调技术转让的义务。最后，为国际气候变化公约在技术转让方面建言献策，建议在公约缔约方会议下设立技术开发和技术转让附属机构。在公约缔约方会议的指导下，负责规划、组织、协调、监督和评估国际技术开发和技术转让活动。

2010 年年度报告突出了中国社会团体在气候变化中的作用，重申发达国家的技术转让义务，并对清洁发展机制（CDM）提出了建议。第一，在国内，2009 年 11 月中国民间社会团体“中国公民应对气候变化小组”发布了《2009 中国公民社会应对气候变化立场》，认为发达国家必须积极地采取资金支持、技术转让和能力建设支持等措施。第二，在国际层面上，中方支持国际气候谈判“坎昆协议”中落实“巴厘路线”的行动，中国政府主张资金和技术是实现减缓和适应气候变化必不可少的手段，发达国家向发展中国家提供充分资金、技术转让和能力建设支持是发展中国家得以应对气候变化的根本保证。[3] 第三，中国对于清洁发展机制（CDM）提出了建议。中国认为通过 CDM 项目开发，推动了中国企业的技术进步和节能减排。但是 CDM 项目国际合作面临挑战，相关决策的透明性、一致性和公平性有待提高，市场需求和价格波动较大，中国将积极参与相关机制改革进程。

2011 年年度报告指出，要增强科技和政策研究支撑能力，并推广清洁能

---

[1] 《中国应对气候变化的政策与行动—2009 年度报告》第 7.7 节。

[2] 《中国应对气候变化的政策与行动—2009 年度报告》第 5.2 节，第 40 页。

[3] 解振华主编：《中国应对气候变化的政策与行动—2010 年度报告》，社会科学文献出版社 2010 年版，第 79 页。

源技术技术的广泛使用;在参与国际谈判、加强国际合作方面,技术转让是我国工作的重点;表明自己在德班会议上支持和加大技术转让平台和资金支持的坚决态度。[1]

2012年年度报告提到,中国在多哈会议上主张积极与发展中国家的智库开展联合研究,共同组织相关学术研讨,增进相互理解,推动开展气候变化科学研究、气候变化国内和国际政策对话以及技术转让、能力建设和信息共享等方面的国际合作。提出的四项具体预期成果中,有三项涉及技术转让:在发展中国家普遍关心的减缓、适应、资金、技术转让和能力建设等问题上进一步取得实质性进展,特别是发达国家须兑现减排和提供资金、技术和能力建设支持的承诺,确保已建立的相关机制和机构切实发挥为发展中国家应对气候变化提供支持的作用;对有关公平、贸易、知识产权等巴厘行动计划(以技术转让为核心)可能的未决问题做出妥善后续安排,以成功完成好巴厘行动计划的谈判;就2020年后进一步加强公约实施涉及的相关原则问题充分交换意见,并做好德班平台谈判进程与巴厘路线图谈判(核心内容是技术转让)的衔接,为下一步谈判奠定坚实基础。[2]

2013年年度报告特别肯定清洁能源技术的国内推广与国际合作。(1)在国内推广方面,我国进行了如下实践:①制定促进清洁能源技术成果转化和推广的细则。科技部系统总结了中国气候变化科研成果,研究制定《国家节能减排与低碳技术成果转化与推广应用清单》,促进低碳技术推广应用。2012年4月,科技部印发《洁净煤技术科技发展"十二五"专项规划》,将发展洁净煤技术列为先进能源领域的重要技术方向,重点支持高效洁净燃煤发电技术、先进煤转化技术、先进节能技术、污染物控制和资源化利用技术等。国家发展改革委发布第五批《国家重点节能技术推广目录》,公布12个行业的49项重点节能技术,尤其针对钢铁、化工等高耗能产业。②促进清洁能源技术产品的政府采购。财政部、国家发展改革委推进节能产品政府采购,更新了两批节能产品政府采购清单。继续实施节能产品惠民工程,安排中央财政资金三百多亿元,推广节能家电、节能汽车、高效电机、绿色照明产品、累计形成年节能能力一千二百多万吨标准煤。(2)我国在履行国际义务和增加国际合作上也取

---

〔1〕《中国应对气候变化的政策与行动(2011)》,载 http://www.gov.cn/jrzg/2011-11/22/content_2000047.htm,2018年1月30日最后访问。

〔2〕《中国应对气候变化的政策与行动2012年度报告》,载 http://qhs.ndrc.gov.cn/zcfg/W020121122588537782766.pdf,2018年1月30日最后访问。

得了不错的进展。①中国在《联合国气候变化框架公约》第十九次缔约方会议和《京都议定书》第九次缔约方会议上重申采取切实行动落实减缓、适应、资金、技术、审评、透明度等巴厘路线图谈判成果，尤其是发达国家应兑现在历次会议上做出的减排及出资和转让技术的承诺，并进一步提高 2020 年前的行动力度。②在国际合作方面，有了实质性的进展。在"中澳清洁煤联合工作组"的支持下，开展国内产学研碳捕集、封存利用技术方面的培训和重大问题预研究；与美国开展新型结合增强地热系统的大规模二氧化碳利用与封存技术研究合作项目；与美国国家能源局在电力系统、清洁燃料、石油与天然气、能源与环境技术、气候科学等多个重点领域方向达成共识，开展了一系列富有成效的合作项目。"中国—东盟应对气候变化：促进可再生能源与新能源开发利用国际科技合作论坛"加强了中国与东盟国家可再生能源与新能源相关技术开发和产品应用的交流与合作。

2014 年年度报告提出，清洁能源技术转移的主要成就在国际合作方面。例如，我国与世界银行全球环境基金的"增强对脆弱发展中国家气候适应力的能力、知识和技术支持"；参加由联合国基金会、全球清洁炉灶联盟秘书处召开的"全球清洁炉灶联盟"相关会议并开展国内试点活动；科技部与联合国开发计划署（UNDP）共同启动了中国—加纳/中国—赞比亚可再生能源技术转移项目，促进非洲国家应对气候变化和实现千年发展目标。中国支持 2015 年巴黎会议如期达成协议。中国一要坚持公约框架，坚持"共同但有区别的责任"原则、公平原则和各自原则，加强公约的全面、有效、持续实施；二要落实已有共识，兑现各自承诺，发达国家要切实提高减排力度，履行向发展中国家提供资金支持和技术转让的义务。

2015 年年度报告十分务实，着重介绍了中国应对气候变化的经验。在节能与提高能效方面，通过国家财政补贴或者国家编制的《高效节能推广目录》推广节能技术与产品。在优化能源结构方面，加强化石能源清洁化使用，推动非化石能源发展。在国际层面上，中国政府向联合国气候变化框架公约秘书处提交应对气候变化国家自主贡献文件《强化应对气候变化行动——中国国家自主贡献》，明确提出于 2030 年左右二氧化碳排放达到峰值，到 2030 年非化石能源占一次能源消费比重提高到 20% 左右。[1] 并且通过双标交流与合作，推动专家层面对话，以及通过项目假设进行技术消化吸收。

2016 年和 2017 年的报告分别发布于当年的 10 月。2016 年报告指出气

---

〔1〕《中国应对气候变化的政策与行动 2015 年度报告》第 6.2 段。

候变化问题是21世纪人类生存发展面临的重大挑战,积极应对气候变化、推进绿色低碳发展已成为全球共识和大势所趋。中国政府高度重视应对气候变化工作,"十二五"期间,把推进绿色低碳发展作为生态文明建设的重要内容,作为加快转变经济发展方式、调整经济结构的重大机遇,紧紧围绕"十二五"应对气候变化目标任务,积极采取强有力的政策行动,通过调整产业结构、优化能源结构、节能提高能效、控制非能源活动温室气体排放、增加碳汇等,具体措施有:加快淘汰落后产能,推动传统产业改造升级,扶持战略性新兴产业发展,推进化石能源清洁化利用,推动非化石能源发展,推广节能技术与产品,加快发展循环经济及低碳技术研发应用等,有效控制温室气体排放,增强适应气候变化能力,推动应对气候变化各项工作取得了重大进展,在减缓气候变化方面取得了积极成效。初步核算,"十二五"期间,中国能源活动单位国内生产总值二氧化碳排放下降20%,超额完成下降17%的约束性目标,为实现2020年比2005年下降40%—45%的目标奠定了坚实基础。而上述措施主要是围绕清洁能源技术的开发、运用(主要通过技术转移等方式)而展开。[1]

2017年报告着重强调了中国政府高度重视应对气候变化工作,把推进绿色低碳发展作为生态文明建设的重要内容,作为加快转变经济发展方式、调整经济结构的重大机遇,坚持统筹国内国际两个大局,积极采取强有力的政策行动,有效控制温室气体排放,增强适应气候变化能力,推动应对气候变化各项工作取得了重大进展。其中,强调了在国际国内层面技术转移、资金等在应对气候变化方面的作用;在国内经过努力及恰当的清洁能源技术的使用,2016年的碳强度比2015年下降了6.6%,非化石能源占比达13.3%;在国际层面,主张发达国家应切实兑现2020年前承诺,履行到2020年每年1000亿美元的出资承诺,为发展中国家应对气候变化提供资金、技术和能力建设支持,为2020年后气候变化行动奠定互信基础。此外,我们还积极支持发展中国家应对气候变化,为小岛屿国家、最不发达国家、非洲国家及其他发展中国家提供了实物及设备援助,并启动在发展中国家开展10个低碳示范区、100个减缓和适应气候变化项目及1000个应对气候变化培训名额的合作项目。[2]

上述各年度报告在技术转让方面贯穿的一个主线就是:在国内,加强清洁能源技术转让的研发和转让应用的能力;在国际上,坚决主张发达国家向发展中国家转让技术并提供必要的资金支持。当然,中国作为一个大国,主要还是

---

〔1〕 具体内容参见《中国应对气候变化的政策与行动2016年度报告》。

〔2〕 具体内容参见《中国应对气候变化的政策与行动2017年度报告》。

依赖于自己的自主研发;然而,在尽可能减少全球技术浪费、遵守公平和为全人类福祉的原则下,也希望发达国家及其领域内的私人主体能够在公平合理条件下向中国转让环境友好技术,以减少不必要的研发成本,最大限度地发挥技术在气候变化控制方面的积极作用。

(三)国民经济和社会发展规划

国民经济和社会发展"十一五"、"十二五"以及"十三五"规划均把单位GDP能耗作为约束性指标,并建立地方、企业节能减排责任制,逐级进行考核。它们注重推进经济发展方式转变和经济结构调整,鼓励采用节约能源资源的生产方式和消费模式。

"十一五"规划要求,"十一五"期间,通过加大政策引导和资金投入,大力发展水能、核能、风能及农村沼气等清洁能源和可再生能源;积极实施天然林保护、退耕还林还草等生态建设,进一步增强了森林作为温室气体吸收汇的能力。[1] 这些目标的实现依赖于无害环境技术。但"十一五"规划中没有详细提及"气候变化"问题。只是在后来的实践中,随着国内国际形势的变化,我国制定了一系列应对气候变化的法律法规,广泛开展节约资源、保护环境教育,加快建设资源节约型、环境友好型社会;成立了国家应对气候变化工作领导小组,指导各部门和地方政府开展这项工作。无论是法律法规还是领导小组,技术转让都是其中相当重要的内容。中国政府注重清洁能源技术开发、推广运用,同时注重与各国在技术领域开展广泛合作,特别是与广大发展中国家的合作,并积极向它们转让自己的无害环境技术。在多次会议上,中国与印度等金砖国家要求发达国家履行国际技术转让义务。

"十二五"规划明显突出和强调了"清洁、低碳、绿色、环保"(四个词共用了近50次)及应对气候变化(提到达16次)的任务。它指出,"十二五"期间气候变化以及能源资源安全、粮食安全等全球性问题更加突出,在转变经济发展模式的五个基本要求中,其一就是"坚持把建设资源节约型、环境友好型社会作为加快转变经济发展方式的重要着力点",做到"深入贯彻节约资源和保护环境基本国策,节约能源,降低温室气体排放强度,发展循环经济,推广低碳技术,积极应对全球气候变化,走可持续发展之路"。[2] "十二五"规划有一章专门谈及"积极应对全球气候变化",要求我们坚持减缓和适应气候变化并

〔1〕 温家宝:《加强国际技术合作积极应对气候变化》,载《环境保护》2008年第22期。

〔2〕《中华人民共和国国民经济和社会发展第十二个五年规划纲要》第2章,载《人民日报》2011年3月17日。

重，充分发挥技术进步的作用，完善体制机制和政策体系，提高应对气候变化能力。[1] 重点做好"控制温室气体排放、增强适应气候变化能力并广泛开展国际合作"，而它们均离不开技术和技术转让与推广。其中，在国际合作方面，要坚持共同但有区别的责任原则，积极参与国际谈判，推动建立公平合理的应对气候变化国际制度。加强气候变化领域国际交流和战略政策对话，在科学研究、技术研发和能力建设等方面开展务实合作，推动建立资金、技术转让国际合作平台和管理制度。至于国内技术推广和扩散等，规划也提出了要求。"十二五"规划规定的涉及技术转让的内容，为未来五年技术转让相关政策与法律的制定奠定了基调。

"十三五"规划着重强调了完善发展概念，提出"必须牢固树立创新、协调、绿色、开放、共享的发展理念"。[2] 绿色是永续发展的必要条件和人民对美好生活追求的重要体现。"十三五"规划中"清洁、低碳、绿色、环保"使用的频率很高，四个词共用了近 90 次，提到"气候变化"一词达 14 次，说明绿色环保在"十三五"中更为重要。在清洁能源领域，"十三五"规划做了更为详细、更具实质性的规划，有如下几个亮点：(1)打破垄断，创造合理的竞争环境，加强市场主体在能源领域的创新和主导地位。"减少政府对价格形成的干预，全面放开竞争性领域商品和服务价格，放开电力、石油、天然气、交通运输、电信等领域竞争性环节价格。"[3]有序开放开采权，积极开发天然气、煤层气、页岩气。改革能源体制，形成有效竞争的市场机制。(2)开源：支持绿色清洁生产，能源技术普及。"实施绿色制造工程，推进产品全生命周期绿色管理，构建绿色制造体系。推动制造业由生产型向生产服务型转变，引导制造企业延伸服务链条、促进服务增值。"[4]大力推进绿色矿山和绿色矿业发展示范区建设，实施矿产资源节约与综合利用示范工程、矿产资源保护和储备工程，提高矿产资源开采率、选矿回收率和综合利用率。[5] 发展一批具有国际竞争力的

---

〔1〕《中华人民共和国国民经济和社会发展第十二个五年规划纲要》第 2 章，载《人民日报》2011 年 3 月 17 日。

〔2〕《中华人民共和国国民经济和社会发展第十三个五年规划纲要》第 2 章，载《人民日报》2016 年 3 月 17 日。

〔3〕《中华人民共和国国民经济和社会发展第十三个五年规划纲要》第 13 章，载《人民日报》2016 年 3 月 17 日。

〔4〕《中华人民共和国国民经济和社会发展第十三个五年规划纲要》第 22 章，载《人民日报》2016 年 3 月 17 日。

〔5〕《中华人民共和国国民经济和社会发展第十三个五年规划纲要》第 43 章，载《人民日报》2016 年 3 月 17 日。

大型节能环保企业,推动先进适用节能环保技术产品走出去。统筹推行绿色标识、认证和政府绿色采购制度。建立绿色金融体系,发展绿色信贷、绿色债券,设立绿色发展基金。完善煤矸石、余热余压、垃圾和沼气等发电上网政策。加快构建绿色供应链产业体系。[1] 深入推进能源革命,着力推动能源生产利用方式变革,优化能源供给结构,提高能源利用效率,建设清洁低碳、安全高效的现代能源体系,维护国家能源安全。统筹水电开发与生态保护,坚持生态优先。继续推进风电、光伏发电发展,积极支持光热发电。以沿海核电带为重点,安全建设自主核电示范工程和项目。加快发展生物质能、地热能,积极开发沿海潮汐能资源。完善风能、太阳能、生物质能发电扶持政策。优化建设国家综合能源基地,大力推进煤炭清洁高效利用。推进大型煤炭基地绿色化开采和改造,鼓励采用新技术发展煤电。[2] 特别提及了交通和建筑领域的清洁能源技术的普及:"推进交通运输低碳发展,实行公共交通优先,加强轨道交通建设,鼓励自行车等绿色出行。实施新能源汽车推广计划,提高电动车产业化水平。提高建筑节能标准,推广绿色建筑和建材。"(3)节流:坚持节约优先,同时管控碳排放。在行政上,强化约束性指标管理,实行能源和水资源消耗、建设用地等总量和强度双控行动;主动控制碳排放,加强高能耗行业能耗管控,有效控制电力、钢铁、建材、化工等重点行业碳排放,支持优化开发区域率先实现碳排放峰值目标,实施近零碳排放区示范工程。[3] 税收方面,建立覆盖资源开采、消耗、污染排放及资源性产品进出口等环节的绿色税收体系。[4] 在宣传上,实施全民节能行动计划,倡导合理消费,力戒奢侈浪费,制止奢靡之风。(4)在对外开放上,推进"一带一路"建设,加强能源资源合作,提高就地加工转化率。(5)在落实国际义务上,积极承担国际责任和义务。坚持共同但有区别的责任原则、公平原则、各自能力原则,积极参与应对全球气候变化谈判,落实减排承诺。

在"十三五"科技规划中,提出要发展清洁高效能源技术。大力发展清洁

---

〔1〕《中华人民共和国国民经济和社会发展第十三个五年规划纲要》第48章,载《人民日报》2016年3月17日。

〔2〕《中华人民共和国国民经济和社会发展第十三个五年规划纲要》第30章,载《人民日报》2016年3月17日。

〔3〕《中华人民共和国国民经济和社会发展第十三个五年规划纲要》第46章,载《人民日报》2016年3月17日。

〔4〕《中华人民共和国国民经济和社会发展第十三个五年规划纲要》第13章,载《人民日报》2016年3月17日。

低碳、安全高效的现代能源技术，支撑能源结构优化调整和温室气体减排，保障能源安全，推进能源革命。发展煤炭清洁高效利用和新型节能技术，重点加强煤炭高效发电、煤炭清洁转化、燃煤二氧化碳捕集利用封存、余热余压深度回收利用、浅层低温地能开发利用、新型节能电机、城镇节能系统化集成、工业过程节能、能源梯级利用、“互联网+”节能、大型数据中心节能等技术研发及应用。发展可再生能源大规模开发利用技术，重点加强高效低成本太阳能电池、光热发电、太阳能供热制冷、大型先进风电机组、海上风电建设与运维、生物质发电供气供热及液体燃料等技术研发及应用。发展智能电网技术，重点加强特高压输电、柔性输电、大规模可再生能源并网与消纳、电网与用户互动、分布式能源以及能源互联网和大容量储能、能源微网等技术研发及应用。稳步发展核能与核安全技术及其应用，重点是核电站安全运行、大型先进压水堆、超高温气冷堆、先进快堆、小型核反应堆和后处理等技术研发及应用。同时该规划中有31处提到技术转移或转化。这说明在“十三五”的科技发展规划中，清洁能源技术和技术转移都占有举足轻重的作用。

以上两大方面的政策以政府积极引导、规划为主要特征，体现较多的是政府的主动行为，它们客观上对清洁能源技术转移的法律制度的完善与实施起到宏观上的统领与促进作用。

三、“私人自治型”政策激励

“经济性的激励往往比政府命令更加有效，而且就两者同样有效时，前者成本更低。”[1]“私人自治型”政策主要是利用市场机制，政府通过财税手段或者建立相关市场来引导社会资本进入清洁能源领域，通过竞争鼓励创新，以充分尊重当事人意思自治发挥其积极性和政府激励为主要特征。对于清洁能源技术转移而言，最能体现该类型政策的主要有以下几种机制：

（一）可再生能源保障性收购制度

为了扶持可再生能源的发展，我国将可再生能源并网发电项目年发电量分为保障性收购电量部分和市场交易电量部分。其中，保障性收购电量部分由国家进行扶持，2016年，国家发展改革委颁布《可再生能源发电全额保障性收购管理办法》（以下简称《办法》）进行规制，确保优先发展清洁能源。

《办法》规定，“生物质能、地热能、海洋能发电以及分布式光伏发电项目

---

〔1〕［美］凯斯·孙斯坦：《风险与理性——安全、法律及环境》，师帅译，中国政法大学出版社2005年版，第339页。

暂时不参与市场竞争,上网电量由电网企业全额收购”。[1] 国家通过优先安排年度发电计划、与电网公司签订优先发电合同(实物合同或差价合同)保障全额按标杆上网电价收购。

对于市场交易部分,由可再生能源发电企业通过参与市场竞争方式获得发电合同,电网企业按照优先调度原则执行发电合同。国家鼓励可再生能源发电参与现货市场和中长期电力合约交易,优先发电合同逐步按现货交易及相关市场规则以市场化方式实现;参与市场交易的可再生能源发电量按照项目所在地的补贴标准享受可再生能源电价补贴。[2]

(二)可再生能源用电利益调整机制

考虑到清洁能源技术开发时间长、成本高,各国开始推广清洁能源之时一般依靠补偿或补贴。我国政策的倾斜也是如此,包括中央和地方都在各自职权范围内进行利益调整。

最新的《国家发展改革委、国家能源局关于改善电力运行调节促进清洁能源多发满发的指导意见》确定了清洁能源优先发电,以及充分运用利益补偿机制为清洁能源开拓市场空间的政策导向。

第一,确保清洁能源优先发电。新增用电需求原则上优先用于安排清洁能源发电和消纳区外清洁能源,以及奖励为保障清洁能源多发满发而调峰的煤电机组发电。在编制年度发电计划时,优先预留水电、风电、光伏发电等清洁能源机组发电空间;鼓励清洁能源发电参与市场,对于已通过直接交易等市场化方式确定的电量,可从发电计划中扣除。对于同一地区同类清洁能源的不同生产主体,在预留空间上应公平公正。风电、光伏发电、生物质发电按照本地区资源条件全额安排发电;水电兼顾资源条件和历史均值确定发电量;核电在保证安全的情况下兼顾调峰需要安排发电;气电根据供热、调峰及平衡需要确定发电量。煤电机组进一步加大差别电量计划力度,确保高效节能环保机组的利用小时数明显高于其他煤电机组。

第二,在利益补偿机制方面,对清洁能源发电需求侧供应进行补偿。通过建立调峰补偿机制,加大调峰补偿力度,鼓励通过市场化方式确定调峰承担方,鼓励清洁能源直接购买辅助服务。对于跨省区送受电利益调节机制也有相关规定。跨省区送受电协议已由国家协调明确价格的应遵照执行,市场机制比较完善的也可由送受电双方根据实际运行情况,按照风险共担、利益共享

[1] 《可再生能源发电全额保障性收购管理办法》第8条。

[2] 《可再生能源发电全额保障性收购管理办法》第11条。

原则全部或部分重新协商确定。也就是说，在电力峰期，国家鼓励清洁能源供电企业提供电力，并且在适当的时候，可以跨越政府指导价，以市场价格进行交易。

在地方层面，各级地方政府也在厉行节能政策，激励推广清洁能源。对清洁能源的补贴力度也十分到位。以北京为例，这个处于北纬40度的城市，居民生活用电大部分集中在采暖上，冬季锅炉燃煤采暖已经造成了极大的污染与碳排放，为推动节能减排，清洁能源被备受推崇。

根据北京最新的《北京市2015年压减燃煤和清洁能源建设工作计划》，其目标是"压减燃煤，大力度建设清洁能源设施"，主要实行清洁能源居民用电补贴。《北京市加快太阳能开发利用促进产业发展指导意见》、《北京市分布式光伏发电奖励资金管理办法》结合《北京市居民住宅清洁能源分户自采暖补贴暂行办法》，采取以下措施。(1)优质燃煤替代，具体补贴奖励措施：2013年按200元/吨标准奖励，烟煤炉具更换为无烟煤炉具的购置费用，农户仅承担1/3。(2)取暖"煤改电"，具体补贴奖励措施：电力增容，农村住户电表改造费用由政府和企业承担，安装取暖电锅炉的费用农村住户仅承担1/3。(3)太阳能热利用，具体补贴奖励措施：鼓励农村住户推广应用太阳能供暖系统，由市发改委固定资产投资、区县政府、农村住户各承担1/3。(4)天然气入户，具体补贴奖励措施：燃气供应企业对具备通管道天然气条件的村庄实施管道天然气供应，在管道天然气管网不能覆盖但符合集中供气条件的村庄，建设压缩天然气(CNG)站，并承担相关建设费用。(5)液化石油气下乡和沼气利用，具体补贴奖励措施：在村镇配套的液化石油气供应站建设费用全部由市发改委固定资产投资承担，新增液化气钢瓶及专用配送车辆购置费用由燃气供应企业承担，市财政对农村住户(享受平价气供应的除外)按每瓶液化石油气(15kg装)25元、每年每户不超过8瓶气进行补贴；依托养殖场建设大中型沼气站的费用，按城市功能区规定标准由市发改委固定资产投资给予支持。(6)农村住宅清洁能源分户自采暖，具体补贴奖励措施：市政府对农村完成"煤改电"取暖的用户及使用"太阳能+电"取暖的用户执行城市核心区峰谷电价政策，不纳入阶梯电价范围。[1]

(三)清洁发展机制项目

2005年2月16日生效的《京都议定书》第12条确立了清洁发展机制(clean development mechanism，CDM)。其允许发达国家和发展中国家合作，

〔1〕《北京使用清洁能源补贴奖励标准2013》。

在发展中国家实施温室减排项目。一方面,它可以促进发展中国家的可持续发展,协助发达国家缔约方实现其在议定书下的温室气体减排目标。通过参与 CDM 项目合作,发达国家可以获得项目产生的“经核证的减排量”(certified emission reduction,CERs。CERs 按照国际公认的 CDM 方法计算),并用于履行其在议定书下的温室气体减排义务。由于获得 CERs 的成本远远低于其采取国内减排行动的成本,发达国家可以大幅度降低其实现议定书下减排义务的经济成本。另一方面,它可以促使发展中国家获得额外的资金或先进的环境友好技术,从而促进本国经济的可持续发展。[1]

早在 2004 年,我国就颁布了《清洁发展机制项目运行管理办法》(以下简称《管理办法》),2011 年,国家发展和改革委员会、科学技术部、外交部、财政部对其进行了修订以适应新的国际经济环境。该办法规定:在中国开展清洁发展机制项目应符合中国的法律法规,符合《公约》、《议定书》及缔约方会议的有关决定,符合中国可持续发展战略、政策,以及国民经济和社会发展的总体要求。清洁发展机制项目合作应促进环境友好技术转让,在中国开展合作的重点领域为节约能源和提高能源效率、开发利用新能源和可再生能源、回收利用甲烷。[2]

由于清洁发展机制项目因转让减排量所获得的收益归实施项目的企业和东道国政府所有,而且通常一个 CDM 项目价值高达 10 亿元以上,企业参与的热情高涨。《管理办法》规定,参与 CDM 项目活动的必须是中资或中资控股企业。企业参与的基本条件是:(1)缔约方自愿参与;(2)有政府批文;(3)带来真实的可测量的长期的温室气体减排效益;(4)必须具有额外性,额外性是指该清洁发展机制项目所带来的减排效益必须是额外的,即在没有该项目活动的情况下不会发生;(5)属于东道国地方政府的优先发展领域并带来技术转让。中国是全球温室气体减排潜力最大的东道国,也是 CDM 项目数和签发量最多的国家。截至 2011 年,中国已注册 CDM 项目 1503 个。已注册 CDM 项目估计年减排量 3.34 亿 CO_2。从已注册 CDM 项目数减排类型构成来看,新能源和可再生能源类 CDM 项目占比最多,占 80.73%。[3] 但自 2012 年《京都议定书》第一周期减排期到期后,从 2013 年 10 月起,有关 CDM 项目的申请量大幅下降。根据 2017 年 CDM 的年度报告可以看出,2012 年 10

〔1〕 赵惊涛:《排污权交易与清洁机制发展》,载《当代法学》2008 年第 5 期。
〔2〕《清洁发展机制项目运行管理办法》(2011 修订)第 3 条、第 4 条。
〔3〕 肖明:《CDM 机制面临变革》,载《21 世纪经济报道》2011 年 2 月 2 日,第 8 版。

月1日到2013年9月30日之间,CDM的申请项目为2181项,2011年10月1日到2012年9月30日之间,CDM的申请项目为1747项,而2013年10月1日到2014年9月30日之间,CDM的申请项目只为208项,2014~2015年、2015~2016年及2016~2017年分别为122项、65项和53项;可以推知,中国注册的项目肯定也是大幅下降。"[1]

(四)技术推广

技术推广政策在我国扮演了非常重要的角色。在技术推广政策下,发挥了我国特色社会主义的行政高效性,也发挥了市场主体的竞争活力。国家可以全面及时了解国内相关技术的多寡以及发展水平,为宏观调控政策提供了数据和基础。此外,被推广的技术一般都是经济效益好、发展潜力巨大的先进技术,技术转化能力强,有利于后续的技术转移和适用实施。

涉及技术推广的相关政策主要有《节能低碳技术推广管理暂行办法》、《国家重点节能低碳技术推广目录》、《能效"领跑者"制度实施方案》、《"能效之星"产品目录》、《节能机电设备(产品)推荐目录》、《公共机构节能节水技术产品参考目录(2015)》以及《重要资源循环利用工程(技术推广及装备产业化)实施方案》等。下文仅以前两者为例进行分析。

2014年1月,国家发展改革委印发《节能低碳技术推广管理暂行办法》(以下简称《暂行办法》),对重点节能低碳技术申报、重点节能低碳技术遴选、重点节能低碳技术推广进行规定。《暂行办法》规定,申请重点节能技术,必须考虑节能减碳能力、经济效益、先进性和可靠性。重点节能技术申请报告需要涵盖以下内容:技术概要;技术原理和内容;评价指标,包括节能能力、经济效益、技术先进性、技术可靠性及行业特征指标;推广建议结论;附件。发改委会以公告方式向全社会发布《国家重点节能目录》,主要包括技术内容、应用案例和技术提供单位、技术评定情况等,供用能单位、碳排放单位和个人查询使用。对于《国家重点节能目录》实施动态更新,根据技术进步情况,定期更新技术指标和技术提供单位,用先进的同类技术替换原有技术。[2]

此外,国务院颁布实施的行政法规如《民用建筑节能条例》、《公共机构节能条例》、《抗旱条例》等及有关部委制定的《固定资产投资节能评估和审查暂

[1] See Annual Report of the Executive Board of the Clean Development Mechanism to the Conference of the Parties Serving as the Meeting of the Parties to the Kyoto Protocol, FCCC/KP/CMP/2017/5.

[2] 《节能低碳技术推广管理暂行办法》(2014)第13条。

行办法》、《高耗能特种设备节能监督管理办法》、《中央企业节能减排监督管理暂行办法》等规章,对应对气候变化的执法给予了较为详细的规定。[1] 其中,2008 年 8 月 1 日实施的《民用建筑节能[2]条例》鼓励建筑过程及建筑后建筑物使用过程中充分利用太阳能、地热能等,安装热水系统、照明系统、供热系统、采暖制冷系统等太阳能利用系统。这些会涉及相关技术和技术转让。"县级以上人民政府应当安排民用建筑节能资金,用于支持民用建筑节能的科学技术研究和标准制定、既有建筑围护结构和供热系统的节能改造、可再生能源的应用,以及民用建筑节能示范工程、节能项目的推广。政府引导金融机构对既有建筑节能改造、可再生能源的应用,以及民用建筑节能示范工程等项目提供支持。民用建筑节能项目依法享受税收优惠。"[3]国家推广使用民用建筑节能的新技术、新工艺、新材料和新设备,限制使用或者禁止使用能源消耗高的技术、工艺、材料和设备。[4]

四、"政府干预型"政策规制

"政府干预型"政策措施以行政权力为主导,以命令与制裁作为政府介入的基本方式,强调相对人的无条件服从。[5] "政府干预型"政策措施以其"严厉性"为特点,主要依靠政府的威权和相对人的服从来进行。如果政策制定得当,能够自上而下得到有效贯彻和履行,那么该政策便有立竿见影的可观效果。反之,如果政策制定不当,则会侵害私人权利和自由;如果执行不力,则该政策可能沦为"法律稻草人",虚有其表。

在清洁能源技术转移的政策中,这种"政府干预型"政策不在少数。其中,技术改造、强制淘汰落后产能、强制性的节能政策以及技术进出口管理政策最能体现"政府干预型"政策的思路。

(一)强制淘汰落后产能政策

产能过剩和重复建设是中国近年来工业发展的重大弊病之一。由国家主导推行强制淘汰落后产能政策,尤其是针对能源领域相关的落后的技术和设

---

[1] 《中国应对气候变化的政策与行动(2011)》白皮书。

[2] 民用建筑节能,是指在保证民用建筑使用功能和室内热环境质量的前提下,降低其使用过程中能源消耗的活动;而民用建筑是指居住建筑、国家机关办公建筑和商业、服务业、教育、卫生等其他公共建筑。参见《民用建筑节能条例》(2008)第 2 条。

[3] 《民用建筑节能条例》(2008)第 8 条。

[4] 《民用建筑节能条例》(2008)第 11 条。

[5] 龚向前:《气候变化背景下能源法的变革》,中国民主法制出版社 2008 年版,第 155 页。

备,是转变能源结构、加快节能减排、积极应对全球气候变化的重要路径。

强制淘汰落后产能相当于工业发展的清道夫,淘汰一批高能耗高污染的技术与设备,可致力于达到节约能源、清洁生产、安全生产、保证产品质量和工人职业健康等目的。

国务院发布了一系列淘汰落后产能的政策,并且通过国家地方层层下放淘汰落后产能的任务,强化政策约束和激励机制。其相关的法规有:《国务院关于发布实施〈促进产业结构调整暂行规定〉的决定》(国发〔2005〕40 号)、《国务院关于印发节能减排综合性工作方案的通知》(国发〔2007〕15 号)、《国务院批转发展改革委等部门关于抑制部分行业产能过剩和重复建设引导产业健康发展若干意见的通知》(国发〔2009〕38 号)、《产业结构调整指导目录》以及《国务院关于进一步加强淘汰落后产能工作的通知》(国发〔2010〕7 号)。

在能源领域,其主要目标是淘汰高耗能的小火电设备以及对锅炉设备进行改造。政策的实施主要通过以下方式进行:(1)强化政策约束机制。严格市场准入。通过修订《产业结构调整指导目录》,制定和完善相关行业准入条件和落后产能界定标准,提高准入门槛。加强投资项目审核管理,严格环评、土地和安全生产审批。〔1〕 (2)加大执法处罚力度。对未按期完成淘汰落后产能任务的地区,严格控制国家安排的投资项目,实行项目"区域限批"。对未按规定期限淘汰落后产能的企业吊销排污许可证,银行业金融机构不得提供任何形式的新增授信支持,投资管理部门不予审批和核准新的投资项目,国土资源管理部门不予批准新增用地,相关管理部门不予办理生产许可,已颁发生产许可证、安全生产许可证的要依法撤回。对未按规定淘汰落后产能、被地方政府责令关闭或撤销的企业,限期办理工商注销登记,或者依法吊销工商营业执照。必要时,政府相关部门可要求电力供应企业依法对落后产能企业停止供电。〔2〕 (3)提供激励机制。国家安排专项资金,统筹支持各地区开展淘汰落后产能工作。对淘汰落后产能任务较重且完成较好的地区和企业,在安排技术改造资金、节能减排资金、投资项目核准备案、土地开发利用、融资支持等方面给予倾斜。对积极淘汰落后产能企业的土地开发利用,在符合国家土地管理政策的前提下,优先予以支持。〔3〕 (4)加强监督检查。各地区每年向社会公告本地区年度淘汰落后产能的企业名单、落后工艺设备和淘汰时限,加强

---

〔1〕《国务院关于进一步加强淘汰落后产能工作的通知》(国发〔2010〕7 号)第 4.1 段。

〔2〕《国务院关于进一步加强淘汰落后产能工作的通知》(国发〔2010〕7 号)第 4.3 段。

〔3〕《国务院关于进一步加强淘汰落后产能工作的通知》(国发〔2010〕7 号)第 5.1、5.2、5.3 段。

公众监督力度；中央相关部门定期对地方淘汰落后产能工作进行定期检查，并且将淘汰落后产能目标完成情况纳入地方政府绩效考核体系，实行对地方政府的问责。

（二）强制性的标准的实施政策

标准是国家控制企业产品生产、引导市场主体技术更新、提升经济质量效益、推动绿色低碳循环发展、建设生态文明的重要手段，也是化解产能过剩、加强节能减排工作的有效支撑。标准按照效力可以分为强制性标准、推荐性标准。其中，强制性标准是一定范围内通过法律、行政法规等强制性手段加以实施的标准，具有法律属性。

清洁能源强制性标准具有以下几个作用：(1)准入限制。强制性能效、能耗限额标准对企业而言是准入门槛，发挥准入指标对产业转型升级具有倒逼作用。如果设计、生产、销售、进口不符合强制性标准的能源产品、节能材料和耗能设备，将由法律、行政法规规定的行政主管部门依法处理，法律、行政法规未做规定的，由工商行政管理部门没收产品和违法所得，并处罚款；造成严重后果构成犯罪的，对直接责任人员依法追究刑事责任。(2)标杆引领，关键节能技术、产品和服务标准属于技术成果，[1]可以带动、引领节能环保等新兴产业发展。(3)创新驱动，以科技创新提高清洁能源技术标准水平，促进清洁能源科技成果转化应用，形成政府引导、市场驱动、社会参与的清洁能源技术标准化共治格局。

1988年，我国颁布《标准化法》。1990年，我国颁布《能源标准化管理办法》。制定能源标准的主要方面有：能源的术语和国形符号；能源监测、检验、计算方法；能源产品和节能材料的质量、性能要求；耗能产品的用能要求；能源消耗定额；能源产品和节能产品质量认证要求；能源开发、利用、管理的其他节能技术要求等。[2] 国家能源局每年都会更新和发布相关清洁能源发电产业的技术标准，涵盖风光水电核能各个部分，如《页岩气藏描述技术规范》《光伏发电企业安全生产标准化创建规范》等。

（三）技术进出口管制政策

与货物一样，技术的跨国转移同样会涉及出入境的管理规章的限制。清洁能源技术转移包括专利权转让、专利申请权转让、专利实施许可、技术秘密

---

[1] 《能源标准化管理办法》(1990发布，2018废止)第14条规定："能源标准属于科技成果，对技术水平高、取得显著效益的能源标准，应纳入相应的科技进步奖励范围，予以奖励。"

[2] 《能源标准化管理办法》(1990发布，2018废止)第3条。

转让、技术服务和其他方式的技术转移，也要受到《技术进出口管理条例》的限制。中华人民共和国商务部是负责技术进出口审批和行政管理的主管机关。

对于清洁能源技术进出口来说，大部分技术和相关的技术设备属于《2015年版鼓励进口技术和产品目录》中所列的鼓励的部分，而核能以及军民两用技术等事关国家安全的技术则需要受到特别的进出口管理规则的约束。

1. 鼓励进口的清洁能源技术

《鼓励进口技术和产品目录2015年版》将大部分清洁能源技术作为鼓励引进的先进技术、鼓励进口的重要设备以及鼓励发展的重点行业对待。[1] 对于此类鼓励进口的技术，中国一般实行"自由进出口"政策，实行"自由进出口技术合同登记"。其主要法律依据为2002年商务部颁布的《技术进出口合同登记管理办法》，2009年对此办法进行了修订。

依据该办法，技术进出口经营者须向商务部或下属地方商务主管部门办理技术进出口合同的登记：(1)非提成合同，经营者应在合同生效后60天内办理合同登记手续；(2)提成合同，经营者应在首次提成金额形成后60天内，履行合同登记手续，并在以后每次提成金额形成后，办理合同变更手续。[2] 尽管该办法并没有明确规定若未遵守60天登记期的规定是否对经营者进行处罚，但在实践中，有关部门将不再受理逾期的登记申请。

需要注意的是，合同登记并不是合同生效的前提条件。然而，当需要向境外经营者以外币支付许可费用时(如技术进口合同许可费)，合同登记则成为向境外汇款的前提条件。我国外汇管控制度非常严格，经营者若没有相关的登记文件，则无法向境外汇出外币。支付方能汇出的最大外汇金额通常由商务部门依据全年许可费用估算而来。因此，在需要以外币支付费用的技术进出口交易中，合同登记尤为重要。[3] 技术进口方(通常是中方经营者)，应承担技术合同登记的义务。

---

〔1〕《2015年版鼓励进口技术和产品目录》第A10条规定："可再生能源、氢能等新能源领域关键设备的设计制造技术"；第A77条规定："新能源及节能装备用高压电子元件设计制造技术"；第A79条规定："大型发电机组、大型石油化工装置、大型冶金成套设备等重大技术装备用分散型控制系统(DCS)，现场总线控制系统(FCS)，新能源发电控制系统开发及制造技术"；第A81条规定："新能源汽车专用关键零部件设计制造技术"，以及第B141、C12、C67条。

〔2〕《技术进出口合同登记管理办法》(2009修订)第6~7条。

〔3〕君合律师事务所：《君合专题研究报告——技术进出口的知识产权问题探讨》，载 http://www.junhe.com/images/ourpublications_img/featured_report/20141161512251886l.pdf，2018年1月30日最后访问。

2. 限制出口的清洁能源技术

核能是一把"双刃剑",一方面,巨大的能量可以提供充沛的电力以促进国民经济发展;另一方面,其也具有被滥用或者用于不正当目的的风险。我国对于核出口进行严格管制,防止核武器扩散,防范核恐怖主义行为,维护国家安全和社会公共利益,促进和平利用核能的国际合作。

一方面,我国对于核能技术转移进行严格限制。核能的技术转移,包括核材料、核设备和反应堆用非核材料等物项及其相关技术的贸易性出口及对外赠送、展览、科技合作和援助等方式进行的转移。在贸易中,我国严格限制铀浓缩设施、设备,辐照燃料后处理设施、设备,重水生产设施、设备等物项及其相关技术等核扩散敏感物项,以及可以用于核武器或者其他核爆炸装置的材料的出口。[1] 此外,还需要接受国保证将核能用于和平目的,对核材料或制成品进行实物保护,未经同意不得转让相关和材料,不得生产为基础的任何设施生产富集度高于20%的浓缩铀。而且接受方政府同国际原子能机构订有有效的全面保障协定[2]。

另一方面,核能技术进出口实行专营制度。[3] 若涉及《核出口管制清单》所列物项及其相关技术,还应当向国家原子能机构提出申请。[4] 对国家安全、社会公共利益或者外交政策有重要影响的核出口,国家原子能机构、国防科学技术工业委员会、商务部审查或者复审时,应当会商外交部等有关部门;必要时,应当报国务院审批。[5]

---

〔1〕《中华人民共和国核出口管制条例》(2006 修订)第 3 条。

〔2〕《中华人民共和国核出口管制条例》(2006 修订)第 5 条规定:"核出口审查、许可,应当遵循下列准则:(一)接受方政府保证不将中国供应的核材料、核设备或者反应堆用非核材料以及通过其使用而生产的特种可裂变材料用于任何核爆炸目的。(二)接受方政府保证对中国供应的核材料以及通过其使用而生产的特种可裂变材料采取适当的实物保护措施。(三)接受方政府同国际原子能机构订有有效的全面保障协定。本项规定不适用于同国际原子能机构订有自愿保障协定的国家。(四)接受方保证,未经中国国家原子能机构事先书面同意,不向第三方再转让中国所供应的核材料、核设备或者反应堆用非核材料及其相关技术;经事先同意进行再转让的,接受再转让的第三方应当承担相当于由中国直接供应所承担的义务。(五)接受方政府保证,未经中国政府同意,不得利用中国供应的铀浓缩设施、技术或者以此技术为基础的任何设施生产富集度高于 20% 的浓缩铀。"

〔3〕《中华人民共和国核出口管制条例》(2006 修订)第 6 条规定:"核出口由国务院指定的单位专营,任何其他单位或者个人不得经营。"

〔4〕《中华人民共和国核出口管制条例》(2006 修订)第 7 条。

〔5〕《中华人民共和国核出口管制条例》(2006 修订)第 11 条。

3. 其他强制性条款

即使双方约定技术进出口的合同适用外国法，中国的一些强制性的法律条款依然会对合同产生影响，主要体现在以下两个方面：

第一，关于技术性限制性商业行为规定。限制性商业惯例是指在国际技术转让中，技术转让方为牟取超额利润，而在协议中规定的明显不公平的损害受让方利益或破坏公平竞争的条款。《技术进出口管理条例》第29条规定："技术进口合同中，不得含有下列限制性条款：(一)要求受让人接受并非技术进口必不可少的附带条件，包括购买非必需的技术、原材料、产品、设备或者服务；(二)要求受让人为专利权有效期限届满或者专利权被宣布无效的技术支付使用费或者承担相关义务；(三)限制受让人改进让与人提供的技术或者限制受让人使用所改进的技术；(四)限制受让人从其他来源获得与让与人提供的技术类似的技术或者与其竞争的技术；(五)不合理地限制受让人购买原材料、零部件、产品或者设备的渠道或者来源；(六)不合理地限制受让人产品的生产数量、品种或者销售价格。(七)不合理地限制受让人利用进口的技术生产产品的出口渠道。"

第二，对于合同效力的规定。《合同法》第329条规定："非法垄断技术、妨碍技术进步或者侵害他人技术成果的技术合同无效。"2004年最高人民法院颁发了《关于审理技术合同纠纷案件适用法律若干问题的解释》(以下简称《司法解释》)。《司法解释》明确阐明下列情形属于合同法所称的"非法垄断技术、妨碍技术进步"：(1)限制当事人一方在合同标的技术基础上进行新的研究开发；(2)限制当事人一方使用所改进的技术；(3)双方交换改进技术的条件不对等，包括要求一方将其自行改进的技术无偿提供给对方等；(4)非互惠性将改进的技术转让给对方；(5)独占或者共享该改进技术的知识产权而不支付对价。

4. 强制性的税费

税收政策是政府发展相关产业的重要方式，也是一个行业最为重要的指向标。我国在发展清洁能源上的强制性税费主要有以下两种。

(1)征收石化能源开发资源税。2011年修订的《资源税暂行条例》规定，对于原油和天然气的开发施加销售额的5%～10%的开发性资源税，对于煤炭，按照焦煤每吨8～20元、其他煤炭每吨0.3～5元收取资源税。[1]

---

[1] 《中华人民共和国资源税暂行条例》(2011修订)附"资源税税目税率表"。

(2)征收可再生能源发展基金。《可再生能源法》第24条规定,"国家财政设立可再生能源发展基金,资金来源包括国家财政年度安排的专项资金和依法征收的可再生能源电价附加收入等"。2016年,财政部、国家发展改革委联合发布《关于提高可再生能源发展基金征收标准等有关问题的通知》,规定:"自2016年1月1日起,将各省(自治区、直辖市,不含新疆维吾尔自治区、西藏自治区)居民生活和农业生产以外全部销售电量的基金征收标准,由每千瓦时1.5分提高到每千瓦时1.9分。"并且规定同意提高省电网和地方独立电网销售电价以保证基金的正常征收。对于企业自备电厂,要及时征收和补缴。[1]

第五节 现有清洁能源技术转移法律制度的不足

一、清洁能源技术转移国际法律制度的不足

通过上文对有关国际层面的清洁能源技术法律规范的分析,可以看出,该方面制度存在很多不足,限于篇幅,本节仅就4个最突出的问题[2]及原因进行简要分析。

(一)缺少统一国际技术转让条约,技术强国意志特征明显

在上文分析中可以看出,有关国际技术转让的规定散见于各条约中,并无统一的强制性条约,因而在实践中执行的随意性较大,具体问题多以各国国内法为准。技术发达国家可利用经验、能力等方面的优势,根据自己需要制定、修改法律法规,扩大保护范围,延长保护期限,提高交易门槛。近年来,有关国家知识产权法律的修改证明了这一点。如美国在20世纪80年代前期将计算机软件作为专利保护,后发现如此于己不利,便将之纳入对创作人更有利、保护更严格的版权系列,并将其做法在全球强行推广;20世纪90年代后期,美国不顾他国和本国有识之士的反对,由国会通过了将版权保护期限延长20年的法案,个人版权为有生之年加死后70年,公司著作权为95年,这可能是目前全球版权保护期限最长的规定,因为它们认为"国会有权延长保护期限,只

---

〔1〕《财政部、国家发展改革委关于提高可再生能源发展基金征收标准等有关问题的通知》(财税〔2016〕4号)第1~3条。

〔2〕清洁能源技术转移国际法律制度的不足分析具体参见马忠法:《国际技术转让法律制度理论与实务研究》法律出版社2007年版,第131~155页;马忠法:《应对气候变化的国际技术转让法律制度研究》,法律出版社2014年版,第226~272页。

要不把它们变成永久保护对象”。[1]

当今的竞争已经跨越了产品与技术初级的阶段,进入技术高级—技术标准—竞争阶段,拥有标准便拥有市场。在国际舞台上,弱国被迫接受西方国家提出的标准和要求,并将它们内国化,即西方国家先将自己的技术标准国际化,再将该国际化的标准内化为发展中国家的国内法,使在全球的技术转让标准最终执行的就是发达国家的一个标准,尽管形式上看,似乎各国有权规定,实质上已失去了结合自己国情制定一套有效的制度引进技术、发展经济的权利。在保护标准上,西方经历了百年以上的艰难摸索后达到的 TRIPs 协议保护水平,发展中国家只要至多 11 年走完,这显然是不公平的。

在国内法调整中,由于美、欧、日等在技术方面的优势,它们在与他国进行经济贸易活动过程中,通过双边谈判或经济贸易制裁威胁等将自己的立法标准或要求施加于交易伙伴。如美国要求商业方法可获得专利,这对美国企业竞争优势的获得意义深远:[2]将商业方法通过转化形成业务操作流程等软件形式获得保护使其获得法律意义上的生命;此外,通信技术、生化、生命科学技术(微生物及其衍生的医药制品可获专利)等的发展使保护范围大大拓宽;而世界相互依赖性越强,上述技术转让越需国际协调。但目前此制度的不完善,使强者的国内法一定程度上产生了变相的域外效力,将自己的法律体系适用到他国。此外,它们还将自己的要求通过其他国际机制延伸到国际社会,其典型一例就是 TRIPs 协议的一些规定是建立在美国国内法基础上的,如其第 39.2 款“商业秘密的定义”即来自美国《统一商业秘密法》和案例法;[3]而且目前全球有关知识产权的关键性法律框架和条约的实体内容,特别是高科技方面的法律规范,均是以美、日、欧三地的发展趋势为主导。尽管发展中国家日趋发挥作用并在将来会发挥越来越多的作用,但须以了解、熟悉和掌握目前的规则并能提出自己合理、有说服力的方案为前提,否则这三地的国内法仍将决定技术转让的程度和进展。

强国的跨国公司借助国内法威力,在具体交易时,利用技术转让过程中的信息不对称性和其他有利因素,抬高价格,附加限制性条款等,使其在技术转

---

〔1〕 Amy Harmon,“Challenge in Copyright Case May Be Just a Beginning”,*The New York Times*, Oct. 22,2002,C4.

〔2〕 孙远钊:《论国际间对于知识产权保护的整合与展望》,载《丘宏达教授六秩晋五华诞祝寿论文集》编辑委员会编:《国际法论集》,台北,三民书局 2001 年版,第 247 页。

〔3〕 JayashreeWatal, *Intellectual Property Rights in the WTO and Developing Countries*, Kluwer Academic Publishers,2001,p. 192.

让的交易中处于主导、有利地位，交易的结果就是强弱差距进一步拉大。

(二)现有条款相关规定用词过于灵活

现有应对气候变化的国际条约或协议等规定和设置的各相关机制多旨在促进环境友好技术转让，特别是要求发达国家向发展中国家转让相关技术，并提供必要的资金援助；但它们过于模糊和灵活，在具体操作机制和落实等方面依赖于各国之间的进一步协商和各国国内法的规定。例如，应对气候变化的技术转让之基础规定之一即《框架公约》第4.5款，没有规定“技术转让”是强制性义务，而是要求各方采取“所有可行”的步骤转让，而这样的义务可能由便利获取无害环境技术构成，但这并不必然意味着它是很强的或有约束力的责任。[1] 即使该条约规定了“具体措施”，其效力也明显不足且处于初级阶段。总体上，《框架公约》不是人类关于气候变化问题的最后规定，而是其后制定更多特殊法律措施的起点。[2] 事实上也确实如此，全球后续的具体法律措施，特别是有效落实技术转让规定的国际条约或协定，除《京都议定书》外，尚无其他具有较强法律约束力的类似条约。

有学者在分析国际环境保护方面国际环境法的作用时指出，“硬”(强制)国际环境法的缺失常被视为国际环境保护的主要障碍；[3]就环境友好技术转让而言，该观点同样适用。例如，《京都议定书》本身具有缺乏明确定义、无强制约束力和义务模糊等诸多先天性不足；[4]虽然它与《框架公约》均有条款直接规定发达国家在环境友好技术转让方面的义务，但由于它们过于原则，如这些规定中使用了诸如“适当”(appropriate)、“酌情”(as appropriate)、“合作”(cooperate)、“鼓励”(encourage)、“便利”(facilitate)、“促进”(promote)、“尽力”(exert efforts)和“帮助”(assist)等弹性很大的词语；此外便是条约中常用“may”(选择性的)、“shall”或“should”(倡议性的)代替“must”(强制性的)等。[5] 这些无明确约束力的承诺在技术转让方面就给各缔约方留下了很大

〔1〕 Friedrich Soltau, *Fairness in International Climate Change Law and Policy*, Cambridge University, 2009, p. 195.

〔2〕 [美]安德鲁·德勒斯等:《气候变化:科学还是政治》,李淑琴等译,中国环境科学出版社2012年版,第24页。

〔3〕 Itaru Nitta, “Proposal for a Green Patent System: Implications for Sustainable Development and Climate Change”, *Sustainable Development Law & Policy* 5(2), 2005, p. 62.

〔4〕 See Klaus Bosselmann, “Poverty Alleviation and Environmental Sustainability through Improved Regimes of Technology Transfer”, *Law, Environment and Development Journal* 2(1), 2006, pp. 29–32.

〔5〕 具体条文可以参见《联合国气候变化框架公约》等多边环境条约的相关条文。

自由裁量的空间。到目前没有一个含有技术转让定义和方法的协议,[1]技术转让仍是一个具有很大弹性空间和难以准确界定的概念,由此不可避免地给条约中有关规定的具体执行带来了消极影响。

由于担心先进无害环境技术转让后会影响其国内产业在国际上的竞争优势,近20年来发达国家总是无故拖延气候变化相关条约下该项义务的履行。前文分析的22次成员方会议也就此做出大量的决定,但成功的经典无害环境技术转让案例还没有在成员方会议或其他国际环境会议文件中记载过。发达国家虽然在政治上承诺了,但是在行动上不付诸实质性行动,至今也没有任何迹象显示会改变这种状况。[2] 这种情况的产生与规定过于原则有着直接关系,当然后文所说的缺乏相应制裁机制也是重要原因。

(三)绝大多数发展中国家参与国际规则制定与实施的能力不足

发展中国家由于缺乏基本统计技术、有效的政府管理措施,对自己在技术转让领域的情况难以真实准确地把握,这会直接影响到其诉求的内容。而且由于经济条件的限制、技术人才的严重不足、国际谈判人才的匮乏、参与国际谈判时间不充分及谈判经验的有限等,多数发展中国家不知道如何准确表达自己的诉求。由于历史原因,发展中国家在有关国际规则的制定中,参与的程度、对国际立法程序缺乏足够的了解、彼此间意见的不统一和本身发展水平的限制等,[3]它们难以对规则的形成带来积极影响,故现有的规则更多地体现了西方国家的意志,即使对那些反映发展中国家意志的规定,由于前面所述原因,实施和执行起来也变得十分艰难。

比如,《框架公约》和《京都议定书》中涉及技术转让规定,不仅过于笼统、模糊和抽象,缺少实施具体程序,[4]而且目前涉及履行技术转让义务的所有条约中尚无一个含有特定的制裁机构根据一定的程序来制裁违反条约义务的规定。下文以今天有约束力的与国际技术转让相关的、最重要的国际条约TRIPs协议中的相关规定为例来进行详细分析,以说明发展中国诉求反映在

---

〔1〕 Dalindyebo Shabalala, "Technology Transfer, Climate Change and Regime Conflict: the Challenge of Systematic Integration," http://www. uncsd2012. org/content/documents/492Shabalala-Presentation-CC,IP and Development. pdf, Jan. 30, 2018.

〔2〕 吕学都:《气候变化国际政策发展动向和展望》,载《环境保护》2007年第6A期。

〔3〕 See WIPO, " World Intellectual Property Organization Licensing Guide for Developing Countries," *PUBLICATION*, NO. 620(E), 1977, pp. 17 – 18.

〔4〕 Friedrich Soltau, *Fairness in International Climate Change Law and Policy*, Cambridge University Press, 2009, p. 195.

国际条约中的不易。

除双边投资条约为外，TRIPs 协议是被最为广泛接受的保护知识产权的国际约定，也是 WTO“一揽子”协定中最为重要的条约之一，是发达国家为在全球建立一个普遍知识产权制度模式的强制性条约。发达国家技术性地通过“一揽子”的方式让最不发达国家接受这个协议。看起来它含有一些利于发展中国家的条款，如强制许可、过渡期、弹性条款等。但是从给发展中国家过渡的时间来加入该机制、调整国内政策等角度来看，时间是不充分的，更不用说有关利于发展中国家条款的实施和执行了。加入 WTO 后，最不发达国家可以享有 2～10 年的调整期，不实施知识产权制度，与经济快速发展的韩国所需的时间相差 20 年左右，何况韩国还受到了美国大量的资金和军事支持，而最不发达国家在这种情况下不可能做到。印度的发展也花了很长时间，它们的发展也是在不实施知识产权制度，采取限制投资和贸易政策等情况下获得的。[1] 所以这些国际协议是不合理的，对最不发达国家技术转让构成重大障碍；我们推测，如果最不发达国家当初意识到这一点，它们可能不会加入。这些规定实质上约束了它们与 WTO 成员方的贸易能力。TRIPs 协议大大减少了它们潜在地走从模仿到创新的发展之路。[2] TRIPs 协议中，在技术转让领域最为发达国家经常提到的是第 66.2 款，它们认为这一条款给予了发展中国家很大的恩惠。实际上，此款是发达国家为换取最不发达国家对国际干预开放其市场及减少它们的恐惧而做出的“给予帮助和保护”的承诺，但我们仔细分析其内容，却发现无实质意义，进而对发达国家也无约束力。无意转让技术对最不发达国家造成了巨大的伤害。开放市场自由贸易而无技术能力提供产品，只有进口，依赖外部技术。研究表明，制造产品而非资源性的商品占最不发达国家（LDC）非能源出口一半以上，但它们的贸易很大程度由石油出口来推动，而非洲的非石油国家在世界贸易中的份额不断地被蚕食。[3] 这就使我们想到，在 WTO 成立之前，不仅仅是中国以市场换技术策略不成功，几乎所有的发展中国家，尤其是最不发达国家也一样，市场丢了，技术并没有得到。但在 WTO 成立之前，少数新兴工业化国家或地区却获得了一定的成功。以韩国的发展为例，韩国 1953 年与朝鲜签订停战协定后，从一个贫穷的国家变

---

[1] Sanjaya Lall and Shujiro Urata, “Competitiveness, FDI and Technological Activity in East Asia”, *Research Policy* 33(6), 2003, pp. 47－53.

[2] Kim, Linsu, *Imitation to Innovation*, Harvard Business School Press, 1997.

[3] International Trade Center, *International Trade Forum-issue* 3/2001.

成工业化国家用了30年左右的时间。[1] 特别是在1961年至1979年,其发展速度是前所未有的,在这近20年时间里其GNP增长了4.52倍,年均8.5%,是世界上发展最快的国家。[2] 其间韩国采取了极端限制贸易和投资政策,它们并不实施知识产权法,[3]甚至到2009年,它们仍认为自己是发展中国家,主要目的在于规避作为发达国家在温室气体减排和技术转让方面可能承担的义务(UNFCCC和京都议定书附件中对发达国家及转型国家有特别要求)。

与其他国际协议相比,WTO框架下的各贸易协议对国际技术转让有不同的影响,因为贸易是为最不发达国家提供技术的主要源头(进口资本和商品),它们在不同领域对国际技术转让产生这样那样的直接或间接的影响。加入WTO,各成员虽受GATT等协议有关承诺的约束,但也享有相应的权利。《争端解决备忘录》(DSU)具有强制执行规则的功能,依据其可以追究违反义务者的责任,发展中国家曾对其充满期待。然而,发展中国家由于技术水平、发展经历等的限制,在技术转让方面无法提出自己的具体诉求,多只是笼统地提出“技术转让”,对其中的“技术”界定十分庞杂(如包括了设备等),转让的形式又多种多样,甚至将技术援助等也视为转让的一种。这种“笼统”“无所不包”的技术转让之规定等于没有规定。尽管多数发展中国家感觉到十几年来,发达国家并未认真履行TRIPs协议等中为它们设定的技术转让义务,但WTO框架下的DSB审理的案件中没有一个涉及该议题。[4] 它说明DSB虽然在这方面为各成员提供了争端解决的路径,但可能由于最不发达国家运用WTO规则维护自己利益的能力的缺乏,或由于制定相关规则时能力的限制,它们的想法无法体现在有关协议中,或没有具体、明确的草案建议等,以致技术转让方面规定的过于笼统和模糊,缺乏实际可操作性,最终使这些规定形同虚设。

---

〔1〕 Kim, Linsu, *Imitation to Innovation*, Harvard Business School Press, 1997.

〔2〕 Kim Hyung-a, *Korea's Development under Park Chung-Hee: Rapid Industrialization*, 1961－79, Routledge Curzon, 2004, pp. 209－211.

〔3〕 Emmett William Redbone Leighton, "The Impediments of International Technology Transfer from Developed to Least Developed Countries, Publication, Distribution, etc.", Seoul, *Graduate school of international studies*, Korea University, 2010.

〔4〕 至2013年9月上旬,WTO争端解决机构受理的案子多达463个,但没有一个直接涉及技术转让。See *Chronological List of Disputes Cases*, www.wto.int/english/tratop_e/dispu_e/dispu_status_e.htm, Jan. 30, 2018.

(四)国际技术转让法律制度领域缺乏强制实施机制

1. 现有国际技术转让制度缺乏强制实施机制

国际法的实施一直是国际社会面对的巨大难题,在涉及应对气候变化的国际条约履行方面,困难更为突出。在现有的国际法律框架下,有关国际条约的履行主要依赖各国的自动遵守和执行,但一般条约会规定不履行义务所应承担的法律后果等,如要求其继续履行义务、停止侵害、保重不重犯、赔偿或报复等。[1] 国际多边环境条约的一个共同弱点是缺乏牙齿,即在要求不履行国际义务承担责任方面缺乏详细规定和有效的监督实施机制,其履行往往取决于道德上的压力。例如,《框架公约》关于其实施的规定,既没有相关国际法律责任的规定,也没有设立一个专门的国际组织来监督其实施,只是设立了一个秘书处;这显然不同于根据《联合国宪章》设立的联合国,根据《马拉喀什协议》成立的 WTO,以有效督促相关条约的实施。而相关国际条约又没有明确规定违反义务者所应该承担的法律责任,这种没有明确规定不履行义务(清洁能源技术转移是其中重要的部分)时应承担的国际法律责任的条约,至多产生两种无关痛痒的压力:不履行自己的承诺,可能会有更多的风险;或更坚信其他国家会履行诺言。[2] 这种机会主义的做法,只会使条约难以得到有效实施,其法律效力大打折扣。具有弹性的技术转让方面的国际规定之效力更是如此。考虑到制裁通常不能改变国家的行为,国际环境协议通常避免惩罚性制裁,依赖更加宽容的劝说方式,如报告和检查程序等,但它们关注共同解决问题,而非认定、惩罚未遵守承诺的行为。[3] 这些都会影响到国际义务的履行。技术转让领域的总体情况是,发达国家所做出的承诺通常只停留在华丽的辞藻方面,鲜有变成技术转让和获得技术的现实。[4] 因此,如何在技术转移国际义务违反责任承担方面寻求到一个有效的约定,以迫使各国真正履行转让技术等义务是一个迫切而又艰巨的问题。

由于履行环境条约义务的核查与监督机制的严重匮乏,国际社会曾就这

---

〔1〕 See Articles 28 – 31 of *Draft articles on Responsibility of States for Internationally Wrongful Acts with Commentaries* 2001.

〔2〕 [美]安德鲁·霍夫曼等:《碳战略:顶级公司如何减少气候足迹》,李明等译,社会科学文献出版社 2012 年版,第 136 页。

〔3〕 [美]安德鲁·德勒斯等:《气候变化:科学还是政治》,李淑琴等译,中国环境科学出版社 2012 年版,第 136 页。

〔4〕 Gaetan Verhoosel,"Beyond the Unsustainable Rhetoric of Sustainable Development:Transferring Environmentally Sound Technologies",*Georgetown International Environmental Law Review* 11,1998,pp. 49 – 51.

一问题试图通过国际谈判来加以解决,但至今没有形成一个有效的机制。就此问题,《框架公约》规定"缔约方会议应在其第一届会议上考虑设立一个解决与公约履行有关的问题的多边协商程序,供缔约方有此要求时予以利用",[1]《京都议定书》为实施该条内容而规定"《框架公约》缔约方会议应在第一届会议通过适当且有效的程序和机制来断定和处理不遵守议定书的情势……依本条可引起具拘束性后果的任何程序和机制应以议定书修正案的方式通过",[2]但后来实际上并无下文,直至京都议定书第一承诺期结束,任何强制执行的实施机制都没有建立起来,以致承诺减排的成员方没有认真履行自己的减排义务之行为都没有受到任何制裁,更不用说弹性颇大的技术转让等义务履行了。

清洁能源技术转让义务的真实履行最终还是依赖于各国国内法的规定,而各国对此又有很大的灵活处理空间;而且即使在它们不履行议定书规定的真实义务时,也不承担任何强制性的法律后果。即使在发展中国家和发达国家内部,也缺少制度能力来确保、衡量和确证技术转让。[3] 这一切都使清洁能源技术转移变成了空中楼阁,好看而无法"居住"(实施)。

2. 争端解决条款效力的微弱

涉及清洁能源技术转让的国际条约,有的虽然有争端条款之规定,但在实施中却乏力无助。如《框架公约》设有争端解决条款,它规定任何因履行《框架公约》义务而引起的争端一旦发生,有关当事方可以通过谈判或它们自己选择的任何其他和平方式解决,也可向国际法院提起诉讼或通过仲裁路径来解决,还可通过调解来解决。[4] 这一规定实际上还是套用了一般国际争端解决的思路,其最终出路仍是以当事国自愿履行为基础。一般情况下,谈判解决显然是当事方的首要选择,其进展或结果如何,取决于争端当事方。至于司法或仲裁,不论是由国际法院还是通过仲裁来解决案件,其先决条件都是当事各方的同意,如果任何一方不同意,这两种路径都是行不通的。至今为止,尽管发展中国家(尤其是海洋小岛国)认识到发达成员方不认真履行减排义务(甚至像美国、加拿大这样的国家公然退出《京都议定书》,明确表明不履行减排

---

[1] Article 13 of *the United Nations Framework Convention on Climate Change*.

[2] Article 18 of *Kyoto Protocol*.

[3] Dalindyebo Shabalala, "Technology Transfer, Climate Change and Regime Conflict: the Challenge of Systematic Integration", www.uncsd2012.org/content/documents/492Shabalala-Presentation-CC,IP and Development.pdf, Jan. 30, 2018.

[4] See Article 13 of *the United Nations Framework Convention on Climate Change*.

义务)等是违反国际义务的,也束手无策。它们无法向国际法院提起诉讼,更不可能通过仲裁来解决,只能通过国际道义上的谴责来表达不满,但这对于应对气候变化并不能带来任何实质性的影响或积极意义。国际法院至今没有审理过任何一个涉及气候变化的争端,[1]国际常设仲裁院[2]或其他仲裁机构也没有处理过任何一个国家间因应对气候变化国际义务不履行而引起的争端,这较好地说明了诉讼和仲裁这两种方法在解决与气候变化应对国际义务履行相关的争端方面无所作为。至于调解,《框架公约》规定,在不影响诉讼或仲裁运作的情况下,如果一缔约方通知另一缔约方它们之间存在争端,过了12个月后,有关的缔约方尚未能通过谈判方法解决争端,经争端的任何当事方要求,应将争端提交调解。经争端一当事方要求,应设立调解委员会,而调解委员会应由每一当事方委派的数目相同的成员组成,主席由每一当事方委派的成员共同推选。但调解委员会应做出建议性裁决,各当事方应善意考虑之。[3] 这一规定在实际运作中难度更大,可以说,它与谈判的方法没有实质性的区别,与谈判相比,它是一种换汤不换药的争端解决方式。因为调解委员会由双方组成,且其成员由双方委派;这样形成的调解委员会实际上还是由分歧的双方构成,每方可能都无法放弃自己所代表国家的立场和利益,争端依旧无法解决。至于《京都议定书》中关于争端解决的内容,只是规定《框架公约》的规定应比照适用于议定书。[4]

另外一个典型的例子是与《框架公约》一道于1992年6月在里约热内卢环境峰会上开放签署的《生物多样性公约》。[5] 该公约规定的内容[6]与《框

---

〔1〕 国际法院设立后,于1947年5月22日受理了第一个案件即英国诉阿尔巴尼亚的科孚海峡案件,此后至2013年9月8日共有152个案件进入法院的案例清单中,其中诉讼案件125件,悬而未决的案件有13件,咨询案件26件。诉讼案件主要涉及领土、海洋区域划分、条约解释、外交等方面,环境方面的争端较少,而没有涉及气候争端的。See "List of Cases referred to the Court since 1946 by date of introduction," www. icj-cij. org/docket/index. php? p1 = 3&p2 = 2, Jan. 30, 2018.

〔2〕 国际常设仲裁法院坐落于荷兰的国际法之都海牙。该院根据第一届海牙和平会议的建议于1899年建立,这使其成为世界上历史最为悠久的国际争端解决机构。到2013年9月止,已经有115个国家加入了该院的建院公约。该院基于国家、国家实体、政府间组织间或者它们与私人主体之间的合意,通过仲裁、调解、事实调查以及其他争端解决程序等方式处理他们之间的争端。2013年7月,常设仲裁院准备受理菲律宾向其提出的南海有关岛屿与中国之争的仲裁申诉,显然与其设立的宗旨是不符的。See "The Republic of the Philippines v. The People's Republic of China", www. pca-cpa. org/showpage. asp? pag_id = 1529, Jan. 30, 2018.

〔3〕 Clauses 14.5 &6 of *the United Nations Framework Convention on Climate Change*.

〔4〕 Article 19 of *Kyoto Protocol*.

〔5〕 由于《生物多样性公约》之外的其他环境保护国际条约中关于争端解决的规定与其相似,这里不一一列举分析。

〔6〕 See Article 27 of the *Convention on Biological Diversity*.

架公约》相似，主要解决方式有谈判、国际诉讼或仲裁、调解等。但该公约规定了斡旋或调停的解决方法，即如果有关缔约国无法以谈判方式达成协议，它们可以联合要求第三方进行斡旋或要求第三方出面调停。[1] 它把传统的一种重要的解决争端方式引用过来有一定的意义，至少比《框架公约》多了一种路径。此外，该公约还通过附件的形式对仲裁与调解两种方法的运作模式和程序做出了规定，具有一定的可操作性。[2] 显然，因不履行该公约国际义务的重要组成部分即技术转让而引起的争端，可以适用这一争端解决条款。然而，如前所述，任何上述一种解决方式都需要各方同意的这一前提条件使它们在强制性方面大打折扣。到目前为止，运用该程序来解决相关纠纷的案件鲜有听说。

除上面提到的四个方面的主要不足外，还有一个突出的不足就是现有国际知识产权制度的不足。虽然保护更多的知识产权能够刺激创新，但它们也产生了限制，使人们获取一些基础的科学知识结构的成本增加。然而，随着人类公共问题的日渐增加和严重，技术转让和分享再次成为国际社会应该关心的重点议题；而当下国际知识产权法律制度"一刀切"做法及反映大公司意志的现象显然不能满足人类社会发展的需求，它们应该根据情况变化而作相应调整，以利于人类的整体进步。如经济全球化下，公共政策几乎成为各国发展经济的首选，原先由大的跨国公司所主导形成的知识产权制度，在今天，随着中小企业的不断壮大，它们的话语权甚至比对公司更大，知识产权制度应该进行相应的变革，它们的意志也应该反应在国际知识产权制度中，以促使该制度较好地服务于人类的经济发展。[3]

（五）存在上述不足的原因[4]

现行国际环境友好技术转让法律制度存在不足的原因多种多样，其中最根本的是掌握技术的私人部门将自己的利益通过国家意志在国际法律层面给予体现，而各国私人主体的利益往往与其所在国家的利益密切相关。此外，保障这种私人与国家利益一致并促使二者竭力维护这种利益的主要发达国家的

---

〔1〕 See Clause 27.2 of the *Convention on Biological Diversity*.

〔2〕 See Annex II of the *Convention on Biological Diversity*.

〔3〕 Fabrice Lehmann, *Peace and Prosperity Through World Trade*, Cambridge Univ. Press, 2010, pp. 110 – 113.

〔4〕 清洁能源技术转移国际法律制度的不足原因分析具体参见马忠法：《国际技术转让法律制度理论与实务研究》，法律出版社 2007 年版，第 155 ~ 158 页；马忠法：《应对气候变化的国际技术转让法律制度研究》，法律出版社 2014 年版，第 272 ~ 304 页。

国内政治、经济和法律制度又进一步固化了这种利益联合体,使国际技术转让顺畅进行的统一国际条约自20世纪70年代以来一直在它们的双簧戏中既得不到通过,也让那些零星分散于各环境保护条约或国际法文件中的有关规定得不到真正有效的实施。

有人说,如果气候是一个银行,它可能早已经得救了。[1] 银行直接涉及眼前的、自身的经济利益,而气候变化并未直接影响到发达国家的现实利益。这句话反映了利益在处理有关国际问题的决定性作用。拨开现象之后,我们发现应对气候变化的国际技术转让不畅理论上的根源是发达国家掌握技术的私人主体维护自身利益的意志甚于对人类公共利益和弱国利益的关注。所有关于气候变化问题的争议是一个政治问题,[2]是国家之间的一种博弈,但其核心还是国家利益之争;[3]而作为政治问题,主要是指应对气候变化的组织架构和权力分配、利益的博弈等。[4] 在根本上,其实质都是利益问题——国家与国家之间、组织与组织之间、组织与个人之间等的利益分配、均衡与损失的承担。发达国家争得的排放权多,意味着剥夺发展中国家的发展权利。

资本主义制度下,唯利是图是资本家的本性;资本家为了追逐利润,没完没了地制造出人类本身并不需要的所谓财富,并引诱人类去追逐,结果导致环境破坏、气候变化和自然的破坏等。[5] 在这种情况下,惯性下的未来逐利行为让资本主义制度下的多数跨国公司不会主动减排,反过来倒有可能去争夺所谓的排放权。恰如丁仲礼言,所有关于气候变化问题的争议其实质都是利益之争,都是对未来排放权的争夺。[6] 该观点反映了气候变化方面斗争的实质。[7] 但这不是解决问题的根本方法,因为争夺排放权是一种消极措施,开

---

〔1〕 Hugo Chavez,"Venezuelan President's Speech on Climate Change in Copenhagen", http://venezuelanalysis.com/analysis/5013,December 17th 2009,Jan. 30,2018.

〔2〕 甚至有学者认为气候是首要的国际政治问题。参见[瑞典]克里斯蒂安·阿扎:《气候挑战解决方案》,杜珩、杜珂译,社会科学文献出版社2012年版,第43页。

〔3〕 马煜婷、周宏春:《气候问题的核心是国家利益》,载《经济》2012年第1期。

〔4〕 [瑞典]克里斯蒂安·阿扎:《气候挑战解决方案》,杜珩、杜珂译,社会科学文献出版社2012年版,前言第5页。

〔5〕 程明道:《气候变化与社会发展》,社会科学文献出版社2012年版,第56页。

〔6〕 杜受祜:《气候变化及其应对的非气象学思考》,载[瑞典]克里斯蒂安·阿扎:《气候挑战解决方案》,杜珩、杜珂译,社会科学文献出版社2012年版。

〔7〕 争夺排放权的目的和动机可能不同,有的是为了过更为奢华的生活("奢华性排放"),有的是为了满足生存、健康、食物和水等人类的基本需求("生存性排放")。对于前者,无疑需要控制,而对于后者,应予以支持和帮助。See Stephen Humphrey, *Human Rights and Climate Change*, Cambridge University Press,2010,p. 13.

发、转让和分享无害环境技术才是减少排放的根本之道。不愿意放弃利益是导致技术转让不畅的根本原因。现有技术转让制度问题的实质是国家利益[1]的较量。当代科学研究表明，年减少5%的温室气体排放十分关键，它需要各部门、阶层的共同努力。然而，大公司的执行总裁们却在担心它们的获利情况。这些大公司的利益往往就代表着其所在国的国家利益，主观上它们未必会为本国一般百姓获取国际上的利益，但客观上能够造成所在国全体国民受益的情况。至于人类公共利益和弱国利益常因他们自己的利益最大化而被忽视或故意规避。

在目前的国际分工中，发展中国家被定位为生产基地和销售市场，而非技术中心。技术和管理是发达国家形成垄断优势取得超额利润的源泉，因此它们会尽量避免核心技术在发展中国家扩散，于是就会采用"技术锁定"来避免其核心技术的扩散和溢出。它们宁愿出口高新技术产品而不愿转让相关技术。[2] 由于人均排放量大、空气中温室气体积聚的历史原因及技术能力与水平等，发达国家率先排放并转让技术给发展中国家符合历史与现实的双重公平，也有助于人类总体温室气体排放的减少。然而，由于发达国家出于竞争优势和维护利益的考量，目前这种推导只是在理论上存在可能。

实质上，从技术转让不畅的结构性原因在条约与国内法关系方面来看，就是政府承诺与私人逐利的冲突。有人指出，在政府办公室里，忠于公司的政客们正在构架减排指标，如到2020年减排达5%～15%，这无异于告诉大家人类和自然在自杀。这个指标和碳交易制度在未来10年内是不可能产生预期的减排需求的。[3] 尽管碳排放交易制度不是本书探讨的内容，但从此语可以

---

〔1〕 关于何为"国家利益"，众说纷纭。有的说是"国家的基本需求和欲求"，有的说是"确保本国或人民的基本生存安全、本国人民的福利与生活幸福及政府的自决和自主"，有的说是"一切满足民族国家全体人民物质与精神需要的东西"（以上观点转自唐颖侠：《国际气候变化条约的遵守机制研究》，人民出版社2009年版，第132～15页）；有的说是"民族国家追求的主要益处、权利和受益点，反映该国全体国民及各种利益集团的需求和兴趣"（王逸舟：《国家利益再思考》，载《中国社会科学》2002年第2期）；等等。这些都很有道理，但笔者认为，首先"国家"这一抽象的概念是什么？它到底由谁控制和操作？其次，它能否代表所有国民的意志和利益？也就是说，"国家利益"是否真的能够体现全民利益？"二战"期间，日本、德国法西斯发起的战争打的旗号就是为了它们所谓的"国家利益"，但它们真的是代表两国人民的利益吗？所以笔者认为，现实中的"国家利益"多数场合下是掌握权力的利益集团的利益，但客观上有可能造福于本国的所有人民。我们希冀代表所有人民利益的"国家利益"能够尽快变为现实。至于"国家利益"的分类（如长远利益、近期利益及重要与次要利益）及相应的效用等参见阎学通：《国家利益的判断》，载《战略与管理》1996年第3期。

〔2〕 张建平：《气候变化谈判框架下的国际技术转让机制研究》，载《国际贸易》2010年第5期。

〔3〕 Lan Angus, *The Global Fight for Climate Change*, Resistance Books, 2009, p. 220.

看出本书所说的“私法行为公法化”在此处的运用：西方国家的所谓法律制度多是由私人公司控制，因为制定人是它们选出的政客。要想从根本上解决气候变化中的技术转让问题，还得高度重视私人部门的作用并从它们开始做起。

从形式上看，《框架公约》《京都议定书》等有关国际环境友好技术转让条款自身存在不足是它们难以得到有效执行的原因；通过这种形式可以发现，它们无法得到实施的进一步原因是发达国家政府的承诺（以条约规定的义务条款为形式）与其国内企业的利益需求常常存在冲突；作为技术供应商的企业之商业行为构成了技术转让的根本障碍。[1] 国家有时不愿也无力遵守一些国际规则，因为尽管其国内法中已将这些规则融入进去，但无法在根本上改变无政府的国际社会关系。民主制应该是人民决策好了，选出一个执行者来执行该决策；而非目前的选出代表来做决策的方式。[2] 但在今天所谓的民主国家里，就是由所谓的“民主选举”选出代表来做出决策，它容易出现多数人意志“被代表”的现象：少数利益集团将自己的意志强加给多数人。同样，将这种民主方式延伸至国际社会，也会出现多数国家意志被少数国家所代表的现象。这样形成的所谓国际义务之履行会受到严重影响。

一国政府扮演“双层政治”，[3]无疑会受到来自企业的经济利益和行为方面的胁迫。由于历史等原因，发达国家的企业（主要是跨国公司）掌握了全球90%以上的先进技术（含无害环境技术），或可以说90%以上涉及专有知识的现有环境友好技术通常是由跨国公司研发的。[4] 而且出于对市场竞争优势确立的考虑及适应本国应对气候变化政策，诸多跨国公司都十分注重依赖新技术的使用来应对气候变化。[5] 而它们在进行技术转让时以企业利益而非政府的履行国际义务为导向，常借发展中国家需要技术的迫切性来抬高技术

---

〔1〕 徐祥民、孟庆垒等：《国际环境法基本原则研究》，中国环境科学出版社 2008 年版，第 310 页。

〔2〕 “Chomsky on the Obama, Geithner Rescue Plan,” March 30, 2009, at http://sacsis.org.za/site/article/121.19, Jan. 30, 2018.

〔3〕 Robert D. Putnam. “Diplomacy and Domestic Politics: The Logic of Two-Level Games”, *International Organization*. 42(Summer), 1988, pp. 427 – 460.

〔4〕 See Gaetan Verhoosel, “Beyond the Unsustainable Rhetoric of Sustainable Development: Transferring Environmentally Sound Technologies”, 11 *GEO. International ENVTL. L. REV.* 49, 1998, p. 66. 今天，这一情况可能随着金砖国家的研发能力的不断增强有所变化，但总体上发达国家跨国公司掌握了世界上绝大多数的无害环境技术的情况仍无根本改观。

〔5〕 ［美］安德鲁·霍夫曼等：《碳战略：顶级公司如何减少气候足迹》，李明等译，社会科学文献出版社 2012 年版。

许可使用费,或提出种种附加条件,或在认为无利可图时拒绝转让技术。这是强调私权利神圣不可侵犯的发达国家政府所无能为力的,因为不仅它们的国内法律规定知识产权是私权利,它们还通过 TRIPs 协议将这一观点上升为国际性的规范,作为知识产权重要组成部分的无害环境技术无疑也是私权利的范畴。如有学者指出,在鼓励和促进技术转移的努力方面,发达国家政府通常受两方面因素的制约:(1)政府自身不拥有大量的环境友好技术;(2)它们不能强迫私人部门转让其拥有的技术。[1] 因此,发达国家政府在技术转让方面常开空头支票,再加上现有的国际制度在追究有关国际法主体国际责任方面的无所作为,无法使《框架公约》等直接规定的技术转让得到真正实施。如果我们再进一步深入到西方的政治、经济、法律制度层面,就能够找到目前技术转让不畅的根源是资本主义制度。该制度的基本特征有:政治上的民主选举制度,但其实质是金钱控制下的选票选出的代理人维护它们的既得的政治优势并延伸于国际社会;经济上以私有制为基础经济制度及以营利为目的的股份有限公司(跨国公司是典型代表)为主要载体并由它们主导和控制社会的现实;法律上以维护私人权利为核心的较为成熟的制度等。这三者的结合,是较为健康、利于发展中国家进而利于全人类共同利益维护的国际技术转让法律制度构建和完善屡遭挫折的根本原因。

技术转让不畅制度的根源是国际经济旧秩序理念延续的反映,也是既得利益者维护自身利益与竞争优势的体现。发达国家主导的与清洁能源技术转移相关的制度的根源是旧殖民主义思想的延续和发展,它们想继续维持对技术后进国的竞争优势,以让后者长久听从它们的安排,满足它们的利益。目前全球专利、版权和商标等保护争论的主要焦点是有市场潜力、着眼于未来的诸如计算机软件、新能源、药品和生物技术等高新科技产业[2],发达国家欲在已经形成的知识产权有利布局中始终把握主动权,以在国际产业价值链形成过程中,处于高端,掌握高附加值的技术,获取高额利润,而让他国变成低附加值的生产车间。如果发达国家能回顾一下自己工业化发展阶段的所作所为和发展路径,再站在发展中国家现今的立场考虑一下,进而做出客观评价的话,也许它们会反思自己在技术转让方面的制度,并做出适当调整。可惜在社会达

---

〔1〕 Daniel Gervais, *The TRIPS Agreement Drafting History and Analysis*, (3rd Edition), Thomson Sweet and Maxwell, 2008, p. 524.

〔2〕 Steve Lohr, "New Economy-The Intellectual Property Debate Takes a Page from 19th - Century America," *The New York Times*, Oct. 14, 2002, C4.

尔文主义观点[1]的支配下，它们很难做到这一点。因为在亚当·斯密所谓经济人理性的旗帜下，技术作为当今市场经济中获取经济利益最为锐利的武器，发达国家及其国内的私人部门是不会轻易与他人分享这一武器的。这一点正是清洁能源技术转让不畅在理论上的症结所在。当我们从历史的角度来看，今天发达国家为维护自己的既得利益而所采取的限制技术转让等制度、措施，违背了历史公平原则，它们忘记了它们早期在工业化阶段所曾经走过引进—模仿—发展和创新之路。从历史上曾经落后而今天发达起来的发达国家或地区(如19世纪的美国、德国、日本及20世纪的新加坡和韩国)的工业化或现代化发展历程中，可以发现，它们无一例外是通过技术模仿、复制或引进消化吸收再创新等捷径而获得成功的。在工业化初期，它们或处在较为宽松的知识产权制度的自由资本主义时期，[2]如美国、德国、日本，或面对技术权利人或技术权利人所在国较为宽松的条件，如新加坡或韩国，容易获取价格低廉的先进技术，借助于有力的国内法律制度引进技术并进行适当的改进和创新，推动各自的经济发展。然而，等到它们自己的技术和产业足够先进并拥有越来越多的知识产权时，它们忘掉了曾经分享过他人成果的经历，而将强化知识产权保护变成自己利益的核心内容；[3]不仅在国内立法上有需求，还将它们反映到国际社会里，并最终将它们变成国际条约，如TRIPs协议及2006年以来美、欧、日、韩等曾经秘密谈判并于2011年10月签署的《反假冒协定》(ACTA)等。[4] 至于这些国家的国内法律规定的变化，完全以本国利益为主导来进行调整。美国版权法的发展历程及其对《伯尔尼公约》的态度是个典型例子。[5] 发达国家种种行为表明，发达起来的它们早已经忘记了其发展过程中曾经走过的路，出于自私利益的考虑，试图对发展中国家的发展给予一定的限制，孤立地将自己今天的经济发展模式如同它意图在全球推行的美国民

〔1〕 美国人把达尔文的生物进化论移植到人类社会生活领域，宣称人类的生存与发展同样受“生存竞争”“弱肉强食”“优胜劣汰”等“自然法则”的支配。相关内容参见《文明没有冲突——解析文明冲突论》，载 http://tlw.3322.net/wmmyct.htm，2004年3月31日最后访问。

〔2〕 关于这一时期的国际技术转让制度，参见马忠法：《从自由资本主义时期国际技术转让的特点反思现行国际技术转让法律制度》，载《知识产权论丛》(第14卷)，知识产权出版社2009年版。

〔3〕 Steve Lohr, “New Economy-The Intellectual Property Debate Takes a Page from 19th-Century America,” *The New York Times*, Oct. 14, 2002, C4.

〔4〕 关于ACTA的内容，参见 *Anti-Counterfeiting Trade Agreement*，载 http://en.wikipedia.org/wiki/Anti-Counterfeiting_Trade_Agreement，2018年1月30日最后访问。

〔5〕 马忠法：《应对气候变化的国际技术转让法律制度研究》，法律出版社2014年版，第279～280页。

主模式一样，一厢情愿地强加给技术后进国家，将所谓的“自由贸易和高水平知识产权保护”当做各国经济发展的必然之路。这种做法显然有悖于历史和经济发展的规律：短期地看，不利于发展中国家；长期地看，将对整个人类社会造成巨大伤害。知识产权制度对技术转让和分享会造成一定的障碍，影响人类整体的可持续发展，不利于人类环境保护和气候变化的应对，进而危及人类的长远利益。

此外，作为技术输出方的多数跨国公司针对不同国家的技术发展水平，可能采取不同的技术经营策略。它们将自己的技术分为最新技术、成熟技术和过时技术等几类。最新技术往往不会轻易转移，即使转移也是自己能够控制住或转移给与自己有着密切关系的伙伴；成熟技术一般转让给有一定技术实力或基础的国家；而过时或面临淘汰的技术转移给相对落后国家，以获取不当的利益。它们很少会基于人类环境保护和其他公共利益的需要，帮助他国实行跨越式的技术发展，避免人类的资源在无谓的低效率中耗费。国际社会在这方面无相应的国际条约或国际规范来进行调整，任由强势一方将自己的意志强加给处于弱势位置的受方。对此，国际社会应该有所行动。由此笔者想到圣经中的一段话：无论何事，你们愿意人怎样待你们，你们也要怎样待人；因为这就是律法和先知的道理。[1] 人们都想得到公平的对待，这样利于人类社会的和平和谐发展和互利共赢；而要得到公平的对待，则首先要公平地对待他人。跨国公司不能公平合理地对待不同技术水平国家的技术受方，必然会带来诸多不公平的结果和潜在的纷争，进而影响到相关国家的发展水平，加大各国之间技术和经济水平的差距，让世界处于一个不和谐及冲突的状态；这种冲突进而会影响全球经济，同时也会影响到发达国家及其公司的利益，它带来的不是“共赢”，而是“竞争”哲学下的“你死我活”，这不利于人类的长远发展。我们希望借助国际社会的各种力量，特别是具有优势地位的跨国公司，让各种技术受方得到公正对待，那将是人类在清洁能源技术发展领域的真正福音。

二、中国国内清洁能源技术转移法律制度的不足

（一）法律制度体系方面的不足

有学者认为，我国气候变化立法体系总体上是比较完善的。[2] 实际上，

---

〔1〕 So in everything, do to others what you would have them do to you, for this is the law and the prophets. See Mathew 7:12 of the Books of the New Testament.

〔2〕 郭冬梅：《应对气候变化法律制度研究》，法律出版社2010年版，第152页。

我国在清洁能源政策体系上是较为完善的，但真正在法律制度方面，还有很长的路要走。在技术转让方面的法律体系不太健全，我国还没有一部气候法。甚至像1989年《环境保护法》这样的重要法律都没有涉及技术转让或运用的内容，只是规定“国家鼓励环境保护科学教育事业的发展，加强环境保护科学技术的研究和开发，提高环境保护科学技术水平，普及环境保护的科学知识”。[1] 2014年4月人大常委会通过的环境保护法修正案中，突出了科技的重大作用，增加了技术转让的内容：“国家支持环境保护科学技术研究、开发和应用，鼓励环境保护产业发展，促进环境保护信息化建设，提高环境保护科学技术水平。”[2]其中的“应用”与技术转让密切相关，在环境保护的基本法中为技术转让留下了一席之地。中国有许多政策，但并没有将其中的内容上升到法律规范的高度，相应的技术转让规范也是如此。能源法没有通过，现有规定缺乏可操作性：如果包含在法律规则部分中的应然内容仍停留在纸上，并不对人的行为产生影响，那么法律只是一种神话，而非现实。[3] 我国现有技术转让规定中，原则、宣示、口号的内容较多，尚无具体的实施条例或细则，政策的成分多。

尽管有学者指出，中国尚无统一的应对气候变化法，[4]但应对气候变化的法律规定分散于各相关法律法规中，它们之间有一定的逻辑关系，关于这是否可以看成构建了基本法律体系学者们有不同看法。笔者无意对此进行评述，只想指出的是，这些法律涉及技术转让或技术推广使用的条款并不多见。而且从法律体系内在有机统一的要求来看，现有的各有关环境保护的单行法中规定技术转让或推广的内容有一定的重复。理论上，如果有一部统一规定技术转让的法律，就不需要在各单行法中重复规定，既精简有关法律法规的内容，又容易抓住问题的要害。但在无这种法律的情况下，涉及技术转让的有关法律在一定程度上仍有其积极意义。

总体来看，从法律体系方面来说，中国应对气候变化技术转让法律制度最大的不足是：(1)法律规范的效力等级较低，多出现在行政法规或部门规章中，即使在立法机关的规范性文件中出现也是间接的，即该方面尚未形成相对

---

[1] 《中华人民共和国环境保护法》(1989)第5条。

[2] 《中华人民共和国环境保护法》(2014修订)第7条。

[3] [美]博登海默：《法理学——法律哲学与法律方法》，邓正来译，中国政法大学出版社1999年版，第239页。

[4] 李艳芳、武奕成：《我国低碳经济法律与政策框架：现状、不足及完善》，载《中国地质大学学报》(社会科学版)2011年第11卷第6期。

独立完整的法律体系,缺少权威的法律规范;(2)有关规定的较为分散,且内容过于宽泛、原则,缺少可操作性,且法律规定之间存在一定的冲突、脱节、重复;(3)政策性的内容丰富,强制性法律规定的内容相对缺乏,罚则偏软;[1](4)执法方面还有待进一步加强。

(二)内容方面的不足

在内容上,国家立法层面规定的最明显的不足是对技术转让的含义没有做出统一明确的界定,如前面多数法律中运用最多的词是技术"推广",但各部法律对其又无明确的定义。在实务中,"推广"实质上涵盖了技术许可、转让等内容。但"推广"本身很难说是一个法律用语,它更多是一个政策用语,而在各法律中频繁出现,不能不说是一个较为严重的问题。其涉及的相关当事人的权利义务难以界定,似乎政府在该活动中应起到积极作用,而有关私人权利主体的作用可能被忽视。在技术被视为私人财产的情况下,使用"推广"一词容易带来混乱。即使是那些由公共财政支持的共性技术或应当为公众分享的技术,也容易带来问题。

对"技术转让"界定不明晰导致的直接后果是对《企业所得税法》等中的税收优惠规定的适用造成影响,进而导致优惠对象的界定标准不相等。《合同法》规定了4类合同的内容,技术转让合同是其中的内容之一,但它只对技术转让合同进行了分类,对技术转让并没有给出定义;如果根据合同法的合同分类来界定"技术转让",则该定义过于狭隘,其他三类合同无法享受技术转让方面的税收优惠待遇(由于税法对技术开发合同另有税收优惠规定,实务中开发合同因其他原因也可享受优惠)。实际上,国际社会通常理解的技术转让应当包括技术咨询、技术服务、技术开发等。正是由于这一点,全国很多地方在制定有关技术转移优惠政策时没有明确地将咨询和服务类合同纳入优惠的范围内,导致这类合同在所有技术合同中一直呈低迷状态。此外,法律明确将独资企业、合伙企业排除在外,也是不利于这类企业技术转让享受优惠待遇的。独资企业、合伙企业是按个人所得税法来缴税的,而个人所得税法对个人享受的技术转让税收优惠根本没有规定。实际业务中,咨询和服务多是以独资或合伙方式进行的。而且《企业所得税法》规定的"技术转让优惠"在有关规章中仍然缺乏可操作性,如《2010年税收通知》规定其所称的"技术转让,是指居民企业转让其拥有符合本通知第一条规定技术的所有权或5年以上

---

[1] 解振华:《绿色发展:实现"中国梦"的重要保障》,载《光明日报》2013年4月15日。

(含5年)全球独占许可使用权的行为",[1]"全球独占许可使用"一词难以界定,即便明了,要求也过于苛刻,最终可能让相关方根本享受不到这样的待遇。再如,该通知规定"居民企业从直接或间接持有股权之和达到100%的关联方取得的技术转让所得,不享受技术转让减免企业所得税优惠政策"[2],关于"直接或间接持有股权"如何界定?这种规定在实际中难以操作。当然,其后的"100%"倒有可能给实务部门让相关方享受到优惠待遇提供较大的灵活操作的空间。其实,做出这样的规定让人感觉随意性太大,没有太多的实际意义。此外,"境内的技术转让须经省级以上(含省级)科技部门认定登记,跨境的技术转让须经省级以上(含省级)商务部门认定登记,涉及财政经费支持产生技术的转让,需省级以上(含省级)科技部门审批"之规定,[3]增加了有关当事人享受优惠的成本及有关部门的负担,特别是当技术转让所得很少时,是否一定要省级以上科技部门认定登记?对于财政经费支持产生技术的转让,如果不涉及国家或公共利益、国家机密或安全等,是否一定要经过省级以上科技部门的审批?这种规定似乎倒退到计划经济时代。类似上述规定的法律文件并不少见,它们会影响税法等立法本意,最终可能并不能够带来促进技术转让的效果。在我们实务调研中,有关管理部门曾经在不同场合多次指出,现有相关技术转让税收优惠的不足及缺乏可操作性给管理部门、企业等带来了困惑。[4]此外,各部门和各地区基于有关法规原则性过强的特点,制定了标准不一的规章或地方性法规,因与税收立法授权的规则相冲突,往往得不到税务机关的支持和认可。这也给有关税收法律法规的实施带来很多问题。

一些不当的法律政策,对技术转移产生了不利影响。如长期以来的"以市场换技术"之战略,在多数领域没有实现预期目标,不少人把"技术转移"等贸易看作一般的商品买卖,没有把技术创新能力的提升与技术转移联系起来,在二者之间没有形成良性循环,出现了"旧技术不行了再买别人的新技术"的现象,陷入"引进—落后—再引进—再落后"的恶性循环之中。而且我们不当

---

[1] 财政部、国家税务总局《关于居民企业技术转让有关企业所得税政策问题的通知》(财税〔2010〕111号)第2条。

[2] 财政部、国家税务总局《关于居民企业技术转让有关企业所得税政策问题的通知》(财税〔2010〕111号)第4条。

[3] 财政部、国家税务总局《关于居民企业技术转让有关企业所得税政策问题的通知》(财税〔2010〕111号)第3条。

[4] 马忠法:《科技成果流转法律制度与上海创新型城市建设之研究》,知识产权出版社2012年版,第364~365页。

的专利等政策如资助专利申请或授权行为,对创新等能力的形成也起到负面作用。这些都没有让企业形成持续的创新能力,原因在于我们没有把握技术转移与创新能力提升之间的规律,没有形成遵循该领域规律的法律法规。这是我们将来在完善清洁能源技术转移领域的法律政策需要加以注意的。

另外,有些立法过于陈旧且修改步伐迟缓,不能做到与时俱进。如《环境保护法》在1989年制定,其中关于违反环境保护法所承担的法律责任,十分轻微,导致违法成本过低,少数唯利是图者不顾环境保护带来了很多难以挽回的损失。此后,一直在努力进行该法的修正,历经数年直到2014年4月修正案才得以通过。根据《合同法》(1999年10月1日实施),国家科技主管部门陆续制定并发布实施了技术合同认定登记、技术市场统计、技术交易和管理、技术合同仲裁等行政规章。目前涉及技术流转合同的主要规章有2000年2月16日发布的《技术合同认定登记管理办法》(国科发政字〔2000〕063号文)、2001年7月18日发布的《技术合同认定规则》(国科发政字〔2001〕253号文)。前者对技术流转合同登记进行了详细规定,而后者着重对四类合同的认定给予了详细规定。它们对指导技术转让曾经发挥了积极作用;但时过境迁,十多年过去了,有些内容已经不能适应时代发展需求了。

(三)法律实施方面的不足

有法不依、执法不严、违法不究在我国环境保护领域表现得特别突出,气候应对方面更是如此。下文主要以在技术转让方面被寄予厚望的《清洁发展机制项目运行管理办法》(以下简称《CDM管理办法》)规定的CDM项目为例来说明该方面的问题。

《CDM管理办法》规定,CDM项目合作应能促进环境友好技术转让,开展的重点领域应为节约能源和提高能源效率、开发利用新能源和可再生能源、回收利用甲烷;[1]项目审核理事会审核的重要内容之一是“技术转让情况”。[2] 然而,这些规定在现实中并未得到很好的执行,中国CDM项目中的技术转让状况的一系列数据和事实证明了这一点。对于中国而言,截至2013年3月21日,国家发改委批准的项目有4904个,[3]至2013年5月31日中国

〔1〕《清洁发展机制项目运行管理办法》(2011修订)第4条。

〔2〕《清洁发展机制项目运行管理办法》(2011修订)第20条。

〔3〕国家发展改革委批准的CDM项目,载http://cdm.ccchina.gov.cn/NewItemAll0.aspx,2018年1月30日最后访问。

在EB已注册和将注册的项目为3583项，占所有全球相应数7511项的47.70%；[1]其预期获得的年核证减排量（CER）为5.72亿个，约占全球认可的年减排量8.94亿的63.95%，[2]超过其占全球相应项目数比重近17个百分点。这些项目已获得的CER为8.23亿个，约占全球认可减排量的61.92%，[3]超过其占全球注册项目数比重近14个百分点。可以看出，无论是国内得到批准的CDM项目的绝对数量，还是在EB注册的项目以及得到认证的CER，中国都堪称CDM项目大国。

但国内有关的研究表明，在中国的CDM项目中，目前虽然约有40%的项目涉及技术转让，但实际案例和调查表明，这些项目中的2/3只是设备输入，而且设备购买也是基于一般商业价格，并无优惠；另外的1/3只是简单的设备运行和维护培训知识，没有核心的设备制造技术和维护技能的输入。实际上，这种情况根本算不上真正意义上的技术转让，技术转让获取的应是核心技术方案，或至少是有助于技术能力形成的关键知识。所以就这种情况而言，CDM项目中技术转让问题应更为严重。

环保部环境与经济政策研究中心（现为生态环境部环境与经济政策研究中心）的一份报告指出，在中国，CDM项目对促进可持续发展发挥了良好的作用，但与《京都议定书》所规定的帮助发展中国家实现可持续发展目标还有一定差距，问题还是很大，“特别是核心的技术转让，没有真正实现过”。湖南CDM中心律师刘钢所熟悉的“技术转让”通常是这样的模式：“在CDM项目中，一般的项目设计文件里都会提道：国外买家来开发CDM项目时，会派该国专家、顾问来进行简单的指导。签署PDD时，他们把这种做法写进去，就算是体现了技术转移的精神了。”[4]这种形式主义的做法本质上使外国公司在不转移核心技术的情况下，通过设备买卖，在获取商业利益的同时，赚取到所谓的CER，以最小的成本实现自己的多重目的。这种做法比外商直接投资给予的帮助还要小，因为它连资金都无须付出；反过来是买方用现金买它的设

[1] See“Trend of Projects Registered and Registering by Host Party”, http://cdm.unfccc.int/Statistics/Public/CDMinsights/index.html#reg, Jan. 30, 2018.

[2] “Distribution of Expected CERs from Registered Projects by Host Party”, http://cdm.unfccc.int/Statistics/Public/CDMinsights/index.html#reg, Jan. 30, 2018.

[3] “Distribution of Expected CERs from Registered Projects by Host Party”, http://cdm.unfccc.int/Statistics/Public/CDMinsights/index.html#reg, Jan. 30, 2018.

[4] 李静：《中国清洁发展机制的冲动与尴尬》，载http://news.sina.com.cn/c/sd/2009-12-23/140519322122.shtml，2018年1月30日最后访问。

备,还赋予它"支持、合作"的美名,真是"讨了便宜卖了乖"。有些人认为发达国家公司在 CDM 项目中基本上走"资金转移"这条路线,[1] 如果说是它们转移资金给中国,是有问题的;如果说是中国公司将资金转移给"发达国家公司",也是不准确的,因为中国公司的"资金"是用来支付设备费用的,是给对方的对价。

长期以来,在我国环境方面的守法成本高于违法成本已是一个不争的事实。由于过去对"经济建设是中心,发展压倒一切"的片面理解,以及地方政府和企业等过度追求经济发展指标,尤其是短期效益和短期指标,法律意识和观念位于发展之后,且将发展片面理解成 GDP 的增长,很多问题被表面的经济繁荣所遮蔽,"一俊遮百丑",使法律成为摆设:规定是规定,执行是执行,执行与否、执行如何无人监督,其带来的后果常与立法的预期目标背道而驰。环境保护法律中的那些强制性规定都难以执行,更不用说其中弹性较大的技术转让规定的条款了。

至于前文诸多其他法律涉及的技术转让规定在实践中也难以得到有效实施。例如,我国《企业所得税法》规定的有关技术转让优惠在实务中较难得到兑现,有关法律规定的科技成果转让和转化也存在很多问题,从而成为中国经济高质量发展和创新型国家建设的"瓶颈"。

(四)存在上述不足的原因

导致上述不足的原因首先在于改革开放以来很长一段时间,过分强调 GDP,强调经济发展,忽略环境和生态保护。甚至在今天,有人还认为环境方面的工作应当服务于经济建设。[2] 实际上,环境保护至少应当与经济发展同等重要,从某种意义上说,比经济发展重要。发达国家走过的路证明了这一点:经济发展是提供人民的生活质量和福利,而环境安全和优美是这方面的重要指标;十八大提出的建设美丽中国是这种要求的反映。追求 GDP 带来的结果就是在功利主义引导下,注重短期效益、局部利益而忽略长期利益和整体利益。对法律上的有关规定,短期内利于自己的就实施,不利于自己的就采取柔性措施,软化其执行力,甚至根本不执行。

其次,全社会对气候变化带来影响及技术转让在该方面重大作用的认识存在不足,法律或政策制定一定程度上脱离中国实际并缺少公众参与,环境立

---

〔1〕 李静:《中国清洁发展机制的冲动与尴尬》,载 http://news.sina.com.cn/c/sd/2009-12-23/140519322122.shtml,2018 年 1 月 30 日最后访问。

〔2〕 任重远等:《明争环保法修订》,载《财新·新世纪》2012 年第 44 期。

法不能做到与时俱进,技术转让法律制度在利用清洁技术方面的意义尚未得到充分体现。例如,虽然外商投资法规定了引进外资中技术是十分重要的考虑因素,但在现实中,由于各方面对某些行业对环境、气候变化带来的影响缺乏充分的认识,公众对污染等有着少见的宽容态度(目前,在中国尚无一例针对大气污染提起的诉讼赔偿);而长期以来,有关主管部门在中外合资或外商投资企业的审批或监督中,往往将绝大部分的注意力放到"资金"上,对于外方的技术转让或引进关注不够(近年来这方面已经有很大改观)。实际上,从历史上曾经后进的发达国家的经济发展来看,"引进外资"中的核心内容是技术转让,但我们由于认识上的原因,没能充分利用这一点来促进本国的经济良性发展。诸多因素使中国在改革开放后的很多年内成为廉价的商品加工地,在涉及能源耗费巨大的产业,将产品提供给他人,温室气体却留在中国。虽然我们可以指责"西方国家因中国经济的快速发展而把工厂转移到中国大陆,进而也将废气排放量转嫁到了中国"[1]这种不道德行为,但作为一个有主权的主体,我们还须从自身进行反思并改变这种状况。

最后,地方保护主义等也起到推波助澜的作用。[2] 中国很多法律对技术转让已经做出明确规定,尤其是在环境保护方面的法律法规中,强调环保技术、清洁技术的推广和使用,但由于地方保护主义的影响,环境法整体得不到较好的实施,其中涉及的技术转让规定无疑也难以得到有效实施。近年来,中国淮河流域等地出现的"癌症村"[3]及其他由于环境污染而出现的各种疾病频发区域等,是这方面的典型。

本章小结

清洁能源技术转移的法律问题之所以得到关注,是因为整个国际社会的环境污染和气候变化等日趋严重。这些公共问题又遇上了知识经济时代,使

---

〔1〕 王军:《全球气候变化与中国的应对》,载《学术月刊》2008 年第 12 期。

〔2〕 笔者曾经对中国知识产权执法问题存在不足进行过论述,该方面观点和分析也适用于技术转让问题。See Ma Zhongfa, "TRIPs Agreement and Enforcement of Intellectual Property Rights in China", *Journal of East Asia and International Law* 3, 2012.

〔3〕 有关"癌症村"的描述和议论媒体报道很多,部分内容可参见白塔河:《中国癌症村地图是触目惊心的警示图》,载《潮州日报》2013 年 2 月 25 日;陈方:《"癌症村"是"美丽中国"的疮疤》,载《新华每日电讯》2013 年 2 月 22 日;王兰:《长寿乡惊变"癌症村"的警示》,载《陕西日报》2011 年 12 月 19 日。

“创新”“节能”“环保”“建设美丽生态国家”等也成为我们当下使用较为频繁的词语。清洁能源技术不仅成为世界性的话题，也成为中国当下经济发展的关注点之一。因此，可以说，清洁能源技术及其转移遇上了“黄金时代”。然而，相关的法律制度还在形成和发展之中。

目前，在国际、国内层面有大量的清洁能源技术转移的法律规范，在国际层面有大量的软法成分，而在国内也有较多的政策层面的规范性文件。但它们尚未形成完整的法律体系，只是分散在不同的国际条约和国内法之中。它们的有效实施还面临着很大问题。就国际层面而言，虽然内容较为丰富，但尚未形成一个相对完整的体系。国际层面制度的不足主要有：相关规定过于原则和苍白，如“尽力”“适当”“援助”等意义不确定或非法律术语的使用，为条约规定本身的实施制造了障碍；国际技术转让法律制度领域缺乏强制制裁机制，虽然气候专门条约中有关于争端解决的规定，但缺少强制制裁的内容和机构；国际知识产权法律制度重保护、轻转让的价值取向对技术转让构成严重障碍，发达国家国际层面过分强调知识产权保护及发展中国家超越本国经济发展状况的知识产权保护水平阻碍了技术转让；发达国家对高新技术的出口管制扭曲技术转让路径，而且至今在国际贸易规则中尚无任何针对控制出口技术的限制或制裁的规定，特别是那些涉及环境保护、遏制气候变化的清洁技术；现有的技术转让的具体机制或制度（如清洁发展机制和 TRIPs 协议下的强制许可制度等）未能发挥应有作用。产生这些不足的原因主要有：技术转让不畅的理论上的根源是发达国家掌握技术的私人主体维护自身利益的意志甚于对人类公共利益和弱国利益的关注，市场机制下相关交易法律制度的不足及发达国家知识产权国际保护制度策略的调整及发展中国家自身的原因等。其中，最根本的原因是：私人利益与国家利益的高度结合，私人利益借助于国家意志的特定表达方式，在国际层面以种种实证的制度（如国际条约）和具体的行政行为（如技术出口管制、反倾销反补贴等）多方位、立体式地维护发达国家私人部门的利益，无视人类在气候变化、环境保护等方面的根本利益。

就国内层面而言，中国的清洁能源技术转移主要由“私人自治型”和“政府干预型”法律政策组成。“私人自治型”法律政策旨在以市场为导向，激发市场主体在清洁能源技术转移中的竞争活力，促进清洁能源技术的自主创新与技术转移扩散，主要体现在三个方面：（1）基础性的权利保护。通过知识产权法、贸易法等界定市场主体相关产权，促进技术成果转化为现实生产力，尊重市场主体契约自由，保护市场主体不受非法侵害并提供法律救济途径，切实保护市场主体利益。知识产权制度和合同制度对于清洁能源的技术转移而言,更像是一个安全网,提供最基础、最坚实的保护。(2)大力支持清洁能源技术供给方的研发、推广。清洁能源技术的开发和创新普遍具有投资巨大、风险极高的特点,企业和私人一般不具有应对如此高风险的能力。政府通过税收、基金等方式提供金融方面支持,并通过政府采购保障清洁能源技术产品的销售。"技术推广"政策更是借助国家的力量对清洁能源技术进行广泛宣传,普及节约能源、清洁生产、可再生能源方面的知识和技术。(3)国际条约和国际合作的促进。国际条约确定了缔约国的最低保护义务。国家之间的合作促进了清洁能源技术的跨国转移。"政府干预型"法律政策旨在强调政府在"市场失灵"时的干预与控制,在清洁能源技术转移中扮演着"大棒"的角色。强有力的政府措施包括:环境法的相关强制性规定,竞争法对权利滥用和不法竞争的规制,强制淘汰落后技术政策,以及采取强制技术标准倒逼市场主体抛弃高耗能、高污染的技术,转而采用更为先进、更为清洁的能源技术。

第三章 中国清洁能源技术转移的实践

第一节 中国清洁能源技术转移的实践概述

一、中国清洁能源及其技术发展的概况

人类社会对清洁能源及其技术的关注始自20世纪70年代石油危机之后。此前人们认为石油、煤炭等可能取之不尽、用之不竭。但在石油输出国组织以石油作为武器与发达国家进行斗争、减少石油输出等带来一场新的危机后,发达国家开始减少对石油、煤炭等的过度依赖,结合当时的环境污染引起的危害人体和社会的案件,它们都努力想通过提高石油、煤等传统能源的效率及寻求清洁、环保、可再生能源等来减少污染和对传统能源的过度依赖。[1]关于清洁能源或清洁能源技术的概念是何时出现的,目前尚无确切的文献能够给出说明,但"无害环境技术"在1992年的《21世纪议程》中已经大量使用;如前文所述,它可能是清洁能源技术的前身。20世纪90年代起,随着清洁能源技术成本的降低及全球应对气候变化等的压力,该技术在全球得到了普遍的认可和推行。

中国在清洁能源及其技术发展方面稍落后于发达国家。由于20世纪70年代中国几乎与西方世界在经贸领域少有往来,当时过度关注政治和意识形态的斗争,以致即使是发展中国家与发达国家经贸领域的冲突(如石油危机),也会从政治的角度加以分析,而较少关注其在经贸及技术领域带来的变化。我国对清洁能源(当时说"新能源"或"可再生能源")从国家战略高度给予关注的是在改革开放后,准确地说是在20世纪80年代初,在国家提出的"六五"规划中有所体现。但由于当时的中国煤炭资源十分丰富,新能源技术

---

〔1〕 石定环:《我国新能源的发展历程及现状》,载《中国制造业信息化》2008年第8期。

刚刚起步，使用起来成本较高，在实际发展中，不可能处于十分重要的位置。当时对新能源采取的策略是“近有实效、远有前景”战略，即前者注重发展农村的小沼气、小水电等技术含量不高的能源使用形式，后者强调长远计划和研究，但并未作为国家投入的重点，也无大型项目（多是利用生物质能，如沼气发电和汽化技术、小型风力电机技术等），太阳能电池技术也是刚刚起步。[1] 20 世纪 90 年代后，随着里约热内卢国际环境会议的召开及对可持续发展理念的传播，我国对清洁能源技术的发展给予更多的关注，在相关政策、法律的制定和实践中开始有所体现。21 世纪初，清洁能源或可再生能源及其技术的发展成为我国关注的焦点，我国先后通过了有关清洁能源及其技术与发展的相关法律，如前文提到的《清洁生产促进法》、《可再生能源法》、《节约能源法》与《循环经济促进法》等；[2] 此后，在相关的政策或发展规划中也多次提到清洁能源及其技术发展的规划。这些法律和政策对 21 世纪以来中国清洁能源及其技术发展的实践起到较强的指导和促进作用。

近年来，中国清洁能源及其技术以令人惊异的速度在发展，其取得的成就也令人瞩目。根据 2017 年的相关研究报告，我国清洁能源投资额近年来始终为世界最高，各类清洁能源的装机量和产出也都居世界首位；《可再生能源 2017 全球现状报告》所给出的 2016 年在涉及的多项清洁能源发展指标的统计表中，多项内容中国排名第一。但由于与传统能源行业相比，对其研发和投入的要求更高，成本也较高，而盈利性却较弱，故我国的清洁能源行业的发展受到政策鼓励和补贴的影响较大，多数技术和投入由国有或国有资本参与的企业进行。[3] 中国已经成为世界清洁能源技术及其技术发展的引领者。[4] 这些成就的取得与中国适时制定相应的法律法规和政策无疑有着密切联系。但如何让更多的民营资本进入清洁能源行业，并由相关法律取代政策，逐渐由市场自主调节清洁能源及其技术发展，是我们面对的一大挑战。这些实践为我国的未来清洁能源技术转移等提供了较为丰富的实证支持。

---

〔1〕 石定环：《我国新能源的发展历程及现状》，载《中国制造业信息化》2008 年第 8 期。

〔2〕 涉及能源方面的法律除了《中华人民共和国煤炭法》是在 1996 年制定的以外，其他均是 2000 年以后制定的。

〔3〕《2017 年中国清洁能源行业发展概况分析》，载中国产业信息网：http://www.chyxx.com/industry/201710/572784.html，2017 年 12 月 25 日最后访问；《中国清洁能源投资连续四年全球第一》，载中国证券报 · 中证网：http://www.cs.com.cn/sylm/cstop10/201601/t20160118_4886662.html，2017 年 12 月 25 日最后访问。

〔4〕 李云馨：《IEA：中国领跑全球清洁能源发展非洲潜力巨大美国开倒车?》，载中国能源网：http://www.china5e.com/news/news-1010804-1.html，2017 年 12 月 20 日最后访问。

表 3－1　可再生能源发展各项指标前五名[1]

项　　目	1	2	3	4	5
2016 年年度投资/净电力容量增加量/生产量					
可再生能源发电及燃料投资量(不含 50MW 以上水电站)	中国	美国	英国	日本	德国
可再生能源发电及燃料单位 GDP 投资量	玻利维亚	塞内加尔	约旦	洪都拉斯	冰岛
地热发电容量	印度尼西亚	土耳其	肯尼亚	墨西哥	日本
水电容量	中国	巴西	厄瓜多尔	埃塞俄比亚	越南
太阳能 PV 容量	中国	美国	日本	印度	英国
聚光太阳能热发电容量(CSP)	南非	中国	—	—	—
风能发电量	中国	美国	德国	印度	巴西
太阳能热水器容量	中国	土耳其	巴西	印度	美国
生物柴油生产	美国	巴西	阿根廷/德国/印度尼西亚		
燃料乙醇生产	美国	巴西	中国	加拿大	泰国
至 2016 年年底总容量或发电量					
可再生能源电力(含水电)	中国	美国	巴西	德国	加拿大
可再生能源电力(不含水电)	中国	美国	德国	日本	印度
人均(不含水电)	冰岛	丹麦	瑞士/德国		西班牙/芬兰
生物质能发电	美国	中国	德国	巴西	日本
地热能发电	美国	菲律宾	印度尼西亚	新西兰	墨西哥
水力容量	中国	巴西	美国	加拿大	俄罗斯
水力发电量	中国	巴西	加拿大	美国	俄罗斯
CSP 容量	西班牙	美国	印度	南非	摩洛哥

〔1〕“Renewables 2017・Global Status Report”, http://www.ren21.net/wp-content/uploads/2017/06/17－8399_GSR_2017_Full_Report_0621_Opt.pdf, November 10, 2017.

续表

项　　目	1	2	3	4	5
太阳能 PV 容量	中国	日本	德国	美国	意大利
人均太阳能 PV 容量	德国	日本	意大利	比利时	澳大利亚/希腊
风能发电容量	中国	美国	德国	印度	西班牙
人均风能发电容量	丹麦	瑞典	德国	冰岛	葡萄牙
热能					
太阳能水暖集热器容量	中国	美国	土耳其	德国	巴西
人均太阳能水暖集热器容量	巴巴多斯	澳大利亚	塞浦路斯	以色列	希腊
地热能容量	中国	土耳其	日本	冰岛	印度
人均地热能容量	冰岛	新西兰	匈牙利	土耳其	日本

由表3－1可知,目前,中国在全球清洁能源的版图上已经占据了四个第一:水电装机全球第一,太阳能热水器利用规模全球第一,核电站在建规模全球第一,风电装机增速全球第一。2015年巴黎气候大会召开过程中,清洁能源评估机构 Climatescope 2017 年发布的《清洁能源国家竞争力指数》将四个要素列为国家竞争力的评判标准,分别为可获得资源框架(40%)、金融与投资(30%)、价值链(15%)以及碳排放管理(15%)。根据该报告,中国得分2.52,在发展中国家排名第一。中国在金融投资和价值链两个要素上得分最高,在可获得资源与碳排放管理方面得分也位居前列。虽然中国依然是世界上清洁能源市场最大的国家,但中国的新能源项目外商投资比2016年下降了75%。外商投资项目总额自2016年开始放缓,以待中国相关的政策变化,如减税、土地使用。中国现在的风能和太阳能面临严重缩减问题,由于电力转换技术的限制,中国的新能源尚未充分消费。[1]

清洁能源产业迅速发展掩盖不了国内企业技术匮乏的尴尬。中国拥有广阔的清洁能源市场,同时中国政府鼓励清洁能源产业投资,制定了一系列的补贴政策、税收政策、价格政策、政府采购以及对于清洁能源产业的低息贷款政策,使中国成为国内外的能源企业最为理想的投资所在地。激烈的竞争需要

〔1〕 Climatescope,"The Clean Energy Country Competitiveness Index", http://globalclimatescope.org/en/doload/reports/climatescope-2017-report-en.pdf, December 10, 2017.

依靠先进的技术快速抢占市场份额。而现实是，能源企业更难以在市场上找到相应的技术，贸易和投资等获取技术的手段都充满了挑战。联合国北京办事处的低碳发展报告显示，中国需要60多项核心术来实现其降低电力、交通、建筑、钢铁、化学等主要工业领域碳浓度的目标，然而，这60多项核心技术有70%不为中国人所掌握。[1] 以风电为例，中国的风电技术主要来源于欧洲，光伏电池必须向美国、瑞士、日本等国家购买整条生产线，而核电技术特别是第三代核电AP1000技术很大程度上依赖于美国。[2] 这是中国目前清洁能源技术发展面对的最大难题，如何通过合理的法律制度设计，借助于中国潜力巨大的市场作为吸引力以及政府恰当的政策支持，通过合理、公平的技术转移合同条款获得我们所需的、对清洁能源技术核心能力形成可以起到关键作用的技术（核心技术想通过转移获得是不可能的，只能借助于通过转让获得的相关技术来形成自己的核心能力），是我们需要迈出的重要一步。

清洁能源技术转移在中国具体情形究竟如何？下文会具体将中国清洁能源技术转移的途径类型化，并对各种类型的技术转移路径进行分析。

二、中国清洁能源技术转移的主要路径

关于科学技术自身的发展，从基础研究到应用研究再到实用技术，三者是互相促进、互相依存、互相渗透的。它们共同处在现实世界的立体空间之中，其中，国内科技如同很小的地球，国外科技则如同大的宇宙空间。科学技术的各类学科在这立体空间中不存在任何界限，从国内到国外，从这一个领域到另一个领域，任意方向的结合、延伸、发展，注入人们生产生活的各个领域，实现着人们的幻想和追求，无穷无尽地创造出一个又一个前所未有的奇迹。

技术转移正是在这种内外输出和流入中增值的过程。在技术转移过程中，技术高地与技术洼地双方的技术基础都得到了相应提升。技术高地输出的技术被不断调整以适应不同的环境并创造了新技术，而技术洼地在模仿学习过程中，逐渐减少技术差距，甚至有可能通过逐步改善技术，进行二次创新。

对于技术转移的路径，不同的学者也有不同的观点。Kaplinsky列了5个技术转移的路径，分别是转移含有目标技术的公司的资产、与技术权利人签订

---

〔1〕 Fu Jing (China Daily), "Beijing, Washington Talk Tech and Markets", http://www.chinadaily.com.cn/cndy/2010-05/20/content_9870376.htm, December 10, 2017.

〔2〕 张禄庆：《第三代核电技术在中国核电发展中的作用》，载《国防科技工业》2007年第5期。

许可合同、购买技术设备、直接购买专有知识(如设计图等)、雇用有技术的人才。[1] 而 Kemp 将清洁能源技术转移视为动态的过程,并列出在市场导向型的技术转移中最为关键的 5 个要素,分别为可获得的知识以及专家、早期市场的出现、为超越初步限制和减少成本之目的其能够扩张和建立分支的范围、建立在技术和实践交互之间带来实质性改变的半合作行为者的网络、克服和适应社会反对声音和消费者抵触情绪。[2] UNFCCC 认为技术转移需要评估五项要素,分别是技术信息、能力建设、可容纳环境、技术转移的经济、体制和方法机制。日本学者斋腾优认为占有新技术的企业为利用手中新技术谋取最大利益,其对外战略为输出商品谋利、对外直接投资、输出技术,这三种战略实质上是互相联系的,[3]是按一定周期循环的。掌握新技术的企业首先采取的技术转移战略为出口用新技术生产的产品,企业从不断扩大的新产品销售市场获得的收益也在不断增加。当运用当地生产要素也能生产出同样的产品时,向外转移技术的企业所获得的收益率开始下降,因此企业将出口商品改为直接投资,使收益回升。由于企业在当地的生产与销售提高了技术转入地区此类技术的水平,仿制产品不断推向市场,企业直接投资收益率再次出现下降,为了维持或扩大已达到的收益,企业会适时将直接投资改为输出技术。

为类型化中国清洁能源技术转移的路径,本书认为 Kemp 的动态的要素分析更加适合具体的清洁能源行业或部门的技术转移的分析,UNFCCC 的五项要素基本是经济学上的变量,与法学分析相去甚远。而 Kaplinsky 的五个技术转移的路径比较符合类型化的思维,事实上还有整合的余地。斋藤优的三种路径更符合技术转移一般路径。市场导向型的技术转移通常会被以下要素所阻碍。第一,信息对称性。技术的转移包括在知情者与非知情者之间的信息的转移。[4] 交易的双方信息不对称,会使信息价值在购买行为发生之前不确定,从而增加技术转移的交易成本。在内部语境下,信息问题会变得十分严重并且使交易难以执行。许多跨国公司愿意建立子公司,并且在母子公司之

---

[1] Kline D, Vimmerstedt L, Benioff R, "Clean Energy Technology Transfer: A Review of Programs under the UNFCCC", *Mitigation & Adaptation Strategies for Global Change* 9, 2004, p. 33.

[2] Kline D, Vimmerstedt L, Benioff R, "Clean Energy Technology Transfer: A Review of Programs under the UNFCCC", *Mitigation & Adaptation Strategies for Global Change* 9, 2004, p. 34

[3] [日]斋藤优:《技术转移理论与政策》,东北工学院科学与科技管理研究室 1984 年版,第 4 页。

[4] Arora A, Fosfuri A, Gambardella A, "Markets for Technology: The Economics of Innovation and Corporate Strategy", *Academy of Management Review* 27, 2001, pp. 1275 – 1276.

间建立技术数据库，因为信息的不对称使其很难在市场上就其技术财产上获得合理的利益。第二，市场支配力。新技术往往有投产准备期、专利和其他知识产权，其技术的价格会远远超过边际成本。当然，在价格和成本之间则是权利所有者可以获利的部分。[1] 第三，外部性。外部性也称为溢出效应，即社会成员在从事经济活动时，成本和后果不完全由行为人承担。放在技术转移中，技术接受方可能会从技术未补偿的溢出中获得利益。积极的溢出是指技术转移对社会有利，即技术信息广泛传播到经济体中并且技术提供者并不能从技术扩散中获取利益，受益者无须因为技术传播的利益而支付相应代价。这种溢出效应可以在模仿、贸易、许可、外商投资（FDI）和人员流动等中发生。

清洁能源技术转移总体可以分为国内转移和国际转移两大块。国内转移主要有两个方面：一是通过产、学、研的合作来完成，这种路径很大程度上相当于技术转化（科技成功转化的核心部分），国内有大量的实践，[2] 其实施的主要法律依据是《促进科技成果转化法》（2015 修正）、《专利法》（2008 修正）、《合同法》（1999）等及与这些法律相关的法规、规章等；当然在很多场合，尤其是当技术源自不同主体时，技术转化需要以技术转让或开发合作等为前提。二是通过相关当事人之间的技术转让、技术许可、技术咨询和技术服务等来完成，这种路径就是常说的技术交易，由于相对成熟的技术相当于商品，无须复杂的转化程序，受方可以直接用于生产或服务中，国内也有不少实践，其实施的法律依据主要是《合同法》（1999）、《专利法》（2008 修正）、《著作权法》（2010 修正）等法律及与它们相关的法规、规章等。鉴于国内层面清洁能源技术转移实践与一般的技术转移实践在本质上区别不是很明显，国内相关方面的研究成果也较多，本书除了在相关章节将某些有特色的国内技术转移实践纳入相关讨论范围之外，对其他方面的实践不予讨论。本书主要将重点放在清洁能源技术的国际转移，但同时也会将国内相关的部分融进去，如有关清洁能源技术通过服务贸易路径转移方面的论述等。

在国际层面，本书将中国清洁能源技术转移路径分为贸易路径（包括货

---

〔1〕 Arora A, Fosfuri A, Gambardella A, *Markets for Technology and Corporate Strategy*, US, Springer, 2003.

〔2〕 在有关高校设立的各种技术转移中心，目的均是促进产、学、研合作。如华北电力大学技术转移中心成立的目标就是践行我国电力行业可持续发展的“绿色电力、清洁电力”之要求，在国家总体经济发展方略的指引下，推动电力应用技术“绿色化、清洁化”，在清洁能源技术领域发展方面，成为搭建高校科技成果转化的桥梁。参见华北电力大学技术转移中心，载 http://www.ncepu.edu.cn/fwsk/jzzyzx/index.htm，2017 年 10 月 8 日最后访问。

物贸易和服务贸易)、投资路径和知识产权路径以及国际合作路径四个方面。货物贸易和服务贸易是非常重要的一个路径。所有的出口都蕴含着转移技术信息的潜在可能。进口的机械设备等资产性货物和技术可以直接用于生产过程中以提高生产率。关于投资路径,最为重要的还是外商投资(FDI)。跨国公司通常会将技术及其信息转移给当地的子公司或者分支机构,其中一部分可以通过"渗漏"或者"溢出"的方式进入东道国。至于知识贸易,一般通过技术许可的方式进行,既可以发生在东道国合营企业之中,也会发生在不同市场的同行业企业中。一般而言,FDI 和技术许可方式经常相互替代。对于技术权利人而言,选择何种形式需要考虑许多因素,如专利保护程度。专利、商标、版权、技术秘密也可以作为知识转移的直接推动者。[1] 至于国际合作,国际社会认识到清洁能源技术转移流动的价值,于是建立起各种双边或者单边的国家为主导的合作机制。这些跨国清洁能源技术转移的合作机制一般进行清洁能源技术的共同研发和创新,提供技术信息的共享,进行技术推广和示范。

第二节 清洁能源技术转移的贸易路径

从古至今,货物贸易,尤其是含有相关技术的货物,一直被视为技术扩散最广泛和最传统的路径。国际间技术贸易是当今国际技术转移的主要形式。作为生产要素的技术,主要就是通过技术贸易在国际间流通。企业通过研发创造新的技术,新技术生产出新产品。消费者愿意为高质量的性技术产品支付相对较高的价格,从而使权利人就该项技术的垄断权获利。通过贸易手段,产品中嵌入的信息也被传递到各个地方。接受国通过学习、模仿或二次创新,并将其改进的产品卖到其他国家,来完成对于知识和技术的扩散和改善。

在清洁能源技术贸易中,通常发达国家与发展中国家之间主要是通过成套设备的买卖。当然也常存在一笔交易中包含有许可证贸易与成套设备买卖的情况。此处贸易仅仅指实物贸易,如机械设备买卖以及附随的技术中介服务。许可证贸易则是知识产权路径,在后文会详述,此处不多言。

中国清洁能源技术贸易路径从最初的单纯引进技术设备,到重点领域重点技术的引进,由到引进技术服务,不断发展。我国的技术贸易路径可以分成以下几个阶段:第一阶段为单纯的技术设备引进,通过引进生产设备以满足国

[1] Bernard M. Hoekman Keith E. Maskus Kamal Saggi, "Transfer of Technology to Developing Countries: Unilateral and Multilateral Policy Options", *World Development* 33, 2005.

内生产和商品供给的需要；第二阶段以引进生产技术以及技术服务为主；第三阶段为引进重点技术，注重知识产权的引进和保护，鼓励自主创新。

第一阶段从中华人民共和国成立至改革开放，我国的技术引进一直是以进口设备，尤其是以成套设备的引进为主。20 世纪 50 年代，由于受到主要资本主义国家的禁运封锁，我国的技术引进主要来源于苏联和东欧国家。在此期间引进的内容涉及冶金、机械、汽车、煤炭、石油、电力、电信、化学以及一些军工项目，共引进成套设备和技术 400 多项，用汇 27 亿美元。[1] 至 20 世纪 60 年代，由于中苏关系恶化，我国技术的引进出现转轨，转向西方发达国家。先后从日本和西欧等 10 个国家引进了涉及石油、化工、冶金、矿山、电子和精密机械等方面技术设备 84 项，用汇 2.8 亿美元。虽仍以成套设备的引进为主，但也开始引进生产制造技术。1968 ~ 1971 年，我国的技术引进完全中断。从 1972 年开始，我国又恢复了技术引进，至 1977 年，我国先后从美、日等 10 多个国家引进技术和设备 222 项，用汇 39.61 亿美元。[2]

第二阶段是改革开放后，我国技术引进发生了两个大转变：一是从进口大型成套设备转向引进单项技术，二是从引进技术主要为新建企业服务转向为现有企业技术改造服务。这些转变促进了我国能源、交通、原材料、农业生产资料和新型产业的发展，同时外国专家技术指导、我方人员的技术培训、精密仪器的技术专利使用、运行软件等技术贸易进口大大增加。在国家政策上，与硬件进口相配套的技术贸易进口享有免除海关关税及增值税的待遇。20 世纪 90 年代，技术引进逐步转变进口模式，从全盘引进转变为进口重点设备、核心部件。国家缩小了设备免税的范围，对国内已经具备成熟生产能力的设备不再给予免税优惠政策。同时，开始注重知识产权的引进，并注意对知识产权的合法保护和合法转让。国家在政策上也对有关知识产权的技术贸易进口给予大力支持。

第三阶段是进入 21 世纪，伴随着钢铁、交通、通信、能源等各大基础设施产业的设备需求的大部分国产化，与硬件相结合的技术软件贸易进口在这一时期大幅度减少，设计领域的技术服务进口成为技术贸易进口的主要表现。

一、有关清洁能源技术的货物贸易

经济学上，对于含技术产品进口和经济发展之间的关系有比较深入的研

〔1〕 苏科五等：《新编中国对外贸易概论》，上海财经大学出版社 2013 年版，第 110 页。

〔2〕 苏科五等：《新编中国对外贸易概论》，上海财经大学出版社 2013 年版，第 111 页。

究。例如，Coe 和 Helpman 发现，若贸易货物蕴含外国研发技术，则对于进口国的总体生产率会产生积极的影响。一个国家市场越开放，其和发达国家贸易也就越多，产品质量和生产率也会不断地提高。[1]

中国政府非常重视高新技术产品的进出口。大到大型的机械设备、生产流水线，小到技术产品的进出口。产品中蕴含的技术信息传递和感知，被不断学习和模仿，这种“渐进式的改善”路径在产业发展初期显得尤其重要。事实上，这种“安装、修理、改善”路径在日本也被证明是大型的制造业产业崛起的重要途径。

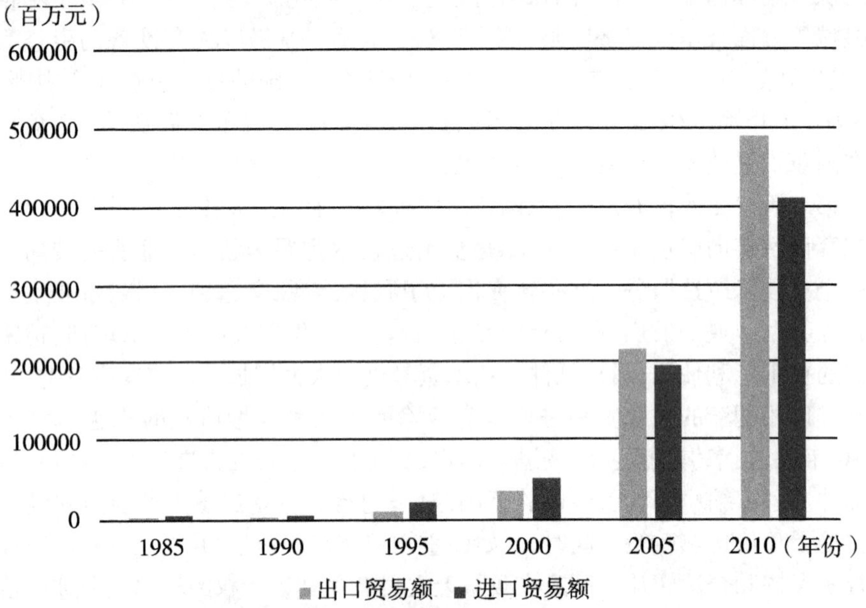

图 3－1　高薪技术产品进出口贸易

（数据来源：《中国高技术产业统计年鉴》2015[2]）

从图 3－1 可以看出，中国高新技术产品出口逐渐高于进口额，表明中国在高科技产品方面竞争力不断加强。

在清洁能源技术转移中，设备的转移，比如大型的发电设备、先进的生产线的转移，尤为重要。很多清洁能源技术在中国属于产业起步阶段，还需要依

[1] Coe, David T and Elhanan Helpman, “International R& D Spillovers”, *European Economic Review* 39, 1995.

[2] 察志敏主编：《中国高技术产业统计年鉴》，中国统计出版社 2015 年版。

靠国家的大力支持和扶助。设备机器的转移是最为方便和快捷的方式之一。这些成套设备的安装、调试、操作和修理携带了大量的技术密码。中外相关技术人员可以在技术学习和技术示范(show-how)中,不断交流,逐步达到改善甚至资助创新的目的。中国政府在公布的2017年版《鼓励进口技术和产品名录(征求意见稿)》中,鼓励引进的先进技术以及技术设备(包括可再生能源氢能等新能源领域的关键设备)制造技术,三代核能制造技术等212项,66项鼓励发展的重点行业,前7位分别是太阳能热发电和光伏系统、海上风电机组技术、先进核反应堆技术、高性能核燃料、乏风瓦斯发电技术、生物质直燃和气化技术。[1] 这些先进技术装备的进口有助于支持重点行业发展,更好地发挥进口贴息政策对促进技术创新和结构调整的积极作用。

（一）中国技术进出口法律程序与实践

在中国的法律法规中,技术进出口是指从中华人民共和国境外向中华人民共和国境内或者从中华人民共和国境内向中华人民共和国境外,通过贸易、投资或者经济技术合作的方式转移技术的行为。[2]

中国规范技术进出口的法律法规主要有《对外贸易法》(2004)、《合同法》(1999)、《技术进出口管理条例》(2001)、《技术进出口合同登记管理办法》(2009)、《禁止出口限制出后技术管理办法》(2009)、《禁止进口限制进口技术管理办法》(2009)。与技术进出口相关的法律法规主要有《反不正当竞争法》、《中外合资经营企业法实施条例》和《最高人民法院关于审理技术合同纠纷案件适用法律若干问题解释》。

这些法律法规从内容上可以分为两类:一类为程序性事项,即进出口技术的分类管理和登记/审批程序;另一类为实体内容,即对技术进出口合同内容的规定。

1. 进出口技术的分类管理和登记/审批程序

中国对技术进出口实行统一的管理制度,以维护公平、自由的技术进出口秩序。[3] 目前,中国将进出口技术分为4类,分别是自由进出口技术、限制进出口技术、禁止进出口技术以及鼓励进出口技术。

---

[1] 2017年版《鼓励进口技术和产品目录(征求意见稿)》,载中华人民共和国国家发展和改革委员会网:http://www.ndrc.gov.cn/gzdt/201711/t20171123_867551.html,2017年12月16日最后访问。

[2] 《中华人民共和国技术进出口管理条例》(2011修订)第2条。

[3] 《中华人民共和国技术进出口管理条例》(2011修订)第3条。

(1)自由进出口技术

自由进出口是中国技术进出口的基本原则。《技术进出口管理条例》第5条明确规定："国家准许技术的自由进出口;但是,法律、行政法规规定的除外。"国家对自由进出口技术合同进行网上在线登记管理。技术进出口经营者应登陆商务部政府网站上的"技术进出口合同信息管理系统"进行合同登记,到商务主管部门履行登记手续。经商务主管部门核对,向技术进出口经营者颁发《技术进口合同登记证》或《技术出口合同登记证》。[1]

需要注意的是,虽然法律规定自由进出口技术实行合同登记管理,但并不以登记为合同生效的前提,具体规定见表3-2。合同自依法成立时生效,不以登记为合同生效的条件。合同的登记仅与外汇、银行、税收和海关等手续相关。[2] 这表明,中国已经大大减少了技术进出口领域中的行政干预,这样的规定基本符合技术进出口方面的国际惯例和世界贸易组织的有关规则。

表3-2　自由进出口技术的登记/审批程序[3]

责任机关	商务部负责对《政府核准的投资项目目录》和政府投资项目中由国务院或国务院投资主管部门核准或审批的项目项下的技术进口合同进行登记管理。 省级商务主管部门:上述以外的自由进出口技术合同;限制进口技术合同;限制出口技术合同(会同省级科技部门);中央管理企业的进出口技术合同。 各省级商务主管部门授权下一级商务主管部门(自由进出口技术合同)。
合同效力	自依法成立时生效。
登记程序	网站登记(商务部政府网站上的"技术进出口合同信息管理系统")+现场登记(提交登记申请书;合同副本;签约双方法律地位的证明文件)。
时间	主管机关核对后,3个工作日发放《技术进口合同登记证》或《技术出口合同登记证》。
合同变更	主要内容发生变更的,应当重新办理许可或者登记手续,申请人凭许可证或者登记证,办理外汇、银行、税务、海关等相关手续。

〔1〕《技术进出口合同登记管理办法》(2009修订)第8条。

〔2〕李明德:《中国技术进出口制度的新发展》,载中国法学网:http://www.iolaw.org.cn/showArticle.aspx?id=168,2017年11月30日最后访问。

〔3〕根据《中华人民共和国技术进出口管理条例》(2011修订)整理而成。

(2)限制和禁止进出口技术

出于国家安全、社会公共利益、人身健康保护、环境保护等原因,一些技术在向中国进口或从中国出口时会受到一些限制。

中国限制进出口的技术主要有:为维护国家安全、社会公共利益或者公共道德,需要限制或者禁止进口或者出口的;为保护人的健康或者安全,保护动物、植物的生命或者健康,保护环境,需要限制或者禁止进口或者出口的;为实施与黄金或者白银进出口有关的措施,需要限制或者禁止进口或者出口的;国内供应短缺或者为有效保护可能用竭的自然资源,需要限制或者禁止出口的;输往国家或者地区的市场容量有限,需要限制出口的;出口经营秩序出现严重混乱,需要限制出口的;为建立或者加快建立国内特定产业,需要限制进口的;对任何形式的农业、牧业、渔业产品有必要限制进口的;为保障国家国际金融地位和国际收支平衡,需要限制进口的;依照法律、行政法规的规定,其他需要限制或者禁止进口或者出口的;根据我国缔结或者参加的国际条约、协定的规定,其他需要限制或者禁止进口或者出口的。[1]

此外,对于涉及重大和平与安全问题的技术,国家可以随时采取必要措施进行限制。例如,国家对与裂变、聚变物质或者衍生此类物质的物质有关的货物、技术进出口,以及与武器、弹药或者其他军用物资有关的进出口,可以采取任何必要的措施,维护国家安全;在战时或者为维护国际和平与安全,国家在货物、技术进出口方面可以采取任何必要的措施。[2]

限制型技术的进口和出口审查侧重点并不一样,既要进行贸易审查,也要进行技术审查。对于进口技术的审查,侧重对技术进口合同内容的规制,保护作为技术受让方的本国企业。对于出口技术,侧重对审查许可程序的规制,防止本国技术的不正当转移。

对于限制进出口的技术,根据《对外贸易法》,国务院对外贸易主管部门以及相关部门可以临时决定限制或者禁止特定货物、技术的进出口,具体规定见表3-3。对于违反限制或者禁止技术进出口规定的行为,会受到《刑法》和《行政处罚法》的惩罚,可能会涉及走私罪、非法经营罪、泄露国家秘密罪等。

---

〔1〕《中华人民共和国对外贸易法》(2016修正)第16条。

〔2〕《中华人民共和国对外贸易法》(2016修正)第17条。

表 3-3 限制进出口技术审查[1]

提交进出口技术申请	申请书、出口技术说明文件、企业法律地位证明文件、进出口企业经营资格证书或对外贸易经营者备案登记表。 国家秘密技术出口保密审查批准书(可能)。
商务部门审查	贸易审查和技术审查,30个工作日批准。
发放许可意向书	3年有效期。
签订技术合同	没有取得《技术出口许可意向书》的项目,任何单位和个人都不得对外进行实质性谈判,不得做出有关技术出口的具有法律效力的承诺。
申请许可证	许可意向书、合同副本及附件、签约双方法律地位证明文件、技术资料出口清单(文件、资料、图纸等)。
商务部门审查	合同的真实性(身份、技术内容与申报时是否一致), 10或15个工作日。
发放许可证	领取前,上网录入合同内容。 技术出口转让,到国家知识产权局办理转让登记。

(3)鼓励进出口技术

国家鼓励先进、适用的技术进口,[2]鼓励成熟的产业化技术出口。[3] 中国的商务部等部门每年都会出台《鼓励进口技术和产品目录》,并征求社会各界的建议。对于出口技术,2009年出台了《关于鼓励技术出口的若干意见》,倡导成熟优秀的技术"走出去"。

2. 技术进出口合同

对于技术进出口合同,中国的法律规定了一些强制性条款,涉及权利保证、技术改进、限制性条款。在权利保证上,技术进口合同的让与人应当保证自己是所提供技术的合法拥有者或者有权转让、许可者,[4]应当保证所提供的技术完整、无误、有效,能够达到约定的技术目标。[5]

在技术改进上,当事人可以按照互利的原则,在技术转让合同中约定实施

[1] 根据《中华人民共和国技术进出口管理条例》整理而成。
[2] 《中华人民共和国技术进出口管理条例》(2011修订)第7条。
[3] 《中华人民共和国技术进出口管理条例》(2011修订)第30条。
[4] 《中华人民共和国技术进出口管理条例》(2011修订)第24条。
[5] 《中华人民共和国技术进出口管理条例》(2011修订)第25条。

专利、使用技术秘密后续改进的技术成果的分享办法。没有约定或者约定不明确，一方后续改进的技术成果，其他各方无权分享。[1]

在限制性条款上，《合同法》《技术进出口管理条例》等都进行了相应的规定。[2] 通常技术合同下有两种限制性条款：(1)绝对无效的限制性条款，其影响技术合同的整体有效性。如果技术合同含有此类条款，则合同整体无效或无法执行。《合同法》第52条第5项规定，“违反法律、行政法规的强制性规定”的合同无效。其中，“强制性规定”是指效力性强制性规定，含有此类限制性条款的合同整体无效。(2)可排除的限制性条款，其仅影响该条款本身的有效性。如果技术合同含有该条款，该条款本身无效，但是其他条款及合同本身仍然有效并可以执行。如果技术合同无效，合同双方未履行的义务均相应免除。若合同正在履行，则合同双方应立即停止履行。若合同已经履行完毕，法院将判令合同双方恢复到合同订立之前的状态。因过失造成合同无效的一方应赔偿无过错方的损失。中国法院在裁判无效技术转让合同时，通常遵循以下三个原则：(1)过失原则：一方因过失造成合同无效的，应对另一方承担损失赔偿责任；双方都有过失的，各方应为自己的过失承担责任。(2)恢复合同前的状态：法院会尽量使合同双方恢复到合同订立前的状态（如同合同从未订立过）；要求被许可人停止使用许可技术，向许可人归还所有技术资料、信息、样品、装备；要求许可人向被许可人归还已经支付的许可费用。(3)持续的保密义务：双方应继续遵守合同中的保密义务。

---

〔1〕《中华人民共和国合同法》(1999)第354条。

〔2〕《中华人民共和国技术进出口管理条例》第29条进一步规定：“技术进口合同中，不得含有下列限制性条款：（一）要求受让人接受并非技术进口必不可少的附带条件，包括购买非必需的技术、原材料、产品、设备或者服务；（二）要求受让人为专利权有效期限届满或者专利权被宣布无效的技术支付使用费或者承担相关义务；（三）限制受让人改进让与人提供的技术或者限制受让人使用所改进的技术；（四）限制受让人从其他来源获得与让与人提供的技术类似的技术或者与其竞争的技术；（五）不合理地限制受让人购买原材料、零部件、产品或者设备的渠道或者来源；（六）不合理地限制受让人产品的生产数量、品种或者销售价格；（七）不合理地限制受让人利用进口的技术生产产品的出口渠道。”

《中华人民共和国合同法》第329条规定：“非法垄断技术、妨碍技术进步或者侵害他人技术成果的技术合同无效。”

2004年最高人民法院颁发的《关于审理技术合同纠纷案件适用法律若干问题的解释》第10条明确阐明下列情形属于合同法所称的“非法垄断技术、妨碍技术进步”：(1)限制当事人一方在合同标的技术基础上进行新的研究开发；(2)限制当事人一方使用所改进的技术；(3)双方交换改进技术的条件不对等，包括要求一方将其自行改进的技术无偿提供给对方等；(4)将非互惠性将改进的技术转让给对方；(5)无偿独占或者共享该改进技术的知识产权。

(二)中国技术引进的实践

1. 清洁能源产业最初发展依靠技术设备引进

中国在技术发展初期,通过进口国外高质量的生产设备,建设国内生产流水线以满足国内生产消费需求,为整个行业的发展提供基础设施和累积经验。

我国的风力发电始于20世纪50年代后期,初期主要是为了解决海岛和偏远农村牧区的用电问题,重点在于离网小型风电机组的建设。20世纪70年代末,我国开始进行并网风电的示范研究,并引进国外风电机组建设示范风电场。1984年,来自山东省计委、科委、电力局、能源研究所以及航空部等的20多人组团,对美国、丹麦等一些欧美国家进行了广泛的应用和生产技术方面的考察,经总结讨论,最终选择了技术最先进、机组容量最大的丹麦维斯塔斯公司,购买了4台V15－55/11kW风力发电机作为示范机组。协商4台机组到岸价为17.2万美元。此后,山东省政府派5人赴丹麦学习了1个月,除了理论学习,中国小组还在维斯塔斯技术人员的指导下,实践了维修、定期检修、备件更换以及故障排除等技能。风机于1985年10月引进机组到岸并运抵风电场,1986年5月1日,所有风力发电机全部并网发电。[1] 1986年,我国第一座风电场——马兰风力发电场在山东荣成并网发电,成为我国风电史上的里程碑,这也是我国较早引进技术设备并且通过学习技术而内化为中国自身生产力的典型例证。

在光热电技术上同样如此。这项技术的原理是利用太阳光把水加热,进而转换为蒸汽推动汽轮机发电。全过程只需用到光和水,不需使用硅或重金属,可与火电、天然气发电等进行技术嫁接,具有无污染、低成本、高效益等特点。美国eSolar公司是目前全球将塔式太阳能聚光热力发电技术投入商业运营的少数公司之一。国内首个太阳能聚光式热电项目技术引进签约仪式于2010年1月9日在北京举行,山东蓬莱电力设备制造有限公司从美国eSolar公司引进塔式太阳能聚光热力发电技术,成为该公司向中国市场供应此项技术的设备制造商。按保守规划,未来10年,山东蓬莱电力将制造200万千瓦太阳能聚光热电机组设备。[2] 塔式太阳能聚光热电技术的引进,填补了国内此项技术空白。

---

〔1〕《马兰风场中国风电从引进到消化的见证者》,载中国自动化网:http://www.ca800.com/news/d_1nrusj6oap2ap.html,2017年11月8日最后访问。

〔2〕 解放:《首个太阳能聚光式热电技术引进签约》,载人民网:http://sd.people.com.cn/GB/166194/10752532.html,2017年11月8日最后访问。

2. 设备引进促进清洁能源技术更新

技术转移不失为实现技术更新换代的一个好方法。2006 年，中国决定以全面技术转让的方式，从美国西屋公司引进第三代核电 AP1000 技术，浙江三门核电站和山东海阳核电站共 4 台机组被确定为中国引进 AP1000 技术的自主化依托项目，也是世界上首批建设的 AP1000 机组。[1] 为此，国家核电诞生，作为核电引进、消化、吸收、再创新的平台，负责引进 AP1000 并在此基础上研发具有自主知识产权的先进大型压水堆核电技术 CAP1400。三门核电 1 号机组在 2009 年实现 FCD（第一罐混凝土浇灌日），原计划 2013 年 5 月装料，2014 年底投入商运。因为由美国 EMD 公司设计和制造的世界首台 AP1000 主泵屡次出现问题，首堆工期一拖再拖，AP1000 推进困难重重。AP1000 的首堆遇阻，某种意义上给中国自主知识产权三代核电技术华龙一号留足了时间。以华龙一号、AP1000 和 CAP1400 为代表的三代核电技术，将成为中国未来核电规模化发展的主流。以 AP1000 技术为基础的具有自主知识产权的 CAP1400 核电项目，也有望加速开工。国家核电与西屋公司已达成共识：AP1000 国际市场开发，以西屋公司为主，由国家核电及中方企业支持；CAP1400 国际市场开发，以国家核电为主，由西屋及外方企业支持。

技术设备引进也是提升技术能效最快的方式之一。2013 年以前，我国多晶硅企业受技术限制，承受着巨大的环境压力。生产多晶硅会产生四氯化硅，将造成严重的环境破坏。为此，在生产多晶硅所需的核心技术被国外把持的情况下，我国青海黄海上游水电开发有限责任公司新能源分公司通过国际贸易方式购买氢化炉硅粉给料系统与流化床反应器，成功将四氯化硅转化成生产多晶硅的三氯氢硅，大大缓解了气候问题。[2]

从上述案例可以看出，在技术设备（尤其是清洁能源等大型的技术设备）转移的过程中，携带着技术信息，通过安装操作过程中的实践和专业人员之间的交流学习，东道国可以进行消化、吸收并内化为自己的竞争力，甚至可以通过逐步改善自主研发形成自己的知识产权。

（三）中国技术设备出口的实践

随着中国清洁能源技术的不断发展，中国相关技术也越来越得到国际的认可。我国的技术设备“走出去”的道路也越来越坚定。

---

〔1〕 马博：《三代引进核电技术瓶颈已打破》，载中国经济新闻网：http://www.cet.com.cn/nypd/hn/1547367.shtml，2017 年 11 月 8 日最后访问。

〔2〕 沈克宇、吕苏榆：《浅析我国清洁能源技术引进》，载《科技管理研究》2005 年第 4 期。

在光伏领域，2015 年上海建工集团旗下企业上海外经集团携手上海太阳能光伏技术中心，成功向芬兰光伏制造商提供整套太阳能光伏技术生产流水线，并签订三方合作协议。这次芬兰光伏制造商能够全套引进中国生产的太阳能光伏技术生产流水线，就是看到中国在这一领域的领先优势与实力。而双方通过发挥纽带桥梁作用和强大的技术研发实力，终于向芬兰成功出口整套太阳能光伏生产流水线。[1]

中国第三代核电技术出口阿根廷，也彰显了中国强大的自主创新力。中国试图出售自己的技术，中国不再是 20 世纪 80 年代初法国电力公司初入中国市场时的民用核能矮子。中国工程师从法国人、美国人和俄罗斯人那里学到了很多。“电力地缘政治”主席利昂内尔·塔科昂总结说：“中国拥有可以有能力管理核电建设工地的技术人员。中国已经开始出口，可以说它有着光明的未来。”[2]2014 年 9 月 3 日，中国核工业集团公司同阿根廷核电公司签署重水堆核电站项目框架合同。阿根廷政府指出，中核集团将为其提供“技术、服务、设备支持”。法国《费加罗报》9 月 6 日发表题为《中国想展现自己的核能出口》的报道称，中国拥有的自主知识产权核反应堆名为“华龙”。这只“龙”未来可能会在世界核电站市场喷吐火焰，加入美国、法国、日本、俄罗斯等国，跻身世界主要核能出口大国的行列。[3]

二、清洁能源技术转移的服务贸易

清洁能源技术转移的服务贸易，有狭义和广义之分。狭义的技术服务贸易包括技术服务、技术咨询、提供技术情报等。广义的服务贸易还包括服务与设备并存的混合的技术贸易合同，如交钥匙合同等。

狭义的服务贸易中，最为典型的就是技术中介，其本身不是技术转移的主体，而是技术转移的商业辅助人。它是指中介方以知识、技术、经验和信息为技术供需双方进行联系、介绍、组织、工业化开发。其主要内容是提供信息、组织洽谈或提供其他辅助服务。其主要职能可以分为 4 部分：(1)进行市场调研、收集、整理、提供技术市场供需信息；(2)为技术交易提供场所、组织各类

---

〔1〕 吴霖、章华平：《上海外经出口光伏生产线》，载中国建设报网：http://www.chinajsb.cn/bz/content/2015－04/06/content_154800.htm，2017 年 11 月 8 日最后访问。

〔2〕 张程：《“华龙”竞争阿项目中国成世界主要核能出口国》，载参考消息网：http://finance.cankaoxiaoxi.com/2014/0908/488978.shtml，2017 年 11 月 8 日最后访问。

〔3〕 张程：《“华龙”竞争阿项目中国成世界主要核能出口国》，载参考消息网：http://finance.cankaoxiaoxi.com/2014/0908/488978.shtml，2017 年 11 月 8 日最后访问。

技术交易活动、提供技术信息、技术论证、技术评估、技术培训、技术经纪等服务；(3)组织技术成果工业化、产业化开发；(4)对技术合同提供咨询意见。[1]

中国多年来产生了多种形式的技术中介机构，且具有一定的规模，建立了相对完善的体系。技术中介的分类方法有很多，如按业务类型分类，技术中介机构可分为平台提供、交易中介、咨询服务、综合服务4类。[2] 平台提供类主要提供技术转移的供求信息和技术交易平台，并且将技术信息作为产品进行出售，以及提供一些简单的咨询、中介服务，如各地的常设技术市场、技术交易促进中心。交易中介类主要为客户提供较为全面的技术转移中介服务，如国家技术转移中心、技术经纪事务所。咨询服务类主要为技术转移过程中某一特定的需求提供专业的服务，如科技评估机构、无形资产评估公司、市场调研公司、会计事务所、专利事务所等。综合服务类为客户提供全方位的技术转移中介服务，如各地的生产力促进中心。

广义上的清洁能源技术服务贸易，除了中国企业层面的依据"走出去"战略所进行的域外特许经营等，还包括政府层面的技术转移服务，如中国—东盟技术转移中心(CATTC)。[3] 清洁能源技术转移是该中心最为重要、最为成功的领域。我国与联合国亚太技术转移合作中心也关系密切。

(一)服务贸易的国内路径

中国国内已经建立起比较完善的清洁能源服务贸易体系，如以高校为依托的国家技术转移中心，又如依托资源整合的技术联盟。下文主要以这两者为例进行阐述。

1. 国家技术转移中心

早在2001年11月，国家经贸委、教育部首批认定清华大学、上海交通大学、西安交通大学、华东理工大学(见图3-2)、华中科技大学、四川大学等7所高校的"国家技术转移中心"。"国家技术转移中心"作为高校组织和科技资源整合机构，国家经贸委、教育部在《关于在部分高等学校建立国家技术转移中心的通知》中明确其五大主要任务：开发和推广共性技术，参与企业技术创新体系建设，促进高校科技成果的转化及技术转移，加强国际技术创新合作，为企业提供创新综合服务。2009年9月，科技部公布第二批国家技术转

---

〔1〕 赵家章等：《中国对外贸易概论》，首都经济贸易大学出版社2013年版，第172页。

〔2〕 刘群彦等：《先进技术价值创造和产业化运作实务》，上海交通大学出版社2013年版，第94页。

〔3〕 中国—东盟技术转移中心，载 http://www.cattc.org.cn/about.aspx，2017年10月13日最后访问。

移中心名单,确定武汉大学技术转移中心等58家机构为第二批国家技术转移示范机构。〔1〕

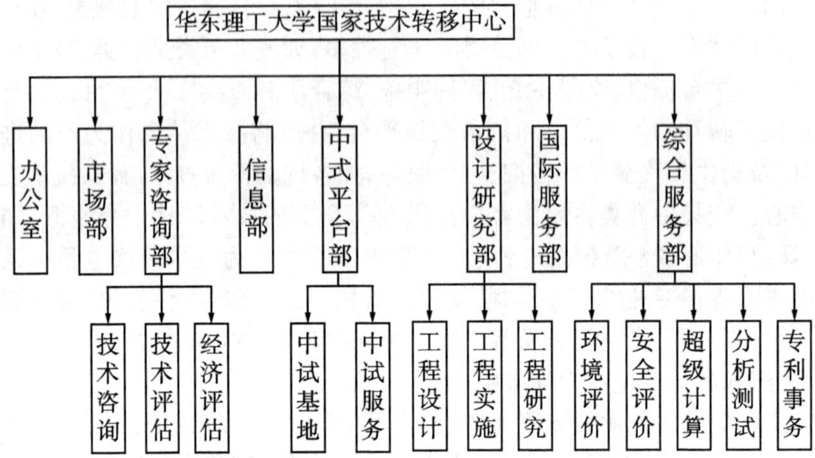

图3-2 华东理工大学国家技术转移中心组织架构

(来源:华东理工大学国家技术转移中心〔2〕)

高校"国家技术转移中心"在清洁能源技术转移方面承担着孵化创新的任务。以"北京理工大学车辆技术转移中心"为例,它在北京市教委、北京市工业促进局的指导和支持下于2005年成立,是依托北京理工大学(以下简称北理工),与北京工业大学、北汽福田汽车股份有限公司、北京汽车制造厂共同合作建立的,旨在将北京理工大学等北京地区高校在车辆工程领域内多年研究积累的高新技术成果转移到北京市的有关企业,提升北京市企业和大学在车辆工程领域的综合实力。2009年年初,北理工与上汽集团签订了技术开发和服务协议,合作研发生产2010年上海世博会专用纯电动客车,并设计建设快换充电系统,在不到一年的时间里完成了上海世博会电动公交车研发任务。〔3〕 在2010年春夏上海世博会中心区应用的1017辆各类新能源车辆中,纯电动公交客车成为亮点,其中60辆车由以北理工为主的团队进行整车设计

〔1〕《关于确定武汉大学技术转移中心等58家机构为第二批国家技术转移示范机构的通知》,载中华人民共和国科学技术部网:http://www.most.gov.cn/tztg/200909/t20090929_73521.htm,2017年11月1日最后访问。

〔2〕华东理工大学国家技术转移中心,载http://nttc.ecust.edu.cn/2488/list.htm,2017年11月1日最后访问。

〔3〕孙晓霞:《锂离子电池蓬勃发展筑就未来绿色之梦》,载《新材料产业》2010年第10期。

并提供关键零部件。此次北京奥运纯电动客车技术成果在上海世博会应用，标志着北理工纯电动客车整车、关键部件及其产业化科技成果的先进性和可靠性得到了认可，纯电动客车技术标准得到进一步的推广应用。大连、苏州等城市也采用了北理工电动客车技术平台并成功研制了电动客车，用于城市示范运行。所有的纯电动客车在世博会结束后，继续投入上海市区公交线路运营，而充电站的整套充电、换电、监控系统也将继续为市民日常出行提供绿色交通服务。[1]

总之，高校企业以产、学、研、用结合的方式，直接利用学校知识资源，与校内相关学科的科技创新互动，促进科技成果转化，既提升了学科创新能力，为学校带来可观的经济效益，又提高了企业核心竞争力，为社会经济发展服务。

2. 技术联盟

技术联盟，指由两个或两个以上企业、大学机构、科研院所或政府部门围绕技术的开发与运用，为实现某一技术创新战略目标而建立的一种长期、持续、互惠互利的合作伙伴关系，具体形式包括合资企业、合作协议、许可合同等，是一种最新的技术合作方式和技术创新组织模式。技术联盟的本质是一种以知识活动为基础的动态合作关系，是组织之间实现知识传递、分享和整合等知识互动的过程，是促使技术组织有效拓宽其自身技术知识领域、保持持续创新能力的一种极重要的方式。[2]

技术联盟包括大而广的区域性技术联盟，也可以根据产业细分。前者涵盖范围很广，并不仅仅是技术转移辅助人，而且承担了技术孵化、科技成果商业化、科技情报收集等一系列工作。后者则被赋予了技术创新的重任。

(1) 区域性技术联盟

在技术转移联盟方面，中国区域性的技术转移联盟组织建设也已开始起步。目前国内极具发展活力与潜力的长江三角洲经济区、环渤海经济区和东北地区等均已先后建立起自己的区域性技术转移联盟。

总体来看，技术联盟包括技术转移联盟在内，在中国的发展，目前已呈现出以下的基本态势：结盟速度加快，参与企业快速增加和扩大；联盟成员构成多元化、行业分布多元化、形式及类型多元化；涉外联盟中国方成员的重要性增强；同业中的强强联盟现象趋于增加等。[3]

---

〔1〕 马永霞：《高校筹资多元化研究》，北京理工大学出版社 2013 年版，第 226 页。

〔2〕 张晓凌等：《技术转移联盟导论》，知识产权出版社 2009 年版，第 90 页。

〔3〕 张晓凌等：《技术转移联盟导论》，知识产权出版社 2009 年版，第 82 页。

①长三角技术转移联盟

长三角技术转移联盟是一个科技中介资源共享的战略联盟（见图3－3），旨在促进区域内三地区之间的科技中介联动，实现科研资源、资本资源、技术转化渠道的共享和科技成果转化的无缝对接，以便形成区域性的科技中介服务体系，逐渐化解、消除科技进步及其成果推广应用与转化的地区壁垒，通过优势互补为本区域科技与经济的协调发展奠定良好而坚实的基础。长三角技术转移联盟由上海科技开发交流中心、浙江科技交流中心、江苏生产力促进中心组成，三方通过签订有关协议书，协调各方的行动，同时由三方代表组成战略指导委员会作为联盟的最高机构，负责整个联盟的运作。

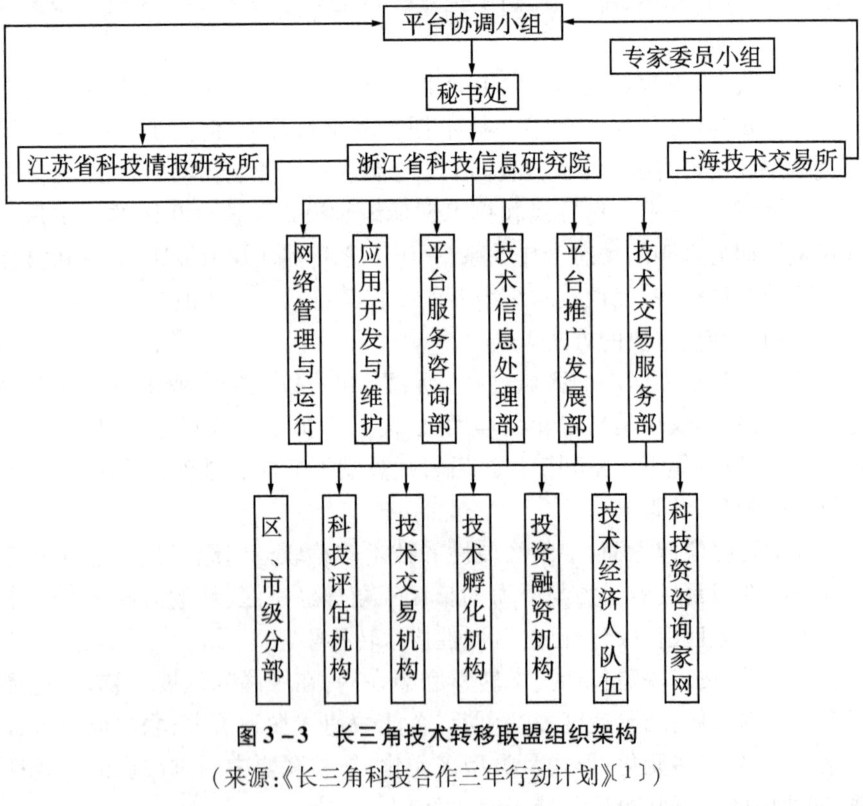

图3－3　长三角技术转移联盟组织架构

（来源：《长三角科技合作三年行动计划》[1]）

长三角技术转移联盟之下设有技术转移服务的三大平台，即技术信息服

---

〔1〕长三角区域创新体系建设联席会议办公室：《长三角科技合作三年行动计划（2008—2010）》，载 http://www.zs-hospital.sh.cn/kycweb/080114a.htm，2017年12月5日最后访问。

务平台、技术与资本对接服务平台和技术经纪人合作服务平台;三大平台的技术转移服务活动各有侧重,相互间有效结合与综合,整合在一起便构成一个技术转移的无缝服务联盟超大平台。[1]

建立技术信息服务平台,主要是为了整合和共享三地机构各自的数据资源,使科技成果、技术需求、技术难题及国际科技合作信息等均能够及时、快速、便捷、准确地在三地及全国的院校和企业之间流动,以便最大限度地实现科技项目资源网上交易的信息"集聚效应"和"规模效应",提高区域内科技成果产业化发展的速度和水平。

建立技术与资本对接服务平台的目的是在技术转移服务联盟中引进资本平台和风险投资机制,实现技术与资本的有效对接。为此,苏浙沪三地的风险资金共同建立了一个创业投资联盟,通过与科技中介的联盟,以协议的方式形成技术与资本之间的对接。技术经纪人队伍是技术转移服务体系的一个重要组成部分。

建立技术经纪人合作服务平台的目的在于打破行政壁垒,实现经纪人资格三地互认,将三地的经纪人队伍纳入大联盟范围内进行有序管理与指导,同时为经纪人提供技术项目资源与转移渠道,为提高技术转移的经济效率及效益创造有利的条件。[2]

②环渤海技术转移联盟

环渤海技术转移联盟,于 2005 年 4 月 29 日由北京市科委下的北京技术市场管理办公室牵头,联合天津、河北、山西、内蒙古、辽宁、山东这六个地区的技术市场管理部门及技术中介机构共同发起设立。2006 年,环渤海 32 个城市的市长在天津签署了《推进环渤海区域合作的天津倡议》,形成了环渤海区域合作新机制。[3] 它是中国国内目前最大的区域性技术转移合作组织。

环渤海技术转移联盟的运作体系由环渤海技术信息网络平台、环渤海技术经纪人合作平台、环渤海技术交易统计平台和环渤海技术成果推介、推广平台所组成(见图 3-4)。环渤海技术转移联盟的主要工作是通过联盟的合作,建立一个能够覆盖环渤海地区,集技术成果、人才、投融资、项目评估、咨询服

---

〔1〕 安同良等:《长三角地区研发的行为模式与技术转移问题研》,经济科学出版社 2011 年版,第 32 页。

〔2〕 安同良等:《长三角地区研发的行为模式与技术转移问题研》,经济科学出版社 2011 年版,第 38~42 页。

〔3〕《环渤海地区技术转移方兴未艾》,载人民网天津视窗网:http://www.022net.com/2006/11-11/444242213243536.html,2017 年 10 月 12 日最后访问。

务、成果对接、市场预测、技术服务、技术培训等于一体的全方位综合性服务平台。[1] 通过这个平台的有效运行，实现技术信息的实时交流与资源共享；开展技术经纪人和技术市场的相关培训，促进区内的人才流动和人才结构的优化配置；建立双边、多边技术交易统计分析交换通报制度；开展多种形式的技术成果推介、推广、交易及技术交流活动和投融资服务活动等，促进技术转移项目与资本的有效对接；进行有关技术转化、技术转移方面的软课题研究，进而良化环渤海技术转化、转移的条件及环境，促进环渤海地区经济、科技的更快发展。

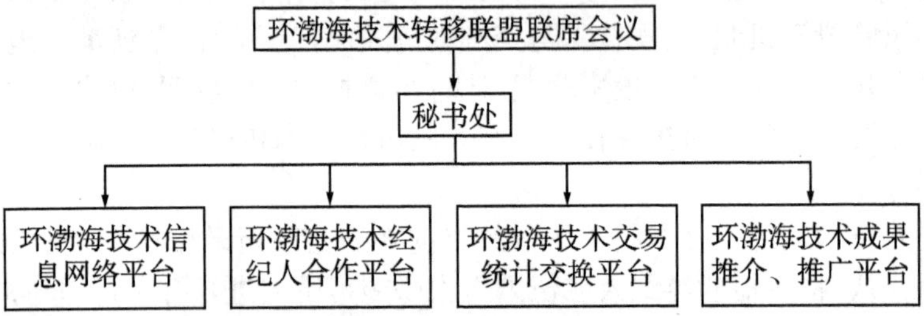

图 3－4　环渤海技术转移联盟组织架构

（来源：中国产业创新技术联盟[2]）

③东北技术转移联盟

东北技术转移联盟将众多企业、单位以协议联盟模式进行有效的组织连接，形成不重组、不兼并、不损害相互利益、优势互补、共同发展的新型契约合作关系（见图 3－5）。[3] 在此基础上，以一体化的商业运行规则，构建平等、透明的商务环境和联盟成员间的信任与合作机制，规范业务流程，创建高效的交易平台，以提高交易效率、减少流通费用、降低经营风险，促进信息流、技术流、资金流的高效、快捷流转；以信息网络技术对客户的需求或服务进行实时协调，对多元化的信息进行集成，构建符合市场规律并且具有竞争能力的动态体系，支持联盟成员扩张市场份额。[4]

---

〔1〕 张守谋：《环渤海七省市共建技术转移大平台》，载《科技信息》2005 年第 7 期。

〔2〕 中国产业创新技术联盟简介，载 http://www. citisa. org/gongzuotansuo/2010niandugechuangxinzhanlueliangmenggongzuozongjie/588. html，2017 年 10 月 11 日最后访问。

〔3〕 《东北技术转移联盟区域技术交易服务平台即将启动》，载中国科学院网：http://www. cas. cn/hzjl/ydhz/hzdt/200409/t20040915_1702064. shtml，2017 年 12 月 20 日最后访问。

〔4〕 佚名：《东北技术转移联盟发展概述》，载《科技成果纵横》2006 年第 6 期。

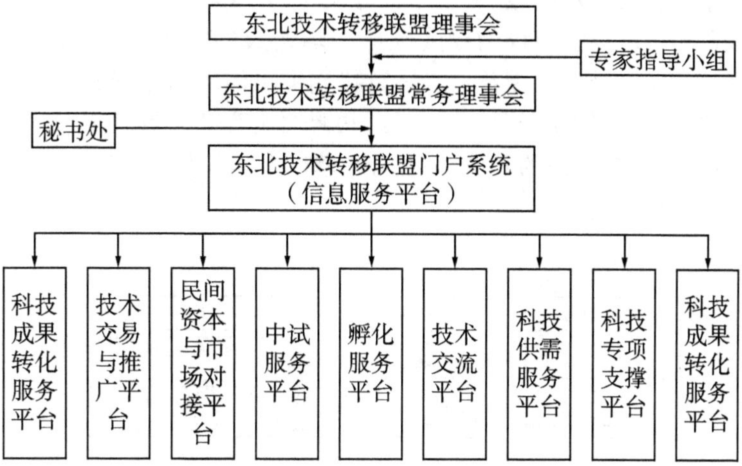

图3－5　东北技术转移联盟组织架构

（来源：中国产业创新技术联盟〔1〕）

④小结

上述技术转移联盟的弊病在于过于庞大，各个产业技术信息的获取和整理只能浮光掠影，对于其技术价值如何、是否还有其他替代技术是很难具体判断的。所以其工作只是简单信息的传递，作为居间人或者中介；而对于技术创新的贡献是很少的，技术本土化或者技术改进还需要依赖技术转移缔约各方。

（2）产业体系的技术联盟

产业体系技术协作早已有之。集群效应带来的技术知识在行业之间流通，促成技术转移的例子不在少数。若说之前是零散的、潜在的技术转移，那么在《关于选择一批产业技术创新战略联盟开展试点工作的通知》和《关于选择部分产业技术创新战略联盟开展试点工作的通知》两个文件之后，产业作为技术转移价值实现的空间便通过本产业内部的技术创新联盟来完成。下文以煤炭产业为例具体论述其作用和影响。

煤化工行业的技术发展催生了"新一代煤化工产业技术创新联盟"（见图3－6）。其主要是以煤化工行业的规模化生产和服务为对象，以煤的清洁高效开发利用、液化及多联产为重点，以解决制约行业发展的重大关键技术、集

---

〔1〕 中国产业创新技术联盟简介，载 http://www.citisa.org/gongzuotansuo/2010niandugechuangxinzhanlueliannenggongzuozongjie/588.html，2017年10月11日最后访问。

成系统技术为己任，按照产业链组建联盟，建立资源共享平台。[1]

在联盟协议和项目协议的双重约束下，联盟成员享有联盟的创新资源，从创新成果的使用和推广中受益。其运行机制突出体现的是开放，一是成员的开放，不断吸收新的创新资源，吸收能对联盟发展有利的具有技术、资金等方面优势的单位；二是资源的开放，在整合的基础上实现共享；三是成果的开放，不得阻碍技术成果的推广。

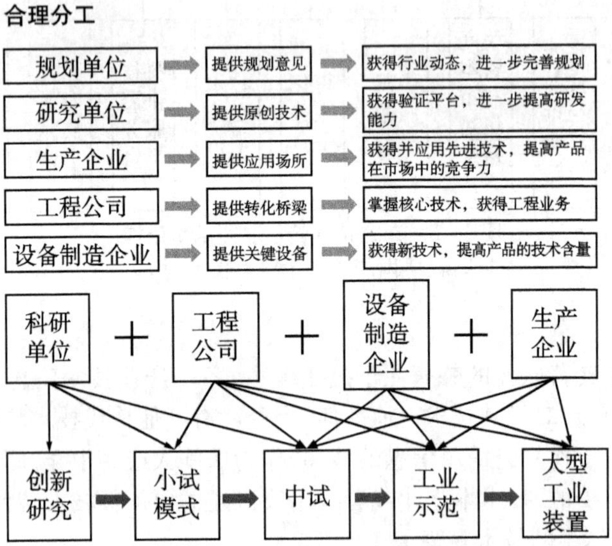

图 3-6　新一代煤化工产业技术创新联盟合作流程与合理分工

（来源：中国产业创新技术联盟[2]）

新一代煤(能源)化工产业技术创新战略联盟已筹集资金近7亿人民币，用于产业化技术创新活动，包括降低能耗设备技术、绿色煤气化新技术等，旨在促进节能减排和提高技术自主创新力。联盟针对影响产业技术进步的关键技术，以“流化床甲醇制丙烯工业试验”“煤固体热载体法热解工业示范”“新型粉煤气化工业示范”“新型催化剂工业化制备”“TDI工业化技术开发”等一批清洁低碳项目为抓手，实施重点突破。其中，“流化床甲醇制丙烯工业试

〔1〕中国产业创新技术联盟简介，载 http://www.citisa.org/gongzuotansuo/2010nianduge-chuangxinzhanlueliammenggongzuozongjie/588.html，2017年10月11日最后访问。

〔2〕中国产业创新技术联盟简介，载 http://www.citisa.org/gongzuotansuo/2010nianduge-chuangxinzhanlueliammenggongzuozongjie/588.html，2017年10月11日最后访问。

验”项目于2009年10月9日完成了3万吨/年工业试验，实现了甲醇制丙烯的重大突破，经中国石油和化学工业协会组织的鉴定委员会鉴定，主要技术指标和总体技术处于国际领先水平，目前正在进行60万吨/年工业示范工程建设。这些重点项目的实施，对打破国外技术垄断、掌握煤化工产业具有自主知识产权的核心技术、实现煤化工产业技术进步具有重大意义。

将国家技术转移中心和技术联盟纳入技术转移的服务贸易领域而非知识产权路径是有原因的。以高校为依托的国家技术转让中心的主要目的是实现清洁能源技术从实验室走向产业的“商业化”，严格来说，这种技术转让中心承担的并不是创新功能，而主要提供促成商业转化的服务。

中国的技术联盟从性质上而言，是由以合同维系的松散的技术转移服务主体组成的社团。各地机制稍有不同，但都囊括技术研发、商品化以及技术转移。其最为成功之处在于经纪人制度，解决技术融资和收集供需信息，促成当事人达成技术转移。虽然其有可能孵化出一批创新技术，但毕竟不是技术研发和生产的主要来源。

两者在清洁能源技术转移方面各有所长。高校的国家技术转让中心机制让技术从实验室走向市场，而技术联盟则使清洁能源技术在不同主体之间流转。

当然，上述两种技术转让方式也有很多缺陷。第一，其都是在政府的支持下进行的，自主性还有待提升。第二，联盟内部松散，尤其是区域性产业联盟，大而全的机构往往导致“联而不合”的状态。第三，机构之间存在信息壁垒，由于职能的部分重叠以及信息交流的壁垒，各方之间沟通不畅，也导致部分工作的重复和资源的浪费。

（二）跨国界的服务贸易

随着中国清洁能源技术不断的发展，能源企业“走出去”，承接国际清洁能源项目，对于跨国能源技术服务的需求也越来越多。我国在跨国贸易技术服务上已经建立了“中国—东盟技术转让中心”，清洁能源的技术转移是中国—东盟最大的合作领域。中国与联合国亚太技术转移中心保持着密切的联系，亚太技术转移中心专门建立了“可再生能源技术银行”，鼓励成员方进行清洁能源技术转移。[1]

1. 建立中国—东盟技术转移中心

中国—东盟技术转移中心（CATTC）是根据2009年《中国—东盟科技伙

〔1〕 APCTT, http://recap.apctt.org/RET.php, October 15, 2017.

伴计划》建立的,旨在推动中国与东盟国家先进适用技术转移,促进创新区域一体化发展。CATTC 拥有覆盖中国和东盟的技术转移协作网络(CATTN),是提供高效率的中国—东盟技术转移对接渠道的主要平台。CATTN 得到中国和东盟国家科技主管部门支持,同时拥有灵活的运营机制,意在建立及提供快速、高效的技术对接渠道。CATTC 成员包括东盟国家技术转移中心、技术转移服务中介机构、配套服务机构和中国—东盟技术转移产业联盟等。CATTC 将随着中国与东盟关系的日益紧密而蓬勃发展。

中国—东盟技术转移中心主要提供 5 个方面的服务:(1)提供有价值的中国和东盟国家技术供需信息;(2)组织高层次的技术转移活动;(3)提供高质量的技术转移配套服务;(4)提供专业的东盟政策解读和咨询服务;(5)提供高效率的中国—东盟技术转移对接渠道。

2. 中国是联合国亚太技术转移中心成员国

联合国亚太技术转移中心(APCTT)成立于 1977 年,并于 1993 年移至印度新德里。它是联合国亚太经济社会委员会(ESCAP)下设的一个地区性组织。联合国亚太技术转移中心主要致力于亚太地区中小企业之间的技术转移,可以说是亚太地区技术门户。联合国亚太技术转移中心的宗旨是帮助联合国经济社会委员会成员国及合作国增强技术开发、技术转移、技术改造和技术适应能力,改进技术转移的方式,判别并促进亚太地区技术转移发展。[1]

联合国亚太技术转移中心主要从 4 个方面展开各项活动:(1)为中小企业开展中介及技术转移支持服务;(2)增强各组织的技术管理能力;(3)进行环境无害化技术转移活动;(4)促进妇女创业技术转移活动。

联合国亚太技术转移中心设立亚太可再生能源合作网络(RECAP)。它是由联合国 ESCAP 2008 年第 64/3 决议通过的,旨在促进亚太地区能源的安全和可持续发展。其宗旨是加强成员方在可再生能源技术(RETs)方面的发展,以满足自身需求和促进可持续发展。RECAP 已经有 15 个成员方,中国是其中之一。其主要功能有:(1)收集和传播 RETs 信息;(2)共享可再生能源方面推广和商业化经验;(3)发展可再生资源技术转移的能力;(4)促进可再生能源领域的技术研发与合作。[2]

2007 年,联合国亚太技术转移中心在中国南京设立分支机构,旨在促进

---

[1] 江月:《亚太地区技术转移的门户——联合国亚太技术转移中心》,载《华东科技》2002 年第 7 期。

[2] APCTT, http://recap.apctt.org/RET.php, October 15, 2017.

与中国中小企业的联系。[1] 2011年11月，APCTT第七届技术委员会会议在广州召开。同期，中国科技部国际合作司与APCTT联合主办了“促进可再生能源农用微型系统技术研发合作研讨会”。会议围绕APCTT成员国可再生能源领域的技术转移现状及合作，推进可再生能源农用微型系统技术研发合作的经验和模式等专题内容进行了交流研讨。[2]

(三)环保部(2018年调整为生态环境部)与地方政府合作，推进清洁能源等技术转移的机构

这方面的最先尝试是环境保护部与深圳市政府共建的“一带一路”环境技术交流与转移中心(深圳)。该中心设立的依据是环保部和深圳市政府于2016年4月15日在深圳签署的合作框架协议，[3]其正式成立于2012年12月11日。[4] 该中心的主要目的在于加强与“一带一路”沿线国家环保产业的交流合作，推动大气污染防治、水处理、固体废弃物处理等领域技术的国际间转移，把深圳中心建设成为我国环境技术“走出去”和“引进来”的节点，为我国先进适用型环境技术在发展中国家推广提供示范，将“一带一路”建设为一条绿色、繁荣与友谊之路，共同推动“一带一路”沿线区域可持续发展。这种合作方式利用深圳独特的地理位置，特别是与东盟各国在空间上交往、合作的便利，不仅有利于国内清洁能源技术转移，更有利于“一带一路”沿线国家对相关清洁能源技术的分享、转移和利用，客观上利于全球气候变化的应对和环境污染的防治。这种方式也是一种可贵的实践。将来在运行成功的基础上，也可以结合中国自由贸易试验园区的特点及使命，在已经设立的11个自贸园区中建立几个类似的技术转移合作中心(如在上海，基于其已有的南南技术转移中心，结合“把上海建成有全球影响力的创新中心”等目标，可以建立科技部、商务部或其他部门与上海市政府合作的清洁能源技术转移中心等)，以推动特定区域的清洁能源技术转移为重点，同时带动和促进更广范围的技术

---

[1] 李沅、宁科宣：《联合国亚太技术转移中心在宁设立分支机构》，载《金陵瞭望》2007年第12期。

[2] 《联合国亚太技术转移中心第七届技术委员会及促进可再生能源农用微型系统技术研发合作研讨会在广州召开》，载中华人民共和国科学技术部网：http://www.most.gov.cn/kjbgz/201112/t20111216_91468.htm，2017年11月10日最后访问。

[3] 《环境保护部与深圳市政府签署共建“一带一路”环境技术交流与转移中心(深圳)合作框架协议》，载http://gjs.mep.gov.cn/lsydyl/201605/t20160523_343644.shtml，2017年10月20日最后访问。

[4] 陶清清、朱洪波：《“一带一路”环境技术交流与转移中心(深圳)揭牌成立》，载《南方快报》2016年11月12日，第SC02版。

转移,推动世界经济的良性发展。

三、清洁发展机制(CDM)

清洁发展机制(CDM)是《京都议定书》的三大机制之一,[1]被确定为《京都议定书》中唯一一个涉及发展中国家在减少温室气体排放方面有所行为的弹性机制,是促进发展中国家进行温室气体减排的主要工具。[2] CDM 目标的背后,意在鼓励发展中国家通过该机制与发达国家合作,充分利用世界上已有的环境友好技术,实现可持续发展之路而这一路径就是技术转让。[3] 但由于《京都议定书》对 CDM 规定得过于原则,因而这一预期目标在实际运作中存在弊端如下:发达国家可能为了从发展中国家处获取减排量,鼓励本国跨国公司利用后者技术落后等条件与发展中国家企业合作;而跨国公司在利润最大化的驱动下,常不转让较为先进的技术而将设备等销售给发展中国家企业。CDM 是西方国家有意设定的允许本国污染者避免减排的机制;通过它合作的项目有时不但没有减排,还加速了对自然界的私有化和公司的接管,而这些都是以牺牲当地社区和土著居民利益为代价。[4] 这些论点可能过于尖锐,但 CDM 机制设想的技术转让目标在很大程度上未能实现,也说明了上述判断存在一定的合理性。

笔者认为,CDM 机制的致命弱点在于其设定的两个目标中,一个(帮助发展中国家实现可持续发展)过于弹性,无法体现出其金钱价值,难以通过具体的、可以量化的、强制性的行为加以实现;[5]另一个(通过特定的交易、合作,项目效果可以作为获取的减排认证)易于衡量和操作,并可带来确实利益,即通过每吨的温室气体减排量使业主和合作外方获得实际收益。因此其直接目标常被理解为落实通过交易来完成的减排任务而非促进可持续发展(核心是环境友好技术转让),故 CDM 机制被当做一个具有明显的“短期性和功利性”的工具;它允许发达国家用最便宜的方式在全球投资或推销设备来

---

〔1〕 其他两个是联合履约机制和国际碳排放交易机制;它们与技术转移的关系可以参见马忠法:《应对气候变化的国际技术转让法律制度研究》,法律出版社 2014 年版,第 265～266 页。

〔2〕 World Bank,“World Development Report 2010:Development and Climate Change”,http://go. worldbank. org/ BKLQ9DSDU0,September 15,2017.

〔3〕 Stephen Seres,“Analysis of Technology Transfer in CDM Projects”,http://cdm. unfccc. int/Refer ence/Reports/TTreport/TTrep08. pdf,September 15,2017.

〔4〕 Lan Angus,*The Global Fight for Climate Change*,Australia,Resistance Books,2009,p. 156.

〔5〕 Pearson B,“Market Failure:Why the Clean Development Mechanism Won't Promote Clean Development”,*Journal of Cleaner Production* 15,2007,pp. 247 -252.

实现其减排目标。[1] 在实际合作中，发达国家获取减排指标的目标被放在首位，而技术转让虽然也被看做其使命，但它扮演的是补充性或辅助性角色。简言之，CDM 在实务中不是以技术而是以核证减排量的成本和预期收益为驱动力，所以清洁发展机制在 2005 年《京都议定书》进入生效、实施阶段后，被很多投资人看做未来发展营利的一个关键因素而非一个转让环境友好技术的机制。

在功利目标的指引下，无论是东道国的合作者还是发达国家的跨国公司，往往更多地关注得到执行理事会（EB）认证的 CER 数量，双方都缺乏驱动力来实现真正意义上的技术转让，不关心拥有所有权的技术分享问题，而关注一个特定项目的运营和管理方面的专有技术或技术秘密。学者研究表明，虽然《京都议定书》促进了一般意义上的技术创新，但并没有加快技术的流动。如此它就不会在真正意义上帮助发展中国家实现可持续发展，提高技术能力，以从根本上为温室气体减排创造条件，其短期行为的特征十分明显，它只是试图局部解决问题，既治不了标，更治不了本。

就东道国合作方而言，其目标是赢利而非慈善，只要能得到一个政府批准的 CDM 项目，并最终通过 EB 核证得到 CER，它们便可实现目标（得到本国政府的支持和诸多的优惠政策以及跨国公司的资金或设备等方面的资助）；至于技术是否转让，它们可能漠不关心。它们从现实角度出发，通过"技术转让"得到 CER 的快捷方法是：从合作方购买现成设备，得到运行和维护的基本知识即可（多数发展中国家的法律认可这是"技术转让"）；至于研发或购买技术，或与合作方共同开发技术，对它们而言是一个投入多、周期长的过程，得不偿失。

根据有关 CDM 项目的统计数据，截至 2017 年 10 月 31 日，在 UNFCCC 下的 CDM 执行理事会注册的项目有 10133 项（分布于 70 多个国家），[2] 预计这些项被认证的减排量分别为数十亿公吨，但关于这些项目中有多少含有环境友好技术转让及转让技术效果如何并无具体的统计数据。大量事实也证明 CDM 并没有带来显著的环境友好技术转让。有些学者分别分析 2293 个待注册项目和 644 个已注册项目后，发现这些项目涉及的技术转让比率分别为 39% 和 43%，[3] 且这些项目对环境友好技术的发展和转让带来的积极效

---

〔1〕 Grubb, M, "The Economics of the Kyoto Protocol", *World Economics* 4, 2003, p. 159.

〔2〕 "CDM insights-intelligence about the CDM at the end of each month", http://cdm.unfccc.int/Statistics/index.html, November 25, 2017.

〔3〕 Antoine Dechezleprêtre, Matthieu Glachant, Yann Ménière, "Technology Transfer by CDM Projects: A Comparison of Brazil, China, India and Mexico", *Energy Policy* 37, 2009, pp. 703－711.

果到底如何还有待证明。相关研究也表明,声称涉及技术转让的 CDM 项目百分比不高,[1]在 2008 年《框架公约》CDM 执行理事会等待注册的 3296 个 CDM 项目中,声称涉及技术转让的比率为 36%。[2] 根据世界银行 2010 年的报告,只有 1/3 的 CDM 项目有技术转让,它们通过设备、专有技术或二者的结合来完成,其中,纯粹知识或技术转让的为 15%,32% 的项目为设备的买卖,53% 为设备与知识的结合。[3] 此外,CDM 项目转让技术的比率呈逐年下降趋势,这一结论在 CDM 项目最多的三个国家(中国、印度和巴西)得到了验证。中国的各个项目都具体注明了是否包含技术转让,调查结果显示 2004 年和 2005 年规划的项目中有超过 90% 的项目包含技术转让,而在 2009 年和 2010 年的规划项目中这一比例只有 14%。[4] 至 2017 年 10 月 31 日,在 CDM 理事会登记的中国项目有 4361 个,[5]占所有项目 10133 个的 43.04%;其中,截至 2017 年 8 月 31 日,获得 CERs 签发的中国 CDM 项目共有 1557 个;[6]但目前并无详细的统计数据说明其中有多少项或多大比例的项目真正含有技术转移的内容。有学者尖锐地指出,CDM 项目更像是国外相关领域企业扩展和占领中国市场的一种手段,而没有发挥出对中国技术发展的促进作用。[7]

上述国际、国内 CDM 项目中技术转让的现状清楚地说明了以下问题:CDM 项目中的技术转让比率较低,即使有所谓的"技术转让",其质量都不是太高;而且越是在发展中国家需要的高技术含量领域,CDM 项目中的技术转让项目比率就越低。在中国发生的情况有一定的代表性。这些与 CDM 制度设计的目标有较大的偏离。是什么原因导致这种情况的出现呢?我们必须对清洁发展机制的目标、其运作的关键环节和程序等对环境友好技术转让的影

---

〔1〕 Stephen Seres, "Analysis of Technology Transfer in CDM Projects", http://cdm. unfccc. int/Refer ence/Reports/TTreport/TTrep08. pdf, September 15, 2017.

〔2〕 Stephen Seres, "Analysis of Technology Transfer in CDM Projects", http://cdm. unfccc. int/Refer ence/Reports/TTreport/TTrep08. pdf, September 15, 2017.

〔3〕 Klaus Bosselmann, "Poverty Alleviation and Environmental Sustainability through Improved Regimes of Technology Transfer", *Law Environment and Development Journal* 2, 2006, p. 29.

〔4〕 UNFCCC, "The Contribution of the Clean Development Mechanism under the Kyoto Protocol to Technology Transfer", http://cdm. unfccc. int/Reference/Reports/TTreport/TTrep10. pdf, September 17, 2017.

〔5〕 CDM Registry, http://cdm. unfccc. int/sitemap/index. html, September 17, 2017.

〔6〕《已获得 CERs 签发的中国 CDM 项目(1557 个)》,载国家发改委气候办网:http://cdm. ccchina. gov. cn/NewItemAll2. aspx,2017 年 11 月 26 日最后访问。

〔7〕 邹骥等:《环境有益技术开发与转让国际合作创新机制研究》,经济科学出版社 2009 年版,第 60 页。

响进行分析,以找到问题的症结。

有学者指出,造成 CDM 项目技术转让率低的因素有知识产权障碍、项目业主动力不足、人力资源、新方法学"瓶颈"、国内外技术价格差和融资等。[1]世界银行 2010 年报告也指出,CDM 制度有如下缺陷:CDM 项目产生的额外性、[2]确定的模糊性、对可持续发展作用的微弱、EB 治理乏力和运营低效、分布的不均衡性及激励不足和 CDM 的持续性等。[3] 但笔者认为 CDM 目标设置的先天不足是导致其预期(促进技术转让)与实际效果(更多地被看作融资的有效工具)背道而驰的根本原因;此外,还有一些其他方面的原因。[4]

简言之,CDM 在中国的实践表明,虽然它在促进温室气体减排方面取得了显著成就,但在促进技术转移方面没有收到预期的效果。

第三节 清洁能源技术转移的投资路径

中国清洁能源投资市场热度近年来持续升温。2005 年以前,中国在可再生能源领域的投资仅为 47 亿美元;2008 年以前,北美地区和欧洲是世界范围内可再生能源投资最大的地区,中国投资额在 2008 年以后超越北美,仅在欧洲之后;2009 年,中国共投资 383 亿美元,投资规模实现最大增幅 60%,第一次超过了 G20 所有国家;2010 年,中国超越欧洲,全年新增投资额达到 489 亿美元,投资规模增长了 28%。中国为应对国际金融危机而采取的"一揽子"计划中,有 14.5% 用于绿色投资。美国智库皮尤研究中心从 2010 年起开始发表《谁将赢得清洁能源竞争?——世界最大经济的增长、竞争与机会》系列报告,审查 20 国集团成员国在清洁能源领域的主要财政、投资及技术发展趋势,

---

〔1〕 中国—欧盟清洁发展机制促进项目:《中国 CDM 项目中的技术转让》,载豆丁网:http://www.docin.com/p-54189804.html,2017 年 11 月 10 日最后访问。

〔2〕 根据《京都议定书》关于联合履约机制(JI 机制)和 CDM 规定中的定义,额外性是指 CDM 项目、JI 机制活动所产生的减排量相对于基准线是额外的,即这种项目活动在没有外来的 CDM、JI 支持下,存在诸如财务、技术、融资、风险和人才方面的竞争劣势和/或障碍因素,靠国内条件难以实现,因而该项目的减排量在没有 CDM、JI 时就难以产生。反言之,如果某项目活动在没有 CDM、JI 的情况下能够正常商业运行,那么它自己就成为基准线的组成部分,那么相对该基准线就无减排量可言,也无减排量的额外性可言。后来根据这一定义引申出资金、投资、技术和环境等额外性。例如,技术额外性是指项目活动中使用的技术对东道国而言是最容易获得和最为有利的。

〔3〕 World Bank,"World Development Report 2010:Development and Climate Change",http://go.worldbank.org/BKLQ9DSDU0,September 15,2017.

〔4〕 具体原因分析参见马忠法:《应对气候变化的国际技术转让法律制度研究》,法律出版社 2014 年版,第 258~264 页。

重点关注了投资情况。报告称,中国在2009年的清洁能源投资超过346亿美元,美国则退居第二,仅为186亿美元;2010年,中国以高达544亿美元的投资额再次成为全球清洁能源第一投资大国,德国和美国位居第二和第三,投资额分别为412亿美元、340亿美元。[1] 其后,中国一直保持在清洁能源领域投资第一大国的地位。

中国清洁能源的发展和扩张一直以来也是毁誉参半。有人认为中国是世界上清洁能源最为蓬勃的市场,也有人认为中国在进行"绿色大跃进"。西方学者对中国在清洁能源方面的崛起感到恐慌,并认为中国在进行"清洁能源竞赛"。彭博新闻社展示了一组数据,2010年中国对清洁能源的投资金额达到511亿美元,同比增长30%,名列世界第一。据美国劳联一产联说,美国在对华清洁能源产品贸易中出现了逆差,2010年令美国损失了8000个就业机会。哈佛大学一个研究小组发表报告说,2008年,中国政府在能源技术的研究、开发和展示(RD & D)方面投入了118亿美元,而美国的投入还不足其1/3。2011年1月,《纽约时报》专栏作家托马斯·弗里德曼撰文说:"我现在比以往任何时候都相信,当历史学家回顾21世纪第一个10年时,他们会说,所发生的最重大事件并不是大萧条,而是中国的绿色大跃进。"美国能源部长朱棣文也发表了类似的观点,他认为中国快速发展的清洁能源推动了又一个"人造卫星时刻"的到来,并要求美国做出反应。

上述担忧虽然过于夸张,但也给了我们另外一个思考的角度。第一,国外为何如此担忧?答案是,这些担忧来源于技术转移对于国家竞争力的影响。一些发展中国家特别是金砖国家,现在已经开始着力开发新的、低成本的技术或方法,实现了技术发展中国家向发达国家的反流。[2] 这些现象已经让发达国家感觉受到威胁了。现在美国大量出口清洁能源设备至中国,拥有大量先进技术的能源公司不断在中国投资,他们担心中国很有可能通过"反向创新"将美国清洁能源技术变成中国的知识产权。中国一旦掌握先进的清洁能源技术技术,与美国进行激烈竞争不可避免。抢占美国市场、经济衰退、就业率下降都是他们担忧的问题。第二,中国这种通过投资的技术转移现状到底如何,这种热烈的投资是否真的对于中国的清洁能源的能力建设起到了实质性提高作用?

---

[1] 竺彩华、杨媚:《中美清洁能源合作现状及发展前景》,载《国际经济合作》2012年第7期。

[2] [美]拉希德·卡恩:《技术转移改变世界》,李跃然、张立译,经济科学出版社2014年版,第16页。

一、中国清洁能源投资市场潜力巨大

胡锦涛时代，中国政府在科学发展观的指导之下，高度关注清洁能源及其技术的发展。从2002年年底起，中国清洁能源市场便快速扩张，这主要得益于中国政府为减排所作出的目标承诺以及由此强力推行的各种激励与约束政策。特别是哥本哈根会议之后，按照中国的能源规划，到2020年，中国一次能源消费的15%来自非化石能源，单位GDP的能耗要降低40%到45%，由此所产生的巨大商业空间和市场投资潜力为历史上所少见。下文将就此略作分析。

风电：2009年全球新增风电装机容量达38.3吉瓦（GW），其中中国新增13.8吉瓦，占全球总量的36%，中国已超过美国成为全球新增风电装机容量规模最大的国家。2014年前后，中国累计风电装机容量达到25.8吉瓦，超越德国位居全球第二。[1] 2015年中国风电新增装机容量达30.5吉瓦。2016年之前的十多年，中国风电上网电量占总发电量比例逐年增加，2016年风电上网电量为2410亿千瓦时，占总发电量的比重达4.08%，超越核电（3.56%）和光伏（1.12%）成为我国第一大新能源发电形式。[2]

核电：2009年，在中国的电力结构中，核电仅占1.9%，与全球核电占总发电量17%的比例相去甚远。[3] 中国核能源占国内总能源的比重从2.6%逐渐增加到4.5%，OECD国家核能平均占其总能源的比重从11.3%逐渐下降到9.8%（2015年）；[4]2015年，中国核能源占国内总能源的比重从2.6%逐渐增加到4.5%，但OECD国家核能平均占其总能源的比重均占其国内的10%左右。[5] 按照2020年核电装机容量占全国电力总装机容量5%的目标，预计中国核电建设投资将高达1.3万亿元，相关设备和材料制造商将分享巨大的核电蛋糕，潜力仍然巨大。

---

〔1〕 杜林娜：《2015年全球风电市场展望：2030年风电装机规模能否达到2000吉瓦》，载中国农机工业协会风能设备分会：《风能产业》2015年第3期。

〔2〕 参见《2017年中国风电行业发展现状分析及未来发展趋势预测》，载 www. mei. net. cn/dgdq/201705/729740. html。

〔3〕 仇斐：《中国核电发展关卡》，载《科学新闻》2011年第9期。

〔4〕 See The International Energy Agency, 2011 & 2017 Key World Energy STATISTICS, http://www. iea. org/textbase/nppdf/free/2011/key_world_energy_stats. pdf & http://www. iea. org/textbase/nppdf/free/2017/key_world_energy_stats. pdf.

〔5〕 See The International Energy Agency, 2011 & 2017 Key World Energy STATISTICS, http://www. iea. org/textbase/nppdf/free/2011/key_world_energy_stats. pdf & http://www. iea. org/textbase/nppdf/free/2017/key_world_energy_stats. pdf.

而核电在中国2011年的电源结构中,核电仅占1.9%,与全球核电占总发电量17%的比例相去甚远。[1] 而按照2020年核电装机容量占全国电力总装机容量5%的目标,当时预计中国核电建设投资将高达1.3万亿元,相关设备和材料制造商将分享巨大的核电"蛋糕"。根据目前的发展速度,实现2020年的目标应该不是太大问题。

光伏:目前中国约有900万户、2800万人口由于居住分散且偏远而在10年甚至20年内都不可能用上常规电力,只能依靠光伏发电才能解决用电问题。按照2020年中国能源的构成要求,若一次能源消耗总量为46亿吨标准煤,光伏发电装机需要从目前的14万千瓦增长到2000万千瓦。[2]

页岩气:中国具有丰富的非常规天然气资源,目前中国天然气消费量年均增长率为20%,但天然气生产增长速度仅为12.2%。截至2016年,中国累计探明页岩气地质储量为5441亿立方米,2015年全国页岩气产量45亿立方米;全国页岩气技术可采资源量21.8万亿立方米,其中海相13.0万亿立方米、海陆过渡相5.1万亿立方米、陆相3.7万亿立方米。[3] 为了缓解未来天然气的需求压力,中国推动非常规天然气开发已提上议事日程。这方面的技术开发和技术引进等十分迫切。

现实中,自2010年前后,中国在清洁能源方面的投资热情前所未有地高涨之后,[4]少见其低落下去。国内企业在核电、风电、光伏发电、新能源汽车等领域的技术投资的热情不减。核电尽管经历了日本2011年福岛事件,但不久之后,又进入快速发展轨道,各相关企业之间有竞争但更多的是合作,特别是为了与"一带一路"倡议相适应,核电发展速度惊人;风电领域,在国家规划和加大投入等政策支持下,企业也在积极推动其发展;光伏领域,由于各厂家起步相似,竞争较为激烈;新能源汽车,更是受到青睐,结合政府适当的政策扶持,使其技术研发投入更有吸引力。简言之,清洁能源市场生机勃勃。

核电竞争。除了传统的三大核电企业(国家核电技术公司、中国广核集团有限公司和中国核工业集团公司——中核集团)等专业性集团进行国内核

---

[1] 仇斐:《中国核电发展关卡》,载《科学新闻》2011年第9期。

[2] 《中国的能源状况与政策》,载中国网:http://www.china.com.cn/policy/nengyuan/node_7039582.htm,2017年10月21日最后访问。

[3] 参见国家能源局:《国家能源局关于印发页岩气发展规划(2016-2020年)的通知》,载http://www.gov.cn/xinwen/2016-09/30/content_5114313.htm。

[4] 参见《中国清洁能源市场丰腴 国家层面竞合 企业进与发》,载http://np.chinapower.com.cn/201004/10/0013108.html。

电项目开发外，国内的许多电力企业都以参股的形式涌入核电领域。其中，华电集团与中核集团成立了合资公司共同开发福建核电项目；华能集团大比例参股的海南昌江核电项目在前不久正式开工，并且华能负责开发的山东石岛湾核电站示范工程也即将获得国家核准；除了与中广核集团合作的古林项目外，国电集团还与中核集团签署了战略合作协议，完成了漳州核电可行性研究，并开展了江西、河南、安徽等地选址工作；另外，大唐集团也与中广核合作参股了福建宁德核电站一期工程44%的股份。[1]

分食风电。华锐风电科技有限公司投资23.65亿元建成了我国首座也是亚洲第一座海上风电场，据悉，该风电场总装机容量达10.2万千瓦；神华国华能源投资有限公司投建的国华东台风电场项目2010年上半年正式开工，该项目发电能力达20万千瓦。紧追该项目的市场机遇，上海电气集团投资15亿元以生产2兆瓦陆上风机和3.6MW海上风机的上海电气东台有限公司。2016年3月，第一台3.6MW海上风机从东台发出，上海电气东台有限公司也成为中国风力发电领域中的领军人物。无独有偶，金风科技集团在江苏成仅的大丰海上风电产业基地将形成年产300台MW机组机舱、轮毂的生产能力，同时引进产业链配套供应商，建设关键零配件制造项目。另外，长征电气与中广核中电风力发电有限公司合资开发的30万千瓦国家级海上实验风电场项目已上报国家有关部门等待审批，到时双方将在江苏射阳投资20亿元建立风电机组生产基地。[2]

抢夺光伏。江苏中能集团计划将自己的产能扩展到2000兆瓦。在保定已经形成600兆瓦单晶硅项目产能的天威英利准备再扩产300兆瓦，加上在建的海南100兆瓦产能，天威英利总产能在2010年年底达到1000兆瓦。与此同时，分别在美国纳斯达克和纽交所上市的江苏林洋和江苏天合目前均不约而同地开始向整个产业链延伸的进程。其中，天合公司将斥巨资建设年产500MW光伏产业垂直一体化产品生产基地。另外，中国电力投资公司投资14.99亿元形成的年产能可达1250吨的青海多晶硅项目2010年年底投料试车。[3]

争搭新能源汽车。随着中央对新能源汽车补贴优惠政策的出台，除上汽集团、比亚迪、奇瑞等汽车制造企业纷纷进入电动汽车或者混合动力汽车领域

---

〔1〕 参见《中国清洁能源市场丰腴 国家层面竞合 企业进与发》，载 http://np.chinapower.com.cn/201004/10/0013108.html。

〔2〕 参见《中国清洁能源市场丰腴 国家层面竞合 企业进与发》，载 http://np.chinapower.com.cn/201004/10/0013108.html。

〔3〕 参见《中国清洁能源市场丰腴 国家层面竞合 企业进与发》，载 http://np.chinapower.com.cn/201004/10/0013108.html。

外,作为配套设施的充电站,电网、石油等能源企业也都紧锣密鼓地加快布局的步伐。其中,国家电网计划在全国建设75座充电站和6209个交流充电桩,中海油已与中国普天成立合资公司专门运营电动汽车能源供给网络。[1]

上述各行为中,相关技术的分享与转移是不可避免的,都在有形无形中践行技术转移的相关法律、法规。

二、外商直接投资(FDI)及其技术溢出

外商投资,尤其是跨国公司在全球的研发布局,对于技术转移起到了相当关键的作用。跨国公司不仅在多国或多个地区从事生产经营,而且将其研究与开发活动部分地从母公司所在国转移到其他国家或地区,利用当地的研究开发优势与丰富的人才资源进行不同的研究开发(R & D)活动,展开不同于以往的国际技术转移,实施技术创新全球化战略,从而满足跨国公司在经济全球化背景下继续保持技术垄断优势的需要。[2] 这是跨国公司 R & D 全球化最主要的内容,也是跨国公司国际技术转移新的重要特征。

(一)技术溢出

跨国公司对东道国技术进步的正面影响主要体现在"溢出效应",跨国公司在产品或加工工艺以及营销等方面只有主容的知识,当东道国公司从中获得利益而又不须支付有关费用,而跨国公司又不能完全内部化收益时,便会形成技术溢出效应。技术溢出既是当地企业从跨国公司获取的一种重要收益,也是跨国公司促进东道国经济增长的重要机制。

经济学的模型构建对于"溢出效应"有三种理解。第一种观点认为,FDI是促进经济增长的途径,只不过将技术进步看作现有生产者的产品质量的提高。[3] 第二种观点认为,研发过程的持续性决定了企业必然要经过引入新技术、淘汰旧技术的质量阶梯。企业通过引入能使质量低劣产品退出市场的新生产资料,可以获得垄断利润。生产资料质量的提高意味着技术知识外溢和外在性出现。"外在性"与"知识外溢"能够抵消有形资本的边际收益递减,由

---

〔1〕 参见《中国清洁能源市场丰腴 国家层面竞合 企业进与发》,载 http://np.chinapower.com.cn/201004/10/0013108.html。

〔2〕 吴林海等:《跨国公司对华技术转移论》,经济管理出版社2002年版,第43页。

〔3〕 冯乾、侯合心、李冬玉:《经济转型下的外商直接投资、国内资本与经济增长——基于中国时间序列数据的计量检验与实证分析》,载《企业经济》2012年第4期。

此可能导致一个最佳、最高或最低增长率。[1] 第三种观点认为，把外国投资和颁发技术专利权证囊括进该模型，意味着在平均价格的情况下能够扩大要素禀赋的范围。当技术能力和生产要素价格均高的企业发现，在一个技术能力不高和生产要素价格较低的国家投资建厂或颁发高新技术专利权证有利可图时，国际范围内的知识外溢就会发生。[2]

"溢出效应"分为两类，取决于其传导机制是横向联系还是纵间联系构成。从横向联系来看，跨国公司的存在影响了产业结构、本土企业的行为以及表现，如同一行业内技术信息的传播。从纵间联系来看，外商直接投资带来的技术溢出效应通过跨国公司在东道国的企业与当地供货商和客户间的前后相关联关系表现出来的。[3] 主要是指跨国企业在培育当地优质供货商时，会主动给予技术帮助。

"溢出效应"在合资企业中表现得最为明显。双方在合资过程中共同投资，共同经营，技术转移的意愿较一般企业更为强烈。加上相关技术人员不断的交流与合作，知识的溢出效果非常显著。

通过 FDI 技术益出后最为极端的例子就是在掌握核心技术之后单干。在中欧卫星导航系统合资案中，欧洲国家在 2003 年将中国纳入"伽利略"项目。该项目意欲与美国的全球卫星定位系统展开竞争。当时中国投资了 2 亿多欧元。在中国学到先进技术后，当初的合作就演变成公开竞争。欧洲人在工业界和政界年复一年的扯皮中蹉跎了时光，中国人则建立起了自己的卫星导航网络。"伽利略"卫星导航系统的进展目前落后原计划 10 年，而中国人自己的卫星导航系统在 2012 年就完成了区域组网。[4] 在高铁领域也出现了同样的情况。德国《世界报》网站 6 月 30 日发表文章《多亏了德国人的单纯，"中国圈套"正在收紧》，只言片语显示出对中国高铁等技术快速发展的不安，称中国虽然仍在扩建高铁网络，但正在自行制造列车——利用合资企业从西方和日本的合作伙伴那里获取的技术。[5] 中国企业把列车出口到了巴西和马来西亚，向阿根廷和伊朗出口地铁，为泰国提供机车。就连德国铁路公司也

---

〔1〕 沈坤荣、耿强：《外国直接投资、技术外溢与内生经济增长——中国数据的计量检验与实证分析》，载《中国社会科学》2001 年第 5 期。

〔2〕 Coe, David T and Elhanan Helpman, "International R&D Spillovers", *European Economic Review* 39, 1995.

〔3〕 张耘等：《跨国公司技术转移研究》，开明出版社 2008 年版，第 59 页。

〔4〕 王惜梦：《德媒：中企掌握外国技术打算"单干"西方企业傻眼》，载参考消息网：http://www.cankaoxiaoxi.com/finance/20150702/837346.shtml，2017 年 11 月 2 日最后访问。

〔5〕 王惜梦：《德媒：中企掌握外国技术打算"单干"西方企业傻眼》，载参考消息网：http://www.cankaoxiaoxi.com/finance/20150702/837346.shtml，2017 年 11 月 2 日最后访问。

考虑将来从中国制造商那里购买零配件，以致有些西方学者认为西方企业多年来一直“养虎为患”。

在清洁能源领域，中国企业正处于学习阶段，“技术溢出”多是双方技术转移意愿的结果。例如，2011年12月8日，上海电气集团股份有限公司（以下简称上海电气集团）与西门子（中国）有限公司（以下简称西门子公司）签署《建立中外合资经营企业的合资经营合同》，双方同意合资成立上海电气风能有限公司（主要业务为风电设备销售）与智翔风力发电设备（上海）有限公司（主要业务为风电设备生产与研发）。[1] 上海电气集团与西门子公司占股分别为51%和49%。西门子公司和上海电气集团分别向两家合资公司许可/转让相关的风机技术。[2]

（二）技术转移内部化

对于跨国公司来说，技术是其核心的资源。为了保持公司在生产技术、管理技术和销售技术等方面的垄断优势，强化国际竞争能力，防止技术的扩散与流失，公司多倾向于技术转移内部化。

技术转移内部化有东道国法律环境的因素，但更多的是企业利益最大化的考量。中国的现行专利制度不完善、技术转移的风险以及利润最大化的追求等因素则加剧了技术转移内部化过程。跨国公司为了追求利润的最大化，会采取以技术优势为依托的对外直接投资方式。通过这种方式，在公司内部建立交易市场。首先，能最大限度地保守技术秘密、维护自身的技术垄断地位。其次，可以最大限度地利用、开发潜在的生产能力，形成公司一体化的规模经济利益，独享技术创新中的特殊利润。最后，技术转移的内部化可以避免和消除技术在外部市场交易中的各种风险，还可以根据母公司对子公司的投资，采取区别的定价策略，使技术价格的确定服从公司总体润最大化的要求。此外，以技术优势为基础的外国直接投资方式还有利于减少来自东道国政府的干预，顺利绕开贸易保护的重重壁垒，提高公司的总体获利能力。随着发展中国家对外商直接投资限制的逐步减弱，跨国公司进入东道国市场，技术控制不会减弱，技术转移的内部化趋势会不断加强。

独资经营企业是技术转移内部化最为有效的方式。独资经营的性质是独自负责投资，掌握全部股权，控制所有的生产经营活动，自己独立承担投资风

〔1〕《上海电气集团股份有限公司关于与西门子（中国）有限公司成立风电合资公司的公告》，载网易：http://quotes.money.163.com/f10/ggmx_601727_813423.html，2017年11月2日最后访问。

〔2〕贾常艳：《风电“混血”见证合资企业的生存法则》，载《电器工业》2013年第10期。

险。独资企业的最大优势是企业内部资源共享、利益互惠、交易成本低。跨国公司建立独资企业,主要动机是严格垄断和控制技术,其技术创新与改造主要与母公司发生联系,较少与东道国同行发生横向联系,技术转移主要存在于企业内部,其技术不直接向东道国转移。21 世纪以来,跨国公司在东道国越来越倾向于通过独资的方式在东道国获取市场,就是它们意欲技术转移内部化的结果。长远地看,这是对东道国及全球控制环境污染及应对气候变化不利的做法。

（三）中国清洁能源企业并购及其典型实例

近年来,中国能源企业频频在跨国市场上进行大规模的并购活动。2013 年,中国矿产能源企业海外并购数量为 19 件,其中有 17 件披露了交易金额,金额总计 82.46 亿美元。2014 年 1 ~ 8 月,矿产能源企业进行的海外并购有 11 件,其中有 9 件披露了交易金额,金额总计 36.26 亿美元。[1]

中国能源企业越来越意识到技术这个资本要素的重要性。金融危机之后,欧盟和美国优质技术资产的清洁能源企业资不抵债。跨国并购一时间成为中国清洁能源企业掌握先进技术的最为有效和快捷的方式。民营企业汉能和国有企业中国电建集团的跨国并购,成为业界最为津津乐道的通过并购而掌握先进技术的成功案例。

1. 汉能并购案

在薄膜发电领域,汉能的一系列技术并购已经被证明是一个成功的案例。在太阳能薄膜发电技术中,多晶硅技术一直因为污染严重而备受诟病,因而兼具高转换率和低材料成本的薄膜太阳能电池（CIGS）被视为性价比最高的薄膜太阳能电池而备受推崇。与晶硅太阳能电池比较,薄膜太阳能电池产品更加多元化,在一些不适应用晶硅电池的领域,薄膜电池更能发挥作用,如在建筑屋顶、半透明外墙、遮阳系统等领域。由于柔性特点,薄膜太阳能电池甚至可以用在衣服上面、帐篷上面,而高效率的特点使薄膜太阳能电池可以应用于飞机、飞艇、太阳能电池汽车等领域。

中国在发展 CIGS 薄膜太阳能电池产业上具有得天独厚的有利条件。首先,我国是全球最大的稀有金属铟、镓资源储备和产出国,CIGS 薄膜电池量产所需材料可以 100% 自给;其次,基于 CIGS 在下游终端市场的表现和上游制造环节的技术优势,CIGS 产业化大纲早被国家科技部列为"十二五"光伏规划中,正在编制的"十三五"光伏规划应再次把 CIGS 薄膜电池技术作为我国

---

[1] 《2013 ~2014 年我国能源行业海外并购发展现状及趋势分析》,载 OFweek 节能环保网:http://m.ecep.ofweek.com/2014-10/ART-93010-8420-28889874_2.html,2017 年 11 月 2 日最后访问。

未来发F展重大科技项目。但是,中国国内CIGS产业起步更晚,受生产设备和技术瓶颈的制约,产业发展一直缓慢,而收购则成为获得技术和生产设备及流水线最为方便快捷的方式。若中国企业在收购国外最先进技术及生产线,并将其在中国落地,消化吸收再创新实现国产化,可使我国CIGS产业迅速达到世界前沿,大大缩短商品化时间,这也是我国快速发展的有效途径之一。

2012年3月,汉能控股集团并购了无力偿还债务的德国光伏企业Q-Cells旗下生产薄膜太阳能电池组件的子公司。[1] 这次并购让汉能以低价买到了一系列花费数亿美元风险资本投资研发的专利。在接下来的两年时间里,汉能控股集团先后收购多家公司。其中,2013年1月,汉能集团再次顺利完成了对美国薄膜太阳能组件制造商MiaSole的并购,这次并购花费一年半的时间组织专家筛选了欧美、日本等总共700多家企业后做出的决定,先后将美国Miasole、Global Solar Energy和Alta Devices三家公司收至麾下[2]。四家海外公司中,主攻CIGS的Miasole公司和主攻砷化镓(GaAs)高效柔性薄膜技术的Alta Devices公司代表了当前世界在太阳能领域的顶尖水平。[3] 这几次并购使汉能获得全球转化率最高的铜铟镓硒(CIGS)技术,成为规模、技术上皆领先全球的薄膜太阳能企业,成为汉能试图进行技术嫁接的新跳板。

2. 中国电建收购案

2014年2月7日,中国电建集团收购德国TLT公司项目按照计划成功交割,这标志着TLT公司正式成为中国电建在德国的全资子公司。[4] 中国电建对TLT公司的收购是买品牌、买技术、买标准、买战略性资产,使公司在风机行业拥有领先的创新研发能力、自主知识产权和核心技术。此次成功并购TLT公司使中国电建装备制造一跃成为全球最大的电站风机供应商,大大提升了公司装备技术水平。

3. 合资并购失败的案例

合资并购是企业扩张市场、获得技术的有利途径,但是在这些合资并购过程中,也会遭遇种种困难,致使初始目的落空。

---

[1] 《破解薄膜太阳能的"中国式"困境:自主创新与引进技术并重》,载中国日报网:http://www.chinadaily.com.cn/regional/2015-06/29/content_21129746.htm,2017年10月25日最后访问。

[2] 参见《汉能完成跨国并购》,载www.chinadaily.com.cn/hqgj/jryw/2013-01-17/content_8054452.html。

[3] 《破解薄膜太阳能的"中国式"困境:自主创新与引进技术并重》,载中国日报网:http://www.chinadaily.com.cn/regional/2015-06/29/content_21129746.htm,2017年10月25日最后访问。

[4] 《中国电建收购德国TLT　成全球最大电站风机供应商》,载国资委网:http://www.sasac.gov.cn/n1180/n1226/n2410/n314289/15689281.html,2017年10月25日最后访问。

湘能风电曾是中国风电领域著名的合资企业，由湘电股份和日本原弘产株式会社共同建立。湘电看中了日本投资方的技术优势，而日本投资方看中了中国丰腴的风电市场，双方合资拟形成年产300台风力发电整机。作为日本主要风电机制造商的原弘产拥有1.5MW、2MW、2.5MW直驱风机的先进技术，其研发中心汇集了欧洲一大批顶尖的研发团队。在合资过程中，日方工程师频频前往合资企业进行技术和专业指导。湘电也认为合资方为产品研发、技术支持等做出相当多的贡献。

但是该合资并未持续很久。合作不到两年，由于金融风暴，原弘产开始撤资，历经两年，原弘产让出全部股份，合资终止。

除了金融风暴的影响，由于国家安全相关的考量或者市场信息不充分而合资并购失败的例子更多。以中海油为例，在2002年到2012年之前进行了多次跨国并购，有得有失，见表3－4。

表3－4 中海油跨国并购(2002～2012)

收购时间	项目名称	收购金融（亿美元）	状态
2002年	印度尼西亚五个区块油田	5.85	成功
2002年	印度尼西亚东固天然气	2.75	成功
2003年	澳大利亚(NWS)天然气	3.48	成功
2003年	哈萨克斯坦北里海油田	6.15	失败
2004年	印度尼西亚 Muturi 天然气	0.981	成功
2005年	加拿大 MEG 能源公司	1.5亿加元	成功
2005年	优尼科石油公司	185	失败
2006年	尼日利亚130号海上石油开采许可证	22.68	成功
2010年	阿根廷布里达斯能源控股有限公司	NA	成功
2010年	美国切萨皮克公司鹰滩页岩油气项目	10.8	成功
2011年	加拿大公司 OPTI	21	成功
2012年	切萨皮克公司丹佛—朱尔斯堡盆地及粉河盆地油气项目	5.7	成功

（来源：走出去智库网[1]）

〔1〕《案例分析：中海油收购尼克森》，载 http://www.cggthinktank.com/2014-03-10/100071377.html，2017年11月26日最后访问。

跨国并购失败的因素多种多样，如相关国家出于安全考虑的一些行政程序的阻碍，再如市场变化。而技术型收购一般较容易成功，因为这些技术型的公司一般为中小公司，而市场扩张型的，如出于原材料因素等的并购比较容易遭遇阻碍。

三、政府和社会资本合作模式

政府和社会资本合作（public-private partnership，PPP）是公共基础设施中的一种项目运作模式。[1] 在该模式下，鼓励私营企业、民营资本与政府进行合作，参与公共基础设施的建设。以提供产品和服务为出发点，达成特许权协议，形成"利益共享、风险共担、全程合作"的伙伴合作关系，PPP 的优势在于使合作各方达到比单独行动预期更为有利的结果：政府的财政支出更少，企业的投资风险更低。简言之，PPP 模式意指公共部门与私人部门之间通过合作，

---

〔1〕 在中国，自 2013 年以来，PPP 相关政策密集出台：2014 年 5 月 26 日，财政部成立政府和社会资本合作（PPP）中心（工作领导小组的组长为副部长王保安），主要承担 PPP 工作的政策研究、咨询培训、信息统计和国际交流等职责。2014 年 8 月，十二届全国人大常委会通过了《关于修改〈预算法〉的决定》，强调建立跨年度预算平衡机制。2014 年 9 月 24 日，财政部发文《关于推广运用政府和社会资本合作模式有关问题的通知》，提出拓宽城镇化建设融资渠道，促进政府职能加快转变，完善财政投入及管理方式，尽快形成有利于促进 PPP 发展的制度体系。2014 年 11 月 26 日，国务院发文《关于创新重点领域投融资机制鼓励社会投资的指导意见》，提出实行统一市场准入，创造平等投资机会；创新投资运营机制，扩大社会资本投资途径；优化政府投资使用方向和方式，发挥引导带动作用；创新融资方式，拓宽融资渠道；完善价格形成机制，发挥价格杠杆作用。2014 年 11 月 29 日，财政部发文《关于印发政府和社会资本合作模式操作指南（试行）的通知》，规范项目识别、准备、采购、执行、移交各环节操作流程。2014 年 12 月 2 日，国家发展改革委发文《关于开展政府和社会资本合作的指导意见》，鼓励和引导社会投资，增强公共产品供给能力，促进调结构、补短板、惠民生。国家发展改革委投资司委托中咨公司研究中心起草《政府和社会资本合作项目通用合同指南（2014 版）》，用于规范和引导政府和社会资本合作项目合同编写工作的专业指南。2015 年 3 月 5 日，李克强作政府工作报告，提出要在基础设施等领域积极推广 PPP 模式；财政部年度预算报告，提出要开展 PPP 示范项目建设，释放社会投资潜力。2015 年 3 月 17 日，国家发改委和国家开发银行联合发文《关于推进开发性金融支持政府和社会资本合作有关工作的通知》，灵活运用基金投资、银行贷款、发行债券等各类金融工具，推进建立多元化、可持续的 PPP 项目资金保障机制。2015 年 5 月 8 日，国务院批转发展改革委《关于 2015 年深化经济体制改革重点工作意见的通知》，提出积极推广政府和社会资本合作（PPP）模式，出台基础设施和公用事业特许经营办法，充分激发社会投资活力。2015 年 4 月 21 日，发改委、财政部、住房和城乡建设部、交通运输部、水利部、中国人民银行联合发文《基础设施和公用事业特许经营管理办法》，鼓励和引导社会资本参与基础设施和公用事业建设运营，提高公共服务质量和效率，保护特许经营者合法权益。2017 年 10 月，发改委通知，鼓励各地政府、金融机构、企业等创新合作机制和投融资模式，利用政府 PPP 等方式，加快投资建设天然气储气调峰设施。国家发改委要求各地根据本地天然气用气特点，统筹规划城市储气设施建设，尽快形成不低于保障本地区平均 3 天用气量的储气能力，各主要供气企业抓紧形成不低于合同供气量 10% 的储气能力。

在风险共担、利益共享的基础上,公共部门充分利用私人资源进行基础设施投融资、设计、建设和运营维护全部或部分工作,以更好地为公众提供服务和满足社会公共需求。[1]

这种方式建立的合作模式往往是一种长期合作关系。通常模式是由社会资本承担工程或项目的大部分工作,并通过"使用者付费"及必要的"政府付费"获得合理投资回报;政府部门负责基础设施及公共服务价格和质量监管,以保证公共利益最大化。该模式有利于吸引社会资本,拓宽相关项目的融资渠道,形成多元化、可持续的资金投入机制。PPP 模式通常包含以下三个核心要素:(1)融资要素。由私人部门承担融资责任是区分 PPP 模式和传统方式的重要因素。实践中,私人部门参与投融资能有效减轻政府财政负担,满足社会公共利益需求。(2)项目产权要素。此处项目产权为权利束,不仅指所有权,而且包含经营权和收益权等权利。根据产权经济学,特许私人部门拥有项目所有权或项目经营权和收益权,可以激励私人部门进行管理和技术创新,从而提高 PPP 项目的建设运营效率。同时,特许私人部门运营基础设施有利于促进公共部门机构改革,消除冗员现象。(3)风险分担要素。共同分担风险是 PPP 模式与传统方式的重要区别所在,PPP 模式中公私部门按照各自承担风险能力的大小来分担风险,不仅能够有效地降低各自所承受的风险,还能加强对整个项目的风险控制。

虽然公私合营模式的重点在于基础设施领域,但其客观上也会涉及清洁能源技术的使用和转移,如涉及基础设施建设的材料,如果用那些能够保持恒温的材料,则对节约能源有积极意义;各种水电站或核电站、风能、太阳能设备等也可以通过 PPP 模式来完成。更主要的是,该模式如果能够运用到技术转移方面,则意义深远。国际条约中有关技术转移的规定无法在现实中得到落实的重要原因是私人部门拥有绝大部分的清洁能源技术,他们不愿转让技术,因而条约规定的义务无法履行。在基础设施领域进行的公私合营模式给我们带来启示:如果在清洁能源技术转移领域推行 PPP 模式,加强公私主体之间的利益分配和合作也许是解决技术转移难题的一大尝试。

---

〔1〕 PPP 在不少国家均有实践,但不同国家地区和国际组织对其定性不一。加拿大 PPP 国家委员会指出 PPP 是公共部门和私人部门之间的一种合作关系,主要强调公私部门之间的风险分担和利益共享。美国 PPP 国家委员会认为 PPP 是介于外包和私有化之间并结合了两者特点的一种公共产品提供方式,并从项目生命周期角度强调了私人部门的参与,尤其强调了私人部门的投融资。

第四节 知识产权许可路径

关于知识产权和技术转移的关系历来是有争议的。发展中国家认为,知识产权的保护程度的提高会减少发展中国家对于应对清洁能源技术的可获得性。而发达国家则认为,发展中国家知识产权执行不力,缺乏技术转移机制和吸收能力。

经济学研究知识产权和技术转移的关系的结论颇具启发性。经济学家认为知识产权强保护对于发展中国家而言并非好事,尤其会影响产品进出口。而技术转移,尤其像清洁能源技术这种高新技术,其获得机会既没有减少,也没有增加。而且知识产权许可所产生的租金等则可能攫取了发展中国家的利益。Olena Ivus 认为知识产权和贸易相关。[1] 他将发展中国家分成殖民国家和非殖民国家,通过对于技术敏感企业和非敏感企业进出口数据的研究,发现发展中国家加强知识产权保护对其出口有消极影响,反而使发达国家在技术敏感企业的出口额增加了,而发展中国家得到的只是货物质量上的提高,价格和出口并未见增长。加强知识产权保护,与我们所认知的相反,并未对发展中国家获取高新技术产生限制。一是因为高新技术难以模仿,二是因为发展中国家欠缺所需能力。Mohamed Saadi 将市场导向型技术转移分成三种,分别是自由的技术转移、通过许可的技术转移以及 FDI 中的技术转移。他认为与无技术转移的自由贸易相比,在含有技术转移的自由贸易中,无论技术转移形式如何,发达国家均可获益。在支付大额的准租金或者许可费用时,与技术转移所带来的生产力提高相比,发展中国家的公共福祉减少了。[2] 他认为,来自发达国家知识产权的许可会损害发展中国家技术转移的能力。发展中国家的收入溢出到购买发达国家出口技术上。支付许可费和准租金的溢出,比如许可展期,更进一步损害发展中国家的技术转移能力。因为其已对外国技术进口形成了路径依赖。有学者建议发达国家应当在全球发展援助和赔偿中,形成积极方面的资金支付机制,以鼓励发展中国家更好地利用技术和避免他们落入技术转移路径依赖的陷阱中。[3] Mohamed Saadi 建议出口导向型的

---

〔1〕 Olena Ivus, "Do Stronger Patent Rights Raise High-Tech Exports to the Developing World", *Journal of International Economics* 81, 2010.

〔2〕 Mohamed Saadi, "Technology Transfer, Foreign Direct Investment, Licensing and the Developing Countries' Terms of Trade", *The Journal of Applied Economic Research* 5, 2011.

〔3〕 Mohamed Saadi, "Technology Transfer, Foreign Direct Investment, Licensing and the Developing Countries' Terms of Trade", *The Journal of Applied Economic Research* 5, 2011.

发展中国家应当考虑自身需求，并且应当促进合营企业并限制跨国公司或其他发达国家的分支机构的准租金。

清洁能源技术专利申请的兴起始于1997年《京都议定书》的签署，这强有力地说明，在构建激励应对气候变化技术发展平台的过程中，国家政策决定起着至关重要的作用。自1997年起，经选择的上述清洁能源技术领域的专利率每年以20%的幅度增加，远远超出化石燃料和核能等传统能源的专利增幅。

一、中国清洁能源专利现状

中国清洁能源技术虽然起步晚，但发展迅速。新能源如水力、风力、太阳能、生物质能，以及传统能源高效清洁化如清洁煤、天然气等，呈并存发展的态势。

但是从专利的数量和分布情况来看（见图3-7和图3-8），我国仍然处于追赶发达国家的状态。欧洲专利局、联合国环境规划署（UNEP）以及国际贸易和可持续发展中心（ICTSD）目前就联合展开的"专利和清洁能源—弥合证据和政策之间的差距"项目发布调查报告显示，全球近80%的清洁能源技术创新源于日本、美国、德国、韩国、法国和英国6国。[1] 在这6个经济与合作组织成员国中，清洁能源技术专利申请最多的国家依次是日本、美国和德国。韩国以太阳能光伏技术专利申请为主。同时，印度和中国在太阳能光伏技术领域的专利申请亦较为活跃。在水/海洋能技术专利申请方面，巴西和墨西哥则分别位列前两名。

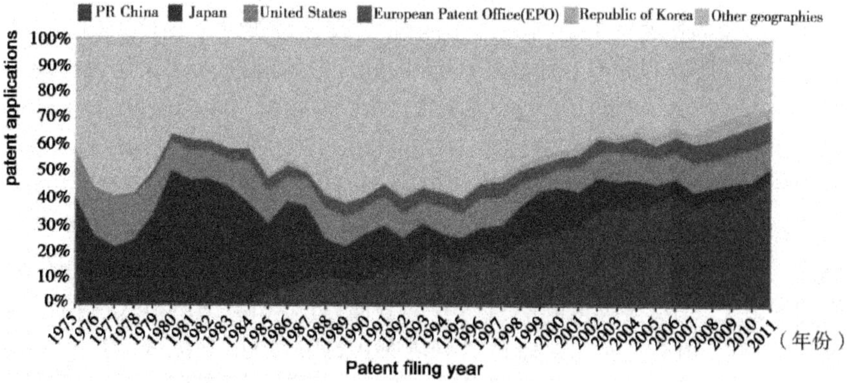

图3-7　全球专利申请情况

（数据来源：UNEP2014年报告[2]）

---

[1] 任晓玲：《全球清洁能源技术专利分布和许可状况——欧专局等公布"专利和清洁能源"项目调查报告》，载《中国发明与专利》2011年第1期。

[2] UNEP，"Technology Transfer and Innovation"，https://www.wto.org/english/tratop_e/devel_e/RD_DEV_UNEP.pdf，November 11，2017.

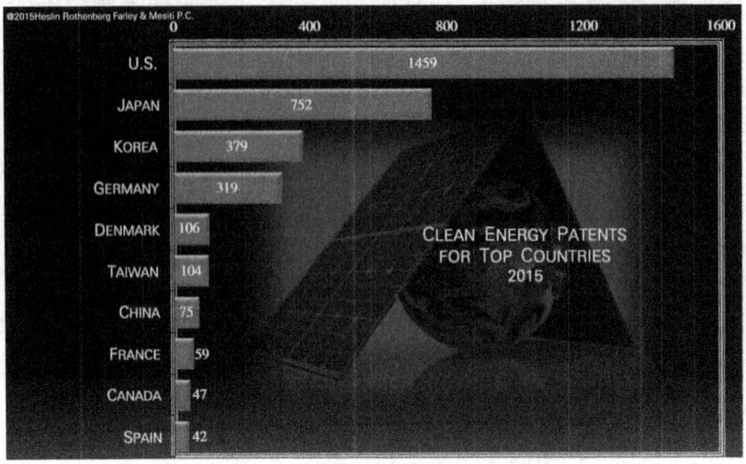

图 3-8 全球清洁能源专利申请情况

（数据来源：CEPGI 2016 年报告[1]）

（一）太阳能专利（全球分布情况见图 3-9）

中国太阳能专利近年来呈现快速增长的态势。多晶硅、太阳能薄膜等都是专利申请的热门项。但就太阳能在中国的专利分布而言，仅仅占到1%，这种专利概况事实上是与我国太阳能资源大国地位不符的。

在太阳能的相关技术专利上，中国企业处在比较被动的地位。(1)在硅材料生产技术领域专利方面，中国作为最大的光伏产品制造地，申请量也出现了快速增长的趋势。但是在申请量上，德国和日本企业占据了主导地位，而中国企业仅有江苏中能硅业和江西赛维 LDK 进入前 11。(2)纳米技术领域专利方面，纳米技术是高校太阳能存储电池的未来发展方向之一。申请量排名前三的是美国 NANOSYS、韩国三星和日本三菱。在国内专利申请量上，中国清华大学等科研机构以及企业表现十分活跃，但是在境外申请量中则几乎没有中国企业或科研机构的影子。(3)薄膜太阳能技术专利方面，日本和美国申请人占据了多数席位，但是中国相关企业和科研机构表现突出，如昆山正富机械、清华大学等。(4)光伏电网以及发电系统管理技术专利方面，全球专利申请量均较少且平均，中国专利呈上升状态，但是同样的，中国企业境外布局少之又少。[2]

[1] Cleantech Group, "CEPGI", http://cepgi.typepad.com/files/h0731144-1.pdf, November 11, 2017.

[2] UNEP, "Technology Transfer and Innovation", https://www.wto.org/english/tratop_e/devel_e/RD_DEV_UNEP.pdf, November 11, 2017.

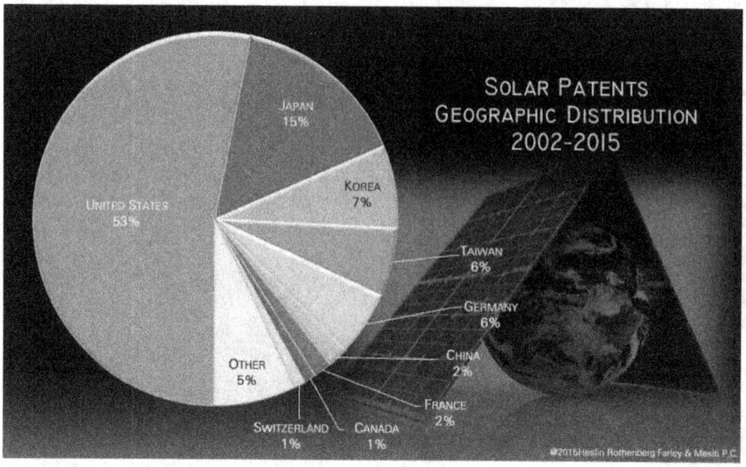

图 3-9　太阳能专利全球地貌

（数据来源：CEPGI 2016 年报告[1]）

简言之，关于太阳能方面的专利，在制造技术以及未来技术方面，中国企业和科研单位具有一定的知识产权储备，但是在核心技术如操作系统、电池控件方面仍然有欠缺。

（二）风能专利（全球分布情况见图 3-10）

中国风能起步于 1986 年马兰风力发电场，晚于许多国家。我国风电领域走过了三个阶段。

第一阶段，合资阶段。在这一阶段，中国企业想要通过合资的方式获取先进技术，但是这些合资企业均遇到了不同程度的困难，而外国合资方始终未向中国合作方转移核心技术。

第二阶段，购买技术阶段。在这一阶段，中国企业开始购买外国设计公司的设计图纸，再从图纸到设计到量产。这个阶段中，中国企业遇到了技术本土适应性以及技术时效性的问题，但是在这个过程中，中国企业培养了自己的研发团队。

第三个阶段，联合研发阶段。在这一阶段中，中国的风力发电市场进入稳定增长阶段。有实力的中国公司经过引进、消化、吸收，具备了一定的创新能力，开始与外国风电巨头进行联合开发，或者直接收购外国技术公司进行研发。

---

〔1〕 Cleantech Group，"CEPGI"，http://cepgi. typepad. com/files/h0731144 - 1. pdf，November 11，2017.

中国风电的专利数量在逐年上升，但是与美国、欧洲和日本等国还是有很大的差距。

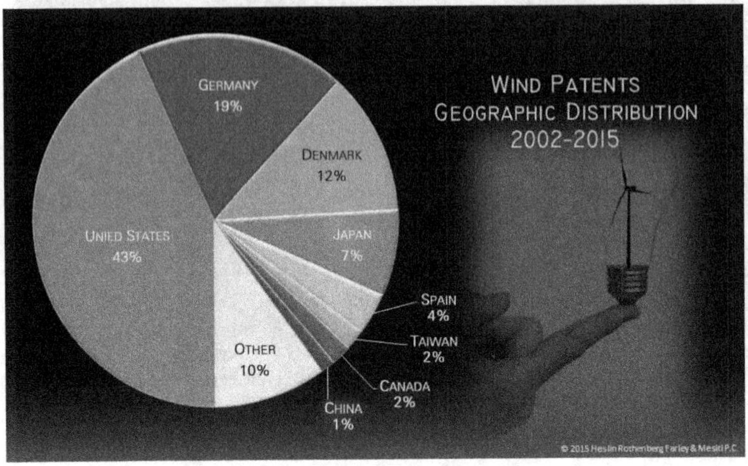

图3－10 风能专利的全球地貌

（数据来源：CEPGI 2016 年报告[1]）

从风能的关键专利看来，我国风电企业对于各项关键技术几乎无知识产权积累。学者王树平分析了 12 项风能的关键技术。（1）在风力涡轮机专利申请量中，中国、美国、欧洲专利局的数据显示前三名几乎被通用电气、维斯塔斯、西门子等占领。中国国内公司在专利方面不占优势，但是在实用新型方面超过国外公司。（2）在叶片或转子专利中，不管是中国还是美国、欧洲以及 PCT 专利申请排名前 10 的申请人中均未发现中国企业的名字。[2]（3）在部件和齿轮箱专利中，大多数发明专利由国外公司在华进行专利申请，而国内企业贡献了更多的实用新型专利。[3]（4）在涡轮控制技术专利中，中国、美国、欧洲等国家专利申请前 10 名仍然未出现中国企业名字。在中国专利数据中，虽然国内申请人专利申请量逐年递增，但每年国外申请人拥有绝对的优势地位。（5）在发电机或配置专利方面，美国通用电气公司拥有领先的技术和知识产权优势。中国深圳航天科技研究创新院有所建树，申请了中国和 PCT 专利。（6）在发动机舱专利，外国企业掌握了几乎所有专利和实用新型，中国企

〔1〕 Cleantech Group, "CEPGI", http://cepgi. typepad. com/files/h0731144 － 1. pdf, November 11, 2017.

〔2〕 王树平等：《知识产权与气候变化》，社会科学文献出版社 2014 年版，第 82 页。

〔3〕 王树平等：《知识产权与气候变化》，社会科学文献出版社 2014 年版，第 84 页。

业缺乏此领域的知识产权积累。(7)在离岸风力机组塔专利中,各国家地区的专利申请量都比较小且平均,维斯塔斯最高有16个,前10名中仍然未见中国企业。(8)陆地风力机组塔专利,五大知识产权局的数量都显示该领域专利数量持续上升,但是中国企业仍然处于10名开外的地位。(9)风力涡轮机,从数据看来,中国上海大学、海洋大学,以及青海风发科技等企业取得了一些研发成果和知识产权,中国申请人发明专利有了明显快速的增长。(10)在能量转换电气电子相关技术专利中,全球申请量都比较少且平均,但是中国申请人,如哈尔滨九洲电气以及天津大学、浙江大学在此领域小有建树。(11)电网连接应用技术领域,在中国专利申请数据中,中国企业和研究机构有一定成就,但是在境外的专利申请中未见中国企业。(12)电源管理技术,全球专利申请量少,但是中国国内专利申请量有了较快的增长。

二、清洁能源技术许可

中国企业通过许可协议购买境外成熟的清洁能源技术,在国内进行量产,并逐步淘汰落后技术的方式越来越普遍。

以风能为例,中国风能技术的发展主要是采用技术许可的方式。例如,中国风电领头企业金风科技的750KW发电机组、华锐东风的1500KW发电机组都是在国内成功生产并量产化的。[1]

购买技术许可的一般方式是中方向外方支付技术转让费后获得整机制造技术及关键部件的技术,得到生产能力,外方另在中方生产一定批量后从每台产品中得到提成。外方通常是中小技术公司,有设计能力但是无量化生产能力。仅2009年,中国企业向欧洲和美国支付的专利许可、生产许可、技术咨询等费用就达到4.5亿元。[2]

许可费用非常高昂。1997年,一家中国的风电企业向德国衣角小型的风电制造机公司购买了600KW风电发电机组生产许可证。根据协议,中方每生产一台,需要支付5000欧元的提成费用。而技术转让的内容仅包括部件技术要求和风机组装,还不包括风机设计。这些高昂的许可费相当于销售额的5%,甚至比一个公司一年的研发投入还要高。[3]

通过这种模式,技术供方可以快速收回资金,并且避免投资中产生的种种

---

〔1〕 李俊峰等:《中国风电发展报告》,海南出版社2010年版。

〔2〕 李俊峰等:《中国风电发展报告》,海南出版社2010年版。

〔3〕 王树平等:《知识产权与气候变化》,社会科学文献出版社2014年版,第130页。

问题。另外，技术受方可以获得技术，在较短的时间将产品推向市场，并且在消化吸收技术的同时，形成自主创新的能力。但是，高昂的许可费以及拒绝许可的风险依然是横亘在中国企业技术进步过程中的一道难题。

第五节　我国清洁能源技术国际合作

中国清洁能源技术转移的步伐经由政府间合作推进加速了不少。中美两个温室气体排放量最大的国家终于达成协议，相互合作开发清洁能源，推进实现减排承诺。而"一带一路"目标的提出，加强了中国与东盟十国睦邻之间的互联互通，电力成为基础设施必备项目，中国向东盟输出大量的小水电等适合东亚国家发展的清洁能源技术。此外，在应对气候变化方面，中国作为一个负责任的大国，为发展中国家发展清洁能源做出了独特的贡献，展现了中国力量。

一、中国与美国清洁能源技术合作

（一）双方清洁能源技术互补，市场巨大

中国和美国在清洁能源领域的合作被誉为"互惠合作"的典范。双方合作既是为承担共同应对气候变化、促进节能减排的大国责任，更大一部分则是清洁能源市场驱动，除此以外，清洁能源对于能源结构的变革以及缓解能源安全问题也具有不可估量的作用。

首先，根据2013年《BP能源年鉴》，中国和美国已经成为温室气体排放量最大的两个国家，分别占全球的27%和16%。中国和美国温室气体排放数量之巨，致使其他国家，尤其是小岛国家感受到深深的危机。应当说，石化能源的消费危机和抑制全球气候变暖并不是任何一个国家的单方面努力所能应对，但作为全球能源生产和消费大国且碳排放量占全球温室气体排放总量40%的中美两国所承担的责任却不言而喻。作为排放量最大的中国以及人均排放量最大的美国采取行动实行减排刻不容缓，在能源领域尤其如此。根据国际能源署预测，在全球二氧化碳排放中，能源行业占84%，如果按照当前的模式发展而不采取新的措施，2030年全球能源行业相关的二氧化碳排放量将增加400亿吨，这将远远背离全球温室气体减排的目标。对此，全球能源行业需要采取许多非常规手段，比如在2030年前大规模关停火电项目，减少油气使用，提高清洁能源在能源消费中的比重。中美清洁能源的合作凸显出了全球性意义，就这个意义上而言，中美两国共同推进清洁能源的研究与开发具有十分相近的战略利益，而这无疑是双方寻求合作的最宽泛基础。

其次,应对气候变化产生了“创造性需求”,市场主体的活力迸发,中美双发在清洁能源合作方面的需求互补是促成中美合作最主要的原因。对于美国而言,清洁能源的设备以及相关技术构造是美国新的经济增长点。美国经济80%依赖于金融服务业,这种依赖于虚拟经济的严重后果已经被历次的经济危机所证实。制造业的重要地位在美国逐渐加强。奥巴马提出的“绿色经济”正好契合美国发展趋势。此外,向中国出口清洁能源的设备和技术,无疑可以使该新的经济增长点获得外部催生的引擎,加速美国本土清洁能源设备制造业和技术的发展。不可忽视的一点是,出口的发展所带来的就业的增长也正是美国政府大力推动中美合作的重要因素之一。奥巴马的“绿色能源计划”承诺在未来10年内通过绿色技术创造数500万个工作岗位,这为中美之间签署绿色技术转让协议提供了可能性。对于中国而言,中国经济下行压力增大、环境污染严重、产业结构升级紧迫、发展创新匮乏,但绿色产业市场巨大。无论是工业减排,还是建筑节能,无论是清洁能源开发利用,还是生态环境的修复和保护,都蕴藏着巨大商机。另外,清洁能源合作可以使中国最大限度地规避绿色贸易保护主义。美国欧盟等计划对包括中国在内的不实施碳减排限额国家的进口产品征收碳关税。在这种趋势下,中国企业与美国企业在清洁能源方面的合作,不仅可以有效地利用对方的技术之长,加强自己的碳减排能力,而且可以提高自身产品的技术标准和竞争能力,从而规避新的市场风险。

再次,两国的经济发展都严重依赖煤炭、天然气、石油等化石能源,这些能源资源通常需要跨国贸易运输,这严重威胁到两国各自的能源安全。人类对能源的利用方式的变革会带动全球工业革命,随着清洁能源和环保技术的迅猛发展,成本大幅下降,全球能源体系正在加速向低碳体系演进,国家将越来越多地依靠自有的太阳能、风能、水能、生物能、海洋能、核能等提供能源供给,分布式、智能电网等技术在互联互催化下,全面地变革能源利用形式,减少各国的能源安全问题。中美的合作使全球先进的技术与最大应用市场结合起来,这必然带动两国能源体系向低碳化的成功转型。

最后,中国和美国清洁能源技术合作也有着长久的机制优势。中美两国自1979年签署了《中美科技合作协定》这个首批政府间协定之后,中美关系虽历经风风雨雨,但两国科技合作从未间断,发挥着破冰船、稳定器、助推器的作用。根据《中美科技合作协定》,中美两国定期举行多部门参加的科技合作联委会,目前已轮流举行了15次会议,成为统筹中美科技交流与合作的常态机制。目前,两国相关部门在科技协定框架下,已签署了近50个合作议定书和谅解备忘录,涵盖多个领域,形成了“宽领域、多层次、广伙伴、有重点、高水平”的良好格局。根植于科学家内心深处的合作理念一直释放着正能量，科技合作已成为中美政治互信、经贸合作及人文交流三大支柱的重要支撑力量。

（二）中美清洁能源技术转移机制

近年来，中美在清洁能源方面的合作堪称典范，其在资金机制、技术转移以及知识产权方面的创新机制安排，为发达国家和发展中国家的合作树立了榜样。

中美清洁能源合作从共识到机制，从理论到实践，一步一步，脚踏实地。2008年中美签署了《中美能源环境十年合作框架》，并根据该框架签署《中美能源环境十年合作框架下的绿色合作伙伴计划框架》，致力于建立绿色合作伙伴计划，并以政策创新、宣传教育、符合适当条件的技术转让、信息发布，以及其他与《十年合作框架文件》原则和宗旨相符的目标为宗旨。鼓励中美两国各级地方政府之间，企业之间，学术、研究、管理、培训机构之间，以及其他机构之间自愿结成绿色合作伙伴关系，依托有特色、创新型的具体项目开展技术合作、经验交流及能力建设等形式的合作活动，包括对能源环境领域的创新政策和做法的试点示范，以及创新技术的开发、试验及推广；并致力于推进能源安全及经济和环境的可持续发展，鼓励各级政府评估并创造有利的政策环境，为行业和个人参与能效提高、新能源和可再生能源开发、清洁交通系统发展、森林和湿地生态系统的保护及其功能服务价值的发挥，以及提升促进可持续发展的能力等方面提供激励机制。这两个文件已经表明了中美双方合作的强烈意愿，并为清洁能源技术合作制订了一系列目标和计划。

2009年7月，中美两国成立了“清洁能源联合研究中心”（CERC），这是双方进行联合开发和技术合作的第一次在资金和知识产权上进行实质性安排的机制。双方投入了启动资金1500万美元，并且约定中美清洁能源联合研究中心在未来5年里将获得1.5亿美元的资金支持。其主要目标是促进两国清洁能源技术的研究、开发和商业化。CERC第一个5年合作期（2011～2015年）期间，中美两国在清洁煤、清洁汽车和建筑节能三个领域取得了诸多产学研合作成果。2014年11月，中国国家主席习近平和美国总统奥巴马共同宣布支持CERC二期合作，同意在2016年到2020年通过政府和企业合作方式共同投入至少2亿美元继续支持中心发展，并增加了“能源与水”作为新的合作领域。

围绕清洁能源合作的中美政府间协议也陆续出台。在过去几年双方已经陆续签署的《中美清洁能源和气候变化合作谅解备忘录》、《中美清洁能源联合研究中心合作议定书》、《中美关于在页岩气领域开展合作的谅解备忘录》、

《关于中美能源合作项目的谅解备忘录》及《促进建设中美能源合作项目谅解备忘录》等8项协议的基础上，第二轮中美战略与经济对话又签署了《中美关于绿色合作伙伴计划框架实施谅解备忘录》、《中美页岩气资源工作组工作计划》与《中美关于进一步加强西屋AP1000核反应堆核安全合作备忘录》。中美气候变化方面联合声明，如《中美气候变化联合声明》和《中美元首气候联合变化声明》，也不断提及技术在应对气候变化的重要性以及重申加强技术合作。[1]

中美关于清洁能源合作的政策框架日渐清晰和成熟。下文将详细分析中美清洁能源合作的机构、资金机制和知识产权分配，并提供技术转移的相关实例。

1. 中美清洁能源合作机构

如果说之前中美技术合作还只是停留于两国政府部分之间的零星的会议交流，相关的合作也呈现碎片化的趋势，那么，清洁能源技术方面的合作则是有目标、有体系的全面深入合作。中国与美国关于清洁能源合作多种多样，合作机构从科技部到能源局，不一而足。此处机构主要是指中美的专属清洁能源合作机构，主要有"中美清洁能源研究中心"以及"中美气候变化工作组"。

中美清洁能源联合研究中心（CERC）是一个联合研发机构，是根据2009年《关于中美清洁能源联合研究中心合作议定书》所建立的。该机构旨在促进中美两国的科学家和工程师在清洁能源技术领域开展联合研究。联合研究中心首批优先领域包括节能建筑、清洁煤、清洁能源汽车等。

"中美气候变化工作组"机制于2013年建立，是一个倡议机关，旨在实现政策对话和促进合作。工作组自成立以来，已经确定了覆盖主要经济部门的8个合作领域。2013年首批5个合作领域包括载重汽车和其他汽车减排、智能电网、碳捕集、利用和封存、建筑和工业能效、温室气体数据收集和管理。2014年新增了三个合作领域即气候变化和林业、气候智慧型和低碳城市、工业锅炉效率和燃料转换。另外，工作组还就落实两国元首于2013年达成的关于逐步削减氢氟碳化物（HFCs）生产和消费的共识，以及针对2020年前和2020年后应对气候变化行动的强化政策对话。

2. 资金机制

中美清洁能源技术合作的资金机制独具一格，令人瞩目。总体而言，这种资金机制又可以分为两类：第一类为援助性质，由美国政府无偿主动为中国相

---

[1] 张锐：《洁能源合作：中美互惠式大餐》，载《生态经济》2011年第9期。

关项目提供资金支持,以中美能源合作项目(ECP)及其相关备忘录为代表;第二类为开放性资金机制,在项目中,不限于政府拨付资金,亦可吸收民间资金,并且中美各方在技术开发时仅仅资助本国研发。该种资金机制以中美清洁能源研究中心(CERC)为代表。

(1)中美能源合作项目(ECP)及其相关备忘录资金机制

2009 年,中国商务部与美国贸易及发展署在第 20 届中美商贸联委会会议期间签署的《关于支持建设中美能源合作项目(ECP)的谅解备忘录》。其宗旨是利用私营部门资源促进中国清洁能源项目的发展,提高在能够帮助中国发展其能源产业的技术、产品标准、监管程序和服务等方面的意识。

ECP 资金机制可以概括为"依托市场机制的发达国家资助",即中美双方国有以及私营企业进行相关技术的合作开发或商业化利用,美国发展贸易署将提供资金支持该项目。比如,美国贸易发展署希望为清洁高效能源最佳实践的可行性研究、咨询、考察、研讨会和相关的项目开发工作提供资金支持。

(2)中美清洁能源研究中心(CERC)资金机制

CERC 的资金机制可以概括为"各自资助,联合开发"模式,即双方共同出资,而各方资金用于各方企业或高校的研发,或者联合资助双方企业或者高校组成联合研发项目组。各方的资金既可以由各方政府拨款,也可以吸收民间资本,并且这种民间资本是投资性质的。具体而言,CERC 项下活动的资金将由双方承担,帮助确保有长期且稳定的资金支持。企业界和学术界亦可为其参与的合作项目提供资金。在合作活动中,中国科技部和国家能源局的资金只支持中方参与者的研究,美国能源部的资金只支持美方参与者的研究,双方就具体项目另达成共识的除外。

总结上述两种资金机制,有以下特点:第一,这种资助是单方面主动的资助,中国政府并不需要对美方企业进行对等或者互惠的资助;第二,其自主的对象主要是针对项目,而非对于政府的直接资助;第三,这种资助也可以吸收其他资金,如企业等资金,不限于政府拨款。

3. 知识产权

CERC 在中美科技合作知识产权机制方面进行了有益的探索和尝试,双方专门设立了知识产权工作组,事前商定合作中的知识产权安排,有效地避免了知识产权纠纷。

知识产权分配原则是"谁研发谁享有",例如,各方应当向对方提供项目产生的第一手技术信息,包括项目相关或所需的信息和一方拥有或可以获得且其有权公开的信息。

在合作中项目中，双方可以联合发表论文、共享数据库、联合测试、示范工程和共同制定标准。对于在合作中直接产生的科技刊物论文、报告和书籍，各方在所有国家享有非独占的、不可撤销的、免交使用费的翻译权、复制权和公开发行权。合作活动下一方雇用或资助人员创造的任何知识产权将由该方所拥有。合作活动下双方雇用或资助人员创造的知识产权将由双方共有。各方将有权在其领土内使用或许可他人使用合作活动中创造的知识产权。

参与 CERC 项目的研发机构和人员的知识产权权利直接归属于机构或者个人，不再归属于国家。根据我国《促进科技成果转化法》，国家设立的研究开发机构、高校对其持有的科技成果，可以自主决定转让、许可或者作价投资；转化科技成果获得的收入在对完成、转化职务科技成果做出重要贡献的人员给予奖励和报酬后全部留归本单位。

（三）中美清洁能源技术转移实例

“政府搭台、企业唱戏”成为中美两国清洁能源合作的壮观场景。2011 年 4 月，美国贸易发展署正式启动了中美合作伙伴开发清洁能源的 150 万美元的捐助计划，而且第一个数额为 83.2 万美元的捐助款已经打到中国电力工程集团公司的账号，用于该公司与美国 GE 能源公司合作开发设计 80 万千瓦整体煤气化联合循环电厂项目。在奥巴马访华时，GE 能源公司已经与神华集团签署了合作意向书，明确双方将共同推进整体气化联合循环技术的商业化应用。[1]

CERC 的孵化对于促进清洁能源技术向中国转移功不可没。美国位于北卡罗来纳州的环保产业公司“阿米那”，开发了一种新型煤粉分离器的专利，能阻止较大煤粉颗粒进入锅炉，从而使氮氧化物排放量减少 15%。通过中美建立的清洁能源联合研究中心（CERC），“阿米那”公司参加了该中心的联合研发项目，位于中国安徽省的凤台发电厂安装了阿米那公司所研发的新型分离器，这有效地减少了污染排放，该节能环保产品在中国也打开了市场。[2]

二、中国与东盟清洁能源技术转移

统计数据显示，过去 10 年，东盟的 GDP 增速始终维持在 5% 以上，为灰暗的全球经济涂上了一抹亮色。持续强势的经济增长释放出巨大的能源需求，与之相对应的却是失衡的供应。据东盟能源中心主任 Sanjayan Velautham

---

〔1〕 张锐：《中国清洁能源市场的竞争与合作》，载《中国证券期货》2010 年第 12 期。

〔2〕 唐新华：《中美清洁能源与环保合作驱动全球可持续发展》，载北京周报网：http://www.beijingreview.com.cn/keji/201509/t20150909_800037672.htm，2017 年 12 月 3 日最后访问。

介绍,东盟十国总人口超过6亿,但其中56%位于农村,整个东盟区域内的电力普及率仅为78.8%,这意味着超过1/5的人口迄今无电可用。

东盟拥有独特且丰富的清洁能源资源优势且市场潜力巨大。水电水利规划设计总院院长郑声安指出,东盟待开发水电资源超过2.4亿千瓦,此外还拥有非常丰富的太阳能、风能和生物质能蕴藏量,但目前区域内可再生能源仅占一次能源消费总量的9%,未来开发潜力巨大。[1] 中国电力建设集团公司总经理助理、水电水利规划设计总院党委书记彭程在接受《中国能源报》记者采访时指出:"在东亚地区,可开发的水电规模约5亿千瓦,如按1:1的配比,至少可以再开发太阳能、风能各5亿千瓦。如此得天独厚的可再生能源开发条件,全世界没有其他地方可比拟。"

东盟对于清洁能源技术的渴求也十分热切。吉隆坡举行的第33届东盟能源部长会议通过的"2016~2025年东盟能源行动计划",提出到2025年将可再生能源消费比例提升至23%的目标。同时,各国成员国也雄心勃勃地提出了自己的计划。印度尼西亚希望2025年把可再生能源在国家能源结构中的比重从2011年的4.79%提升到25%;菲律宾希望到2030年可再生能源可以满足该国电力需求的一半;马来西亚的目标是到2020年可再生能源占国家能源结构的份额达到11%;越南计划到2020年新能源和可再生能源的比重提高到约5%,到2050年达到约11%。[2]

考虑到东盟区域内清洁能源资源丰富且可再生能源成本持续下降的现实,加之东南亚海岛区域多,东盟各国更加适宜发展微电网。东盟相关的分散式发电的清洁能源发电技术以及远程电力输送技术则相当匮乏,技术人才的培育更是清洁能源技术转移的"瓶颈"。

中国是东盟理想的合作伙伴,中国和东盟地缘相近,血缘相亲。事实上,在2015年"第二届东亚峰会清洁能源论坛"已经在商讨建设探索"绿色能源网络"(GEN)的倡议。该倡议落地可能性非常大,主要基于两点,第一,中国在长距离、大容量输电方面的成功经验,如"西电东送",证明了中国和东盟加强能源联系乃至电网互联具备技术可行性;第二,双方在能源供需方面的强互补关系,中国与东盟强化能源联系也具备经济上双赢的潜力。除此之外,双方签署了《中国—东盟自由贸易区协定》,得益于自贸区的建设,目前中国与东

---

[1] 《东亚峰会清洁能源论坛:倡建东亚"绿色能源网"》,载《中国能源报》2015年11月23日,第1版。

[2] 俞懿春:《东盟"绿色"能源开发面临"褐色"关卡》,载《人民日报》2015年8月14日,第22版。

盟93%的产品关税为零，产品出口成本优势明显。

（一）中国与东盟清洁能源转移概述

2012年11月28日，中国和越南合作的首个水电投资项目——小中河水电站首台机组并网发电。2012年12月21日，老挝国家电力公司与云南电网公司就230千伏老挝北部电网建设项目合同内容签订协议。2012年11月12日，中国—东盟新能源与可再生能源新技术交流与对接活动在昆明举行，中泰两国企业就太阳能合作达成一致，并就双方在泰国建立太阳能示范基地签约。2013年的首届中国—东盟技术转移与创新合作大会上，中国与东盟的20个合作项目举行了签约仪式，签订新能源类项目两个，投资额近30亿元。

技术转移合作项目不断落地生根，标志着中国与东盟之间清洁能源技术转移的不断深化和发展。近年来，中国—东盟技术转让中心的成立，中国与东盟技术合作的深入，双方在清洁能源技术转移方面逐步走向规模化。下文将概述近年来中国与东盟技术转移的情况。

对外工程承包方面，双边合作以火电和水电总承包为主。除此之外，工程承包还涉及电网领域，近年来，南瑞集团与泰国城市电力公司、泰国曼谷电力公司、菲律宾MIESCOR公司合作，承接了多个变电站综合自动化改造和输变电线路改造项目。

电力贸易方面，中国与周边国家及地区形成了电力联网和交易，建立了电力贸易协调机制。据商务部网站消息，截至2012年9月底，中国云南对越送电累计电量约218.4亿度；截至2013年8月25日，对老送电累计电量达4.12亿度，缓解了越南和老挝北部地区缺电状况。此外，自2008年12月至2013年4月25日，云南电网从缅甸瑞丽江电站累计购电74.13亿度。

技术设备方面，东盟各国一直是中国企业技术设备输出最重要的市场。例如，近年来，南瑞集团为柬埔寨、老挝、越南、缅甸、印度等几十个水电站提供了设备和服务。

（二）中国与东盟清洁能源转移具体实践

1. 研发合作方面

2014年以来，在CATTC的大力推动下，广西科学院应用物理研究所与越南芽庄大学在太阳能发电、LED、智慧照明、并网发电等技术研发方面达成合作意向，并于2014年5月26日在南宁正式签署合作协议。[1]

[1] 《CATTC促成广西科学院与越南芽庄大学太阳能领域合作》，载中国东盟技术转移中心网：http://www.cattc.org.cn/casedetail.aspx/1449，2017年11月24日最后访问。

根据合作协议，今后双方将在LED光伏智慧照明技术、太阳能光伏独立发电及并网发电技术、太阳能建筑模块自动控制技术等方面合作开展技术研究和新产品推广等工作。双方希望进一步扩大交流合作的领域，不断建立互惠、互利、长期稳定的合作关系。此次双方合作的成功，得益于2014年4月CATTC在越南胡志明市组织举办的中越太阳能技术对接会，给中越企业、机构创造了面对面洽谈合作的机会。广西科学院应用物理研究所与越南芽庄大学正是在对接会上进行初步洽谈并达成合作意向。对接会后，CATTC继续为双方提供技术对接后续服务，帮助双方正式签订合作协议。广西科学院应用物理研究所与越南芽庄大学的成功合作，是中国—东盟技术转移中心通过开展面向东盟国家的国际技术转移工作形成的又一典型案例。

2. 投资方面

2009年，中国国家电网公司获得菲律宾国家电网公司40%的股权，并开始25年的特许经营。这对提高当地电网输电水平和菲律宾电网的稳定运行起到了关键的作用。

菲律宾是多台风国家。2013年8月18日至21日，菲律宾吕宋岛遭受强热带风暴“马林”(MARING)袭击，国网国际发展有限公司所属菲律宾国家电网公司及时启动应急预案，各级应急指挥中心24小时值班。另外，国电南瑞SCADA/EMS电网调度自动化系统及时发现了位于灾情严重地区的电网薄弱环节，并提供了分析工具和控制手段。本次洪灾中，菲律宾国家电网线路无一跳闸。

运营菲律宾国家电网后，中方积极采用国际先进标准和最佳实践，提高了电网抗灾能力和应急协调指挥效率。在过去，台风后菲律宾电力供应很久才能恢复。中国国家电网控股后，把中国的先进管理办法和技术应用到菲律宾国家电网，彻底改变了原来的面貌。

3. 技术培训

2012年7月，中国—东盟教育培训中心于昆明举办首期培训班。本次培训班为充分体现培训班的国际化水平，有针对性地培训东盟国家在可再生能源领域的技术人才，邀请了泰国和中国上海、成都、昆明从事可再生能源的知名专家、教授进行授课。培训班以课堂授课、现场考察及实地操作相结合的方式进行。

三、清洁能源技术转移的中国力量

（一）开展清洁能源技术培训

中国多年来重视新能源发展，在利用太阳能、风能等方面积累了丰富的经验，掌握了许多适合发展中国家的新能源技术。近年来，许多发展中国家，特别是非洲国家，纷纷派学员到中国学习新能源技术。

甘肃自然能源研究所和联合国工业发展组织国际太阳能技术促进转让中心往往是发展中国家的首选。作为中国最早成立的太阳能研究机构之一，甘肃自然能源研究所已从事太阳能研究开发、推广应用、开展国际合作和培训30余年。2005年12月，联合国工业发展组织代表和中国政府代表在维也纳正式签字，同意在甘肃自然能源研究所基础上建立“联合国工业发展组织国际太阳能技术促进转让中心”，以促进发展中国家在太阳能利用方面的国际合作和技术交流。该中心已经为五大洲120多个国家培训了1500多名技术人员和政府官员，其中7成学员来自非洲国家。甘肃自然能源研究所名誉所长、联合国工业发展组织国际太阳能技术促进转让中心主任喜文华说：“2015年我们举办了7个培训班，其中两个专门是为非洲的吉布提和肯尼亚举办的。另外几个培训班中也有非洲国家的学员。中国愿将新能源方面的技术、经验与发展中国家共享，并开展互利合作。”

“中国在推动清洁能源利用方面的努力影响了许多国家。”一位赞比亚学员如此评价。“非常感谢中国授课专家，他们提供的知识和技术对我们都有帮助”，这是“2015年发展中国家太阳能应用技术培训班”结业仪式上，南非学员达阿巴妮莎·诺姆扎蒙的发言。诺姆扎蒙表示，结业仪式并不意味着结束，而是一个开始，是共同致力于提高各自国家可再生能源开发利用的开始。[1]

我国有些科研机构也在积极开展对外清洁能源技术转移的对外合作事宜，如南京水利科学研究院分别于2015年4月和2017年5月在巴基斯坦和非洲部分地区开展清洁能源合作开发和农村电气化技术转移及研究培训等活动，设立“中巴小型水电技术国家联合研究中心”和“非洲清洁能源及农村电

---

〔1〕《中国新能源技术受到非洲国家青睐》，载中国水电八局国际公司网：http://www.bajuintl.com/Web/ShowView.aspx?BMID=1003&SMID=10031&NewsID=5347，2017年12月10日最后访问。

气化技术转移及研究培训中心”,[1]等等。这些民间的合作也有助于清洁能源技术的全球转移。

(二)建立“南南合作基金”

2015年9月26日,中美发布《中美元首气候变化联合声明》,中国宣布设立200亿的“南南合作基金”。2014年9月的联合国气候变化峰会上,中方又宣布将每年的资金额翻倍至2000万美元。而此次气候变化联合声明的数字,已然达到了最初承诺的百倍。[2]

在巴黎气候大会领导人峰会上,中国国家主席习近平宣布明年将启动在发展中国家开展10个低碳示范区、100个减缓和适应气候变化项目及1000个应对气候变化培训名额的合作项目。[3] 中国将先期投入20亿美元设立南南合作援助基金,设立国际发展知识中心,建立南南合作与交流学院。

事实上,早在2012年6月举行的联合国可持续发展大会上,温家宝在发表《共同谱写人类可持续发展新篇章》的演讲时就承诺:“中国将向联合国环境规划署信托基金捐款600万美元,用于帮助发展中国家提高环境保护能力的项目和活动;帮助发展中国家培训加强生态保护和荒漠化治理等领域的管理和技术人员,向有关国家援助自动气象观测站、高空观测雷达站设施和森林保护设备;基于各国开展的地方试点经验,建设地方可持续发展最佳实践全球科技合作网络;安排2亿元人民币开展为期3年的国际合作,帮助小岛屿国家、最不发达国家、非洲国家等应对气候变化。”[4]

本章小结

在实践中,中国清洁能源技术转移路径分为贸易路径、投资路径、知识产

[1] 《我院农电所在埃塞俄比亚建立“非洲清洁能源及农村电气化技术转移及研究培训中心”》,载南京水利研究院网:http://www.nhri.cn/art/2017/5/14/art_32_34631.html,2017年12月17日最后访问。

[2] 《气候变化联合声明:中国掏200亿帮世界减排是3年前百倍》,载观察者网:http://www.guancha.cn/broken-news/2015_09_27_335744.shtml,2017年12月17日最后访问。

[3] 《潘基文会见中国国家发改委副主任解振华承诺为气候变化南南合作基金提供支持》,载联合国新闻网:http://xueshu.baidu.com/s?wd=paperuri:(8aff7df96637ad87d2efd5d8086e0e9f)&filter=sc_long_sign&tn=SE_xueshusource_2kduw22v&sc_vurl=http://www.un.org/chinese/News/story.asp?NewsID=23075&ie=utf-8,2017年12月12日最后访问。

[4] 《温家宝在联合国可持续发展大会上的演讲》,载新华网:http://news.xinhuanet.com/politics/2012-06/21/c_112262485_3.htm,2017年12月12日最后访问。

权路径以及国际合作路径。

在贸易路径方面,清洁能源技术转移又可以分为货物贸易和服务贸易两种形式。清洁能源技术设备引进在产业发展初期以及技术更新换代方面有积极的作用。而技术产品输出则是中国清洁能源技术"走出去"战略的重要方面。在服务贸易方面,我国已经建立国内和国外技术服务中介机构。国内的国际技术转让中心和技术联盟的实践,既为国内技术成果转化和技术流转起到了重要的推动作用,又为相关制度的完善积累了实证经验。

在投资路径方面,清洁能源技术技术转移可以分为外商投资和中国企业对外兼并与收购。在外商投资路径中,"溢出效应"一定范围内给中国带来了先进的技术,但是外国企业"技术内部化"现象十分严重。跨国公司更愿意在母子公司内部进行技术转移,独资化倾向明显。东道国接受到的"技术溢出"少之又少。实际上,意图通过外商直接投资来获得先进技术难度较高。甚至有学者认为,外国资本输出不但没有给我们带来技术进步,相反,投资于某个国家的资本占有并统治该国;外国企业实行技术封锁,利用知识产权保护索要天价、获取高额利润的同时,使东道国企业在生存线上挣扎,无财力进行技术创新(如中国彩电业的液晶面板技术受制于人)。[1] 在中国跨国兼并收购的过程中,以技术主要目标进行收购的企业一般发展境况不错。而以扩张市场为导向的收购,则变数会很多,如遭遇国家安全审查等。

在知识产权路径方面,专利的申请和许可转让是其最为重要的表现形式之一。从专利的数量和分布情况来看,我国仍然处于追赶发达国家的状态。而在许可与转让方面,我国的清洁能源技术的转让和推广速率并不尽如人意。

在国际合作方面,我国参与了多个国家或地区的双边或多边的清洁能源技术联合研发的合作项目,尤其是中美、中欧在清洁能源方面的合作成绩斐然,并且在与发展中国家的合作中也贡献出中国力量。

---

〔1〕 贾根良:《序言》,载蔡声霞:《国际技术转移与发展中国家的技术能力建设》,经济科学出版社 2013 年版。

第四章　中国清洁能源技术转移法律制度面对的挑战与完善

第一节　中国清洁能源技术转移法律制度面对的挑战

一、中国清洁能源技术转移法律制度面对的挑战概述

中国在清洁能源技术方面突出的成就，让国际社会在称赞的同时，也在反思"中国是否是清洁能源技术创新、开发和转移的楷模"。[1] 清洁能源技术的生命在于流转和运用，我们希望其真正从发达国家自然、合理、有序地转移到发展中国国家，以满足人类公益的目的进行大规模的运用，使全球气候变化问题放、环境问题进一步减缓。中国在清洁能源技术流入与流出方面进展如何，是否真的如国外学者批评的那样，依靠的是劳动力"机会成本"造成的表面繁荣？[2] 这个问题依然需要从中国的国内法视角进行观察。

技术全球化和技术国家化是盛行于世界范围的两种思潮。[3] 前者认为，技术是中立的，应当让市场来主导，政府需要做的是保护好知识产权，为技术转移创造前提和良好的条件。发达国家一般支持该主张。在这种思潮的逻辑下，知识产权的全球保护应当进一步深化和加强，并且各国应当减少对于技术进出口的管制和贸易障碍。但现实往往是，在全球层面，发达国家保护知识产权的态度十分积极，而对技术转移等却有所忽略，甚至借助于出口管制措施限制技术转移。技术国家化思潮则认为，技术是国家竞争力的体现，技术流入和流出可能对于国家竞争力和国家安全构成不利的影响。而且技术供方和受方处于极其不对等的谈判条件之下，同样需要政府进行积极干预。体现国家技

---

〔1〕 William Chandle, "Is China a Clean Energy Model?", *Science & Technology*, 2015, winter, pp. 1 – 3.

〔2〕 William Chandle, "Is China a Clean Energy Model?", *Science & Technology*, 2015, winter, p. 3.

〔3〕 彭志刚：《知识产权国际许可的法律问题研究》，法律出版社 2011 年版，第 3 页。

术思潮的做法一般是国家对于技术贸易采取各种鼓励或者限制性措施，使政府之间的竞争代替企业之间的竞争。事实上，发展中国家一般都在践行着这一理念。可以说，这种做法与经济全球化的趋向是违背的，但是却也是发展中国家针对经济全球化下发达国家借助于自身的优势，特别是发达国家私主体在谈判中利用其绝对垄断地位假借“自治”之名施加种种不公待遇时，有可能使自己免受损失的无奈之举。

中国正在这两种思潮之间摇摆。一方面，作为发展中国家，面对发达国家在全球推行知识产权强保护以及跨国公司在清洁能源转移和许可方面维护其绝对优势地位的情形，为了保障公平合理的技术交易条件，中国政府需要对本质上属于市场交易的技术转移进行必要适当的规范和引导。另一方面，中国正处于人口红利逐渐消失的时候，维持本国竞争力可能要更为依赖技术进步，在市场和投资方面也更加持鼓励态度。现行中国法律制度根据其调整的内容和手段可以分为以私权利确定和行使为主要特征的私人自治型法律制度（旨在鼓励技术的转移、使用和技术的研发创新）与以体现政府意志为主要特征的政府干预型法律制度（旨在督促本国企业进行技术升级）。对于法律制度方面存在的不足，第2章已有相关论述，此节仅就前文没有述及的法律制度面对的挑战进行简要的补充。

二、“私人自治型”法律及政策面对的挑战

清洁能源技术的研发和量化生产都是投资巨大并且风险极高的事情。中小企业的起步阶段和技术的研发很大程度上需要依靠政府的鼓励和扶持。在“以私权利确定和行使为主要特征的”法律制度中，如第2章所述，它主要规定：(1)通过界定知识产权、合同自由等权利，保护合法权利，对于侵权行为通过法律救济等方式提供基础性权利的保护；(2)通过提供价格支持和税收优惠等以及其他金融方面的支持，促进清洁能源技术的研发以及运用。而在政府干预型法律政策中，中国政府过于注重贸易环节，为清洁能源技术产品的生产与出口提供大量的支持和便利，但是在进口国却遭遇了反倾销反补贴调查等。在投资方面，由于早期过于重视经济发展，极力引进外资，意图“以市场换技术”，但是多数的中国合资企业并未得到先进技术。在这种情形下，我国在清洁能源技术转移方面面对巨大挑战。

（一）清洁能源技术转移在贸易方面面对的挑战

1. 货物贸易易遭反倾销反补贴调查

依托中国的资源和劳动力优势，中国清洁能源产品在国际市场上具有非

常明显的价格优势。然而,过于低廉的价格,在国外市场上可能遭受竞争法的规制,会被认定为“倾销”。而中国政府以及各个地方政府出台的补贴政策(特别是在专利申请过程中,对申请人给予的资助的相关政策)也可能因为具有专项性而遭受“反补贴调查”。贸易的全球化趋势越强,各国对本国产业的保护倾向也随之越强,反倾销和反补贴就成为大多数国家主要采取的贸易保障制度。

在正常贸易过程中,倾销是指一国(地区)的生产商或出口商以低于其国内市场价格或低于成本价格(或称公平价值 fair value、正常价值)将其商品出售到另一国(地区)市场的行为。[1] 根据《关税及贸易总协定》第 6 条的规定,一国产品以低于正常价值的价格进入另一国市场,如因此对贸易缔约方领土内已建立的某项工业造成实质性损害或产生实质性损害的威胁,或对某一国内工业的新建产生实质性阻碍,则构成倾销。倾销应满足三个条件:(1)进口商品的出口价格低于正常价值;(2)给进口国同类产品的工业生产造成实质性损害,或存在此种威胁,或对某一工业的新建造成实质性阻碍;(3)低于正常价值的销售与损害之间存在因果关系。[2] 以上三个条件必须同时具备才可对倾销产品征收不超过倾销幅度的特别关税。由于涉及清洁能源技术的产品往往得到相关优惠政策的支持,在产品的价格形成方面有一定的优势,利于技术权利人,但往往容易被进口国或地区找到把柄,认为产品价格低于“正常价值”,进而为其举起反倾销大棒找到理由。

一般“反倾销”措施要经过反倾销调查程序,包括申诉、立案、反倾销调查、裁决、行政复审等阶段。(1)申诉。反倾销调查的启动一般应由进口方受到损害的行业或其代表向有关当局提交书面申请,这是反倾销调查的必要条件。一般情况下,进口方当局不会主动发起反倾销调查,特殊情况除外。(2)立案。进口方当局在确认申诉材料真实可靠、决定立案后,要通知其产品遭到调查的成员方,和调查当局所知道的有利害关系的各方,并予以公告。向被调查方发出的通知应当列明应诉材料的送达地点及时限等。(3)反倾销调查。主管当局根据申诉人提出的申请,在一定的期限内,对被告方的产品倾销幅度、对国内行业的损害以及两者之间的因果关系进行调查核实。(4)裁决。初裁是指在完全结束调查之前,调查当局如果初步肯定或否定有关倾销或损害的事实,可以对相关产品采取临时措施。终裁是指调查当局最终确认进口

---

〔1〕 参见《关于履行 1994 年关税与贸易总协定第六条的协定》第 2 条第 1 款。

〔2〕 相关论述参见马忠法:《美国对中国反倾销案例研究》,复旦大学出版社 2009 年版,第 3 页。

产品倾销并造成损害,从而对其征收反倾销税。(5)行政复审。反倾销税实行一段合理时间后,对于是否继续征税,进口方当局可以主动或应当事人的要求进行行政复审,以确定是否继续或中止征收反倾销税或价格承诺(MIT)。[1]

补贴是指一国政府或者任何公共机构出于公共利益的需要等,向本国的生产者或者出口经营者提供的资金或财政上优惠措施(如财政帮助、对价格或收入的支持等),包括现金补贴或者其他政策优惠待遇,使其产品在国际市场上比未享受补贴的同类产品处于更有利的竞争地位,进而可能对其他成员方利益形成损害的政府性措施。[2] 世界贸易组织《补贴与反补贴措施协议》(SCM 协议)没有给"补贴"下定义,只是通过列举的方式规定以下几种情况应被认为有补贴存在:(1)某一成员方境内的政府或任何政府机构(在本协议中称"政府")提供的财政资助:①政府行为涉及直接资金转移(如赠与、贷款、投股),潜在的资金或债务直接转移(如贷款担保);②本应征收的政府收入被豁免或不予征收(如税额抵免之类的财政鼓励);③政府提供不属于一般基础设施的商品或服务,或购买商品;④政府向基金机构支付款项,或委托或指导私人行使上述①至③项所列举的一种或多种通常是赋予政府的职权,以及与通常由政府从事的行为没有实质差别的行为。(2)1994 年《关税及贸易总协定》第 16 条(关于"补贴"的规定)意义上的任何形式的收入支持或价格支持。(3)由此而给予的某种优惠。[3] 并非所有的补贴都应该遭到反对或禁止,即并非所有的补贴皆系被规制的对象。

SCM 协议将补贴分为三种基本类型:(1)禁止性补贴,又称红灯补贴,即任何成员不得实施或维持出口补贴和进口替代补贴。[4] (2)可诉补贴,又称黄灯补贴,指那些不是一律被禁止但又不能自动免于质疑的补贴,它们往往要根据其客观效果才能判定是否符合世界贸易组织规则,满足一定条件,即给其他成员国的经济贸易利益造成有害影响;而有害影响是指损害另一成员国的国内产业,或使另一成员国依据 1994 年《关税及贸易总协定》获得的利益丧失或减损,或严重妨碍另一成员国利益。可诉补贴主要是生产补贴和其他国内补贴。[5] (3)不可诉补贴,又称绿色补贴,意指不会招致其他成员方提起反

---

〔1〕 马忠法:《美国对中国反倾销案例研究》,复旦大学出版社 2009 年版,第 5 ~ 7 页。

〔2〕 See Bryan A. Garner, *Black's Law Dictionary* (8th ed.), West Group, 2004, p. 1469.

〔3〕 《补贴与反补贴措施协议》(1994)第 1 条。

〔4〕 《补贴与反补贴措施协议》(1994)第 3 条。

〔5〕 《补贴与反补贴措施协议》(1994)第 5 条。

补贴申诉的补贴。该类补贴与目前我国的清洁能源技术的研发有着密切联系。不可诉补贴包括两种:一是不具有专向性的补贴,即具有普遍性的补贴,这种补贴不会引起基于世界贸易组织相关规定而引起的任何反补贴措施;二是政府对科研、落后地区以及环保的补贴,即使具有专向性,也属于不可诉的补贴。这类必须具备反补贴协议规定的条件,具体包括:(1)基础研究和竞争前开发活动补贴。该类补贴不能超出项目成本的指定比例,且只能用于某些开支。具体说,高等院校、科研机构在合同基础上进行研究的补贴,该补贴不超过工业研究费用的75%,或竞争前开发活动费用的50%,并且该补贴仅限于人员开支、仪器设备、土地或建筑、咨询服务以及研究活动直接产生的其他费用等。(2)落后地区援助。根据地区发展总体规划,对处于落后地区的非用于特定企业或产业的补贴被视为是不可诉补贴,且该补贴需满足下列条件:第一,清楚表明地理区域以及经济与行政区划;第二,该地区的人均国民生产总值低于该成员方境内人均国民生产总值的85%,失业率高出该成员方境内失业率的115%。(3)改造现有设施适应新的环境要求的援助。为适应新的环保要求扶持改进企业现有设备而提供的补贴,这种补贴应是一次性的,并且不得高于采用环保要求所需费用的20%。[1]

根据《SCM协议》的规定,补贴是否具有专项性(如果补贴授予当局或该当局据以行动的立法将补贴的获得明确限于特定企业,这种补贴即具有专向性[2]),是各国发起"反补贴"程序重要标准。只有专项性补贴违背了正常的市场交易秩序,才可被征收惩罚性的反补贴税。该协议对补贴专项性限制原则的要求是,政府和社会公共组织不得给予一组企业或产品、一部分地区或产业经济补贴。这种专项性补贴会使资源分配扭曲,因而受到反对和限制。[3]以清洁能源企业的出口信贷为例,如果企业从政府或公共机构取得贷款的条件(如利率、担保条件、偿还期限)等优于从金融市场获得的贷款条件,就可以被认定存在"利益授予",如果条件一样,则不能被认定存在"利益授予"。因为反补贴措施反对的是那些扭曲贸易的补贴,所要恢复的是自由竞争的市场状态,因此市场是确定利益时的比较基准就是合理的了。[4] 中国一直是美国实行双反最大的被调查国,自1977年到2018年1月4日止,美国对各国发起

---

〔1〕《补贴与反补贴措施协议》(1994)第8条。

〔2〕《补贴与反补贴措施协议》(1994)第2条。

〔3〕商务部研究院WTO研究中心、中国社会科学院WTO研究中心主编:《中国应对国外贸易壁垒最新实务指南》,经济日报出版社2003年版,第1382页。

〔4〕中国人民大学书报资料中心:《复印报刊资料财政金融文摘》,2011年版,第65页。

的反倾销和反补贴调查分别共326起和100起，其中中国的分别为111起和45起，中国分别占了34.05%和45%，双反占比36.62%。[1] 下文主要以三个涉及清洁能源技术的案例说明，在完善国内相关法律时，应当兼顾WTO框架下的一些协议。

(1)中美之间的双反(反倾销反补贴)案

2011年起，美国曾发起两次针对中国光伏产业的双反调查。其中，2012年被征收税的指令已经五年，2017年11月1日发起的"源自中国晶体硅光伏电池和组件"的复审调查，其目的在于确定是否继续对来自中国等国的晶体硅光伏电池等继续征收相关税等。[2] 中国也对美国的太阳能多晶硅进行反补贴调查。

①美国对中国光伏电池的双反案

2011年11月16日，美国商务部发起对中国产晶体硅光伏电池发起双反调查，2012年5月25日、3月26日和10月17日美国商务部分别做出了反倾销和反补贴的初裁和终裁；2012年12月7日，美国商务部裁定对中国产晶体硅光伏电池征收18.32%到249.96%的反倾销税，以及14.78%到15.97%的反补贴税，[3]但并未完全堵死中国光伏组件入美之路。

2014年1月29日，美国商务部宣布对从中国大陆进口的晶体硅光伏产品发起反倾销和反补贴("双反")调查，产品范围从"晶体硅光伏电池"扩大至包括电池、组件、层压材料在内的"晶体硅光伏产品"，同时对从中国台湾地区进口的晶体电池产品发起反倾销调查。2014年6月10日，美国商务部分别初步裁定中国大陆出口到美国的晶体硅光伏产品获得了超额政府补贴，补贴幅度为18.56%到35.21%；7月31日，美国商务部又公布了对华晶体硅光伏产品的反倾销初裁结果，认定中国大陆和中国台湾地区输美晶体硅光伏产品存在倾销行为；12月23日，美国商务部宣布对华输美光伏产品"双反"调查终裁，认定中国大陆输美晶体硅光伏产品存在倾销和补贴行为，中国大陆厂商倾销幅度为26.71%到165.04%，补贴幅度27.64%到49.79%，中国台湾地

---

[1] See "Antidumping and Countervailing Duty Orders in Place", https://www.usitc.gov/trade_remedy/731_ad_701_cvd/investigations.htm, Jan. 30, 2018.

[2] 该案计划于2018年2月结束。

[3] China(PRC)-Crystalline Silicon Photovoltaic Cells, Whether or Not Assembled Into Modules, A-570-979, https://enforcement.trade.gov/frn/2012/1212frn/2012-29668.txt, Jan. 30, 2018; China (PRC)-Crystalline Silicon Photovoltaic Cells, C-570-980, https://enforcement.trade.gov/frn/2012/1212frn/2012-29669.txt, Jan. 30. 2018.

区厂商的倾销幅度为11.45%到27.55%。[1] 2015年1月21日,美国国际贸易委员会公布第二起对华光伏双反案终裁结果,认定自中国进口的晶体硅光伏产品对美国产业构成实质损害,美方将据此征收"双反"关税。[2] 2015年2月18日,美国商务部发布双反税的征收令。

但从光伏产品出口总额可以看出,两次双反发布后,全年出口总额出现了截然不同的变化。2012年我国光伏产品对美出口额为14.02亿美元,同比下滑了42.75%;但2014年对美出口额为18.61亿美元,同比增长了54.3%。一是由于此次"双反"调查仅针对采购第三方电池片组装成组件出口美国市场的行为,而对于采用国产电池片组装组件出口美国市场的可采用第一次"双反"税率,而一次"双反"税率较二次略低,并且美国商务部对一次"双反"税率进行复审时做出了下调的初裁,一定程度上对我国光伏产品对美出口有一定程度的促进作用。二是美国市场的大幅增长。2014年美国新增光伏装机量达到6.2GW,同比提升30%,持续的市场增长拉动我国光伏产品对美出口。但值得注意的是,"双反"税率仍是中美贸易争端中的不确定性因素,美国每年的复审随时会根据我国光伏产品对美贸易情况做出相应调整,甚至出台追溯性征税措施,从而影响我国光伏产品对美出口。

2015年7月9日(美国时间7月8日),美国商务部公布对华光伏产品反倾销、反补贴案第一次行政复审终裁结果,中国强制应诉企业的倾销税率为0.79%和33.08%,获得分别税率的企业为9.67%,其他涉案企业的税率为238.95%;中国强制应诉企业的补贴税率为15.43%和23.28%,其他涉案企业的税率为20.94%。[3]

②中国对美国多晶硅的反补贴调查

2012年7月2日,江苏中能硅业科技发展有限公司、江西赛维LDK光伏硅科技有限公司、洛阳中硅高科技有限公司和重庆大全新能源有限公司代表国内多晶硅产业提交了反补贴调查申请,请求对原产于美国的进口被调查产

---

〔1〕 China (PRC)-Certain Crystalline Silicon Photovoltaic Products A – 570 – 010, https://enforcement.trade.gov/frn/2015/1502frn/2015 – 03183.txt, Jan. 30, 2018; China (PRC)-Certain Crystalline Silicon Photovoltaic Products, C – 570 – 011, https://enforcement.trade.gov/frn/2015/1502frn/2015 – 03183.txt, Jan. 30, 2018.

〔2〕 查道坤:《美对华光伏产品"双反"关税落地》,载《能源研究与利用》2015年第2期。

〔3〕 商务部贸易救济调查局:《美国商务部公布对华光伏双反案行政复审终裁结果》,载 http://www.mofcom.gov.cn/article/ztxx/gwyxx/201507/20150701039398.shtml,2018年1月30日最后访问。

品进行反补贴调查。[1]

中国商务部向相关企业发放了调查问卷,并于2013年9月16日发布63号公告,公布了初裁决定。初裁认定被调查产品存在补贴,中国国内太阳能级多晶硅产业受到了实质损害,而且补贴与实质损害之间存在因果关系。

初裁之后,为进一步核实美国政府和各应诉公司提交材料的真实性、完整性和准确性,调查机关进行了会谈以及实地考察,在国内召开了产业损害调查听证会,各相关主体就国内产业认定、累积评估恰当性、国内产业是否受到实质损害、补贴和实质损害之间的因果关系等内容分别陈述了各自的意见。反补贴调查机关在终裁前进行了实地核查并召开了上下游意见陈述会。

经调查,美国已经构成对企业的财政资助并且该项补贴具有专项性。美国相关企业与美国国税局签订协议,获得了先进能源制造业税金抵免项目下一定金额的税收抵免。《反补贴条例》第3条第3款和第2项规定,出口国(地区)政府放弃或者不收缴应收收入构成财政资助。并且该项目下的税收抵免通过立法的方式授予了美国国内的先进能源制造业,符合《反补贴条例》第4条的规定,具有专向性。

最终,对于配合调查的赫姆洛克半导体公司、REC太阳能级硅有限责任公司、REC先进硅材料有限责任公司、MEMC帕萨迪纳有限公司、AEPolysilicon公司分别征收2.1%、0%、0%、0%、2.1%的反补贴税。对于未配合调查公司和其他美国公司征收2.1%的税。[2]

(2)中欧双反案

EU ProSun在欧盟提起了对华"双反"的调查。2012年9月和11月,欧盟分别对原产于中国的晶体硅光伏件及关键零部件进行反倾销和反补贴立案调查。[3]

中欧价格承诺(MIP)于2013年8月达成。当时,中欧之间最大贸易摩擦案——光伏产品贸易争端达成"和解",而MIP就是"友好解决方案"。具体来说,欧盟要求签署该协议的用意是要求各家公司以高于最低进口限价的价

---

〔1〕 商务部公告:《关于对原产于美国的进口太阳能级多晶硅反补贴调查最终裁定的公告》(2014年第4号),载 http://trb.mofcom.gov.cn/article/cs/201401/20140100466559.shtml,2018年1月30日最后访问。

〔2〕 商务部公告:《关于对原产于美国的进口太阳能级多晶硅反补贴调查最终裁定的公告》(2014年第4号),载 http://trb.mofcom.gov.cn/article/cs/201401/20140100466559.shtml,2018年1月30日最后访问。

〔3〕 中华人民共和国年鉴社编:《中国国情读本》,新华出版社2013年版,第226页。

格对欧销售太阳能产品(包括电池与组件),且每年销售量须限制在一定配额内;协议外的厂商进口欧洲时,须缴纳47.6%的关税。当时官方并没有透露谈判细节,包括最终达成的"价格承诺"、中国企业配额等。而业界所获得的信息是协议价格为0.56欧/瓦,配额为7GW。2013年12月,欧盟终裁落地,接受121家中国企业做出的价格承诺,并向中国企业征收为期3年的反倾销和反补贴税;其中,反倾销税为27.3%~64.9%,反补贴税率为0%~11.5%。而这121家中国光伏企业将在价格与数量双重管制的背景下,享受向欧盟出口免缴临时反倾销税的待遇。[1]

该价格协议的限制时间为2年。因此,2015年年底,本该是中欧光伏"价格承诺"到期的日子。在中欧"价格承诺"到期前,欧委会方面将对执行情况进行复审,俗称"日落复审",由此决定"价格承诺"究竟是延长还是撤销。

在"日落复审"前,欧相关企业欲推动欧盟对中国光伏企业进行"反规避"调查。他们向欧委会申诉,中国光伏企业辗转通过马来西亚等第三地,将产品销往欧洲以规避关税。根据欧盟的规定,在"反规避立案调查"中一旦发现有违反"价格承诺"、规避关税的行为存在,其实施主体将被从执行"价格承诺"的企业名单中剔除,并被课以重税。

欧委会于2015年5月5日对最低限价调整机制发起期中复审。申请方指控中国企业大量申报低价,拉低了基准价格,要求将中国企业报价从作为最低限价调整依据的"彭博社价格指数"中排除,意在通过复审抬高最低限价,提高中国产品进入欧盟的价格门槛。

2015年6月,欧委会宣布取消阿特斯太阳能、中盛光电、昱辉阳光3家光伏制造企业价格承诺协议资格,并对其征收高额"双反"关税;11月又宣布取消浙江正泰公司和杭州桑尼能源公司及其关联企业浙江金贝能源科技有限公司"价格协议"资格,要对其征收"双反"关税。

2015年11月17日,中国商务部在例行发布会上表示,中国商务部为此组织行业协会和企业进行积极的法律抗辩,并与欧委会调查机关进行多次磋商。据中国商务部透露,11月4日,欧委会做出披露,基本认同中方的抗辩意见,指出中国企业报价增加是因为中国光伏产品市场份额扩大,而且中国价格的降幅并未大于国际价格,两种价格走势相近。[2] 也就是说,包含中国价格

---

〔1〕 佚名:《欧双反措施砸自己脚》,载《青岛财经日报》2013年2月21日。

〔2〕《商务部召开例行新闻发布会》,载 http://wss. mofcom. gov. cn/article/a/c/201512 / 20151201205970. shtml,2018年1月30日最后访问。

在内的现行基准价格能够反映全球光伏产品价格总体情况,不需要改变。鉴于此,欧委会拟终止该项调查。

尽管晶体硅光伏电池与其太阳能有关,但它本身不能等同于清洁能源产业,因为光伏电池只是给太阳能的利用提供基本的动力来源,真正环保或节能的是整个太阳能设备的运行,而污染最严重的恰是太阳能设备的生产和制造。关于这一点,前文已经有所交代。因此,美国对华晶体硅光伏电池征收双反税,只会使中国付出的代价更大。这应引起我们的足够注意,不要在一些形式上为所谓的清洁能源技术的研发或生产提供补贴、资助或优惠政策,那样无异于"赔了夫人又折兵"。

2. 技术转移服务机构面对的挑战

(1)国内技术转移服务机构面对的挑战

在国内,不管是依托高校还是产业抑或地区的技术转移中心提供的服务与技术流转与期望的还有很大的距离。在大多数技术转移中心的服务中,多是为技术成果商业化提供融资、孵化、试验和评估服务,其还处于开发创新或者商品化起步阶段。这一阶段可称为技术成果转让阶段。由于相关政策的扶持和补贴,大部分技术转移中心都把重心放在这一阶段。

相反,真正成熟先进的清洁能源技术的交易和许可却被边缘化。我国现也实行技术交易经纪人制度,但是技术交易经纪人的认证资格在全国并不统一,各地区之间还存在的经纪人承认的问题。仅仅长三角技术转移联盟在其内部实行经纪人三地承认与合作服务。同时,知识产权的服务和评估也并未跟进。中国每年投入大量的人力、物力进行国家节能技术推广,这些列入国家推广目录里的先进技术本应是市场上许可最为活跃的部分。然而由于技术转移的相关制度和技术市场的条块化分割,这些技术并未发挥其应有的推广作用。

此外,各地技术转移中心信息不畅,职能重叠,以及其运营多依靠政府支持,全国性技术转移市场缺乏,这些仍然是国内技术中介服务的弊病。

(2)跨国技术转移技术转移服务机构面对的挑战

在跨国技术转移的服务贸易机制中,中国—东盟技术转让中心和联合国亚太技术转让中心都以提供新技术信息、促进国家间的技术转移为宗旨。两个中心各有特色,尤其是联合国亚太技术转让中心在促进中小企业合作方面贡献更大。

中国—东盟技术转让中心,从目前运作形式看来,提供的仅仅是双方技术交流的平台,与通常意义上清洁能源技术的流转还是有很大的距离。而中国对联合国亚太技术转让中心的利用并没有多大的热情,企业参与度不高,中小企业在跨国技术转移上困难重重。

(二)清洁能源技术转移投资方面面对的挑战

中国国内清洁能源市场的广阔加上各种利好的政策扶持,使中国清洁能源投资炙手可热。但投资的野蛮增长也暴露了许多问题。

1. 合资企业管理困难

早期在"市场换技术"的政策推动下,一大批合资合作企业如雨后春笋般涌现,但是双方在企业价值和管理安排上的冲突导致大部分合资失败。2017年6月,曾经作为标志性的、成功的中国首批中外合资企业——上海贝尔电话设备制造有限公司——在中国通信行业做出巨大贡献的企业,黯然神伤,被迫换下自己的标志,成为诺基亚旗下的一个子公司,更换了旗帜,更换了自己的主业,现在完全变成了一个不同于过去的公司(现在公司的名称为"上海诺基亚贝尔股份有限公司",[1]成为诺基亚在华的主要运营平台,发展包括IP网络、光网络、固网以及下一代5G网络等创新技术[2]),便是例子。

其中一个重要表现是外方并不想将技术秘密转让给合资企业,而只是坚持进口主要部件和原材料。有些合资企业生产的产品的造价甚至比同行业完全进口的产品还要高,导致产品卖不出去,技术转让失败。

2. 核心技术难以获得

2012年夏天,上海汽车集团在密歇根州伯明翰市建立了其在北美的总部,而其距离通用在底特律的总部仅仅20英里之遥。经过多年的爆发式的增长,中国的汽车市场开始逐渐降温,所以对于上海汽车集团来说,拓展海外市场显得越来越重要。[3] 这并不是上海汽车集团第一次进军海外市场。2002年前后,它就参与了通用与韩国的合作。2010年,当通用跌跌撞撞地从破产中走出时,就签订了与上海汽车集团在印度的合作协议。

但上海汽车集团想要的不止这些。上海汽车集团欲进军拉丁美洲和欧洲,而通用在这两块市场已有多年经营经验。并且中方希望得到先进的电动汽车技术,而通用却希望捍卫该项技术。中国渴望挖掘外国汽车公司的清洁能源技术。但通用并不希望与中国盟友分享其研发技术,即便这些技术可能

---

〔1〕 金朝力:《33年上海贝尔退出历史舞台》,载《北京商报》2017年6月23日。

〔2〕 参见《诺基亚与中国华信签署合资企业协议成立上海诺基亚贝尔股份有限公司》,载《电信技术》2017年第5期。

〔3〕 佚名:《通用与中国车企合作的得与失》,载《华尔街日报》,载 http://auto.huanqiu.com/globalnews/2012-08/3060136.html,2018年1月30日最后访问。

来自中国的实验室。就像其在上海新建的技术机构，通用的研究人员正在为锂离子电池的化学组成而费尽周折，这些电池主要用于雪佛兰沃蓝达增程型电动车等车型，使其续航能力更强，同时降低电池的成本。该实验室从当地大学引进设备和人才，并且雇用的大多是中国科学家。通用国际运营部总裁 Tim Lee 表示："我们之所以单独进行试验，是因为我们希望保有 100% 的知识产权，这是我们的技术。"[1]

上海通用这种难以获得核心技术的例子并不是个案。2010 年，中国能源局欲力推 50 兆瓦热电项目。但是其前期本地化调研结果并不乐观。在系统集成方面，目前只有中航空港和华电工程两家企业在建设完整的发电试验系统，由于还没实际应用，并不能证明其完整性、成熟性、可靠性，这成为一个令人担心的问题。关于集热管部分，虽有北京市太阳能研究所、皇明太阳能、深圳唯真太阳能等多家企业从事自主研发，但眼下只是样品产出阶段，没有工程验证，量产能力和品质如何不得而知。关于聚光镜部分，镜面产品弯曲精度和反射率主要依靠先进的设备。据了解，浙江大明玻璃从国外引进的世界第三条生产线还在运输过程中，而且目前国内没有其他可提供满足国外同等技术水平要求产品的生产商。可国外企业至今都不希望将其技术转移给中国，即使用市场份额交换也不乐意。该企业负责人无奈地表示："我们曾和西门子、阿本戈等大企业谈合作，承诺可以帮他们在中国拿项目，但要求有技术合作，但这些企业都不愿意技术换项目。""不管谁中标，详细设计国内做不了，光场安装、维护国内也做不了。"其背后的原因在于跨国企业根本没有转移技术的动力。

在光热发电领域，其核心技术由国外大企业垄断，他们既没有污染压力，利润也十分可观，如集热管的利润可达 200% ~300%，远远比技术转移所得的回报丰厚得多。

中国光伏产业的迅速规模化，肇始于国外企业将光伏设备制造产业全部转移至中国。据悉，西班牙最大的太阳能企业阿本戈集团（Abengoa Solar）进驻中国已有四五年，一直希望能在中国独立运作项目，而不肯与中国本土企业进行技术合作。中国光伏企业前期在高端的技术研发方面的不足以及在知识产权储备方面的明显劣势，对于现有产品的升级缺乏技术和知识产权的保障。在高效低成本的太阳能电池制造领域中，其合金技术 MWT 和 EWT 技术由美国和欧洲掌握，中国企业只能支付高额许可费与国外公司进行技术合作方能

---

〔1〕 佚名：《通用与中国车企合作的得与失》，载《华尔街日报》，载 http://auto.huanqiu.com/globalnews/2012-08/3060136.html，2018 年 1 月 30 日最后访问。

进行产品的销售和制造。如苏州阿特斯太阳能公司和荷兰研究所在这些领域的合作,即使采取合作方式,主动权也并不能完全由中国公司掌握。[1]

在风电领域,根据《中国风电发展报告2010》,中国国内80余家风电整机生产商中仅有华锐、金风、东汽、浙江运达、湘电风能、国电联合动力、广东明阳7家企业基本具备了兆瓦级风电机组设计能力和制造的关键技术,形成了比较完善的自主研发体系。该报告也提出中国风电产业总体技术研发水平,在机构数量、就业人数和质量水平方面都与国际先进水平有很大差距,亟待进一步的完善与提高。

3. 投资过热造成社会负面效应

2010年8月,美国能源基金会曾委托上海中科清洁能源技术发展中心对中国光热发电市场进行调研。调研结论是,中国对可再生能源的扶持力度与重视程度呈正相关,虽然扶持政策种类较齐全,但存在跟风上政策现象,不具备长期性和稳定性。[2] 另外,清洁能源投资过于密集造成了一系列诸如产能过剩和特定产品价格飞涨等问题。

投资过热弊病之一,产能过剩,产品同质化严重。以光伏为例,光伏产业作为我国的战略性新兴产业备受中央和地方各级政府重视。2012年中国多晶硅年产能为15.8×10^4t,约占全球市场当年总供给量的73.28%;光伏组件产能为37GW,占全球市场当年总供给量的90.81%。2012年,我国多晶硅产量为6.4×10^4t,产能利用率仅为40.50%;而光伏组件产量为23GW,产能利用率为62.16%。2012年年底,全球新增光伏装机容量达到31GW,相对于2011年27.9GW增长了11%。从近几年来较大的增长波幅来看,光伏应用市场主要在政策驱动下发展,全球装机规模已接近100GW。2012年,中国光伏制造的产能/安装量比值为10.5,高出全球平均水平的4倍。如此巨大的产能无法全部释放,光伏行业面临严重的产能过剩危机。2015年,全球和中国的此数值降到1.7和7.7。在产能严重过剩的压力下,光伏产品价格急剧下降。在价格、利润已经濒临冰点的时候,发生了中欧双方迄今为止最大的贸易纠纷,也是全球涉案金额最大的贸易争端,无疑是对中国光伏产业最致命的一击。在产能严重过剩的同时,我国光伏产业还存在另一个严重的问题即同质化。在众多光伏企业中真正拥有技术研发能力的企业只有2%~3%,缺乏创

〔1〕 王树平、王灿、许益民:《知识产权与气候变化》,社会科学文献出版社2014年版,第230页。

〔2〕《2010年中国太阳能光热发电发展分析》,载慧典市场研究报告网:http://www.hdcmr.com/bgfree27749.html,2018年1月30日最后访问。

新力的企业只能采取低价销售策略，从而拉低了行业整体的利润率。[1]

投资过热弊病之二，原材料价格上涨。生物质能发电的原料主要是秸秆，而燃料（秸秆）价格掌握在农民手里。一个地区上马多个项目，项目之间存在竞争，致使秸秆价格直线上升。以山东单县电厂3000万千瓦发电机组为例，2008年发电量为2.1亿千瓦时，年消耗农作物秸秆30万吨，2007年农业秸秆的收购价每吨在140～170元，2008年最高的时候涨到每吨200元，2009年价格已经达到每吨250元左右，电厂的成本几乎完全转化为农民和农民合作组织的收入。[2]

（三）清洁能源技术转移知识产权方面面对的挑战

知识产权在中国清洁能源技术转移和扩散起的作用十分复杂。一方面，通过界定产权促进发明创新的方面；另一方面，在知识产权许可中，知识产权也有阻碍技术转移的表现。

1. 清洁能源技术许可方面面对的挑战

以风能企业为例，在购买技术图纸的技术许可模式下，中方遭遇了许多障碍。具体表现在：

第一，许可费用高昂。一项技术的许可费通常在销售额的5%左右。高昂的技术转让费用加剧了技术受方的收回成本的压力，促使其盲目扩张，进行恶性价格竞争，从而导致贸易方面的诸多问题。

第二，技术信息的不对等。技术许可包括非独占性的技术许可。由于技术供方少，技术受方多，技术转移市场完全属于供方市场。在这种信息不对等的时候，外方可能不披露技术许可状况，造成一物多卖。中国的风能企业曾遭遇过购买同一技术图纸导致市场产品同质化的尴尬境地。

第三，专有信息的不对称。在专利许可实施过程中，必须有相关的专有信息辅助才可以生产出专利产品。以风能为例，由于受到地形、风速的影响，国外相关的叶片和涡轮设计并不完全适用于中国。外方可能会针对相关专有信息再进行高价收买或者出于竞争因素根本不披露相关专有信息。

第四，许可协议中的限制性条款。在技术许可协议中，技术供方为保护知识产权，一般要求技术受方不得改动图纸，这对于技术的研发和转让都起到制

---

〔1〕 侯冬晨、范丹丹：《浅析贸易摩擦对中国光伏产业发展的影响》，载《当代经济》2015年第16期。

〔2〕 董方军、袁伦渠：《论国际铁矿石市场的契约安排频谱——一个审视国际铁矿石价格机制的全新视角》，载《经济研究参考》2009年第52期。

约作用。清洁能源的生产一般是因地制宜,各地不同的气候环境要求设备具有相关的性能。尤其是这些清洁能源的技术设备只经过测试而为量产的时候,不得改动图纸的限制条件,不仅限制了技术受方进一步创新,而且可能会造成质量瑕疵而具有安全隐患。[1]

2. 清洁能源"通用技术"专利化面对的挑战

通用技术是指在产业内普遍采用的、基本的无法回避的技术。在清洁能源领域中,曾发生"LM 叶片专利门"事件,即丹麦 LM 玻璃纤维有限公司与上海玻璃研究所的专利纠纷。该案件就涉及风能产业中的通用技术"叶片预弯技术"。

1998 年 9 月,LM 玻璃纤维有限公司向国家知识产权局提交了"风车转子和用于该风车转子的机翼型叶片"的专利申请,并于 2004 年获得发明专利授权。该专利授权公告的权利要求书中最主要的一点是:叶片外部 1/3 以向外并向前预弯的方式延伸。[2] 风机叶片是风电设备的核心部件之一。风机叶片预弯是将叶片外形前弯,以免叶片旋转时打到风机塔上,37 米长、1.5 兆瓦风机都要运用到这一专利。如果叶片不设前弯的话,现有风电机组必须做非常大的改动。

2005 年年初,上海玻璃钢研究院开发了采用预弯技术的 1.5 兆瓦风力机叶片,了解到 LM 公司的发明专利的情况,他们意识到开发采用预弯技术的 1.5 兆瓦风力机叶片会侵犯 LM 公司的专利。通过收集国内外技术资料,上海玻璃钢研究院认为 LM 公司专利的权利要求所规定的技术方案并没有产生新的、意想不到的技术效果,不具备创造性,是一项公知的技术常识,本领域技术人员在现有技术的基础上很容易做出类似方案,因此明显不符合专利法对创造性的要求,LM 的专利应当无效。

2005 年 5 月,上海玻璃钢研究院向国家知识产权局专利复审委员会提出,LM 公司的风力机预弯叶片发明专利无效。复审委员会于 2006 年 7 月宣告该专利无效。但 LM 公司随即向北京市第一中级人民法院提出行政诉讼,要求恢复该专利。2007 年 4 月,北京市第一中级人民法院判决,撤销国家知识产权局专利复审委员会对 LM 公司发明专利无效的决定。上海玻璃钢研究所向北京市高级人民法院上诉,二审判决推翻了一审判决,该专利最终被宣告无效。

---

[1] 王树平、王灿、许益民:《知识产权与气候变化》,社会科学文献出版社 2014 年版,第 131 页。

[2] 佚名:《LM 叶片专利门》,载《经济日报》2010 年 9 月 29 日,第 14 版。

"LM 叶片专利"无效的理由是在先技术的存在,认为 LM 公司的专利并无新颖性。该案虽然几经波折,还是在专利技术的领域内得到了解决。如果这种通用技术不存在在先技术,被认定具有新颖性的话,那么该专利对于整个产业相当于设了一道门槛。

在通用技术专利化的情况下,可能的路径有:第一,在这种情况下,强制许可的路径或许可以一试,申请人申请后一项技术建立在前一项技术的基础并且具有巨大的经济效益,待相关技术部门批准之后支付合理的许可费用。一大批的风电技术都绕不开"LM 的叶片专利",在我国从未有过强制许可的先例的情况下,强制许可的路径似乎有点遥远。第二,通过竞争法来规制。如果一项通用技术的存在严重阻碍了其他企业的市场准入,且权利人滥用其市场优势地位构成垄断的话,通过竞争法来规制。但是对于企业滥用市场支配地位可以进行拆分或者附条件,对于知识产权所构成的垄断如何处理,是竞争法在知识经济时代面临的新问题。

3. 中国企业缺乏海外清洁能源技术专利布局的意识

在清洁能源专利申请方面,中国企业往往只在中国进行专利申请,缺乏在海外进行专利布局的意识。由于专利权的地域性,一项专利仅在授权国家或地区有效。而中国清洁能源企业往往都是出口导向型的企业。若其专利被他人在境外申请并获得授权,那该企业未来发展之路将困于中国市场境内或者将经历困难重重的海外专利诉讼。

三、"政府干预型"法律及政策面对的挑战

"政府干预型"[1]法律与政策扮演了"大棒"的角色,督促中国清洁能源企业淘汰落后产业,转而适用更为先进的技术。从整体上看,通过强制淘汰落后产能、适用强制性的技术标准等方式,在效果上确实达到了节能减排的目的,但是在增强"自主创新能力"方面的效果是值得反思的。

(一)监管条块化

在"政府干预型"法律及政策中,突出的特点是政府的管控加强。前文已述,中国清洁能源技术转移的主管机构主要有生态环境部、国家发展和改革委员会及其下属的能源局和科技部等的具体行政部门,另外加上进行宏观统筹、协调、领导但并不具体实施的"应对气候变化领导小组"。

各主管部门的主要职责如下:第一,应对气候变化司是生态环境部下专门

[1] 也被有些学者称为"政府干预型",实质就是政府干预,属于经济法范畴的内容。

负责应对气候变化事宜的部门,在应对气候变化的清洁能源技术发展上也应有相应专门的职责。第二,国家能源局下设"新能源和可再生能源司",旨在促进各项清洁能源的发展。第三,科技部下设的"高新技术产业化司",主管能源技术产业化政策研究和指导各地高新区建设以及监管技术交易市场。

这些分管的主管机关层级相对较低。"应对气候变化司"、"新能源和可再生能源司"和"高新技术产业化司"平级,均为部委下设的司局级单位。而发改委能源局的"能源研究所"下设的两个研究机构地位更低,且职能只是提供决策建议等。

清洁能源技术转移的主管工作需要统一谋划、相互联系和沟通,而现有的这种机构设置容易造成职责不明、相互推诿等现象。这些部门应打破条块化分割,建立通畅的合作机制,共同制定和实施清洁能源技术转移的策略。此外,涉及清洁能源技术转移的部门还有商务部、国家知识产权局等,如何让它们在技术转移中也发挥积极作用,应该引起关注和研究。

(二)法律稻草人效应

在"政府干预型"法律及政策中,国家政府的强有力的行政措施可以在短时间内集中人力物力,集中力量办大事。但是存在另一种情况,即政府所制定的法律规章初衷良好,但是其实施却并未有落实到位。

此处的法律稻草人是指法律空有形式,却并未有实质性的效果。法律法规就像一个稻草人一样,只能对于一些尊重法律的市场主体有威吓作用,对于真正挑战权威的市场主体却无真正的执行力。

1. 徒法不足以自行的强制许可制度

最为典型的例子即中国的强制许可制度。我国《专利法》规定了强制许可制度,2012 年国家知识产权局专门颁布了《专利实施强制许可办法》。《反垄断法》第 55 条也规定,"经营者滥用知识产权,排除、限制竞争的行为,适用本法"。中国的强制许可的申请和批准需要依赖行政机关,尽管有了法律基础,但是迄今为止,中国还并未颁发一例强制许可,主要还是担心影响技术投资开发的积极性。有专家曾对最具合理性的药品强制许可这样评论:"推行药物强制许可必然意味着要和跨国制药企业产生摩擦,还会和这些跨国药企所在国产生贸易摩擦,出于种种顾虑,尽管有了法律依据,政府对此一直并不积极。"[1]

---

[1] 《中国药品强制许可有法无实践》,载网易财经:http://money.163.com/11/1013/17/7G8TFVN200253B0H.html,2018 年 1 月 30 日最后访问。

中国的司法实践中还未有强制许可的案例,但是曾在“天津天隆种业科技有限公司与江苏徐农种业科技有限公司侵害植物新品种权纠纷上诉案”[1]的独占许可判决中,借鉴过强制许可的方法。该案起因是有两个农业公司合作开发了植物新品种,分别得到父本和母本。两公司分别就父本和母本申请植物新品种并且获批。这两家公司后分别就各自获得的植物新品种以独占许可的方式将技术转让给其他两家公司。后该两家公司在生产和销售中发现对方亦在使用自己的独占许可植株。江苏省高级人民法院认为,考虑到两家授权方就植株品种的合作渊源及合作目的,又鉴于父本与母本在配组生产植株过程中地位及作用至少基本相当,判令合作双方及本案双方当事人均有权使用对方获得授权的亲本繁殖材料,而且应当相互免除许可使用费。该案为中国最高人民法院公布的2012年十大创新性案例之一,最高人民法院在对该案的点评中这样写道:“该案裁判思路的创新点在于,为维护国家粮食安全战略和知识产权的运用价值,借鉴强制许可制度,在平衡双方父本与母本对于涉案品种生产具有相同价值的基础上,以司法裁判的方式直接判令双方当事人相互授权许可且互免许可费,促使涉案已广为推广种植的优良品种得以继续生产。”[2]在该案中,授权方授权的两种植物新品种分别是父本母本,而其技术授权又必须使两者结合,两个被授权方实际上所生产的产品是一致的。父本和母本不可分离,两者的“独占许可”在实际效果上也并非独占。法院类比强制许可中的“一项取得专利权的发明或者实用新型比前已经取得专利权的发明或者实用新型具有显著经济意义的重大技术进步,其实施又有赖于前一发明或者实用新型的实施的”,判决其相互并不侵权,且免除相互之间的许可费。最高人民法院虽然有“借鉴强制许可”等语,但事实上,法院已经替代中国知识产权局做出了强制许可的决定并对于强制许可的合理费用也做出了判定。

在强制许可方面,行政部门应当发挥能动作用,而司法部门则应慎独。今后的中国司法实务之中将会不断出现类似的强制许可,这种运用强制许可的思路替代侵权纠纷的判定在司法实践中还是需要谨慎使用,或者可以以法律释明等方式,交由当事人自己决定是否向有关机关申请强制许可。不然强制

---

〔1〕 (2012)苏知民终字第55号。

〔2〕 最高法公布十大创新性知识产权案例之五、最高人民法院发布的八起典型案例之四:天津天隆种业科技有限公司与江苏徐农种业科技有限公司侵害植物新品种权纠纷上诉案,载 http://www.pkulaw.cn/case/pfnl_1970324839965707.html? keywords = %E5%BC%BA%E5%88%B6%E8%AE%B8%E5%8F%AF&match = Exact,2018年1月30日最后访问。

许可所具有的国家干预的政策性考量的内涵将不复存在，国家知识产权局“强制许可”的权能将受到挑战，法律安定性和可预测性也将大打折扣。徒法不足以自行，“强制许可制度”依然需要良好的实施和运作，而不是成为“法律稻草人”，只是一个威吓的工具。

2. 收效甚微的“技术推广目录”政策

“国家节能技术推广目录”政策蕴含的公共技术推广服务被知识产权所阻断，并未充分发挥其预想的效果。在中国，“技术推广”是从计划经济时代一直延续到现在的一种公共服务，其主要目的是推广先进技术和促进技术进步。早在中国还没有知识产权的时代，“技术推广”政策发挥了重要的作用。在计划经济时代，高度行政化的技术推广政策使工厂企业的管理人员的考评包含创新和产能的因素，“做贡献”的精神驱动也是发明人或创造人的创新的源泉或动力之一。[1] 技术推广目录政策充当了放大镜的作用，将先进技术免费无偿推广给全国各地的企业。然而，在知识产权逐渐兴起并成为企业重要财产的时代，参与“技术推广政策”的动力更多来源于嗣后政府的补贴和鼓励。综观中国“技术推广”政策，结合各地方申报情况，大部分“先进且成功实验具有经济效益的技术”的申报单位是国有企业或者国有控股企业。这些企业申报的最大动力就是期待嗣后获得政府的“节能改造”的资金支持。这些技术入选之后，国家科技部组织相关专家进行评审。有些进入“国家节能技术推广目录”的技术将被选入科技示范工程或者相关试点，从而得到设备的资金支持。由于知识产权的存在，“国家节能技术目录”的推广不再能依靠计划经济时代的行政手段强行推广，该“技术推广”项目花费相当多的人力和物力，大部分进入目录的技术也仅起到“宣传”作用而已，在事实上的技术转移效果有限。

四、清洁能源技术转移国际合作方面面对的挑战

中国在清洁能源技术转移方面进行了成果颇丰的国际以及双边合作，但是随着时间的推移，一些合作背后的问题也慢慢浮现出来。

（一）CDM 机制在技术转移方面效果并不明显

清洁发展机制（CDM）是《京都议定书》的一部分，目的是减少发达国家在履行议定书时所付出的成本（通过认证减排量的交易，转移一定的技术给

---

[1] 那个时代以精神鼓励为主，其产生的推动力不能小觑；苏联社会主义取得的成就及中国在极其困难情况下在核能技术等领域取得的成就就是证明。

发展中国家)，并为发展中国家创建一个可持续发展的机制。[1] 根据《京都议定书》的有关条款，清洁发展机制是一种基于项目的机制，国外投资者投入额外的减排技术设备和/或额外的资金，使 CDM 项目活动获得相对于基准线项目而言额外的温室气体减排量。CDM 项目所获得的减排量，经核实公证后转让给国外 CDM 投资者作为回报，用于抵销其在国内的减排义务或通过出售经证明的减排量(CERs)收回其投资。

CDM 的减排额外性要求 CDM 项目所带来的减排量是东道国本身无能力实现的额外的减排量。之所以无能力主要是因为缺乏先进技术和/或项目缺乏商业竞争力，因此 CDM 项目的额外性准则特别强调投资和技术的额外性。投资额外性要求参与 CDM 项目的发达国家提供额外的非商业投资，这部分的投资以 CERs 回报，并使 CDM 项目投资财务效益获得改善，具备与基准线项目相同的商业竞争力。技术的额外性要求参与 CDM 项目的发达国家提供优于东道国国内商业化技术的先进技术，该先进技术的温室气体排放强度应低于基准线技术的排放强度，两种技术的排放量之差是计算减排量的主要依据。不满足技术额外性的项目不能作为 CDM 项目，因为东道国已商业化的减排技术可获得足够的商业回报，资金不足的问题可以通过商业融资渠道解决，投资回报率有商业竞争力。这样的减排项目完全可以由东道国自己实施，减排量没有额外性。[2] 所以从 CDM 的技术额外性来看，CDM 项目包括先进技术设备的提供和技术转让。

在 CDM 的技术转让上，发达国家和发展中国家都会列出相应的技术选择清单，有意合作实施 CDM 项目的附件 I 国家的实体和非附件 I 国家的实体根据双方的清单，在考虑附件 I 国家的实体得到成本有效的 CERs、非附件 I 国家的实体得到足够的商业利润，保证 CDM 项目与东道国国家发展战略与优先领域相一致和促进东道国所需要环境友好技术的转让[3] 的基础上，决定 CDM 项目相对于基准线技术所采用的环境友好技术，并根据合同进行技术转让。所以通过 CDM 的技术引进是依附在 CDM 项目之上，并不是一般意义上的技术引进，它们的区别在于：(1)通常意义上的技术引进都是引进在东

---

〔1〕 有关分析可参见马忠法：《论清洁发展机制在环境友好技术转让方面的问题及其完善》，载《科技进步与对策》2011 年第 2 期。

〔2〕 刘德顺等：《清洁发展机制(CDM)及气候公约综合谈判对策研究专题总报告》，清华大学核能技术设计研究院 2000 年版。

〔3〕 Axel Michaelowa, Marcus Stronzik: *Transaction Costs of the Kyoto Mechanisms*, HWWA discussion paper, 2002.

道国国内可得到足够商业回报的技术，而CDM引进的是东道国尚未商业化或纸面上的技术。(2)通常意义上的技术引进侧重于生产工艺技术、设备制造技术的引进，CDM引进的主要是在东道国尚未商业化技术设备及设备的操作技术。(3)通常意义上的技术引进是以商业渠道引进，以支付技术使用费用或购买费用的方式获得技术，如许可费、专利费、提成费等，但CDM项目所导致的技术引进是以该技术得到的CERs作为交换的。(4)通过CDM项目引进的技术与温室气体减排相关。

CDM资金投资的项目通常是那些替代陈旧、低效化石燃料的技术，或者带来环境可持续发展的新技术工业，因此其成为技术转移的新渠道。通过向东道国转移技术，CDM理论上应该能够提升东道国的技术能力或水平，然而实际情况并非如此，无论是对买方还是对卖方而言，在经济利益驱动下，它们往往“相互合作”，实现双方利益最大化，至于是否存在实质性的技术转移并非它们关心的焦点，它们关心的是减排量通过认证获得CERs即可。现存CDM机制仍然是利益驱动型。在投资、履约和税收的三重压力下，企业对于技术转移的动力越发不足。湖南CDM中心律师刘钢所熟悉的“技术转让”通常是这样的模式：“在CDM项目中，一般的项目设计文件里都会提到：国外买家来开发CDM项目时，会派该国专家、顾问来进行简单的指导。签署PDD时，他们把这种做法写进去，就算是体现了技术转移的精神了。”但是这种形式主义的做法在本质上使外国公司在不转移核心技术的情况下，通过设备买卖，在获取商业利益的同时，赚取所谓的CER，以最小的成本实现自己的多重目的。[1] 评估CDM的关键应该要看它是否鼓励项目的技术转移，而现实中往往只是简单地看有无设备及相关手册的转移。

总体上说，中国是CDM项目最多的国家，但真正通过该项目从发达国家获得清洁能源技术的现象并不多见，CDM在技术转移方面流于形式的项目较多。

尽管在《京都议定书》第一承诺期(至2012年12月31日)CDM机制在减排方面取得了较为明显的成绩，如核证发放了近19亿个核证减排量单位，但自2013年至2017年，CDM注册项目和核证减排的情况不尽如人意。根据《清洁发展机制执行理事会向作为〈京都议定书〉缔约方会议的〈公约〉缔约方会议提交的年度报告》，登记的项目在2012年之后越来越少，2012年10月1

〔1〕 马忠法：《清洁发展机制在技术转移方面的特点问题和应对研究》，载张乃根、马忠法主编：《清洁能源与技术转移》，上海交通大学出版社2011年版，第53页。

日至2013年9月30日为2181项,2013年10月1日至2014年9月30日为208项,2014年10月1日至2015年9月30日为122项,2015年10月1日至2016年9月30日为65项,2016年10月1日至2017年9月22日为53项。[1] 这种现状是不太令人满意的,而且其发展前景也令人担忧。在这种情况下,意图通过它来进行技术转移估计不太现实。

(二)国家双边合作方面面对的挑战

中国近年来在清洁能源技术转移的国家双边合作领域中建树颇多。从单纯进口设备到现在与欧美国家合作研发。同时中国也与许多发展中国家建立清洁能源技术转移的国际合作关系,尤其是与东盟地区的合作,成为我国技术走出去的一道桥梁。

以美国为例,中美在清洁能源方面的合作在国际上被誉为清洁能源技术转移的模范。但是这种合作是否可以使美国真正履行《联合国气候变化框架公约》项下"技术转移"的义务?虽然CERC和ECP项目搭建了中美清洁能源技术合作的平台,但是对其真实目的须重新审视。

笔者认为,美国欲通过中美的技术合作进行市场扩张而非技术转移。从最为体现美国诚意的CERC项目看来,其在知识产权方面遵循绝对的"谁研发谁享有"的原则。在知识产权条款方面,规定了"各方雇佣人员所研发的知识产权归属于各方所有"。美方雇佣了我国的专家学者,研究和开发出来的知识产权仍然属于美方所有,这种"人才收割机"模式的研发究竟有利于谁是非常显而易见的。此外,在知识产权方面的约定,甚至没有规定CERC项目内部技术转移便利条款,可见美方在知识产权方面根本没有技术转移的意愿。

随着中国清洁能源技术的提高,相关产品的成本优势已经成为美国发动贸易保护措施的对象。美国皮尤慈善基金会2013年3月6日发布的最新研究报告显示,2011年美国在清洁能源领域对中国享有贸易顺差16.3亿美元。[2] 报告显示,2011年美国在太阳能、风能和节能技术三大清洁能源领域都对中国享有贸易顺差,其中太阳能领域的顺差最大,达9.13亿美元,占当年美国对中国清洁能源贸易顺差的56%。另外,2011年美中两国清洁能源产品和服务的贸易额超过85亿美元。美国商务部却裁定对从中国进口的晶体硅

---

〔1〕《清洁发展机制执行理事会向作为〈京都议定书〉缔约方会议的〈公约〉缔约方会议提交的年度报告》,载 http://unfccc.int/resource/docs/2017/cmp13/chi/05c.pdf,2018年1月30日最后访问。

〔2〕《报告显示美国在清洁能源领域对中国享有贸易顺差》,载中华人民共和国中央政府门户网站:http://www.gov.cn/jrzg/2013-03/07/content_2347535.htm,2018年1月30日最后访问。

光伏电池及组件、应用级风塔等产品征收反倾销和反补贴关税。[1] 从此种贸易保护行为可以看出,美国对于中国清洁能源方面的技术崛起已经感到深深的担忧,更不用说主动履行技术转移义务了。

除此之外,美国利用中国出口对美国市场的依赖,在2009年的《美国清洁能源安全法案》中规定,中国不能在2020年以前对高碳产品实施减排,届时美国将对进口的中国高碳产品征收"碳关税",胁迫中国进一步向美国开放新能源技术和产品市场。美国商务部预计到2020年中国新能源市场将达到1000亿美元,是美国2015年前实现"对外贸易倍增"计划的着力点。

更令人担忧的是,美国借助与新能源有关的专利技术输出中国,通过知识产权获得贸易利益。根据世界银行低碳发展报告,降低电力、交通、建筑、钢铁、化学等工业领域能耗的60多项关键技术中,有70%不为中国所掌握,引进和使用这些新能源技术需要支付巨额的知识产权费用。美国以技术合作为手段,影响中国的判断和选择,为技术专利的输出鸣锣开道。从20世纪80年代开始,中美两国签署了包括《中美环保科技合作协议》《中美化石能技术开发和利用合作协议》《中美能源与环境合作倡议书》《中美能源和环境十年合作框架》在内的系列新能源技术合作协议,为美国的技术输出和索要高额知识产权费用创造条件。美国利用页岩气技术优势,以"中国储量"为诱饵,增加技术服务对华出口。美国能源署评估,中国页岩气储量为1275万亿立方英尺,技术可开采量位居全区前茅,但技术"瓶颈"使我国不得不使用美国技术服务。根据"页岩气十二五规划",资源调查是我国页岩气开采工作中心,而《中美关于在页岩气领域开展合作的谅解备忘录》规定中美两国在资源勘探和技术研发方面进行合作,由此,美国相关评估标准和技术专利使用将为美国带来丰厚的收益。业内人士预测,到2020年美国政府来自非传统油气行业的专利技术使用费收入将超过1100亿美元,中国将是最大的潜在市场。中美两国在页岩气开采技术上的差距非常明显,美国已经完成对核心技术的专利和标准控制,美国通过知识产权侵蚀中国产业发展利益,在这方面,我国的DVD产业有过深刻的教训。

因此,如何通过完善的制度与机制设计确保两国政府和企业间的多维度、多层次的合作,以获取真正满足两国需要、适合两国国情的清洁能源技术,促进相互之间的技术分享和转移,提高两国的清洁能源技术水平,是今后两国在

---

[1] 《报告显示美国在清洁能源领域对中国享有贸易顺差》,载中华人民共和国中央政府门户网站:http://www.gov.cn/jrzg/2013-03/07/content_2347535.htm,2018年1月30日最后访问。

合作过程中须予以高度关注的核心问题。而这一点,同样也适用于中国与其他国家的合作或区域性合作。

第二节　完善中国清洁能源技术转移法律制度的对策

有学者提出,对于技术相对落后的国家而言,建立以促进和提升创新能力为核心的技术转移政策应该是技术转移活动的指导思想。[1] 笔者认为该观点有一定的道理,但还可以更进一步,即须建立以提升技术创新能力为目标的法律制度,而不是过去主要以减少成本、以短期发展为导向的法律制度。它对于国内、国际清洁能源技术转移法律制度的构建均可适用。实际上,1992 年里约热内卢国际环境峰会通过的《21 世纪议程》中有专章规定了技术能力形成及无害环境技术转让的内容,在 1995 年开始的联合国应对气候变化框架公约成员方大会(COP)历届会议中的绝大多数会议将技术开发和转让作为会议的议题之一,[2] 说明在软法层面,国际社会已有共识,但如何通过相应的国际和国内法律制度的完善将它们变成硬法和能够得到实施的法律规范是我们目前的迫切任务。特别是在目前气候变化挑战严峻、全球环境污染严重之情形下,在清洁能源技术发展方面,促进各国清洁能源技术能力的形成和提升意义更为重大。

谈到技术转让,我们不得不承认,就中国等发展中国家而言,必须面对一个现实:技术的流动多数是由发达国家流向发展中国家,而过去很长一段时间,人们认为外商直接投资(FDI)是一种技术转让的常见或有效方式,因此比较注重该方面国内法律制度的完善,而在国际层面除了《与贸易有关的投资措施协议》(WTO 框架下制约东道国的一个协议,对技术转移起到消极作用)外至今也无一个统一的国际投资协定。然而,客观地看,该方式并非在所有时间、所有场合都带来了有效的技术转让。殖民地时期,多数母国企业投资的目

---

〔1〕 蔡声霞:《国际技术转移与发展中国家的技术能力建设》,经济科学出版社 2013 年版,第 163 ~ 164 页。

〔2〕 1995 年 3 月至 2017 年 11 月,COP 共开了 23 届大会,COP1 ~ COP19 笔者已在 2014 年的专著中有所介绍(参见马忠法:《应对气候变化的国际技术转让法律制度研究》,法律出版社 2014 年版,第 169 ~ 172 页),这里仅就 2014 年之后的会议信息做点介绍:COP 20 于 2014 年 12 月 1 日到 14 日在秘鲁首都利马召开,通过的决议中包含有技术转让方面的内容(16/CP20 17/CP20;See pLima Climate Change Conference-December 2014, http://unfccc. int/meetings/lima_dec_2014/meeting/8141. ph, Jan. 30,2018);COP 21 于 2015 年 12 月在巴黎召开,通过了《巴黎气候协议》;COP 22 于 2016 年 11 月 7 ~ 18 日在摩洛哥的马拉喀什召开;COP 23 在波恩召开。

的主要在于获取他国的自然资源和矿产;即使在20世纪七八十年代以后,对于资源匮乏型国家,如日本,其在海外投资的目的也主要是获取他国资源,而深加工在日本本国,相关工业品首先满足日本的需求,然后再输出到其他国家;而美国、欧洲的跨国公司的行为目标在于获取自然资源和成品的双重利润,并非进行技术转让和分享,而且随着20世纪90年代以来知识产权保护意识的不断加强,还通过《与贸易有关的投资措施协议》等减少技术输出或溢出的可能。跨国公司通过FDI形式,借助于它们在不同国家的子公司之间的内部转移制度等损害东道国利益。跨国公司进行FDI,涉及技术转移时,技术出口限制往往来自两个方面:一是政府方面,政府会以国家安全管理、对外政策管理及稀缺物资管理等为原则,通过出口方面的管制法,限制技术出口,如美国(美国出口管制法一直对先进技术、敏感技术采取管制措施)、日本等各自的出口贸易管理法、欧盟2000年通过的1334号法令规定的出口管制措施等;[1]但是,这些国家的政府鼓励把将要被淘汰的技术许可给他国,以获取利益最大化。这样做的目的很清楚:利用技术梯度差异,保持对中国等发展中国家的相对优势。二是企业方面,通过知识产权的专有性及限制性条款(私人之间的约定),做出利于跨国公司的规定。现在跨国公司的FDI更倾向于建立独资企业,内部流转而不溢出,维护自己的竞争优势。其转让的顺序是由母公司流向子公司及合作公司,最后才是外部企业,这样确保核心技术和关键技术在自己手中。当然,FDI也有带来技术发展的现象,特别是跨国公司母国与

[1] 该法令是欧盟实施《瓦森纳协定》的主要体现。《瓦森纳协定》又称瓦森纳安排机制,全称为《关于常规武器和两用物品及技术出口控制的瓦森纳安排》(The Wassenaar Arrangement on Export Controls for Conventional Arms and Dual-Use Good and Technologies)。冷战结束后,包括"巴统"17国在内的28个国家于1995年9月在荷兰瓦森纳召开高官会议,决定加快建立常规武器和双用途物资及技术出口控制机制,弥补现行大规模杀伤性武器及其运载工作控制机制的不足。在美国的操纵下,1996年7月,以西方国家为主的33个国家在奥地利维也纳签署了《瓦森纳协定》,决定从1996年11月1日起实施新的控制清单和信息交换规则。与"巴统"一样,"瓦协"同样包含两份控制清单:一份是军民两用商品和技术清单,涵盖了先进材料、材料处理、电子器件、计算机、电信与信息安全、传感与激光、导航与航空电子仪器、船舶与海事设备、推进系统9大类;另一份是军品清单,涵盖了各类武器弹药、设备及作战平台等共22类。中国同样在被禁运国家之列。目前该协定共有42个成员国(阿根廷,澳大利亚,奥地利,比利时,保加利亚,加拿大,克罗地亚,捷克共和国,丹麦,爱沙尼亚,芬兰,法国,德国,希腊,匈牙利,印度,爱尔兰,意大利,日本,拉脱维亚,立陶宛,卢森堡,马耳他,墨西哥,荷兰,新西兰,挪威,波兰,葡萄牙,大韩民国,罗马尼亚,俄罗斯联邦,斯洛伐克,斯洛文尼亚,南非,西班牙,瑞典,瑞士,土耳其,乌克兰,英国,美国),see About Us, http://www.wassenaar.org/about-us/, Jan. 30, 2018;尽管《瓦森纳协定》规定成员国自行决定是否发放敏感产品和技术的出口许可证,并在自愿基础上向其他成员国通报有关信息。但该协定实际上完全受美国控制。

技术输出国在意识形态、政治联盟等方面有特殊联系（如美国技术出口的对象国有欧盟、日本及其盟国或盟友，对中国和俄罗斯及其他它认为的敌对国，仍采取限制措施）时，母国较少控制，如果东道国政策得当，也能够使跨国公司转让一部分关键技术。20世纪六七十年代，韩国在全球知识产权保护不力时，严格限制FDI，也获得了一定的技术；但在发达国家注重知识产权保护后，从20世纪八九十年代开始，不断放开外商投资政策，吸纳高技术企业的投资。[1] 由此可以看出，时代不同，韩国对FDI的态度是不一样的，而20世纪80年代是个“分水岭”。

多数国家没有统一的技术转让法，技术转移主要体现在知识产权法律法规、贸易、竞争法和出口管制法等法律中。因为发达国家认为，技术转让属于私人之间的交易应当通过合同法来进行规范，发展中国家虽然认为由于技术受方处于弱势地位，依靠自己的力量无法与跨国公司相抗衡，政府应该对技术转让进行必要的干预，但政府很难把握干预的度；干预过度，跨国公司不转让技术，干预过弱，达不到效果，所以一些本来制定过技术转让法的国家最终也放弃了。

此外，技术作为商品与一般的有形商品不同，其市场流动并非完全自由。技术转移通常面对以下三个障碍：发达国家政府出于国家利益（政治、军事、经济、文化等方面的利益）维护的考虑，采取出口管制等；企业层面，有些跨国公司为了维护竞争优势，有意识地限制技术流转或施加不公平条款（如定价方面、限制性条款等）；技术自身的特点，即专利技术和专有技术等的结合。

在完善相关法律制度时必须考虑到上述诸要素。下文将从国内、国际两个层面分析和论证清洁能源技术法律制度方面的建议。

一、完善中国清洁能源技术转移法律制度是时代的要求

积极应对气候变化、减少环境污染和保护环境、走低碳发展道路已经成为国际社会的广泛共识。中国政府将生态文明放在国家建设更加突出的位置，应对气候变化等是生态文明建设的重要组成部分。[2] 十九大报告在原先的奋斗目标“物质文明、精神文明、制度文明和社会文明”基础上，将“生态文明”

---

〔1〕 李虹：《国际技术转移与中国技术引进》，对外经济贸易大学出版社2016年版，第32～33页。

〔2〕《解振华副主任赴欧出席中欧气候变化对话磋商等系列活动》，载《中国气象报社》2013年7月24日。

纳入国家现代化目标之中。报告明确，到21世纪中叶“把我国建成富强民主文明和谐美丽的社会主义现代化强国”、“我国物质文明、政治文明、精神文明、社会文明、生态文明将全面提升”，[1]而且将建设生态文明提升为“千年大计”，报告明确指出，“建设生态文明是中华民族永续发展的千年大计”，必须树立和践行绿水青山就是金山银山的理念，坚持节约资源和保护环境的基本国策。[2] 有学者认为，推动清洁技术成为潮流并在全球范围内快速扩张和发展的六个主要力量是6C，即成本（costs）、资本（capital）、竞争（competition）、中国（China）、消费者（consumer）和气候（climate）。他们认为中国成了清洁技术发展的六大动力之一，理由是：随着工业化、城镇化的快速推进，如果中国不广泛使用清洁技术，它将难以支撑其强劲的发展。[3] 这一观点既表明了他们对中国在清洁技术发展方面的肯定，又表达了他们对中国发展清洁技术的期待。

为此，我们应将在环境保护和经济社会发展方面面对的挑战变为推动中国经济转型升级的重要机遇，继续采取节能、提效、发展清洁能源技术、淘汰落后技术、发展循环经济等政策措施，走可持续发展之路，努力实现发展经济和环境资源保护的双赢。我国是温室气体排放大国，也是环境污染较为严重的国家，工业等产业发展是应对各种环境问题的重要领域，控制工业领域温室气体排放与环境污染，发展绿色低碳工业，既是我国应对气候变化的必然要求，也是我国工业可持续发展的必然选择。我国工业领域对清洁能源技术的研发和推广使用是未来7～8年中促进产业发展的关键和依赖。工业领域应对环境问题的指导思想是：全面贯彻落实科学发展观，牢固树立绿色低碳发展理念，以提高能源资源利用效率、控制工业温室气体排放及其他污染物等为目标，以产业结构调整和优化升级为主线，以科技创新和技术进步为支撑，以体制机制创新为保障，大力推动清洁能源技术改造传统产业，发展战略性新兴产业，加强能力建设，形成政府引导、市场驱动、企业主体的与国情相适应的工业低碳发展机制，为我国应对气候变化战略目标的实现做出贡献。[4] 其中，清

[1] 习近平：《决胜全面建成小康社会　夺取新时代中国特色社会主义伟大胜利》（中国共产党第十九次全国代表大会上的报告，2017年10月18日），人民出版社2017年版，第19、29页。

[2] 习近平：《决胜全面建成小康社会　夺取新时代中国特色社会主义伟大胜利》（中国共产党第十九次全国代表大会上的报告，2017年10月18日），人民出版社2017年版，第23页。

[3] See Ron Pernick and Clint Wilder: The Clean Tech Revolution: Discover the Top Trends, Technologies, and Companies to Watch, New York, NY: Harper, 2008, pp. 6, 13－15.

[4] 2013年1月9日工信部发布的《工业领域应对气候变化行动方案（2012—2020年）》。

洁能源技术转让和扩散机制是十分关键的。

历史发展表明,在自由资本主义时期,资本主义获得了前所未有的发展,使其在世界上获得了占绝对优势的话语权,以至于近300年来,世界总体上是东方从属于西方。但1929~1933年全球性的经济危机及后来以垄断资本主义为特征的帝国主义国家发动的世界大战,让人们深刻认识到资本主义自由经济政策带来的危害,有可能让资本主义覆灭。于是,20世纪30年代后的资产阶级精英们在看到苏联社会主义在短期内取得的巨大成就及显现出的旺盛的生命力后,借鉴了苏联社会主义制度中的积极因素,对资本主义制度进行了三大改革即政府干预市场、建立国有企业与企业社会化及增加社会福利;这些改革,结合资本主义制度中合理因素,缓解了资本主义固有的矛盾,增强了社会凝聚力。[1] 然而,到20世纪80年代,随着苏联经济的衰退及其本身变革的不成功,自由经济政策沉渣泛起,它们以里根经济政策[2]和撒切尔主义[3]为代表,削弱政府干预,国有企业私有化并逐渐减少社会福利等;特别是1991年12月苏联的解体,更是给资本主义找到了绝好的借口。然而,事实证明,自由资本主义经济政策(可以说是一种过于自私的政策)既使这些国家国内经

---

〔1〕 盲目提"与国际接轨"和"让一部分人先富起来"已经不能适应今天发展的需求。具体论述参见程明道:《气候变化与社会发展》,社会科学文献出版社2012年版,第56~57页。

〔2〕 里根经济学的主要内容是通过削减政府开支和控制货币供应量的增长,降低通货膨胀率;通过减税和加速企业折旧,以及改革一系列有碍于生产的规章制度,为企业经营者提供宽松的环境和市场自由竞争的政策空间,调动企业经营者和投资者各方面的积极性,摆脱停滞和膨胀,促进经济的稳定和发展。里根的经济发展总体思路是以供给学派的减税政策来对付经济停滞,以货币学派的控制货币供应量来对付通货膨胀。1981年2月,里根向国会提出的经济复兴计划就是这两个学派经济理论观点相结合的产物,它集中体现了里根经济学的主要内容。这个计划的要点是:(1)削减财政开支(不包括军费),特别是社会福利开支,减少财政赤字,至1984年实现预算收支平衡。(2)大规模减税,三年内减少个人所得税,对企业实施加快成本回收制度等,给企业以税收优惠。(3)放松政府对企业规章制度的限制,减少国家对企业的干预。(4)严格控制货币供应量的增长,实行稳定的货币政策以抑制通货膨胀。这一计划反映了里根经济学的基本设想是:摒弃需求管理对工资、物价的控制和随机应变的货币政策;主张采用减税和紧缩政府开支,实行预算平衡和货币供应量的稳定增长;放松政府对企业的限制和干预,通过刺激供给、自由竞争,使美国经济达到自动复兴和发展。其核心内容是自由经济政策。

〔3〕 所谓撒切尔主义是指撒切尔夫人上台后在保守党内出现的一股占统治地位的"新右派"势力的意识形态,是当代西方"新自由主义"与"保守主义"的"混血儿":一方面坚持新自由主义的自由市场经济理论,另一方面却又主张新保守主义的文化右翼纲领政策;它反对建立在凯恩斯经济学和对福利国家的支持之上的"共识政治",是更为广泛的、自由市场政策,从某种程度上说是国际性的反对平等主义和集体主义倾向的一部分。采取的措施有私有化、去监管化、减税、取消汇率管制、打击工会力量,以及颂扬财富创造、而非财富再分配等。

济在不长时间内遭遇困境,[1]也使国际社会成员间贫富分化加剧,先后导致了一系列的区域经济危机及1997年、2007~2008年的全球性经济危机的爆发。在人类面临更多公共问题的情况下,中国的社会主义制度有其独特的优势,[2]特别是在面对气候变化等重大问题面前,我们可以杜绝西方由跨国公司等私人主体或少数利益集团控制政府的现象,利用社会主义制度的优势、集古今中外社会理念的精华,在科学发展观政策指导下,以和谐社会的建立为目标,修改引起贫富分化的不当法律法规和政策,以增强社会凝聚力。[3] 有良好的社会制度和经济制度(计划经济与市场手段相结合,政府宏观调控和适当干预经济发展[4]),借助于恰当的技术转让法律制度,在应对气候变化方面,中国会取得巨大成就。按照自由经济政策的精髓即"每个经济人所考虑的只是自身利益而非社会利益"[5]来应对气候变化,是无法让人看到希望的,尽管他对自身利益的关注自然会,或者说,必然会使他青睐最有利社会的用途。[6] 自中国领导人提出人类命运共同体以来,这一理念已经得到各国和主要国际组织的认可,表明中国方案和中国道路日渐在国际社会产生了积极影响;[7]其中,中国在应对气候变化等领域一直主张的技术转移和分享理念必将随着中国的"一带一路"和其他对外政策得到认可,并最终会反映到国际和国内相关的法律制度中。

20世纪80年代以来,中国政府制定了"开发与节约并重、近期把节约放在优先地位"的方针,确立了节能在能源发展中的战略地位。通过实施《节约

---

[1] 最典型的是英国,撒切尔主义给英国带来一时的经济繁荣,但20世纪90年代英国经济发展很快又陷入困境。美国借助于新经济(信息技术)获得了新生;如果没有新技术,美国状况也不会好到哪里。

[2] 苏联解体的原因很多,但在根本上,它不是社会主义制度本身引起的,恰恰是其在发展过程及后期改革中有很多偏离了社会主义原则而导致的;当然,作为世界上第一个社会主义国家,其经验的缺乏及无法应对世界发展的错综复杂等使其轰然倒地,也是重要原因。

[3] 程明道:《气候变化与社会发展》,社会科学文献出版社2012年版,第59~60页。

[4] 苏联在20世纪80年代的经济衰退及90年代初的解体,让自由经济政策和私有化沉渣泛起提供了机会和理由,此后计划经济几乎遭到普遍的反对。但此后不久的1997~1998年的金融危机和2007~2008年的世界性经济危机似乎说明没有计划的市场经济仍然是一种破坏式的发展模式。苏联的解体不仅是苏联的悲哀,也是人类及人类认识史上的损失。如果社会主义制度能够像20世纪五六十年代资本主义吸收社会主义制度的长处,苏联也许不会解体。苏联的解体是经验缺乏所致而非制度本身。参见程明道:《气候变化与社会发展》,社会科学文献出版社2012年版,第63~64页。

[5] [英]亚当·斯密:《国富论》,唐日松译,华夏出版社2005年版,第522页。

[6] [英]亚当·斯密:《国富论》,唐日松译,华夏出版社2005年版,第522页。

[7] 王政淇、张益智:《习近平日内瓦演讲一周年:世界为何青睐"人类命运共同体"》,载http://politics.people.com.cn/n1/2018/0117/c1001-29771064.html,2018年1月30日最后访问。

能源法》及相关法规，制定节能专项规划，制定和实施鼓励节能的技术、经济、财税和管理政策，制定和实施能源效率标准与标识，鼓励节能技术的研究、开发、示范与推广，引进和吸收先进节能技术，建立和推行节能新机制，加强节能重点工程建设等政策和措施，有效地促进了节能工作的开展。中国万元 GDP 能耗由 1990 年的 2.68 吨标准煤下降到 2005 年的 1.43 吨标准煤（以 2000 年可比价计算），年均降低 4.1%；[1] 到 2011 年，全国万元 GDP 能耗为 0.793 吨标准煤/万元，与 2010 年相比降低了 2.01%；[2] 但与当初预计的目标（到 2011 年年底万元单位能耗再降低 3.5%[3] 即 0.765 吨标准煤）还是有一定差距的，与发达国家在 0.2 吨标准煤/万元的标准差距更大。当技术发展到一定阶段没有实质性突破的话，能源使用效率提高的难度会进一步加大；2012 年，我国能耗进一步下降，约为 0.764 吨标准煤/万元，比前一年下降了 3.6%，[4] 相当于与 1990 年的 28.5%。过去 20 多年的进步显然是非常快的，但是与发达国家比，效率仍然不高，而且如果还以目前技术进步状况进行的话，能耗年降低率幅度会越来越小。为此，中国仍须做更多努力，其中，技术转让法律制度的完善是十分关键的部分。

在产品价值链形成过程中，除加工制造外，还有六大环节即产品设计、原料采购、物流运输、订单处理、批发经营、终端零售。而这六大环节创造出了 90% 的价值，是整条产业链里面最有价值、最能赚钱的部分。不过，在现在的全球竞争格局下，这些环节中最关键、最赚钱的环节几乎都不是中国企业所控制的。[5] 这种模式必须改变，而改变的前提是要有清洁技术和更多自主知识产权的技术。路径是通过研发和转让获得；无论是哪一种，都需要充分利用现有的技术，所以转让（国内——尽快通过转让等路径提高清洁技术的利用率，国际——通过转让获取所需技术并转化为现实生产力）是十分关键的。有学者建议引进国外新能源和环保技术并加强自主研发能力；无害环境技术的领先程度对国家和企业的核心竞争力起到至关重要的作用；通过合作等手段引

---

〔1〕 中国国家发展和改革委员会组织编制：《中国应对气候变化国家方案》，2007 年 6 月，"第一部分中国气候变化的现状和应对气候，三、中国减缓气候变化的努力与成就"。

〔2〕 《2011 年全国万元 GDP 能耗降低 2.01%》，载《人民日报》2012 年 8 月 17 日，第 1 版。

〔3〕 张子瑞、李永强：《2011 单位 GDP 节能指标未完成节能减排进入到攻坚期》，载《中国能源报》2012 年 2 月 29 日。

〔4〕 顾梦琳：《2012 年统计公报公布去年万元 GDP 能耗下降 3.6%》，载《京华时报》2013 年 2 月 23 日。

〔5〕 这破坏了我们的环境，消耗了我们的资源，剥削了我们的劳动，利润的 90% 让跨国公司拿走。参见郎咸平：《产业链阴谋》，东方出版社 2008 年版，第 76 页。

进他人先进技术,同时吸取他人经验教训,跟踪最新技术。更主要的是,在此基础上自主研发,实现高起点跨越式赶超,参与国际竞争。[1] 这些建议过于空泛,中国自改革开放以来,诸多政策一直关注引进技术,但问题的关键在于如何通过具体的法律制度来促进政策的实现。

应对气候变化和保护、治理环境可以说是一个庞大的系统工程,需要政治、经济、法律、文化等各种制度的全方位的配合。我国目前的制度应当是最有利于环境保护和治理活动的:政治制度方面,坚持社会主义政治制度与民主集中制;经济制度方面,坚持计划经济与市场经济的较为完美的结合;法律制度方面,在维护人民当家做主地位的基础上,既注重私权利的充分保护又重视公共利益的维护;文化制度方面,中国文化传统中的"天人合一"、"以人为本"、"中庸之道"、儒家义利观、均贫富(共同富裕)、"存天理、灭人欲"及今天和谐社会构建等理念对环境和自然的保护有着积极意义。[2] 这样可以集中力量,研究开发国家和社会所需要而私人部门因无利可图而不愿意开发的新技术;例如,埃博拉病毒引起的疾病属于西非地方性疾病,因为无利可图,发达国家跨国公司即使拥有很好的研发基础和人才,也不愿意去研究开发预防和治疗此类疫病的药。故 2014 年 2 月在几内亚境内爆发的埃博拉病毒疫情很快蔓延到西非诸国,进而在全球引起恐慌,直至 2016 年 3 月才逐渐平复。其间,中国、加拿大、美国等研发机构积极研究,产生的成果使病情扩展和防疫得到有效控制;然而公司积极参与的不多,这些公司主要在中国。此外,基于我国良好的制度,可以将社会价值较高、于环境保护有利的技术在适当的商业条件下在相关行业里推行。如我国《专利法》第 14 条规定:"国有企业事业单位的发明专利,对国家利益或者公共利益具有重大意义的,国务院有关主管部门和省、自治区、直辖市人民政府报经国务院批准,可以决定在批准的范围内推广应用,允许指定的单位实施,由实施单位按照国家规定向专利权人支付使用费。"该条规定的"对国家利益或者公共利益具有重大意义的"情形,显然包括环境方面的重大利益,它对公众的健康、社会经济发展等的影响非同一般,环境方面的问题很容易与公共利益挂起钩来。这一规定对清洁能源技术的扩散和转移无疑有着重要意义。

最好的法律是规律的反映。针对前文分析的我国无害环境技术转让法律制度的不足和原因,本节试图就此进行探讨,以摸索出该方面的法律制度完善

---

[1] 陈泮勤等主编:《气候变化应对战略之国别研究》,气象出版社 2010 年版,第 141 ~ 142 页。

[2] 程明道:《气候变化与社会发展》,社会科学文献出版社 2012 年版,第 52 ~ 73 页。

路径,制定出符合清洁能源技术转移规律的法律,为我国预期目标的实现做出贡献。

二、完善清洁能源技术转移法律制度的国内措施

清洁能源技术相对落后是中国调整经济结构的严重阻碍,目前中国的低碳技术开发能力和关键设备制造能力(特别是核心技术,如风能发动机等,国内大部分的风机制造商没有自主知识产权)与发达国家之间还存在较大差距,[1] 如何从发达国家引进适合我国国情的先进、高效、清洁的能源生产和利用技术是中国应对气候危机、实现经济可持续发展的关键。而实现这一过程并不容易,各种政治议价是横亘在技术转让问题上的主要沟壑。[2] 从形式上看,国家利益层面的考量可能是最大障碍。但我们需要认识到,绝大多数无害环境技术掌握在私人手中,在某些方面可以避开所谓的"国家利益"之争,通过国内法的完善,吸引跨国公司转让技术。为此,我们既要考虑到供方的需求,也要考虑到受方的情况。实际上,每个技术受方的投资决定都是关于技术的决定;如果投资者是公共部门,则可以通过公共政策实施促进、支持技术的开发和转让。但多数投资方是私人企业或个人,因此政府的恰当的政策支持很重要,它们能够影响投资方的决策即选择环境友好技术。国家可以提供一些帮助,通过分析来识别技术需求和费用效益,如贸易补贴政策、知识产权制度对创新的激励及促进技术转让的资助系统。[3] 而如何让供方自愿、积极地转让技术,是中国也是很多发展中国家所面对的更为艰巨的任务。条约规定是外在的形式,而企业发自内心自愿地转让才是决定性的。因此,制定良好的应对气候变化的技术转让政策也须注意避免造成过度依赖政府机构的情况,因为虽然政府领导在改善气候变化这个问题上起极为重要的作用,但是市场和价格机制的作用必须发挥,以便私营部门更有效地提高投资和生产决策的效率。[4]

技术落后国家的技术能力的提升,往往经过技术引进、模仿阶段,再进入

---

〔1〕 李新民:《我国清洁能源缺乏核心技术:繁荣并尴尬着》,载《经济参考报》2009 年 12 月 22 日。

〔2〕 李盛:《全球气候治理与中国战略选择》,吉林大学 2012 年博士学位论文,第 119 页。

〔3〕 Outi Berghall:《促进全球环境的技术研发与转让》,载刘燕华主编:《气候变化与科技创新》,科学出版社 2009 年版,第 314 页。

〔4〕 《2007/2008 年人类发展报告》,载 hdr. undp. org/en/media/HDR_20072008_CH_Overview. pdf,2018 年 1 月 30 日最后访问。

创新阶段。今天的中国与20世纪90年代的日本相似,既是技术引进国又是技术输出国。为此,在制定相关法律时要兼顾这两个方面。

我国《宪法》规定"国家保护和改善生活环境和生态环境,防治污染和其他公害",[1]这为清洁能源的技术转让提供了宪法性基础,相关部门法对技术转让也做出了直接或间接的规定。但总体上,目前中国没有专门的清洁能源方面的法律(尽管《清洁生产促进法》以提高能源使用效率等为核心,但它不是专门针对清洁能源领域的法律),也无专门的技术转让法,更无清洁能源技术转移法。然而在《节约能源法》、《可再生能源法》与《循环经济促进法》等中有技术转让方面的规定(具体参见前文相关章节)。在行政法规方面也尚无正式的规范性文件直接涉及技术转移,只是在相关的文件中有所涉及。[2]基于笔者的初步研究,针对技术转让,首先可以制定统一的技术转让法,然后在其中对清洁能源技术转让做出特别的规定,如更为优惠的条件、强制许可门槛较低和其他激励措施等,可能更为现实。在技术转让法没有制定颁布前,应对现有的法律制度进行完善,并加大执法力度,以收到预期的应对效果。

中国需要制定应对气候变化法,其中特别强调技术转让和开发的重要性。根据《京都议定书》,中国在2008年至2012年承诺期不承担减排义务。但实际上,中国一直在进行减排方面的努力,然而这种努力直到2018年1月1日《环境保护税法》生效之前,都缺少相关法律的有力推进。由于企业因气候变化与自身经营行为的关系了解不多,关心甚少,对政府参与气候变化的国际谈判理解不深,对中国加入的有关协议义务的履行可能会重视不够,由此对自身的长远发展产生负面影响。在2009年哥本哈根COP15会议上,中国承诺到2020年,单位GDP能耗或二氧化碳减排以2005年的排放为基础将减排40%~50%;在2015年巴黎COP21会议上,中国政府承诺在2030年,中国的温室气体排放达到峰值,从2031年起,中国实行绝对减排。而要实现以上目标,最终要靠清洁能源技术。因此,促进清洁能源技术开发和转让是迫在眉睫的事情。为此,我们应做到未雨绸缪,充分利用10多年左右的过渡期,坚持"共同但有区别的责任"原则,贯彻科学发展观,引进和自主研发先进环境友好技术同时并进,在目前状况下,以引进、消化、吸收再创新为主要手段,快速提升创新能力,走可持续发展之路,使企业提前进入状态,这样于企业和国家

---

[1] 《中华人民共和国宪法》(2018修正)第26条。

[2] 气候变化方面的相关论述参见马忠法:《应对气候变化的国际技术转让法律制度研究》,法律出版社2014年版,第460~462页。

都有利。在国内层面，可以从两个方面进行努力。

（一）完善国内技术转移法律制度

中国特色社会主义新时代法治国家建设的指导方针是“科学立法，严格执法，公正司法和全民守法”。完善国内技术转移法律制度，也要在该方针指导下完成。完善相关制度已成为诸多学者的共识。设立技术转让的合理法律制度，如设立适当的标准、完善许可制度等，[1]对国内应对气候变化、环境污染治理和保护很关键。国家发改委前副主任、气候变化国际会议谈判主要负责人解振华曾经指出的应对气候变化的有效技术开发与转让机制应包括的四点内容（一要有技术开发、合作及转让的目标；二要确定技术开发与转让重点领域和关键技术；三要加强国际合作，加强发展中国家应用技术能力建设；四要着力消除技术转让障碍，制定技术转让激励措施，建立国际技术转让基金，购买关键技术以供转让）[2]可以说点中了问题的要害（具体内容参见后文），它们同样适用于环境保护领域，我国相应法律制度的完善也需要围绕这些来展开。

从技术转移法律制度完善的内容方面来说，目前应重视环境友好技术转移或引进的立法与执法问题。我们在利用现有国际条约的有关规定、开展各种合作[3]及提升企业自主研发能力的同时，应根据其有关技术转移的规定，加快和完善国内环境友好技术的转化和转让及鼓励科技创新立法，建立和逐步完善技术交易机制，成立专门进行技术贸易的交易所，推动技术转让和转化，让技术发挥其应有的作用。虽然中国已有相关法律体系，但它们满足不了现实需求，我们可以借鉴美国的做法，将科技法和知识产权法的立法重点放在促进技术流转和转让上，在国家相关的政策如2009年全国人大常委会《应对气候变化决议》指导下、2016年国家的《能源发展“十三五”规划》及《能源技术革命创新行动计划（2016～2030年）》影响下，坚持充分发挥科学技术的支

---

〔1〕 邹骥、王克、傅莎等：《环境有益技术开发与转让国际合作创新机制研究》，经济科学出版社2009年版，第94页。

〔2〕 叶佳、钱铮：《中国呼吁发达国家转让可再生能源技术》，载 http://news.163.com/08/0316/01/474BJ4FK0001124J.html。

〔3〕 如在利用清洁发展机制（CDM）方面，中国政府成立了由相关部门组成的清洁发展机制审核理事会，并于2004年6月发布了《中国清洁发展机制项目暂行管理办法》，规定了项目申报和许可程序。目前已经正式批准了两个清洁发展机制项目，有很多项目正在进行前期准备。在《京都议定书》生效之际，国家发改委副主任刘江表示，中国政府已经采取了七项措施应对气候变化。详细内容参见《中国政府已采取七项措施应对气候变化》，载 http://www.lznews.cn/show.aspx?id=75185&cid=18，2018年1月30日最后访问。

撑和引领作用,[1]制定统一的技术转让法,[2]明确规定技术转让的目标(不是为了转让而转让,而是为了提升创新能力),[3]促进和加快技术在国内的转让和扩散,以加速提升创新能力。我国在打击盗版、侵权等方面立法已日趋完善,执法力度也在不断加大,但在涉及技术转让的立法、执法方面尚须做出很多努力。通过立法对"技术转让"做出较为准确且适合中国经济发展需求的定义,而不应采取过于宽泛的定义。而且,即使同样是清洁能源技术,各技术的能源效率和带来的清洁程度各不相同,我们要通过相关法律法规明确清洁能源及清洁能源技术的含义、技术等级评价标准,将现有或将开发的清洁能源技术依照清洁能源效率与排放量的标准进行分类,并定期调整评级标准的内容,设立技术转移评级专家组,[4]使那些具有较好效率的清洁能源技术能够尽快得到转移和应用。

1. 立法方面

立法方面要做到"科学立法",即制定出符合规律和反映广大人民意志的法律,它是法治国家建设的基本前提。结合我国目前的现状,在清洁能源技术转移方面,无疑立法也要先行,特别是改变长期执行的"以市场换技术"为指导的技术转移政策。

首先,在可能的情况下,推动《技术转让(转移)法》的制定。中国在引进外资的40年的历史中,成绩很显著,但带来的负面影响也是不容忽视的,如环境保护问题、关键技术创新能力形成问题等没有较好解决。在技术引进方面,我们同样犯了"盲目追求GDP和发展压倒一切"的极端主义错误,将技术引进和转让视为一般的商品买卖,没有充分发挥它在技术能力提升方面的作用;经济发展了,但人们的福利和生活质量等却在受到威胁。其实早在20世纪90年代初,联合国文件就指出"发展不应仅体现为GNP总值的单纯功能,它应被理解成人与集体一致的和谐发展"。[5] 这也是外企对中国环保法不够重

---

〔1〕 张梓太:《中国气候变化应对法框架体系初探》,载《南京大学学报》(哲学·人文科学·社会科学)2010年第5期。

〔2〕 发展中国家的阿根廷(1981)、蒙古(1998)、越南(2006)和韩国(2006)等国都先后制定过《技术转让法》或《技术转让和商业化法》,对促进本国经济发展起到过积极作用。载www.wipo.int/wipolex/en/,2018年1月30日最后访问。

〔3〕 蔡声霞:《国际技术转移与发展中国家的技术能力建设》,经济科学出版社2013年版,第125~140页。

〔4〕 周巍:《中美清洁能源合作法律制度研究》,外交学院2010级硕士学位论文。

〔5〕 克里斯蒂安·托穆沙特:《发展权》,载《当代联邦德国国际法律论文集》编辑委员会:《当代联邦德国国际法律论文集》,北京航空航天大学出版社1992年版。

视的原因之一。因此,政府应适当积极介入,通过立法堵塞这方面的漏洞,要求我国企业在与外国企业合作时,不能重短期利益,片面强调发展,而忽略可能带来的严重污染;应当积极鼓励企业引进环境友好技术,发展无烟工业。因为引进外资的最终目的是服务于本国利益,促进本国经济持续、稳定、健康发展,提升技术创新能力。作为大气、土壤、水等环境保护的基础性法律《环境保护法》的第一次重大修正案已经在 2014 年 4 月通过。修改后的该法第 1 条中增加了"推进生态文明建设,促进经济社会可持续发展"这一目标,并进一步明确国家支持环境保护科学技术的研究、开发和应用,鼓励环境保护产业发展,促进环境保护信息化建设,提高环境保护科学技术水平。[1] 这些都是非常可喜的进步,说明立法者十分重视科技及技术转移(修正案中特别突出了"技术运用"和"环境保护产业发展"在环境保护和经济发展中的决定性作用)。它们无疑也将会对应对气候变化的相应法律制度的完善提供强有力的基础。为此,我们可以在总结我国现有有关技术转让规定的基础上,吸取美国、[2]欧盟、[3]日本[4]及越南、蒙古国等国家的立法经验并借鉴合理内容制定出符合中国发展需求的技术转让法,[5]重点突出清洁能源技术转让内容,以满足我国应对气候变化之需要;注重鼓励和吸引发达国家的拥有环境友好

---

〔1〕《中华人民共和国环境保护法》(2014 修订)第 1 条。

〔2〕 如美国 1995 年 4 月由其司法部和联邦贸易委员会发布了《知识产权许可反托拉斯指南》,内容有 6 个部分:知识产权保护和反托拉斯法;一般原则(标准反托拉斯分析适用于知识产权,知识产权和市场力量,许可利于竞争的益处);反托拉斯的关注及分析模式(关注的性质,被许可安排影响的市场——货物市场,技术市场及研发:创新市场,横向和纵向关系,评估许可限制框架);与机构评估许可安排相关的一般原则(反竞争效果的分析——市场结构、协调及排斥、涉及排他性的许可安排,效率和合理性,反托拉斯"安全区");一般原则的运用(横向限制,转售价格的维持,捆绑安排,独占性交易,交叉许可与联营协议,回授及知识产权获取)与无效知识产权的实施等。See "Antitrust Guidelines for the Licensing of Intellectual Property", www. justice. gov/atr/public/guidelines/0558. htm, Jan. 30, 2018.

〔3〕 为规制技术转让方面的不公平现象,欧共体委员会于 2004 年 4 月 27 日颁布《关于条约第 81 条第 3 款适用于技术转让协议的 772/2004 号条例》,含有定义、豁免、市场份额门槛、无条件限制、排他限制、个案撤回、不适用本条例情形、市场份额门槛适用情形、撤销、过渡期和有效期共 11 条,其中核心是前 8 条。See "Commission Regulation (EC) No. 772/2004 of 27 April 2004 on the application of Article 81 (3) of the Treaty to categories of technology transfer agreements", *Official Journal of the European Union*, 2004. 4. 27.

〔4〕 日本公平贸易局在 2007 年颁布《反垄断法下的知识产权运用指南》(See "Guidelines for the Use of Intellectual Property under the Antimonopoly Act", http://www. jftc. go. jp/en/legislation_gls/imonopoly_guidelines. html, Jan, 2018.),取代 1999 年颁布的《专利和技术秘密许可协议中的反垄断法指南》。

〔5〕 该法内容可以成为本书研究的延续,限于篇幅和精力,本书不做展开。

技术的私有企业和中国的政府、企业和机构(如大型电力设施机构)开展能源技术转让方面的合作。[1]

其次,完善现有法律中有关技术转让规范的内容。我们须充分重视结合技术转移跨领域、综合性的特点,对与其相关的法律法规进行完善。如技术转须合作方面的规范是立法的一项重要内容。这里的合作不仅指国际上与其他国家在无害环境技术转让方面的合作,还应包括国际、国内各相关主体间(尤其是政府与企业间、企业与企业间)的合作。该方面法律规定的核心是充分调动私人部门在技术转让中的核心作用。法律制度应注重私人主体在技术转让方面作用的发挥,[2]不仅是国外公司与国内公司,而且国内公司之间等的技术转让都应当被法律所涵盖。发达国家的公司之间实际上也是需要技术转让的;如美国辛辛那提公司[3]一位负责人尽管认识到解决气候变化问题需要精炼技术和能源利用技术,但他指出"我们不是技术开发者或所有者。我们是新技术的用户,这种新技术可以使我们更经济地经营我们的工厂"。[4] 这句话告诉我们:他们也是在使用别人的技术,而这种技术肯定是通过转让获得的。它最终于2006年被杜克能源收购,其中一个重要因素可能就是能够更好地使用后者的创新技术。实际上,技术转让的最彻底的方式就是被有技术特长的公司合并或合并有自己所需技术的公司,这样可以在公司内部分享该技术。这一点对我们很有启示意义。我们可以通过法律政策等的制定,让私人主体认识到气候变化正在变成一个更像是业务开发的议题,[5]控制温室气体

---

[1] 如澳大利亚、法国和美国的一些私有企业,已经和中国的政府和机构(如大型电力设施机构)就煤炭和核能展开了双边合作。See Robert O. Keohane, David G. Victor, "The Regime Complex for Climate Change", *Perspectives on Politics* 9(1), 2011.

[2] 有人建议在应对气候变化方面,"要推动跨国公司承担企业社会责任,其主动放弃一些技术专利保护"(参见张建平:《气候变化谈判框架下的国际技术转让机制研究》,载《国际贸易》2010年第5期)。企业承担社会责任可以,但要求他们主动放弃专利保护不足取。实际上,社会责任、专利保护和转让三者之间不矛盾;我们不主张要求私人公司放弃专利保护,而主张权利可以依法行使,只是在涉及应对气候变化和公共健康等问题时,要求权利受到限制。

[3] 该公司(Cinergy Corp.)成立于1994年10月24日,由辛辛那提天然气和电气公司(CG & E)、肯塔基附属统一照明、热能和电力公司(subsidiary Union Light, Heat & Power, ULH & P)与印第安纳州公共服务能源公司(Indiana-based PSI Energy)等合并而成。它于2006年4月3日被杜克能源公司所收购。它规模不大,却被研究人员认为是美国第49大空气污染制造者(公司类的),每年排出约2900万磅的有毒化学物质。See Cinergy, en. wikipedia. org/wiki/Cinergy.

[4] [美]安德鲁·霍夫曼等:《碳战略顶级公司如何减少气候足迹》,李明等译,社会科学文献出版社2012年版,第116页。

[5] [美]安德鲁·霍夫曼等:《碳战略顶级公司如何减少气候足迹》,李明等译,社会科学文献出版社2012年版,第107页。

排放不仅是伦理上正确的事情，也是一个精明的商业决策。[1] 如此，可以充分发挥私人主体在应对气候变化和技术转让方面的主动性与积极性，而非单靠所谓的公司社会责任、法律责任等强制性的规定让其被动转让技术。这方面的立法可以结合三资企业法的修订或正在制定的《外国投资法》[2]进行，注重"支持外商投资设立研发中心，与内资企业、科研机构开展研发合作"[3]，以真正推动技术转移和技术创新能力。委托或合作开发是比较好的技术转移方式，我们需要充分利用这一点。

在立法时应当注意，不要鼓励企业盲目引进所谓的高尖精技术，因为最尖端的先进技术未必适合中国，我们应引进和应用与本国环境、技术发展水平相适应的技术。实际上，成功的技术转让标准是引进适合受方的吸收能力、做出适应性改进并较好服务本国的技术。[4] 而且引进技术不能重复引进，在国内形成浪费，甚至是恶性竞争。我们应该通过立法确保在无害环境技术转让领域避免 20 世纪 80 年代在彩电、冰箱、汽车制造业等领域盲目、重复引进所带来的消极现象，即把技术交易看成货物贸易，"以市场换技术"不但没有得到技术（这里的"技术"是指在引进技术基础上经过消化吸收再创新后获得自主知识产权的创新了的"技术"），反而丢掉了市场。[5] 此外，还应注意适应气候变化方面的技术转让；在目前无法从根本上减少气候变化，适应技术的引进、开发和转让不容忽视，特别是农业、海洋产业等容易受气候变化直接影响的相关产业。[6]

需要强调的是，在涉及经济发展的负外部性因素方面，国家的积极干预是减少消极影响的一种较为有效的手段。我国在应对、处理气候变化这一问题时，有较好的政治、经济和法律制度保障。我国的政权机构完全不同于西方的三权分立，议行合一的人民代表大会制度能保证国家机关代表的是人民的利

---

〔1〕［美］安德鲁·霍夫曼等：《碳战略顶级公司如何减少气候足迹》，李明等译，社会科学文献出版社 2012 年版，第 134 页。

〔2〕该法草案正在讨论之中。

〔3〕《国务院关于扩大对外开放积极利用外资若干措施的通知》（国发〔2017〕5 号）第 6 条，2017 年 1 月 12 日。

〔4〕Outi Berghall：《促进全球环境的技术研发与转让》，载刘燕华主编：《气候变化与科技创新》，科学出版社 2009 年版，第 313～314 页。

〔5〕具体分析参见马忠法：《初探技术流转法律制度与建设创新型国家战略之关系》（上、下），载《科技与法律》2007 年第 4、5 期。

〔6〕潘家华、郑艳：《适应气候变化的分析框架及政策涵义》，载《中国人口·资源与环境》2010 年第 10 期。

益，而非大公司或部分利益集团的代言人，它们能集中利用全国资源，立法、行政等中央机构有较高权威，它们制定的政策能在全国各地方、各企业及社会各阶层得到统一的执行，以确保中央节能减排政策和以可持续发展为核心的科学发展观之落实。这一点是多为特定利益集团代言人的西方国家政府所无法做到的。

最后，通过立法着力消除技术转让障碍，建立技术转让基金等。消除障碍是为技术转让打开畅通之道，最大限度发挥技术的作用和潜力；建立基金等是在资金方面为技术转让助一臂之力。我们必须重视技术转让在创新方面的积极作用并通过立法给予体现。它主要体现在两点：一是引进技术方面的消化吸收再创新的法律制度构建，特别是引进技术基础上的后续研发法律制度，它直接关系到我们引进技术的目的能否实现，也是技术转让这一商业行为与一般商品交易不同的最根本的地方。[1] 二是技术转化方面的法律制度完善和构建，直接关系到科技成果能否转化为现实生产力，关系到清洁技术的创新能否在温室气体减排方面发挥积极作用。政府的立法等行为要让企业认识到：气候变化带来的重要转变既会改变现有的市场，也会创造新的市场。[2] 目前，技术转让障碍的表现之一是高质量的无害环境技术来源不足，因此，技术研发是克服障碍的重要方面，特别是开发出高质量的环保技术，以为技术转让提供良好的源头。[3] 对于我国诸多无研发能力的企业而言，在国际、国内各主体的帮助下，通过各种渠道获得较好技术的来源，通过技术转让这一根本途径，充分利用一切可以利用的现有技术，是跨越障碍的第一步。

建立和完善技术流转制度，促进技术转让和扩散，特别是技术中介服务机构、技术交易市场等是打开技术转让畅通的大门；为此，该方面的法律制度要尽快健全起来。[4] 2013 年商务部、国家知识产权局及上海市人民政府等决定在上海每年开展一次国际技术交易会，这无疑在实践中迈出了非常有意义的一步，它必将对我国技术转让产生很多积极影响。目前，在类似法律制定前，基于现有的规定，我国可建立专门的知识产权保护服务中心，提供气候有

〔1〕 马忠法：《试论我国技术引进后续研发问题及其完善》，载《知识产权》2009 年第 6 期。

〔2〕 [美]安德鲁·霍夫曼等：《碳战略顶级公司如何减少气候足迹》，李明等译，社会科学文献出版社 2012 年版，摘要第 9 页。

〔3〕 相关内容可以参见马忠法：《科技成果流转法律制度与上海创新型城市建设研究》，知识产权出版社 2012 年版，第 260 ~ 265 页。

〔4〕 参见马忠法：《科技成果流转法律制度与上海创新型城市建设研究》，知识产权出版社 2012 年版，第 280 ~ 303 页。

益技术国际开发与转让过程中的专门的知识产权保护服务，并提供信息调查与相关的法律服务。[1]

在基金方面，如果说国际社会因涉及不同国家利益，各种国际基金的作用较为有限，我们可以理解；但在国内，通过国家法律和政策的引导，基金对促进技术转让应该能够起到巨大的推动作用。因此，我们应探索资金问题，包括私营部门、合资企业、公私伙伴关系的作用以及碳融资和出口信贷的潜在作用，[2]在做好研究的基础上，通过该方面制度的构建和实施，发挥出其在技术转让方面的辅助作用。

至于不少学者认为当下的知识产权制度一定程度上阻碍了技术转让，此方面需要进一步讨论，具体参见下文。此外，笔者认为如果在中国实施"碳排放交易体系"，会在一定程度上阻碍技术转让。因为对发达国家而言，各公司之间通过建立"碳排放交易体系"来实现减排目标可能是个有效路径，[3]但对中国等发展中国家而言，技术转让、获取和分享制度可能更为重要；而且从根本上说，即使对发达国家而言，也只有通过合理法律制度分享先进技术才是最终出路。[4] 因为确定碳排放的限量标准是一个十分复杂的问题，根据什么分配有关主体的排放量？在国内如此，在国际社会也如此。此外，如何测定碳排放也是一个难以解决的棘手问题。因此，中国目前可以暂缓碳排放交易市场的建立，[5]重点应放在技术开发和转让的法律制度构建方面。

自由是做法律所许可的一切事情的权利。[6] 但这个法律必须是反映特定领域规律的法律。我们希冀中国在应对气候变化技术转让方面制定出这样的法律，给技术供方和受方均提供充分享有自己在转让技术方面的自由空间，以最大程度发挥出技术及其转让机制应有的作用，对中国也对全球气候变化应对做出积极贡献。

---

〔1〕 张建平：《气候变化谈判框架下的国际技术转让机制研究》，载《国际贸易》2010年第5期。

〔2〕 《中欧气候变化伙伴关系滚动工作计划（2006）》，载 http://www.fmprc.gov.cn/chn/pds/ziliao/tytj/zcwj/t283033.htm，2018年1月30日最后访问。

〔3〕 美国学者调研的30多个公司均提到"碳排放交易体系"，且有的公司把它作为公司的战略重点，当然多数公司也将精力和时间集中在基础技术的转变上（参见[美]安德鲁·霍夫曼等：《碳战略：顶级公司如何减少气候足迹》，李明等译，社会科学文献出版社2012年版）。这可能是个误区，也可能是个阴谋。因为碳排放向来只是结果而非原因，最终原因是技术不当使用。

〔4〕 马忠法：《气候变化的法律思考及其应对措施》，载《上海财经大学学报》2012年第3期。

〔5〕 本书并非反对建立这种体系，而是说目前对中国而言，建立该体系条件还不成熟，如果建立它带来的消极影响会远大于积极影响。

〔6〕 [法]孟德斯鸠：《论法的精神》（上册），张雁深译，商务印书馆1961年版，第154页。

2. 执法方面

建立中国特色社会主义新时代法治国家目标的实现，关键在于“严格执法”。在立法方面，我国已经制定出相对合理、公平的技术转移方面的法律制度，关键在于如何实施和执行这些法律。我国已经有了《反垄断法》、《对外贸易法》、《反不正当竞争法》及《促进科技成果转化法》等一般法律规定，但尚无相应的实施条例或细则，有时更多依靠部门规章或政策来实施，这样会带来一些不稳定性；制定实施条例等可以对技术转移等方面的规范进一步细化，增强可操作性。通常理想的做法是，由行政法规、部门规章及其他相关规范性文件构成，这样可以增强执法的可预期性、稳定性和一致性。

技术转移涉及的不公平竞争的技术转移或许可方面，TRIPs 协议规定了旨在消除知识产权传播与转让中的知识产权的滥用行为。[1] 我国在这一领域除了《反垄断法》、《合同法》、《对外贸易法》、《反不正当竞争法》和《专利法》等规定禁止滥用知识产权的行为外，至今尚未颁布有关知识产权许可或转移方面的反垄断指南。美国、日本和欧盟等都先后颁布知识产权许可方面的反垄断指南，致力于禁止技术权利人利用优势的垄断地位，在许可或转移技术中滥用自己的权利。我国企业在引进外国技术或获得许可时常常会遭受限制竞争条款的制约，或遭遇不公平条款；例如，限制被许可方从其他来源获得技术的自由，限制被许可方后续研发的自由，利用优势地位制定不合理价格条款（如在 2016 年结束的发改委处罚美国高通公司的案子中，高通公司以明显不合理的价格许可华为使用其技术）。因此，我们亟待参照国际协议和有关国家的做法，结合我国国情，加快制定与实施这方面可执行的措施。[2]

在对外合作技术引进方面，我国三资企业法等对高新技术的引进等有较为原则的规定，但关于如何有效执行也是个严峻问题。因此，需要完善认定外资企业高新技术的具体规定并严格执行，禁止技术转让合同中不公平条款，尤其是合同中限制性条款、后续研发及环境保护、能源耗费等的约定不能违反我国强行性规定；在清洁能源技术项目的设立、管理和监督方面，严格按照相关规定[3]执行，加大执法力度，以避免项目一大堆而真正效果好的项目却很少等现象的出现。这是我们需要重点努力改进的地方。2017 年 6 月 28 日，国

〔1〕 See Article 40 of TRIPs Agreement.

〔2〕 张乃根：《论后〈京都议定书〉时期的清洁能源技术转让》，载《复旦学报》2011 年第 1 期。

〔3〕 2003 年之后通过的《关于加快推行清洁生产的意见》《清洁发展机制项目运行管理办法》《清洁生产审核暂行办法》等均对清洁能源技术发展和转移影响重大，它们的有效实施更为重要。

家发展改革委员会和商务部联合发布的《外商投资产业指导目录》(2017 年修订)吸纳了自贸区"负面清单制度",对涉及清洁能源技术的外商投资采取了更为宽松的政策,如取消对油页岩、油砂、页岩气勘探、开发的股权比例限制,将"生物液体燃料(燃料乙醇、生物柴油)生产(中方控股)"由"限制"类调整为"允许"类等。[1]

对于前文提到的应对气候变化四个措施之一的"确定技术开发与转让的重点领域和关键技术",更多的是一个具体操作问题,不宜由法律等直接规定,它可以通过部门规章或效力等级更低的规范性文件、政策等加以说明;而且随着技术的进步,不同阶段重点或关键技术的内容可能有很大不同,这也决定了它不可能由法律给予明确规定,这是一个执行问题。

(二)知识产权和税收法律制度等方面的努力

TRIPs 协议规定促进技术转让和扩散是其"目标"之一,它还要求实施知识产权制度以不影响国际技术转让为原则。这些内容告诉我们知识产权制度的重要功能在于促进技术的应用和分享,而非纯粹的确权和保护。2008 年我国《国家知识产权发展战略纲要》(以下简称《纲要》)将知识产权运用作为知识产权制度的重要内容,它无疑将对技术转让产生积极影响。为此,在履行国际义务的同时,我国应依据《纲要》适时修改相应的知识产权法,突出知识产权运用(含技术转让)的重要地位,[2]并对无害环境技术的知识产权制度做出适当修改,以利于相关技术的转让。[3] 在遵循权利利益平衡的原则下,对于无害环境技术相关专利的条件、保护期限、强制许可、合理使用等可以做出不同于一般专利技术的规定。如对清洁能源技术的专利申请可以学习英国、美国等国家的做法,开辟绿色通道,加快审查过程,以尽早授予专利或公开技术

〔1〕 具体参见中华人民共和国国家发展和改革委员会、中华人民共和国商务部令第 4 号:《外商投资产业指导目录(2017 年修订)》。

〔2〕 相关论述参见马忠法、孟爱华:《论我国〈著作权法〉立法宗旨的修改》,载《同济大学学报》(社科版)2013 年第 3 期。

〔3〕 该方面问题笔者已有多篇论文和两部专著进行了论述,这里不再探讨。具体可参见马忠法:《知识产权制度设立之目的》,载《电子知识产权》2006 年第 11 期;马忠法:《对知识产权制度设立的目标和专利的本质及其制度使命的再认》,载《知识产权》2009 年第 5 期;马忠法:《"TRIPS"协议规则下政府可以享有的知识产权立法选择——兼论以促进技术转让为重点》,载《重庆理工大学学报》2010 年第 10 期;马忠法:《国际技术转让法律制度理论与实务研究》,法律出版社 2007 年版,第 118 ~ 119、226 ~ 231 页;马忠法:《科技成果流转法律制度与上海创新型城市建设之研究》,知识产权出版社 2012 年版,第 10 ~ 11、256 ~ 260 页。

信息；[1]采取不同于一般专利申请的信息披露制度，而采取透明政策，让社会公众及时知晓，为技术转让创造条件；在专利授予条件的“实用性”方面，“环境保护”未必是其重要内容，但应该由特定的环保机构从政策的角度进行审查，并基于相关当事人和公众利益，形成特定的认证制度来提供具有较好商业价值的环境友好技术，为转让创造条件，如加拿大、欧盟、日本、韩国和美国等正在进行类似的运作。[2]

加强对技术秘密等隐性知识的保护和利用，特别是在引进国外先进技术时，要注意部分知识的获得，它们对于实现技术转移的目的（特别是在消化、吸收、再创新提升技术能力方面）至关重要。在先进技术引进领域，注重引进先进、环保、节能的高新技术；同时加大引进后消化吸收再创新的力度，变现在的专利申请资助政策为消化吸收再创新资助政策。发达国家：如日本在技术引进与后续研发和改进的投资比率在 1∶5 到 1∶10。[3] 而我国企业在引进他人技术之后，只是简单地重复使用他人的技术，没能进一步地加大投入研发进行本地化或技术升级，将技术买卖视同商品买卖，旧技术过时了再买新技术。这样永远都没有办法提升技术创新能力，获得不了核心技术，仍将受制于人。2018 年 4 月以来，中兴通讯遭遇禁止从美国进口芯片等元器件制裁[4]之后被迫停产至 6 月上旬，且在付出巨大代价——与美国商务部达成极不平等的和解协议[5]的情况下才获得进口元器件的许诺，这个例子最能说明问题。

对于与可回收再利用产品相关的知识产权问题，我国法律目前尚无具体明确的规定，但国外已经出现不少案例。如再制造含有专利技术的产品（如使用期满或尚未结束的二手汽车和一般家用电器的简单改装或修理等），属

---

〔1〕 Hee-Eun Kim, “The Role of the Patent System in Stimulating Innovation and Technology Transfer for Climate Change (*Including Aspects of Licensing and Competition Law*)”, *Social Science Electronic Publishing* 5(11), 2011, pp. 44 – 45.

〔2〕 See EPA, “Fact Sheet: EPA’s Environmental Technology Verification Program” (Oct. 2008), http: www. epa. gov/nrmrl/std/etv/pubs/600f08012. pdf, Jan. 30, 2018.

〔3〕 李虹：《国际技术转移与中国技术引进》，对外经济贸易大学出版社 2016 年版，第 232 页。

〔4〕 See ZTE Denial Order, https://www. commerce. gov/sites/commerce. gov/files/zte_denial_order. pdf.

〔5〕 中兴通讯在原先罚款的基础上再增加 10 亿美元，更换公司的董事会等高级管理团队，且新的团队要满足美国产业和安全局（BIS）的要求，自费（该监督人员的工资等费用由中兴通讯支付）接受美国 BIS 指定的“自己的合规人员”来监督中兴，且现场检查不受任何限制。See Secretary Ross Announces $1.4 Billion ZTE Settlement; ZTE Board, Management Changes and Strictest BIS Compliance Requirements Ever, https://www. commerce. gov/news/press – releases/2018/06/secretary – ross – announces – 14 – billion – zte – settlement – zte – board – management.

于循环利用，涉及专利用尽问题。一般而言，专利权人对于专利产品售出后，对买方如何处理没有权利限制。但是在清洁能源技术发展之下，如果有人将此类产品再授予他人，他人进行修理或加工后，成为一种可以再利用的产品，此时专利权人可否限制？这是在清洁能源技术发展后所要面对的问题。有人认为，如果再制造产品，只涉及合理的、可以接受或被允许的修理的话，则权利人应当遵循权利用尽原则；但如果是“禁止性再构造”的话，则不可以。[1] 但对于何为“禁止性再构造”他们没有给出详细说明。我们认为，我国在相关法律中可以对这方面问题作出如下原则性规定，一般情况下，应该遵循权利用尽原则，但是允许当事人在合同中事先约定，在何种情况下是“可以允许的修理”，在什么情况下是“禁止性再构造”，如此则可充分发挥“物尽其用”的价值，也有利于资源的节约和可持续发展。

为促进环境友好技术转让的广泛展开，可以进一步完善我国的税收法律制度，如增加征收落后技术使用税，或超标准能源税，[2] 促使有关企业积极淘汰旧技术，通过转让等路径使用新技术。同时积极落实和完善税法关于转让减缓排放或适应气候变化技术所得的税收规定，特别是《企业所得税法》中关于技术转让税收减免优惠的落实。此外，可以考虑增加新税种。20 世纪 90 年代瑞典通过征收碳税让化石能源使用更加昂贵，促使人们使用大量生物质能源；这样既没有要求人们改变生活方式，也没有从道德上追究企业责任，而使温室气体减排收到了一定的效果。这被认为是世界上最成功的气候政策。[3] 德国通过直接的资金投入和间接的政策与税收保障，使环境保护等工作具有充足的资金、先进的技术等支持。以收费和征税为杠杆，加强调控引导，鼓励企业对无害环境技术的持续投入和发展，保持产业的低碳竞争力以及经济向低碳方向发展的潜力。[4] 在投资、税收等方面进一步完善相应的法律制度，吸引清洁能源技术向中国转让。形成相应的税收政策工具，并最终以法律形式确定：形成针对不同领域和发展阶段技术及利益相关者的政策，如征收

---

〔1〕 William A. Green Tanenbaum, *Technology Law and Business, 2012: Strategies for Investment and IP Protection, and What Mainstream Companies Need to Know About Using CleanTech*, *Practising*, Law Institute, 2012, pp. 179 – 190.

〔2〕 邹骥、王克、傅莎等：《环境有益技术开发与转让国际合作创新机制研究》，经济科学出版社 2009 年版，第 94 页。

〔3〕 [瑞典]克里斯蒂安·阿扎：《气候挑战解决方案》，杜珩、杜珂译，社会科学文献出版社 2012 年版，第 45 页。

〔4〕 陈泮勤等主编：《气候变化应对战略之国别研究》，气象出版社 2010 年版，第 137 页。

落后技术使用税,能源税或碳税,对开发或转让环境友好技术的行为进行税收豁免。[1] 对具有相应技术的发达国家而言,这的确有效,然而世界上有很多发展中国家没有技术,无法仅靠碳税来解决问题。对日益发展起来的中国,将碳税与技术转让结合起来,可以作为促进技术转让的一个思路。此外,在税收优惠方面,针对前文分析的我国相关税收法律制度方面的不足,应进一步完善相关法规,增加相关规定的合理性和可操作性,以有效落实《企业所得税法》对技术转让优惠的规定。

2018 年 1 月 1 日开始实施的《环境保护税法》中关于技术转让规定的实施,意义十分重大。该法第 13 条规定:"纳税人排放应税大气污染物或者水污染物的浓度值低于国家和地方规定的污染物排放标准百分之三十的,减按百分之七十五征收环境保护税。纳税人排放应税大气污染物或者水污染物的浓度值低于国家和地方规定的污染物排放标准百分之五十的,减按百分之五十征收环境保护税。"该条规定客观上将有助于清洁能源技术的开发和转移。但该条在具体操作上如何实施还有待于行政法规和部门规章的规定。

另外,针对跨国公司对不同技术发展水平国家采取不同的技术经营策略,我们需要在自己能力建设的基础上,通过制定相应的法律法规,尽量迫使跨国公司输出最新技术,跨越技术开发的某些层级和阶段或步骤,打破其技术封锁。注重从模仿到创新,从非核心到核心技术,从技术引进到智力人才引进等各方面的能力提升。利用合作生产、合作研发、海外投资设立研发机构等中的外力,吸纳世界优秀人才,以获取持续创新能力,推动或促进能力的提升与技术转移之间形成良性循环。我们还可以通过立法引导企业自身在技术转让活动中,注重细节,注重隐性知识的转移和吸收;鼓励企业在技术转移中,以形成和提升技术能力为目标,利用现有可得技术来促进研发和技术能力的形成,将借鉴与自主研发有机结合起来。在技术引进谈判中要有重点,竭尽全力引进关键技术;而对于外围技术可以灵活处理,利用一切可以获取的方式去获取。这样便于我们企业跨越一些不必要的阶段,实现技术能力的飞跃式发展,我国国防领域的技术能力形成就是一个典型的例子。我们可以鼓励或提醒它们向韩国的有些企业学习,在先进设备购买或技术引进中,不仅要知道和掌握技术转让中的专利技术和专有技术,还需要供方现场演示(show-how)。但实际中,供方往往为了不让受方获得技术,在安装或操作设备的重要场合,不让受

[1] 邹骥、王克、傅莎等:《环境有益技术开发与转让国际合作创新机制研究》,经济科学出版社 2009 年版,第 94 页。

方人员接近。例如,哈尔滨电气集团引进GE公司F级燃气轮机在安装时,凡涉及技术难度大、技术含量高的环节,外方工作人员禁止中方人员靠近。[1]对此,我们的法律可以有所作为,但更主要的还是依赖于企业在实际合同中与技术供方的谈判。

最彻底的技术转移方式是获得该方面的人才。此外,促进技术转移和运用的中介机构制度的完善也十分重要。结合该领域技术的特点促进清洁能源技术转移,这也至关重要。

(三)其他方面

1. 完善中国CDM制度,充分发挥其在技术转让方面的积极作用

尽管CDM的发展趋势不是很乐观,但对中国这样一个CDM项目占理事会注册项目近一半的国家而言,更应当注重自身相关制度的完善问题,以真正通过CDM项目获得清洁技术或提高清洁技术的创新能力。因此,我们应当在总结我国CDM机制实施和执行经验的基础上,分析技术转让方面存在的问题,提升该机制的立法效力等级,完善制度,在保障私人部门利益不受到损害的情况下促使它们积极参与,真正发挥出CDM在推动中国技术转让方面的重大作用。

在提升CDM机制立法效力等级方面,在有关法律如能源法、环境法等中规定CDM机制的内容,将CDM机制实施的法律等级提升到法律行政法规层面。现有的关于CDM的法律规制主要体现在由国家发改委、科技部等联合发布的《清洁发展机制项目运行管理办法》和2010年9月《中国清洁发展机制基金管理办法》中。这两个法规均属于部门规章,效力等级较低。而且在其他法律中,也无直接规定CDM的内容。笔者认为,为了充分发挥CDM在技术转让方面的作用,可以在《环境保护法》《节约能源法》《循环经济法》及正在制定的能源法等中做出原则性的规定,以为国务院制定相关行政法规提供法律依据。另外,将目前的两个部门规章的内容进行提炼和整合,制定法律效力等级更高的行政法规,如清洁发展机制条例,还保留目前的两个规章。这样从法律体系上说,就构成了包含法律规定、行政法规、部门规章的较为完整的相对独立的体系,同时也利于相关规定的执行。如《清洁发展机制项目运行管理办法》规定"清洁发展机制项目合作应促进环境友好技术转让,在中国开展合作的重点领域为节约能源和提高能源效率、开发利用新能源和可再生

〔1〕 邹骥、王克、傅莎等:《环境有益技术开发与转让国际合作创新机制研究》,经济科学出版社2009年版,第51页。

能源、回收利用甲烷”。[1] 这一规定较为合理，但在实施中并不理想，没有带来预期的技术转让和能力提高；我们如果将其法律效力等级提升，它将具有更高的法律权威，情况可能会有较大不同。

在内容方面，除了在目标方面规定“重点突出CDM促进可持续发展与技术转让之目的”外，在其他具体条款方面不能仅重视所谓的“减排配额的交换”而对技术转让有所忽略，特别是在CDM项目审核时，应将技术转让看作审核通过的基本前提之一。目前的《清洁发展机制项目运行管理办法》规定项目审核理事会召开会议对国家发展改革委提交的项目进行审核，提出审核意见；其审核的内容主要有10个方面，其中8个实质项中有4个直接与减排相关（温室气体减排量计算、可转让减排量的价格、减排量购买资金的额外性和预计减排量的转让期限），而技术转让只用“技术转让情况”及“预计促进可持续发展的效果”一笔带过。[2] 这显然与其规定的目标即“促进环境友好技术转让”不太相称；至少应列出技术转让的种类、性质、先进性、使用先例与效果等内容，以便于审核。此外，对CDM中的技术转让应该做出较为狭窄的定义，对于仅有设备提供或一般设备说明等内容的CDM不能看作技术转让；我们在给予外国合作方减排量的同时应当获得所需的技术，避免出现类似于在其他领域采取“以技术换市场”战略最终导致“市场丢了技术却没有获得”的现象。

此外，在CDM立法内容方面还可以增加基于私法行为公法化理论的“鼓励私人部门积极参与”等规定。加强政府间的交流与合作，鼓励非政府组织及企业（私人部门）间的交流与合作，突破发达国家政府对技术转移的控制，鼓励企业或非政府组织之间采取合作研发、生产等形式，拓展技术合作或转移方式。[3] 在发挥私人部门促进技术转移作用方面，应制定法律鼓励设立合资或合作的企业或研发机构，而对外商独资企业或独立研发机构的设立持谨慎态度。中国在CDM项目上具有极大的数量上的优势，我们应充分发挥该机制带来的技术转让的潜力和可能，推动发达国家履行资金和技术转让的承诺，为我国的经济发展服务。[4] 这种作用发挥程度如何，主要取决于技术转让的双方，即掌握技术的供方和需要技术受方；其中，供方处于主导地位，而供方主

〔1〕《清洁发展机制项目运行管理办法》（2011修订）第4条。

〔2〕《清洁发展机制项目运行管理办法》（2011修订）第20条。

〔3〕李虹：《国际技术转移与中国技术引进》，对外经济贸易大学出版社2016年版，第227～228页。

〔4〕李盛：《全球气候治理与中国战略选择》，吉林大学2012年博士学位论文，第122、143～144页。

要是私人部门。因此,如何通过一系列的法律法规和政策促进它们转让技术是 CDM 机制有效实施的核心。CDM 项目中技术转让成功与否取决于发达国家的合作方。发达国家的政治体制与政府机构与中国不同,其政府在国内的影响力难以与中国相比,很多场合发达国家政府经济贸易等领域的承诺往往具有象征性或宣言性的特点,能否实施常取决于私人经营行为;我们要意识到是它们而非其所在国政府最终将转让技术。注意到这一点后,利用私法行为公法化理论,我们应在法律制度和政策制定方面,将重点放在发达国家私人部门身上,对它们直接施加影响,注意吸引它们来转让技术,而不必将其所在国政府的态度作为重点。如为促进先进技术转让,借鉴级差地租的方式,对 CDM 项目产生的减排额度根据使用技术先进程度及技术对减排的贡献情况采取不同的税率标准("级差税率"):对于我国紧缺且能够促进国内清洁技术发展的技术,可以减免;对于一般但能够带来减排效果的技术,征收比率较低的税;对于只是提供设备而不能带来技术进步但会产生一定减排效果的,正常征税。

2. 充分利用政府和社会资本合作模式,加快清洁能源技术转移

基于私法行为公法化理论,充分利用政府和社会资本合作(public-private partnership,PPP 模式)来加快清洁能源技术转移。PPP 模式意指在公共服务领域,政府采取竞争性方式选择具有投资、运营管理能力的社会资本,双方按照平等协商原则订立合同,由社会资本提供公共服务,政府依据公共服务绩效评价结果向社会资本支付对价这一行为。PPP 是以市场竞争的方式提供服务,主要集中在纯公共领域、准公共领域,其目的在于提高公共服务质量和效率,保护特许经营者合法权益;其优势在于使合作政府与社会主体建立起"利益共享、风险共担、全程合作"的共同体关系,达到比单独行动预期更为有利的结果,政府的财政支出更少,企业的投资风险更小。它适用的范围是我国境内的能源、交通运输、水利、环境保护、市政工程等基础设施和公用事业领域的特许经营活动。[1] 采用的方式是特许经营,指政府采用竞争方式依法授权我国境内外的法人或者其他组织,通过协议明确权利义务和风险分担,约定其在一定期限和范围内投资建设运营基础设施和公用事业并获得收益,提供公共产品或者公共服务。[2] 显然,能源、环境保护等领域不可避免地与清洁能源

[1] 中华人民共和国国家发展和改革委员会等五部委和中国人民银行:《基础设施和公用事业特许经营管理办法》(2015)第 2 条。

[2] 中华人民共和国国家发展和改革委员会等五部委和中国人民银行:《基础设施和公用事业特许经营管理办法》(2015)第 3 条。

技术的开发、转让和使用密不可分，利用国内私营企业和外商投资企业的力量及其技术是提高清洁能源技术创新能力的一大路径。为此，我们要充分发挥PPP模式在清洁能源技术转移方面的作用。

20世纪90年代中期，PPP模式被世界银行及亚洲开发银行作为一种新兴的项目融资方式引入中国，主要形式是BOT（建造、运营和转让），但至2013年均不太成功。2013年以后，国家对PPP模式给予高度重视，并加大规范，2014年5月26日，由财政部成立政府和社会资本合作（PPP）中心，中心主要承担PPP工作的政策研究、咨询培训、信息统计和国际交流等职责；政府先后密集出台相关法规和政策。这些重要的法规和政策有：2014年9月24日，财政部发文《关于推广运用政府和社会资本合作模式有关问题的通知》，提出拓宽城镇化建设融资渠道，促进政府职能加快转变，完善财政投入及管理方式，尽快形成有利于促进政府和社会资本合作模式（PPP）发展的制度体系。2014年11月26日，国务院发文《关于创新重点领域投融资机制鼓励社会投资的指导意见》，提出实行统一市场准入，创造平等投资机会；创新投资运营机制，扩大社会资本投资途径；优化政府投资使用方向和方式，发挥引导带动作用；创新融资方式，拓宽融资渠道；完善价格形成机制，发挥价格杠杆作用。[1] 2014年11月29日，财政部发文《关于印发政府和社会资本合作模式操作指南（试行）的通知》，规范项目识别、准备、采购、执行、移交各环节操作流程。2014年12月2日，国家发展改革委发文《关于开展政府和社会资本合作的指导意见》，鼓励和引导社会投资，增强公共产品供给能力，促进调结构、补短板、惠民生。国家发展改革委投资司委托中咨公司研究中心起草《政府和社会资本合作项目通用合同指南（2014版）》，用于规范和引导政府和社会资本合作（PPP）项目合同编写工作的专业指南。2015年3月5日，李克强做政府工作报告，提出要在基础设施等领域积极推广PPP模式；财政部年度预算报告，提出要开展PPP示范项目建设，释放社会投资潜力。2015年3月17日，国家发改委和国家开发银行联合发文《关于推进开发性金融支持政府和社会资本合作有关工作的通知》，灵活运用基金投资、银行贷款、发行债券等各类金融工具，推进建立多元化、可持续的PPP项目资金保障机制。2015年4月21日，国家发展和改革委员会等联合发文《基础设施和公用事业特许经营

〔1〕 提出在公共服务、资源环境、生态保护、基础设施等领域积极推广PPP模式，规范选择项目合作伙伴，引入社会资本，增强公共产品供给能力。参见《国务院关于创新重点领域投融资机制鼓励社会投资的指导意见》（国发〔2014〕60号）。

管理办法》,鼓励和引导社会资本参与基础设施和公用事业建设运营,提高公共服务质量和效率,保护特许经营者合法权益。2015 年 5 月 8 日,国务院批转发展改革委发文《关于 2015 年深化经济体制改革重点工作意见的通知》,提出积极推广政府和社会资本合作(PPP)模式,出台基础设施和公用事业特许经营办法,充分激发社会投资活力。2015 年 5 月 22 日,国务院办公厅转发《财政部、发展改革委、人民银行关于在公共服务领域推广政府和社会资本合作模式指导意见的通知》。2016 年 5 月 26 日国务院发布《2016 年推进简政放权放管结合优化服务改革工作要点》,意在推广 PPP 模式。2016 年 7 月 5 日,国务院办公厅发布《关于进一步做好民间投资有关工作的通知》(国办发明电〔2016〕12 号);2017 年 1 月 22 日国务院办公厅发布《关于创新管理优化服务培育壮大经济发展新动能加快新旧动能接续转换的意见》,2017 年 5 月 3 日发布《关于进一步激发社会领域投资活力的意见》(国办发〔2017〕21 号)。2017 年 9 月 16 日,国务院办公厅印发《关于进一步激发民间有效投资活力促进经济持续健康发展的指导意见》,包含 10 个政策,其中第 4 个是"鼓励民间资本参与政府和社会资本合作(PPP)项目。建立 PPP 项目合理回报机制,吸引民间资本参与。鼓励民间资本采取混合所有制、设立基金、组建联合体等多种方式,参与投资规模较大的 PPP 项目"。2017 年 10 月,国家发展改革委通知,鼓励各地政府、金融机构、企业等创新合作机制和投融资模式,利用政府 PPP 等方式,加快投资建设天然气储气调峰设施。〔1〕

上述诸多法律规范和政策多与清洁能源技术有着密切联系,如何依据这些政策及将来基于这些政策制定的法律,加快清洁能源技术转移和应用的速度,发挥它们的作用,是又一有重大意义的课题。为此,在正在酝酿的《基础设施和公用事业特许经营法》中,我们应该增加适当的技术转移内容,以为加快清洁能源技术的转移及其效用的发挥提供法律依据。

三、完善清洁能源技术转移法律制度的国际努力

(一)继续坚持技术转让方面的一贯主张并促进南南合作

基于中国经济近 30 年来的快速发展和中国总体经济实力的增强,中国已经成为第二大经济体,在资金方面谋求国际支持已经不合时宜,当然作为发展中国家代表可以适时表明支持发展中国家的态度,但主要精力应放在主张各

---

〔1〕 上述相关内容见财政部政府和社会资本合作中心"政策法规",载 http://www.cpppc.org/zh/bmwj/index.jhtml,2018 年 1 月 30 日最后访问。

国之间开展更广泛的联合研发和企业之间的技术合作,[1]重点强调技术转让。在应对气候变化的国际层面,技术转让是中国可以充分利用的一张牌,我们应抓住发达国家在该方面义务履行不佳的软肋,发挥中国的作用和影响力。技术转让一直是各种气候变化会议上,发达国家想竭力避开的议题,在有关具有约束力的条约签订等方面进步迟缓,而发展中国家一直坚持这一诉求。[2]尽管2012年多哈会议取得了一定成就,如全面讨论了巴厘行动计划的所有要素并形成了《基于〈巴厘岛行动计划〉达成的议定结果》,敦促发达国家提高减排力度,向发展中国家提供明确的中期和长期资金、技术转让和能力建设支持,切实发挥已经建立的公约下相关机制的作用,帮助发展中国家采取减缓和适应行动,等等。[3] 但这些内容在该成果中十分有限且未被放在突出位置,直接规定的技术转让内容只有5段(该决议总共98段);而且会议上,发达国家淡化其历史责任和"共同但有区别的责任"原则的倾向进一步明显,自身减排和向发展中国家提供资金、转让技术的政治意愿不足,这是今后国际社会合作应对气候变化面临的主要障碍。[4] 针对这种情况,中国的态度和对《框架公约》原则和义务的坚持就显得十分重要。

有学者认为,中国现在积极参与国际组织活动,追求的好处是国家安全、制度安全、信息获取、经济利益、与其他大国相比提升地位和声誉。[5] 这种观点也许是对的,但笔者认为,中国参与国际组织活动(特别是应对气候变化国际活动)的主要动机在于发挥与中国地位相称的作用,并能主持国际公平和正义,维护广大发展中国家利益;同时,保障国家安全和经济利益。发达国家有着更高的历史排放与现实的人均排放,在科学和技术上更为发达,有理由推断出减排的主要责任在于它们,这已是一个基本认定的事实。[6] 但发展中国

---

〔1〕 杨丹辉:《全球应对气候变化的新动向与我国气候谈判策略》,载《中国地质大学学报》(社会科学版)2012年第4期。

〔2〕 这方面中国与非洲、拉丁美洲、亚洲等发展中国家的观点基本一致,特别是与非洲和印度。参见詹世明:《应对气候变化:非洲的立场与关切》,载《西亚非洲》2009年第10期。

〔3〕 For details, see Decision 1/CP. 18, "Agreed outcome pursuant to the Bali Action Plan," in Conference of the Parties, *Report of the Conference of the Parties on its eighteenth session, held in Doha from 26 November to 8 December 2012*, FCCC/CP/2012/8/Add. 1.

〔4〕 《中国代表团多哈会议取得积极成果》,载 http://cdm. ccchina. gov. cn/Detail. aspx? newsId =2533&TId =1,2018年1月30日最后访问。

〔5〕 Marc Lanteigne, *China and International Institutions: Alterate Paths to Global Power*, Routlledge, 2005, p. 2.

〔6〕 [瑞典]克里斯蒂安·阿扎:《气候挑战解决方案》,杜珩、杜珂译,社会科学文献出版社2012年版,第164页。

家承担(绝对)减排义务,从目前的形势来看,是迟早的问题,关键是何时开始。不过,即使在今天,笼统地认为发展中国家不承担减排义务也是不准确的,因这种观点未顾及"相对减排"情况;实际上,中国等发展中国家早已经开始了相对减排,不能只将减排等同于"绝对减排"。但更深远地考虑,如果发达国家在无害环境技术转让方面帮助发展中国家,则相对减排会更有效果。中国在这一方面已经成为代表发展中国家意志和利益的中坚力量。

让发展中国家买得起、用得上先进技术符合全人类的共同利益,也是发达国家做出的承诺。中国政府应继续主张,国际社会应在"巴厘岛路线图"等关于技术转让共识的基础上,坚持共同但有区别责任原则,建立以政府为主导、发挥市场机制作用、鼓励企业参与的技术转让机制,促使气候友好技术以优惠和减让的条件向发展中国家转让;敦促发达国家在资金方面履行《框架公约》、《京都议定书》及《哥本哈根协定》等中明确的义务。中国应力促德班平台技术机制在技术转让方面积极作用的发挥,继续发挥中国在技术转让议题方面的主导作用。

为坚决维护发展中国家利益,切实有效地维护中国的正当权益,并树立"负责任大国"的形象,我们应以构建"人类命运共同体"理念为指导,继续发挥在气候变化领域的引领作用,〔1〕积极参与应对气候变化的国际合作行动,特别是涉及技术转让的项目、活动或过程,为我国的能源技术发展等找到拓展和为世界服务的空间。〔2〕除积极主张发达国家向发展中国家转让技术外,中国还应通过实际行动积极开展与发达国家的技术合作,〔3〕以提升向发展中国家转让技术的能力;同时也应主张先进技术还可以通过发展中国家的广泛市场让发展中国家在技术转让方面获得经济效益。中国应通过南南合作为其他发展中国家提供它们所需技术。〔4〕在引进和自主开发的双重努力下,在自己技术获得进步的同时,可以向其他发展中国家转让技术,以增强它们自身能力,开发清洁技术,为国际层面的统一战线奠定基础。此外,也需要注意与其

〔1〕习近平总书记在党的十九大报告中指出,在过去五年中,我们在生态文明建设中成就显著,其中重要的一项内容是"引导应对气候变化国际合作,成为全球生态文明建设的重要参与者、贡献者、引领者"。参见习近平:《决胜全面建成小康社会　夺取新时代中国特色社会主义伟大胜利》(中国共产党第十九次全国代表大会上的报告,2017 年 10 月 18 日),人民出版社 2017 年版,第 5 ~ 6 页。

〔2〕李盛:《全球气候治理与中国战略选择》,吉林大学 2012 年博士学位论文,第 123 ~ 124 页。

〔3〕郭冬梅:《应对气候变化法律制度研究》,法律出版社 2010 年版,第 182 ~ 183 页。

〔4〕万钢:《依靠科学技术应对气候变化》,载刘燕华主编:《气候变化与科技创新》,科学出版社 2009 年版,第 5 页。

他发展中国家开展合作，吸取各方所长，共同为温室气体减排而努力。例如，印度比较注重适应气候变化的技术，巴西较为注重生物质或生物能技术。[1]我们可以与它们开展相互间的技术转让。美国等发达国家在国际社会试图利用自己的影响分化发展中国家，利用气候变化等问题遏制中国、印度等的发展以维持自己的优势，它们的武器就是要求这些国家承担减排义务，而中国等的应对策略是要求它们转让技术和履行资金机制方面的义务。发达国家对这些或不予回应，或消极对待，以致技术转让方面一直无实质性的进步。中国应团结发展中国家，在国际层面，努力促使发达国家切实向发展中国家提供资金、技术转让和能力建设支持，这是发展中国家得以有效应对气候变化的根本保证。如就目前相对较为具体的 CDM 机制而言，中国可以与其他发展中国家充分利用并相互交流和分享经验，总结得失，以最大限度地在兼顾各方当事人合理、正当利益基础上，最大限度地发挥该机制在技术转让方面的作用。[2]

目前，在具体解决方法方面，我们可以通过法律制度或双边或地区性条约，积极开展双赢方式的技术研发合作，促进学生和研究人员与国外相关机构的交流，[3]建立技术信息交流、共享网络，以及在特定的行业领域进行制造或技术运用的合作等。中国与发达国家之间要建立互利的技术合作机制和双赢的技术推广机制，发达国家可以获得更广阔的市场，中国可以获得更多的绿色技术支持。[4] 中国还可以提倡建立共同数据库等来加强南北合作，在法律、政策的制定等方面进行全球合作，加强南南合作，[5]分享技术和应对气候变

---

〔1〕 陈泮勤等主编：《气候变化应对战略之国别研究》，气象出版社 2010 年版，第 137 ~ 138 页。

〔2〕 有学者建议“中国可以积极利用 CDM 机制，要求发达国家将资金与技术（特别是无害环境技术）捆绑在一起无偿提供给发展中国家，以减排量换取实质性的先进技术”（参见陈泮勤等编著：《气候变化应对战略之国别研究》，气象出版社 2010 年版，第 141 页）。但天下没有免费的午餐，让发达国家无偿提供，最终结果可能就是不提供；较为现实的是，要给予对方一定的合理对价，否则这只能是空想。

〔3〕 Outi Berghall：《促进全球环境的技术研发与转让》，载刘燕华主编：《气候变化与科技创新》，科学出版社 2009 年版，第 313 ~ 314 页。

〔4〕 汝醒君、刘峰：《欧盟气候变化领导力研究及对中国的启示》，载《国家行政学院学报》2013 年第 3 期。

〔5〕 在技术转让领域南南合作的一个政府间组织是“南方科技促进可持续发展委员会”（COMSATS）。该委员会是政府间组织，成立于 1994 年；至 2013 年 6 月底有 21 个成员，来自亚洲、非洲和南、北美洲；其主要促进在人力资源、高新技术、可持续发展能源、生物能源、农业、环境变化、材料科学等领域进行合作。该组织的主要目标：促进可持续发展，协助技术转让，建立国际合作平台，科技方面提供支持和管理。目前该组织在技术合作项目方面取得一定成绩，但在具体的技术转让领域的成就还有待检验；不过，最好的技术转移往往是在技术合作中取得，最彻底的技术转移方式是技术人员的流动。See About COMSATS，www. comsats. org，Jan. 30，2018.

化的经验。[1] 这些方法是近期、局部有效的做法,但更为全局和深远的、能与中国在国际社会上的地位和影响力相称的做法是积极推动统一的国际技术转让协议的制定与通过。

(二)充分利用"一带一路"倡议提升中国在清洁能源技术转移国际规制方面的话语权

有一种理论认为,技术后进国家在发展经济和技术的时候会拥有一定的后发优势,它们可以引进发达国家的技术(是发展中国家进行技术转移的常见方式),跨越技术发展的鸿沟。[2] 但笔者认为在资本主义及其相关经济、政治和法律理论体系下,后发优势理论更适合自由资本主义时期的资本主义国家之间,不一定适合当下。一些技术转移理论只适合1980年之前的社会,因为当时的知识产权制度在全球尚未建立如此强的保护态势。1990年之后,随着全球跨国公司对知识产权价值的认识及各国在美国等的带动下,知识产权变成了一个全新的竞争武器,情况发生了变化。美国的出口管制是一个典型,但当时只是限于政府,而知识产权私权性的界定让技术等智力成果成为私人主体维护自身利益的撒手锏。人类潘多拉的盒子被打开,导致清洁能源技术转移更加艰难。广大的技术落后国家套用以前技术落后国家的发展经验在强知识产权保护制度下已经丧失了基础。在这种语境下,中国的"一带一路"倡议和人类命运共同体应当能够带来一些希望和技术转让的生机。

"一带一路"倡议旨在为中国建立广泛的对外贸易发展营造良好的环境,同时使中国具有相对优势的产业对"一带一路"国家或地区[3]进行辐射,从而

---

〔1〕 Tajammul Hussain:《国际合作势在必行:南南合作、南北合作带来知识、技术的共享》,载刘燕华主编:《气候变化与科技创新》,科学出版社2009年版,第342~343页。

〔2〕 具体分析参见[美]亚历山大·格申克龙:《经济落后的历史透视》,张凤林译,商务印书馆2017年版。

〔3〕 截至2018年7月,"一带一路"国家共有76个,具体如下:巴布亚新几内亚、玻利维亚、安提瓜和巴布达、特立尼达和多巴哥、奥地利、马达加斯加、巴拿马、摩洛哥、印度、埃塞俄比亚、新西兰、波黑、黑山、土库曼斯坦、立陶宛、拉脱维亚、巴勒斯坦、阿尔巴尼亚、阿富汗、爱沙尼亚、巴基斯坦、斯洛文尼亚、克罗地亚、黎巴嫩、阿曼、巴林、也门、埃及、约旦、叙利亚、印度尼西亚、菲律宾、缅甸、文莱、东帝汶、不丹、阿联酋、泰国、越南、新加坡、以色列、阿塞拜疆、亚美尼亚、捷克、孟加拉国、白俄罗斯、柬埔寨、格鲁吉亚、匈牙利、伊拉克、伊朗、吉尔吉斯斯坦、老挝、哈萨克斯坦、卡塔尔、科威特、摩尔多瓦、马尔代夫、马来西亚、马其顿、蒙古、尼泊尔、波兰、保加利亚、罗马尼亚、塞尔维亚、沙特、斯洛伐克、塔吉克斯坦、俄罗斯、南非、斯里兰卡、韩国、土耳其、乌克兰、乌兹别克斯坦等(参见《各国概况》,载https://www.yidaiyilu.gov.cn/info/iList.jsp?cat_id=10037,2018年7月10日最后访问)。其中发达国家有新西兰、新加坡、韩国等7个,其他均为发展中国家或经济转型国家,而亚洲9个最不发达国家全在"一带一路"沿线上。

达到与各国合作、共赢之目的。在“一带一路”实施中,我们有两张引以为豪的名片:一是我们的高铁技术,二是我们的核技术。无论是哪一张名片,清洁能源及清洁能源技术都是“一带一路”倡议的重要内容。中国的清洁能源及相关技术引领着“一带一路”建设。

中国正在寻求一个经济增长与生态文明协调发展的模式,其在增长方式和发展路径方面的创新,以及在清洁能源投融资、技术转让、能力建设等方面的实践和经验,正在对“一带一路”沿线国家的绿色增长做出良好示范。〔1〕

清洁能源将是“一带一路”投资热点,〔2〕而这不可避免地会涉及清洁能源技术转移。仔细分析“一带一路”沿线76个国家和地区,绝大多数是经济、技术比中国落后的国家。不过,虽然它们的传统工业落后,但是它们的风能、水能、太阳能乃至核原料等均较为丰富,而这些新能源的开发和充分利用需要有较为先进的技术。中国的相关机构和企业恰在清洁能源技术方面有比较大的优势。我们的“走出去”在帮助这些国家发展经济的同时,也转让一些先进技术;特别是作为一个负责任的大国,帮助它们利用本地资源和后发优势,充分发挥清洁能源技术的作用,让它们在发展经济、进行工业化和城镇化过程中避免老牌资本主义国家在工业化过程中曾经走过的以污染环境等为代价的老路。这也是中国承诺的国际责任,显然不同于殖民主义时期发达国家将落后国家当做原材料、廉价劳动力的供应地,而无视当地人民的技术发展和福利。

比如,哈萨克斯坦在铀矿、风能、太阳能、水电等领域拥有丰富的资源储备,发展清洁能源的优势得天独厚,它的发展战略清晰明确,提出在2030年前实现“绿色经济”转型构想,这为中哈双方进一步扩大在清洁能源领域的合作打下了坚实基础。〔3〕但在合作时,我们的技术价值要得到充分的体现,虽然我们不会像发达国家跨国公司贪得无厌地剥削技术落后国,但公平正当的技术价值应该通过合同或相应的法律制度得到保障。这是市场经济规律的必然反映和要求。

为此,中国要充分利用“一带一路”倡议,在清洁能源技术的转让和许可方面提升在国际规则制定方面的话语权,促进中国贸易的发展并带动沿线国相关产业的升级等,同时也为全球范围内的清洁能源技术的转移和许可制度

〔1〕 艾瑞克·海茨:《中国清洁能源给“一带一路”建设添动力》,载《中国能源报》2017年5月22日。

〔2〕 刘世明:《清洁能源将是“一带一路”投资热点》,载《中国电力报》2015年5月9日。

〔3〕 林春挺:《清洁能源大佬抱团进军“一带一路”国家》,载《第一财经日报》2015年5月15日。

的形成与发展做出贡献。对此,中国应该有自己的清洁能源技术转移方面的较为成熟的制度或做法:要么在双边或多边贸易、投资协定中做出原则性规定,要么专门通过清洁能源或其技术转移方面的法规政策,或在相关法律如合同法、对外贸易法等中做出原则性的规定或限定,在保障帮助沿线国发展的同时,又不损害中国企业或相关方的利益。

清洁能源外交已经成为中国在"一带一路"建设中的一个重要支撑,〔1〕而其核心实质就是技术转移。但这种技术转移需要在法律规范下进行,而非无偿的援助或赠与。我们在与相关国家合作时应当明确:技术转移要有对价,无论是通过许可费支付的方式还是通过能源返还、交换或其他方式。"一带一路"建设是互利共赢的过程,并非单方面付出或牺牲。针对这种情况,最好是通过法律形式表现权利、义务的分配等。

此外,中国自贸区法律制度和先行先试等所涉及的清洁能源技术的发展也应得到充分关注,通过自贸区的试验等形成可复制、可推广的制度在全国推行,进而上升到国际法的高度在全球推行。这方面的努力可以与应对气候变化等国际谈判结合起来。

简言之,在制度能力、话语权提升的机会来临时,我们不该为了抽象的意识形态等方面的因素,放弃我们在国际规则形成方面的影响力和话语权。我们既可以在规则制定方面为中国、为"一带一路"沿线国等确立合理的清洁能源技术转移国际规则,也可以为更广范围的区域乃至全球制定新规则。

(三)国际层面努力的具体措施

利用各种国际会议的机会,继续表明中国政府的态度。在具体实现路径上,首先,毫无疑问是在COP及《京都议定书》缔约方会议等国际会议上做出积极努力,坚持自己一以贯之的在技术转让和资金方面的态度,代表广大发展中国家要求发达国家积极履行义务。其次,在集团性或区域性的国际会议上,基于全人类利益,发挥金砖国家或基础四国〔2〕在应对气候变化方面的团队效应,形成促使发达国家履行技术转让义务的中坚力量,并在促进相互间技术转

---

〔1〕　李昕蕾:《"一带一路"框架下中国的清洁能源外交——契机、挑战与战略性能力建设》,载《国际展望》2017年第3期。

〔2〕　"基础四国"取巴西(Brazil)、南非(South Africa)、印度(India)、中国(China)四国首英文字母组成的英文单词BASIC(基础),喻指中国、印度、巴西、南非为当今世界最重要的发展中国家。2009年11月,面对气候变化这个全球议题,这四个最主要的发展中国家走到了一起,首度携手"崭新亮相"。11月26日至27日,在哥本哈根大会开幕前夕,印度、巴西、南非代表曾齐聚北京,共商这次气候大会上的基本立场,四国就开始被冠以"基础四国"之名。

让及南南国家间技术转让做出努力。[1] 最后,中国可以在国别方面与某些国家特别是掌握清洁技术的国家进行双边合作,强调技术转让和分享。如过去的几年中,中国已与英国、澳大利亚和日本就清洁能源技术开展了合作;2013年4月13日发布的《中美气候变化联合声明》中指出:根据两国领导人的共同愿景,工作组将立即着手工作,确定双方推进技术、研究、节能以及替代能源和可再生能源等领域合作的方式。在这种合作中中国可以将技术转让作为谈判的重点。[2] 再如,像巴西这种水能和生物能技术较为发达的发展中国家,[3]我们也可以与其积极开展相应领域的合作,通过技术转让和交流,促进中国的技术发展。此外,如丹麦等掌握先进技术又相对开放的北欧国家,[4]也是中国进行双边技术转移合作的理想伙伴。

中国应继续积极主动组织或参与有关气候变化国际活动或会议,发出中国的声音和施加中国的影响。在我国科技部、发改委、环境保护部等部委与联合国开发计划署、联合国环境规划署、世界气象组织等于2008年4月24~25日在北京联合举办的"气候变化与科技创新国际论坛"上形成的公报阐释了各方形成的7点共识中,有3点直接体现了"技术转让"内容,其中最具代表性的是第4点"认识到充分发挥政府的作用,建立有效的国际技术转让机制,以优惠和减让的条件向发展中国家转让气候友好技术意义重大。论坛讨论了有关建议和方案,其中包括中国提出的技术开发与转让倡议",以及第5点"呼吁应进一步加强国际科技合作与交流,促进应对气候变化科技成果的共

---

〔1〕 如2013年2月15~16日在印度金奈举行的"基础四国"第十四次气候变化部长级会议,四国呼吁发达国家尽快批准《京都议定书》修正案,提高减排力度并确保可比性;强调确保支持发展中国家的机制切实运行,发达国家必须履行向发展中国家提供资金、技术转让和能力建设支持的义务等,并决定下一次"基础四国"气候变化部长级磋商会议于2013年第二季度在南非召开。参见《"基础四国"第十四次气候变化部长级会议在印度举行》,载 www. ccchina. gov. cn/Detail. aspx? newsId = 39318&TId = 61,2018年1月30日最后访问。

〔2〕《中美气候变化联合声明》,载《人民日报》2013年4月14日,第3版。

〔3〕 在2009年哥本哈根会议期间,巴西发言人指出,巴西可再生能源已经占其国内能源总数的46%(全球平均为12%,经合组织为6%),巴西温室气体年排放量占全球约2%。巴西通过与77国集团签署农业发展技术方面的合作协议或做出承诺以减少排放,让其获得政治和外交上的优势。他还指出,农业应该是应对气候变化的一个杠杆而非问题。这至少说明,巴西愿意与发展中国家分享技术进步。See Joao Sampaio, "Climate Change: Brazil's contribution and commitment," http://www.businessgreen. com/bg/opinion/ 1807256/climate-change-brazils-contribution-commitment, Jan. 30, 2018.

〔4〕 李瑞宇:《牵手"绿色传奇"》,载《人民日报》2013年6月20日,第3版。

享与传播”。[1] 在论坛上，时任国家发改委副主任解振华阐释的“技术开发与转让倡议”集中代表了中国政府的观点：建立合理有效的技术转让机制并有充足、确定的资金保障，让发展中国家获得买得起、用得上先进技术，从而提高应对气候变化的能力，符合全人类的共同利益。为此，人类可以在4个方面努力：(1)在公约缔约方会议下设立负责技术开发和技术转让的专门组织机构，如“技术开发与转让委员会”，专门负责技术开发与转让活动的规划、协调、组织、审查和评估，各国政府也应指定技术开发与转让的主管机构和联系部门。(2)建立专门的技术开发和技术转让资金机制，如由发达国家提供充足、可预测和稳定的资金支持，设立“技术开发与转让基金”，用于激励技术转让、购买专利和特许权、为发展中国家适用有关技术提供培训和示范。(3)定期对技术开发和技术转让工作进行审查与评估。每届公约缔约方会议应审查和评估技术开发与转让的进展情况，总结成功经验，找出存在的问题，提出改进措施，以确保相关活动取得切实进展。(4)发达国家应进一步承诺在资金、税收、法规等各方面采取有效的激励措施，充分发挥政府主导和政策引导作用。同时，也需要加强技术需求方的能力建设和人员培训，使发展中国家用得上、用得起有关技术，且能用有所成。[2] 这些观点可以说是针对国际技术转让存在问题而开出的良方，我们深为赞同。分析2008年以后日渐形成的有关国际技术转让机制，可以发现上述观点已经在一定程度上被后来的COP会议所接受，如成立专门的组织机构方面，技术机制中技术执行委员会具有一定的推动技术转让的职能，尽管它不是专门针对技术转让，但其主要职能或价值就体现在促进技术转让方面。再如涉及技术转让基金方面，哥本哈根会议及其以后会议已日渐形成实质性的机制在为技术转让提供支撑。也就是说，中国在技术转让方面已经发挥了积极作用，但关于如何让它们进一步上升到国际条约或协议的高度，中国仍须积极努力。通过中国政府的努力及与广大发展中国家的合作，让发达国家及其跨国公司认识到：在日益严峻的气候和环境变化面前，人类应当关注大家的共同利益，舍小利获大利，存小异求大同，在技术转让和分享方面只有共同努力，人类才有可能逃脱厄运。在达成这种共识的基础上，形成国际条约或协议。就这点而言，中国作为一个负责任的大国，任重而道远。

---

〔1〕《气候变化与科技创新国际论坛公报》，载 www. most. gov. cn/tztg/200804/t20080430_61054. htm，2018年1月30日最后访问。

〔2〕杨文利：《应对气候变化技术转让遭遇瓶颈》，载《中国高新技术产业导报》2008年4月28日，第A2版。

中国应充分利用“德班平台”[1]和《巴黎协议》扩大中国的影响，同时将中国的观点容纳到可能形成的新的有关环境保护、贸易、投资等协议中。首先，2020年后发展中国家与发达国家承担共同减排义务已经成为一种不可逆转的趋势，现在的关键不是减排与否，而是承担什么样的减排义务。实际上，中国已经在减排，只是没有达到发达国家所期望的“绝对减排”目标；但对处于发展中的中国而言，目前要做到“绝对减排”是不现实的，但2030年之后，随着《巴黎协议》的生效及中国做出的庄严承诺，绝对减排是必须做到的。目前，我们应坚持在公约、《巴黎协议》等相关原则和规定下，特别是公平、共同但有区别的责任和各自能力原则，确保公约在2020年后的全面、有效和持续实施，[2]同时又不给中国增加额外或过重的义务；另外，做好到2030年承担绝对减排义务的准备。其次，中国在各种相关国际会议和应对气候变化、环境保护的各种具体措施中应始终抓住公约、《巴黎协议》等国际条约规定的“技术转移”及与其相关的资金机制等义务，给发达国家施加压力，并将此问题与中国等发展中国家承担减排义务结合起来，既维护发展中国家利益又维护全人类利益，并借此进一步强化中国的负责任、敢担当的大国形象。

2013年2月全面反映中国与气候变化相关国情的《中华人民共和国气候变化第二次国家信息通报》指出：气候变化既是环境问题，也是发展问题，但归根结底是发展问题；应对气候变化只能在可持续发展进程中加以推进，只能靠各国共同发展来解决。推动建立资金、技术转让国际合作平台和管理制度，为保护全球气候做出新的贡献，是中国主要使命之一。[3] 这一段话表明中国在应对气候变化方面负责任大国的坚决态度；当下，中国应在积极推动联合国《框架公约》体系下技术机制运作之余，寻求其他国际法律制度来更有效地促进技术的全球转让。这也符合现实，技术转让更多涉及发达国家义务，在私法行为公法化消极作用下，发达国家及其私人部门不会积极主动履行义务，多数场合依赖发展中国家的推动；而目前在发展中国家中，只有中国、印度等少数

---

〔1〕“德班平台”是2015年以前气候变化谈判的主要平台，目的是为2020年后建立一个新的有法律约束力的、全面的、全球性的气候变化议定书或协议。See 1/CP. 17, *Establishment of an Ad Hoc Working Group on the Durban Platform for Enhanced Action, Report of the Conference of the Parties on its seventeenth session, held in Durban from* 28 *November to* 11 *December* 2011, FCCC/CP/2011/9/Add. 1.

〔2〕周锐:《中国对“德班平台”持积极态度》，载 www. chinadaily. com. cn/hqgj/jryw/2012－11－28/content _7620697. html，2018年1月30日最后访问。

〔3〕《中华人民共和国气候变化第二次国家信息通报》2013年2月18日，“序言”部分，载 http://www. ccchina. gov. cn/archiver/ccchinacn/UpFile/Files/Default/20130218142020138656. pdf，2018年1月30日最后访问。

国家具有这样的实力，中国担当起技术转让主要推动者之角色责无旁贷。

当然，最根本的是要让中国的企业意识到气候变化带来的压力并尽早行动起来。欧盟应对气候变化解决方案依托的是市场，企业是主导力量并由企业按照市场行为来解决技术与资金问题，并提升企业在应对气候变化创新方面的能力。欧盟是气候变化议题的积极倡导者和曾经的领导者，但其在技术转让与资金援助方面的态度非常消极，它不断以知识产权为借口，拒不履行向发展中国家提供资金和技术援助的承诺。其意图是通过全球变暖议题，推动气候谈判，增加其环保、新能源产业的发展和对外出口。同时，借助于贸易政策，它将自己的生态保护标准推广到全球其他地区，迫使其主要竞争对手提高类似的生态成本支出，借以遏制他们的经济竞争力；〔1〕而且还依据自己的标准通过《技术贸易壁垒协议》将外国产品挡在欧美市场之外。这一点对中国企业有警示意义：它们应化压力为动力，提升自身的创新能力。虽然我们可以主张技术转让，并在引进技术的基础上创新，但我们必须意识到核心技术是引进不来的，只能依赖于自己的创新能力。有了创新能力，并在公平、优惠基础上向最需要技术的发展中国家转让技术，这样才能在国际社会中有话语权，影响国际政策和法律的制定。"想要获得发言权就必须有能力提供经验"，〔2〕这是国际社会及市场经济语境下长期被坚持的原则，也是我们需要认识到的：打铁必须自身硬，要想有影响力，必须有自己的技术和成功经历。相应地，我们的相关政策也要做出调整，如"先污染、后治理"极具负面国际影响的政策要彻底摒弃，一方面可以促使企业自生产或营业之初，就将涉及环境污染、温室气体排放等问题全盘考虑进去，引进或开发无害环境技术；另一方面可以极大改善或提升中国形象。〔3〕 在建设创新型国家目标的激励下，通过诸多因素的作用，特别是通过技术转让利用现有的技术，中国企业如能在无害环境技术的创新方面获得实质进展，既能让中国减少温室气体排放，又可以通过向其他国家（尤其是发展中国家）转让技术，便能使中国从容应对气候变化，为世界做出"绿色贡献"和"知识贡献"。

至于利用WTO等国际组织或论坛倡导通过WTO框架下的《国际技术转让协议》的具体建议等参见马忠法所著的《应对气候变化的国际技术转让法

〔1〕 江涌：《气候变化：中国头顶上的又一柄利剑》，载《世界知识》2009年第21期。

〔2〕 ［美］安德鲁·霍夫曼等：《碳战略：顶级公司如何减少气候足迹》，李明等译，社会科学文献出版社2012年版，"前言"。

〔3〕 张丽君：《气候变化与中国国家形象：西方媒体与公众的视角》，载《欧洲研究》2010年第6期。

律制度研究》的相关章节。[1] 这一倡导的根本出发点是借助于 WTO 规定的原则、框架和争端解决机制，通过成员方的国内/区内法，将掌握有清洁能源技术的私人部门在技术转移方面的作用发挥出来，将本来属于“自治性”的交易行为转化为带有一定“强制性”义务履行的活动，以利于清洁能源技术在公平合理条件下的分享及其价值的发挥，长远来看利于各方。其实，我们注意到，《巴黎协议》提到清洁能源技术转让对应对气候变化的重大意义（该协议第 10 条、第 13 条和第 18 条[2]），也鼓励和提倡公私合作对气候变化做出贡献。[3] 但这些规定在实际履行中由于同样（与其他多边环境保护条约相比）缺少强制性制裁条款，它依然是一个“没有牙齿”的条约。因此，要有效实施《巴黎协议》，仍然需要一个能够强制缔约方履行义务的有效实施机制。

最后，需要强调一点，中国目前技术、经济发展的现实情况是：一方面，与美国、欧盟及日本等国家或地区相比，我们相对落后，我们需要引进比我们先进的技术，此时我们主要是技术需求方，我们的态度和价值取向与一些发展中国家相似；另一方面，与比我们落后的国家相比较，我们又有相对发达的一面，我们也在输出我们相对成熟的技术给技术较我们落后的国家，此时我们主要是技术供方，与发达国家似乎也有相似的地方。如何针对不同的情况采取不同的策略，是我们面对的一大考验，尤其是在“一带一路”沿线国家进行投资时，如何帮助那些较我们落后的国家发展技术能力和经济水平，实现我们“走出去”的意图，需要做很多研究，以做出理性、科学的决策。因为后进国技术能力的形成，既需要合理适当的技术源头（技术供方），也需要该国拥有较强的社会能力、较顺畅的知识扩散渠道、恰当的结构变迁速度、必要的资本积累和市场需求等。[4] 中国本着打造人类命运共同体的使命，遵循共商、共建、共享原则，通过合理的技术转移国内国际制度的设计，在既保障和维护本国企业利益的同时，客观上也推动或带动沿线国家的技术和经济的共同发展，特别是在清洁能源技术领域。

---

〔1〕 马忠法：《应对气候变化的国际技术转让法律制度研究》，法律出版社 2014 年版，第 362 ~ 402 页。

〔2〕 See Articles 10,13 & 18 of Paris Climate Agreement(2015).

〔3〕 See Article 6 of Paris Climate Agreement(2015).

〔4〕 蔡声霞：《国际技术转移与发展中国家的技术能力建设》，经济科学出版社 2013 年版，第 96 ~ 97 页。

本章小结

中国的清洁能源技术转移被誉为全球气候变化技术转移的模范，但同时反思其法律制度，也有不足之处。中国的清洁能源技术转移法律制度主要依赖“以私权利确定和行使为主要特征的”法律政策驱动市场主体以及“政府干预型”法律政策的强制性的推力。前者在货物贸易方面，使清洁能源产品在劳动力方面形成的低成本优势，可能遭遇不断的“反倾销反补贴”调查；在服务贸易方面，各地的技术转移服务机构主要依赖政府支持，各地技术转移中心相对封闭，信息不畅，且重点放在技术成果商品化上，而真正的技术交易则被边缘化；在投资领域，依赖政府的相关财税利好政策，国内的投资过热引发一系列问题，国外的跨国并购频频因为“国家安全”等因素遇冷；在知识产权方面，中国在清洁能源专利申请或授权方面落后于发达国家，在国内也不断遭遇通用技术专利化等障碍。而后者强调的政府主导作用、监管机构的分散和条块化的管理等使相关法律制度面对一系列挑战。此外，一些法律制度、强制许可制度徒有其法，而技术推广目录政策落后于时代的发展，这也是需要政府部门改进的地方。为了进一步促进清洁能源技术转移，必须完善相应的法律制度。从国内法的角度来看，应重视环境友好技术转让或引进的立法与执法，加快和完善国内环境友好技术的转化和转让及鼓励科技创新立法，建立和逐步完善技术交易机制，成立专门进行技术贸易的交易所，推动技术转让和转化，让技术发挥其应有的作用。完善中国 CDM 制度，提升 CDM 机制立法的效力等级，充分发挥其在技术转让方面的积极作用，激励私人部门积极参与。同时，完善知识产权（如在知识产权授权环节，加快步伐，尽早公布相关信息并授权，以为清洁能源技术转移创造条件）和税收法律制度（如增加征收落后技术使用税，或超标准能源税，促使有关企业积极淘汰旧技术），以满足清洁能源技术转移的需求。在完善清洁能源技术转移法律制度的国际努力方面，继续坚持我国在技术转让方面的一贯主张并促进南南合作，同时充分利用“一带一路”倡议提升中国在清洁能源技术转移国际规制方面的话语权；其中，比较理想的努力是倡议制定 WTO 框架下的《国际技术转让协议》。

结 束 语

创新驱动发展成为全球经济新一轮发展的根本特征,创新的本质就是技术的流动和运用。创新水平越高,技术的流动就越快,发挥的价值就越大。当今人类面对的气候变化、环境污染等公共问题使人类的生存受到严重威胁。面对技术不当使用所带来的公共问题,解铃还须系铃人:技术实际上是问题缘起,也是问题解决的路径。早在20世纪七八十年代联合国在组织讨论《国际技术转让行动守则(草案)》中就明确宣告:科学技术对一切国家的社会经济发展,尤其对发展中国家的加快发展起到根本作用。而在发展的同时,不给我们的环境带来负面的影响,如污染、气候变化、资源的浪费等,走可持续发展之路,清洁能源技术是我们需要依赖的。[1] 其中,尽管《巴黎协议》已经生效,各国承诺采取种种有效措施来控制温室气体排放,《2030年可持续发展议程》已经是各国共识,但气候变化的规模和范围还在进一步扩大,它无可争议地成为今天人类所面临的最大挑战,我们有很多机会和措施,而可再生能源的利用及相关技术的转让和分享是当中十分重要的一个。[2]

由于技术本身的庞杂与丰富,任何一国都不可能研发并拥有所有的清洁能源技术,且各国经济、技术等发展水平不同,如果人类社会能够建立科学的技术转移和分享机制,让清洁能源技术在合理、公平的条款下得到分享和利用,则可能最终将人类从困境中解救出来。因此,建立一个良好的清洁能源技术转移法律制度来帮人类走上光明大道,是国际社会当下的迫切任务。

有人认为,技术后进国家在发展过程中,在进行工业化、城镇化时,环境污染及温室气体排放是一种必然的现象,是发展必须付出的代价。笔者认为这种观点存在严重偏差:它为那些在实际发展中明明可以避开的环境污染提供

---

〔1〕 贾根良:《序言》,载蔡声霞:《国际技术转移与发展中国家的技术能力建设》,经济科学出版社2013年版。

〔2〕 Miroslav Lajčák, *Sustainable Energy Critical For Paris Goals-UNGA President*, https://cop23.unfccc.int/news/sustainable-energy-critical-for-paris-goals-unga-president, Jan. 16, 2018.

貌似合理或合法的借口。如果说在工业化早期，由于人类缺少必要的经验和知识积累，缺少信息传播的技术和渠道，在工业化过程中出现环境污染等还情有可原，有正当理由，那么在全球化的今天，在信息技术高度发达的时代，在一个地方的灾难可以波及全球的情形下，还持这样的观点，则是人类之莫大不幸。人类的智慧在于：从过去的经历中吸取教训，以利于人类未来的长远发展。简单地说，在今天这个时代，在落后国家进行工业化，人类第一次工业革命发生的环境污染等现象完全可以避免。那为什么我们应该可以解决的问题，在高度发达的今天却仍然解决不了？这正是本书所试图探讨和研究的问题。

本书经过研究和分析，认为环境污染、温室气体排放是一种结果而非原因，导致它们发生的真正原因是人类对技术的不当使用：技术给人类带来物质文明和进步的同时，也给人类带来了灾难。人类社会发展到今天，已经掌握了很多可以避免环境的污染与破坏及控制温室气体排放等方面的技术，特别是清洁能源技术；但问题的关键是如何让人类在更大范围内分享和使用这些技术，以最大限度地发挥它们的功能和价值，同时让更多的人员和机构在利用这些清洁能源技术的基础上，开发、研究和使用更有效的清洁能源技术，以形成良性循环，帮助人类走可持续发展之路。可以说，人类在清洁能源技术转让方面存在的诸多严重问题导致了清洁能源技术转让的不畅，结果是本来可以避免的污染或可以减少的温室气体排放没有实现，并让全球各国在环境、经济、技术等方面的差距不断拉大，穷国越穷，富国越富，各国之间的矛盾不断激化，恐怖主义活动仍然得不到有效控制，某些国家或地区的环境灾难造成了全球性影响等。这些现象背后的真正原因是不当的国际贸易制度和20世纪80年代后日渐形成的全球知识产权强保护现象，使技术后进国家难以通过曾经落后国家获取技术的方式来获取技术进而走“模仿—创新”之路，实现技术能力的提升。[1]

---

〔1〕 在整个自由资本主义时期，特别是后起的发达国家如美国、德国和日本，其经济的腾飞主要是在当时知识产权全球保护弱化的情形下实现的［参见马忠法：《从自由资本主义时期国际技术转让的特点反思现行国际技术转让法律制度》，载《知识产权论丛》（第14卷），知识产权出版社2008年版］；冷战结束后，欧洲经济的复苏、日本经济的快速崛起及亚洲“四小龙”经济发展的奇迹等，均是在国际知识产权保护法律制度没有完全建立的背景下完成的［参见马忠法：《初探技术流转法律制度与建设创新型国家战略之关系》（上），载《科技与法律》2007年第4期］。因为历史一再证明：人类经济、技术发展的捷径就是“模仿—创新”模式。但今天，过强的知识产权保护水平和制度，提高了发展中国家获取技术的成本，阻碍了“模仿—创新”路径的实现。

作为国际贸易法律制度一部分的国际技术转移法律制度在全球呈现出分散性、原则性、模糊性和弱强制性等特征，它对国际技术转让或转移没有起到积极的推动作用，导致尽管全球诸多多边环境保护条约、经贸领域的国际条约和知识产权国际条约等含有技术转让或转移的规定，但在现实中，跨国间的技术转让并没有取得人们预期的效果。其背后深层和本质原因是：发达国家的跨国公司拥有世界上 90% 以上的清洁能源技术或其他环保技术，它们是以营利为目的的主体，在它们的推动下，20 世纪 90 年代中期通过国际贸易谈判形成的《与贸易有关的知识产权协议》将知识产权定性为私权利，而诸多清洁能源技术又以知识产权形式存在，且西方发达国家对私权利给予高度保护，认为私人财产神圣不可侵犯，如此就形成了一个完整的保护清洁能源技术的完美环路。这带来的一个后果就是，发达国家政府在国际层面通过条约方式所做出的承诺，在国内履行时却遭遇困境：以营利为目的的私人主体不可能去履行国家在政府层面所做出的承诺，而发达国家国内法又不可能通过法律规定强迫私人主体转让其技术给发展中国家及其企业。

本书基于上述的基本判断，认为尽管人类已经做出了种种努力并取得一定成绩，但仅依靠各国的政治努力和国际协定来解决当前的问题看上去难以实现预期目标，各国之间仍然存在诸多分歧。在这些分歧中，发达国家对环境友好型技术（又称低碳专利技术或清洁能源技术）的控制成为气候变化国际合作进程中最突出的阻碍之一。而在传统化石能源日渐耗竭、人类发展对能源的更多需求及应对气候变化和保护人类环境、生态以促进可持续发展等压力之下，清洁能源技术的分享是帮助人类走出困境的一条重要的路径。本书借助哈伯特峰值理论及其模型，分析不可再生能源的日益枯竭及日益严重的气候变化和环境污染，提出开发和分享、转让清洁能源技术的重要性。接下来研究比较了清洁能源技术的概念、转移与一般技术及其转移的区别，介绍了传统技术转让的基本理论与针对清洁能源技术转移的相关理论。经过分析，认为从概念以及涵盖的范围来看，无害环境技术（EST）、环境友好技术（EFT）、有益环境技术和清洁技术基本上是同一个概念，它们既包括了清洁能源技术，又有清洁能源技术所没有包括的内容，如发展可持续绿色交通和供应于建筑的新材料等，只是称谓有所差异而已。清洁能源技术是指在可再生能源及新能源、煤的清洁高效利用等领域开发的有效控制温室气体排放或减少甚至避免对环境的损害的新技术，它包括风能、太阳能、水能、生物质能、地热能、海洋能等非化石能源和在生产及消费过程中尽可能减少生态环境污染的能源的低排放的非可再生能源技术，包括天然气、页岩气等低污染化石能源使用技术与洁净煤、洁净油等处理过的化石能源的清洁能源技术。传统的技术转移理论主要有技术差距论、技术选择周期论、技术转移选择论、雁行形态发展论、技术转移内部论、需求资源关系论、中间技术论和外贸自乘效益论等。而在应对气候变化等公共问题背景下的清洁能源技术转移理论,主要有现代化理论、气候正义理论和可持续发展理论等。分析清洁能源技术转移理论的目的是试图解决发展中国家和发达国家的分歧及私人利益和国家利益之间的分歧等关键问题。实际上,自20世纪90年代以来,国际环境保护领域中诸多条约及《21世纪议程》等软法性质的国际法文件所说的"技术转让或转移"对象主要是无害环境技术(其中绝大部分是清洁能源技术),故一般的技术转让之规律多数适用于清洁能源技术的转移。不过,清洁能源技术转移也有一些特殊的地方,如通过清洁发展机制(CDM)来转移技术。尽管在传统制造业或与传统技术相关的清洁能源技术等领域,发达国家在先进技术拥有方面具有绝对优势,存在发展中国家要求发达国家向其转让技术的单向请求,而且在这些领域中发达国家间相互转让的现象比较多;但在新兴的清洁能源技术领域,由于起点相似,一些发展中的大国(如中国、巴西、印度等)在特定的清洁能源技术领域与发达国家各有千秋和优势,它们相互间的技术转让及发展中国家相互间的技术转让也是较为常见的。在这种场合下,发展中成员方如何建立相对公平合理的技术转移和分享机制等,往往取决于它们自己;除了遵循已经形成的国际贸易原则之外,也可以制定适合它们自己之间进行技术转移的制度。无论如何,我们应当根据清洁能源技术的特性及在当代语境下人类对其需求的紧迫性,在适当理论的基础上,采取有效措施,加快其转移,以应对和解决人类面对的诸如气候变化、环境污染、公共健康和贫困等公共问题。

在进行相关的理论探讨之后,本书从实证的法律法规这一角度分析和评述了现有的国际、国内技术转移法律制度并指出它们存在的不足。本书认为,现有的国际制度主要由相关的国际条约和国际软法性文件等构成。其中,国际制度部分主要包括多边环境条约、知识产权国际条约、多边国际贸易和投资方面的条约及区域性或双边贸易投资条约中涉及的技术转让内容,如《21世纪议程》和《我们想要的未来》等中涉及的技术转移内容。至于国内法部分,主要将我国现有的与清洁能源发展相关的法律法规及部门规章和政策进行了梳理。总体来说,在国际层面,国际相关制度尚未形成一个完整的体系,已有的约定过于抽象,缺少必要的可操作性;关于鼓励私人部门积极参与到技术转移中的内容,还缺少国际条约方面的约定。国内相关技术转让的规定分散在各相关法律中,直接、间接的规定不少,但还没有形成有机统一、相互协调和补充的完整制度,对企业等私人主体参与技术转移还缺少强有力的运行和激励机制。此外,本书还从促进清洁能源技术转移的实践角度,分析我国当下进行的清洁能源技术转移,从中发现有益的经验或做法,或值得汲取的教训,以为后文的制度完善提供参考。

在实践中,中国清洁能源技术转移路径分为贸易路径、投资路径和知识产权路径以及国际合作路径。在贸易路径方面,清洁能源技术转移又可以分为货物贸易和服务贸易两种形式。清洁能源技术设备引进在产业发展初期以及技术更新换代方面有着积极的作用。而技术产品输出则是中国清洁能源技术"走出去"战略的重要方面。在服务贸易方面,我国已经基本建立了国内和国外技术服务中介机构。国内的国际技术转让中心和技术联盟的实践,既为国内技术成果转化和技术流转起到了重要的推动作用,又为相关制度的完善提供了实证经验的积累。在投资路径方面,清洁能源技术技术转移可以分为外商投资和中国企业对外兼并与收购。在外商投资路径中,"溢出效应"一定程度上给中国带来了先进的技术;但对中国而言,获得的"技术溢出"少之又少。实际上,意图通过外商直接投资来获得先进技术难度较高。在中国企业进行跨国兼并收购的过程中,以技术转让为主要目标进行收购的企业一般发展境况不错。而以扩张市场为导向的收购则变数很多,如遭遇国家安全审查等。在知识产权路径上,专利的申请和许可转让是其最为重要的表现形式之一。从专利的数量和分布情况来看,我国仍然处于追赶发达国家的状态。而在许可与转让方面,我国的清洁能源技术的转让和推广速率并不尽如人意。在国际合作方面,我国参与了多个国家或地区的双边或多边的清洁能源技术联合研发的合作项目,尤其是中美、中欧在清洁能源方面的合作成绩斐然,并且在与发展中国家的合作中也贡献出中国力量。

在前文研究的基础上,可以从国际、国内两个层面来完善清洁能源技术转移的法律制度。从国内法的角度来看,重视环境友好技术转让或引进的立法与执法,加快和完善国内环境友好技术的转化和转让及鼓励科技创新立法,建立和逐步完善技术交易机制,成立专门进行技术贸易的交易所,推动技术转让和转化,让技术发挥其应有的作用。完善中国 CDM 制度,提升 CDM 机制立法的效力等级,充分发挥其在技术转让方面的积极作用,激励私人部门积极参与。同时,完善知识产权(如在知识产权授权环节,加快步伐,尽早公布相关信息并授权,以为清洁能源技术转移创造条件)和税收法律制度(如增加征收落后技术使用税,或超标准能源税,促使有关企业积极淘汰旧技术),以满足清洁能源技术转移的需求。在完善清洁能源技术转移法律制度的国际努力方面,继续坚持我国在技术转让方面的一贯主张并促进南南合作,同时充分利用"一带一路"倡议提升中国在清洁能源技术转移国际规制方面的话语权;其中,比较理想的努力是倡议制定 WTO 框架下的《国际技术转让协议》。

本书针对清洁能源技术转移的法律问题研究进行了初步探讨。实际上自 20 世纪 60 年代末起,国际社会就技术转移问题进行了多次谈判,试图形成一个全球范围内的国际技术转让协定,但最终于 1985 年以《联合国国际技术转让行动守则(草案)》文本而结束。在后来的有关多边环境保护条约或知识产权国际条约中规定了相关内容,如 TRIPs 协议规定的目标、原则中涉及技术转让及契约性许可中反竞争惯例(行为)的控制和发达成员方应该鼓励其企业等向发展中国家转让技术等内容,但这些仍然是弹性空间很大的规范,在实务中很难得到有效实施。因此,就如何通过技术转移的国际协调来有效解决国际社会所面对的公共问题,仍然有很大探讨的空间。本书只是在有限的范围内,就清洁能源技术转移法律制度进行了一定的探索,但仍留下很多问题,如如何利用 PPP 模式、如何构建良性的知识产权制度等来促进有效的技术转移从而让人类走可持续发展之路等,它们更值得深入探讨,我们将在后续的研究中继续解答这些问题。

主要参考文献

一、中文文献

（一）中文专著或译著

1. 蔡声霞:《国际技术转移与发展中国家的技术能力建设》,经济科学出版社 2013 年版。

2. 陈泮勤等编著:《气候变化应对战略之国别研究》,气象出版社 2010 年版。

3. 程明道:《气候变化与社会发展》,社会科学文献出版社 2012 年版。

4. [法]狄德罗:《狄德罗的百科全书》,梁从诫译,辽宁人民出版社 1992 年版。

5. 冯连勇、陈大恩、唐旭主编:《国际石油经济学》(第 2 版),石油工业出版社 2009 年版。

6. 龚向前:《气候变化背景下能源法的变革》,中国民主法制出版社 2008 年版。

7. 韩良:《国际温室气体排放权交易法律问题研究》,中国法制出版社 2009 年版。

8. 韩樱:《气候变化国际法问题研究》,浙江大学出版社 2012 年版。

9. 黄顺基等:《科学技术这些引论——科技革命时代的自然辩证法》,中国人民大学出版社 1991 年版。

10. 解振华主编:《中国应对气候的政策与行动 -2010 年度报告》,社会科学文献出版社 2010 年版。

11. 赖先进:《清洁能源技术政策与管理研究——以碳捕集与封存为例》,中国科学技术出版社 2014 年版。

12. 李虹:《国际技术转移与中国技术引进》,对外经济贸易大学出版社 2016 年版。

13. 李静云:《走向气候文明——后京都时代气候保护、国际法律新秩序的构建》,中国环境科学出版社 2010 年版。

14. 李文军:《当代国际技术转移与对策》,中国财政经济出版社 1997 年版。

15. 联合国发展计划署:《人类发展报告 2007/2008——应对气候变化:分化世界中的人类团结》,2008 年版。

16. 联合国发展组织:《发展中国家技术引进指南》,1985 年版。

17. 刘燕华主编:《气候变化与科技创新》,科学出版社 2009 年版。

18. 马忠法:《国际技术转让法律制度理论与实务研究》,法律出版社 2007 年版。

19. 马忠法:《美国对中国反倾销案例研究》,复旦大学出版社 2009 年版。

20. 马忠法:《应对气候变化的国际技术转让法律制度研究》,法律出版社 2014 年版。

21. 马忠法:《国际技术转让合同实务研究:法律制度与关键条款》,法律出版社 2016 年版。

22. 美国卓越制造协会:《绿色制造企业如何实现可持续发展》,人民邮电出版社 2010 年版。

23. 彭志刚:《知识产权国际许可的法律问题研究》,法律出版社 2011 年版。

24. 商务部研究院 WTO 研究中心、中国社会科学院 WTO 研究中心编:《中国应对国外贸易壁垒最新实务指南》,经济日报出版社 2003 年版。

25. 沈越、鱼金涛:《国际技术转移论》,中国科学技术出版社 1999 年版。

26. [德]舒马赫:《小的是美好的》,虞鸿钧、郑长林译,商务印书馆 1984 年版。

27. 苏科五、李庆利、崔鸽:《新编中国对外贸易概论》,上海财经大学出版社 2013 年版。

28. 陶鑫良主编:《专利技术转移》,中国知识产权出版社 2011 年版。

29. 王树平、王灿、许益民等:《知识产权与气候变化》,社会科学文献出版社 2013 年版。

30. 吴林海、吴松毅:《跨国公司对华技术转移论》,经济管理出版社 2002 年版。

31. 徐红菊:《国际技术转让法学》,知识产权出版社 2012 年版。

32. [英]亚当·斯密:《国富论》(全译本),杨敬年译,陕西人民出版社 2005 年版。

33. [古希腊]亚里士多德:《尼各马科伦理学》,苗力田译,中国社会科学出版社 1990 年版。

34. 杨先明、赵果庆、张锦、潘小春:《国际直接投资、技术转移与中国技术发展》,科学出版社 2004 年版。

35. 张乃根、马忠法主编:《清洁能源与技术转移》,上海交通大学出版社 2011 年版。

36. 张晓凌、周淑景、刘宏珍、朱舜南、侯方达:《技术转移联盟导论》,知识产权出版社 2009 年版。

37. 张耘、毕娟、吴向田:《跨国公司技术转移研究》,开明出版社 2008 年版。

38. 郑寿春编:《黑色变局国际石油金融的交锋》,石油工业出版社 2011 年版。

39. 中国国家发展改革委员会应对气候变化司编著:《清洁发展机制读本》,中国标准出版社 2008 年版。

40. 中华人民共和国年鉴社编:《中国国情读本 2013 版》,新华出版社 2013 年版。

41. 邹骥、王克、傅莎等:《环境有益技术开发与转让国际合作创新机制研究》,经济科学出版社 2009 年版。

42. 朱文奇:《现代国际法》,商务印书馆 2013 年版。

43. [德]彼得斯曼:《国际经济法的宪法功能与宪法问题》,何志鹏、孙璐、王彦志译,高等教育出版社 2004 年版。

44. [美]布雷登·艾弗雷特奈杰尔·鲁特西略编:《技术转移与知识产权问题》,王石宝、王婷婷、李娟、唐世雄、胡翠娟、钱京译,知识产权出版社 2014 年版。

45. [美]弗里兹:《煤的历史》,石娜译,中信出版社 2005 年版。

46. [美]杰里·麦克纳尼、马丁·奇克:《清洁能源发展——美国经验与展望》,彭文兵、杨俊保译,上海财经大学出版社 2013 年版。

47. [美]杰里米·里夫金:《第三次工业革命——新经济模式如何改变世界》,张体伟、张豫宁译,中信出版社 2012 年版。

48. [美]拉希德. 卡恩:《技术转移改变世界——知识产权的许可与商业化》,李跃然、张立译,经济科学出版社 2012 年版。

49. [美]莱斯特·R. 布朗:《B 模式——拯救地球延续文明》,林自新、暴永宁译,东方出版社 2003 年版。

50. [英]凯斯·孙斯坦:《风险与理性——安全、法律及环境》,师帅译,中国政法大学出版社 2005 年版。

51.［英］亚当·斯密:《国富论》,唐日松译,华夏出版社 2005 年版。

（二）中文论文和期刊

1. 陈俊:《论全球气候正义中的差异原则》,载《伦理学研究》2013 年第 6 期。

2. 冯晓青:《企业专利战略若干问题研究》,载《南京社会科学》2001 年第 1 期。

3. 贾常艳:《风电“混血”见证合资企业的生存法则》,载《电器工业》2013 年第 10 期。

4. 龙夫:《美国开发可再生资源的政策和措施》,载《高科技和产业化》2008 年 5 月。

5. 刘风朝、潘雄峰、王元地:《企业专利战略理论研究》,载《商业研究》2005 年第 13 期。

6. 李蔚、毛宗强:《氢能时代——燃料电池的新能源革命——访清华大学核能与新能源技术研究院毛宗强教授》,载《电源技术》2006 年第 30 期。

7. 刘雪凤、罗敏光:《论构建我国清洁能源技术强制许可制度》,载《中国科技论坛》2012 年第 6 期。

8. 马涛:《国外氢能源经济发展现状及对我国的启示》,载《节能技术》2008 年第 4 期。

9. 马高雅:《我国可再生能源技术转移中的知识产权问题》,载《濮阳职业技术学院学报》2015 年第 5 期。

10. 马忠法:《从自由资本主义时期国际技术转让的特点反思现行国际技术转让法律制度》,载《知识产权论丛》(第 14 卷),知识产权出版社 2008 年版。

11. 马忠法:《初探技术流转法律制度与建设创新型国家战略之关系》(上),载《科技与法律》2007 年第 4 期。

12. 马忠法:《气候正义与无害环境技术国际转让法律制度的困境及其完善》,载《学海》2014 年第 2 期。

13. 毛大春:《许诺销售权初探——对于新专利法第十一条以及相关条文的理解》,载《知识产权》2001 年第 11 期。

14. 孟晶:《日本:政策引导抢占技术制高点》,载《中国石油和化工》2010 年第 8 期。

15. 邱建群:《生态危机与能源转换——英国首先发生工业革命之新解》,载《辽宁大学学报》(社会科学版)2010 年第 2 期。

16. 任晓玲:《全球清洁能源技术专利分布和许可状况——欧专局等公布"专利和清洁能源"项目调查报告》,载《中国发明与专利》2011 年第 1 期。

17. 沈克宇、吕苏榆:《浅析我国清洁能源技术引进》,载《科技管理研究》2015 年第 4 期。

18. 滕飞:《中国又将美反补贴调查诉至 WTO 反对滥用规则》,载《国际商报》2012 年 5 月 28 日。

19. 夏太寿、李淑涵:《我国低碳技术成果转移问题及模式探讨》,载《低碳世界》2017 年第 26 期。

20. 肖明:《CDM 机制面临变革》,载《21 世纪经济报道》2011 年 2 月 2 日,第 8 版。

21. 叶方兴:《代际气候正义中的历史责任沉思》,载《复旦大学学报》2013 年第 4 期。

22. 查道坤:《美对华光伏产品"双反"关税落地》,载《能源研究与利用》2015 年第 2 期。

23. 张芳、苏竣:《中国风电制造产业国际技术转移现状及问题分析》,载《中国科技论坛》2012 年第 7 期。

24. 张乃根:《论后〈京都议定书〉时期的清洁能源技术转让》,载《复旦大学学报》(社会科学版)2011 年第 1 期。

25. 赵惊涛:《排污权交易与清洁机制发展》,载《当代法学》2008 年第 5 期。

26. 郑爽:《气候变化坎昆会议成果及分析》,载《中国能源》2011 年第 2 期。

27. 左安磊:《清洁能源技术与产业的专利保护》,载《科技与法律》2012 年第 2 期。

28. 文希凯:《当然许可制度与促进专利技术运用》,载《专利法研究》(2011),知识产权出版社 2013 年版。

29. 曹晓阳:《气候正义》,中南大学 2012 年博士学位论文。

30. 李盛:《全球气候治理与中国战略选择》,吉林大学 2012 年博士学位论文。

31. 沈坤荣、耿强:《外国直接投资、技术外溢与内生经济增长——中国数据的计量检验与实证分析》,载《中国社会科学》2001 年第 5 期。

二、英文文献

1. Andy Haines, Kirk R. Smith, Dennis Anderson, Paul R. Epstein, Anthony J. McMichael, Ian Roberts, Paul Wilkinson, James Woodcock, Jeremy Woods, *Policies for Accelerating Access to Clean Energy Improving Health Advancing Development and Mitigating Climate Change*, Volume 370, No. 9594, 6 October 2007.

2. Angus, Ian, *The Global Fight for Climate Justice*, Independent Pub Group, 2010.

3. Arora A., Fosfuri A., Gambardella A., "Markets for Technology and Corporate Strategy", *Economics, Law and Intellectual Property.* Springer US, 2003:419-451(33).

4. Ayma, Evo Morales, *Planet or Death: Climate Justice Versus Climate Change*, London. Verso Books.

5. Barbara Adams and Gretchen Luchsinger, *Climate Justice for a Changing Planet a Primer for Policy Makers and NGOs*, New York, United Nations, NGLS, 2009.

6. Beladi · H., Jones · R. W. & Marjit · S., "Technology for Sale", *Pacific Economic Review*, 1997.

7. Chen · W. Y., Wu · Z. X., Wang · W. Z., "Carbon Emission Control Strategies for China: A Comparative Study with Partial and General Equilibrium Versions of the China", *Energy*, 2009.

8. Chen · W. Y., Wu · Z. X., Wang · W. Z., "Carbon Capture and Storage (CCS) and Its Potentials Role to Mitigate Carbon Emission in China", *Environmental Science*, 2006.

9. Cristina Tebar Less, Steven Mcmillan, *Achieving the Successful Transfer Environment-friendly Technology Trade-related aspect.*

10. Graham, Karen, Temperatures in the Arctic Circle Hits 90° Fahrenheit This Week, SCIENCE, July 31, 2018.

11. Flowers, Aline, *Intellectual Property Technology Transfer*, 2nd edition, Bloomberg BNA, 2014.

12. International Energy Agency, *Energy Technology Perspectives* 2012, 2012.

13. International Energy Agency, *CO_2 Emissions from Fuel Combustion* 1971 – 2005, Paris, 2007.

14. International Energy Agency, *Solar Energy Perspectives: Executive Summary*, 2011.

15. IPCC, Summary for Policymakers. Climate Change 2013: The Physical Science Basis, Contribution of Working Group I to the Fifth Assessment Report of the Intergovernmental Panel on Climate Change, http://www.ipcc.ch/report/ar5/wg1/.

16. IPCC, Summary for Policymakers, Climate Change 2014 Mitigation of Climate Change, Contribution of Working Group Ⅲ to the Fifth Assessment Report of the Intergovernmental Panel on Climate Change, http://www.ipcc.ch/report/ar5/index.shtml, 2014.

17. IPCC, Summary for Policymakers, Climate Change 2014 Impact, Adaptation and Vulnerability, Contribution of Working Group Ⅱ to the Fifth Assessment Report of the Intergovernmental Panel on Climate Change, 2014.

18. Kamal Saggi, "International Technology Transfer to Developing Countries", *Commonwealth Secretariat*, No. 004:27 – 39.

19. Lehmann, Fabrice, *Peace and Prosperity Through World Trade*, Cambridge Univ. Press, 2010.

20. Less, Cristina Tébar, McMillan, Steven, *Achieving the Successful Transfer of Environmentally Sound Technologies: Trade – Related Aspects*, http://www.oecd.org/trade/envtrade/35837552.pdf.

21. Marilyn A. Brown, "Market Failures and Barriers as a Basis for Clean Energy Policies", *Energy Policy* 29, 2001.

22. Mohamed Saadi, "Technology Transfer Foreign Direct Investment Licensing and the Developing Countries' Terms of Trade", *The Journal of Applied Economic Research* 5, 2011.

23. Morin · J, "Recent ALSTOM Power Large CFB and Scale up Aspects Including Steps to Supercritical," 47*th International Energy Agency Workshop on Large Scale CFB*, Poland, 2003.

24. Olena Ivus, "Do Stronger Patent Rights Raise High – Tech Exports to the Developing World," *Journal of International Economics*, 2010.

25. Omar Ellabban, Haitham Abu – Rub, Frede Blaabjerg, "Renewable

Energy Resources: Current Status, Future Prospects and Their Enabling Technology", *Renewable and Sustainable Energy Reviews* 39, 2014.

26. Pernick, Ron and Wilder, *Clint: The Clean Tech Revolution: Discover the Top Trends, Technologies, and Companies to Watch*, New York, NY: Harper, 2008.

27. Posner M, *International Trade and Technical Change*, Oxford Economic Paper, 1961.

28. Renewables 2017 · Global Status Report.

29. Rogers E. M, *Diffusion of Innovation*. New York, Free Press, 1962 (1st ed.), 1983 (2nd ed.), 1985 (3rd ed.), 1995 (4th ed.).

30. Royal Society of Chemistry, *Solar Fuels and Artificial Photosynthesis*, http://www. rsc. org/ScienceAndTechnology/Policy/Documents/solar - fuels. asp, 2012.

31. Sales, Aranda, Luisa, Maria, The Role of Intellectual Property for Clean Technology Innovation in the Context of EU Environmental Policies, Verlag Dr. Kovač, 2015.

32. Steve Leone, U. N. Secretary - General, "Renewables Can End Energy Poverty", *Renewable Energy World*, 2011.

33. Steven G. Chalk, James F. Miller, "Key Challenges and Recent Progress in Batteries, Fuel Cells, and Hydrogen Storage for Clean Energy Systems", *Journal of Power Sources* 159, 2006.

34. Thomas Nagel, *The Problem of Global Justice*, Philosophy & Public Affairs, 2005 (33).

35. Tanenbaum, William A. Green, *Technology Law and Business, 2012: Strategies for Investment and IP Protection, and What Mainstream Companies Need to Know About Using Clean Tech*, Practising Law Institute, 2012.

36. Wenying Chen, Ruina Xu, "Clean Coal Technology Development in China", *Energy Policy*, 2010.

37. William chandle, "Is China a Clean Energy Model?" *Science & Technology*, 2015 winter.

后　记

清洁能源技术转移法律制度是一个相对具体但意义十分重大的话题。我们一直认为:解决人类的环境污染、气候变化、公共健康等问题的最终依赖是清洁能源技术,但如果不能够通过恰当的法律制度让更多的企业分享和利用清洁能源技术,则会在浪费技术资源的同时,让人类进一步滑向灾难的深渊。因此,制定和形成符合规律和人类根本利益的国际技术转让法律制度是人类走出环境污染和气候变化困境的重要一步。同时,对于发展中的大国——中国而言,正在进行城镇化和工业化,在面对国际、国内环境污染治理和减少温室气体排放的双重压力下,完善国内的清洁能源技术转移法律制度,也至关重要。正是基于这样的考虑,本书在一般的技术转移理论和相应法律制度分析的基础上,试图结合清洁能源技术的特征及其转移的特点,在分析现有清洁能源技术相关法律制度及其不足的情形下,尝试性地提出一些完善清洁能源技术转移法律制度的建议。希望本书的研究能够在推动清洁能源技术转移方面做出一些微薄的贡献并对该领域的研究起到抛砖引玉的作用。

本书的完成首先要感谢教育部人文科学项目的支持,没有该项目的支持,就不会有这本书。当年项目中标时高兴的情景仍历历在目;而接下来却用了漫漫五年的时间才完成本书。中标时我在韩国高丽大学法学院访学,2013 年 8 月又到美国做了一年的访问学者,该项目的研究进度因此受到了较大影响。因为申请两所法学院的研究计划虽然与清洁能源技术转移法律制度相关,但还是有很大的不同;在完成两个研究计划之余,我收集和阅读了较为有限的与清洁能源技术转移法律制度相关的资料,这些对我完成本书起到了积极作用。在校稿期间,我有幸得到位于慕尼黑的“德国马克斯普朗克创新、竞争法与税法研究所”(简称“马普所”)的资助,于 2018 年 6 月到 8 月在该所进行了短期访学,也收集和阅读了相关资料并在书稿中进行了相应补充。然而,尽管如此,我知道书中仍存在诸多不足,但本书已不能再拖,不足之外只有留待今后进一步努力完善了。在此,向高丽大学法学院、哥伦比亚大学法学院及“马普所”提供的研究便利与帮助,表示感谢。

在本书完成的过程中，得到了很多老师和朋友的指点与帮助：我的博士生导师复旦大学法学院张乃根教授、复旦大学法学院张梓太教授、浙江大学经济学院王志凯教授等，他们给了我诸多的启示和指点。工信部国际经济技术合作中心的蒋佳妮博士、现在在方达所供职的陈忆安律师、我的博士生彭亚媛女士等在本书的初稿形成及资料提供等方面也给予了很多帮助：其中，终稿的第一章第一节、第二节第三节与第四节的部分内容是在彭亚媛的初稿基础上，第一章第二、三节及第四章第一节的部分内容是在陈忆安的初稿基础上进行大幅修改而成，第三章是在彭亚媛完成的初稿和二稿的基础上补充、修改而成。复旦大学法学院 2016 级国际法学硕士生马明远、2017 级国际法学硕士生张弛和任成等同学对本书的完成也给予了帮助，在此一并致谢。此外，本书借鉴了诸多学者和专家的论点，我们在此也向各位表示深深谢意。

本书的出版还要感谢复旦大学法学院慷慨的出版资助；感谢复旦大学文科科研处的左昌柱老师，他的认真负责以及为申请项目、完成项目提出的宝贵意见和无私帮助让人感动；感谢法律出版社提供的出版机会和王曦编辑的辛勤付出和大力帮助，特别是王曦女士的兢兢业业，总能为书稿增资添彩，使其变得更为严谨和完善（我有幸与王曦编辑合作三次，之前的两本书都获得了省部级奖项，这其中有她的很大贡献）；感谢麦税编辑在本书出版后期给予的支持和帮助。

由于清洁能源技术转移及其法律制度方面的专门研究资料较少，加上时间、精力的有限和该主题涉及内容的庞杂，本书只是在清洁能源技术转移法律制度方面做了一点初步研究，其中肯定存在一些不足甚或谬误之处，如能得到读者的不吝赐教，那将是我们莫大的荣幸。

马忠法
上海市淞沪路 2005 号复旦大学法学院
2018 年 6 月